THÉÂTRE DE SOCIÉTÉ

L'auteur et les éditeurs déclarent réserver leurs droits de reproduction et de traduction en France et dans tous les pays étrangers, y compris la Suède et la Norvège.

Ce volume a été déposé au ministère de l'intérieur (section de la librairie) en octobre 1902.

OUVRAGES DU MÊME AUTEUR

Un Mois en Bretagne. Notes de voyage. Un vol. (*Édition épuisée.*)
Une Ascension au pic de Néthou. Un vol. (*Édition épuisée.*)
Prométhée enchaîné, traduit d'Eschyle. Un vol. (*Édition épuisée.*)

ÉTUDES DRAMATIQUES

Sœur Louise. Un vol. (*Édition épuisée.*)
La Reine noire. Un vol. (*Édition épuisée.*)

A Juilly. Légendes, souvenirs, fêtes. Un vol. (Picard et fils, 1900.)
Heures noires... Heures bleues... Poésies. Un vol. (Plon-Nourrit et Cie, 1901.)

Sous presse
ÉTUDES DRAMATIQUES

Premier volume :
Prométhée enchaîné, traduit d'Eschyle. (Réimpression.)
Alfred le Grand. (Réimpression.)
Lorma, ou la Bataille de Lora, tiré d'Ossian.

En préparation

Pyrénées. Notes de voyage. Deux volumes.

PARIS. — TYP. PLON-NOURRIT ET Cie, 8, RUE GARANCIÈRE. — 3493.

ENTRE DEUX PARAVENTS

THÉATRE DE SOCIÉTÉ

PAR

ADOLPHE MÔNY

PARIS
LIBRAIRIE PLON
PLON-NOURRIT ET Cie, IMPRIMEURS-ÉDITEURS
8, RUE GARANCIÈRE — 6^e
—
1902
Tous droits réservés

AVANT-PROPOS

Ce livre, simple recueil de petites comédies, opérettes, saynettes ou proverbes, faites pour théâtre de salon, d'atelier... ou même de jardin, demanderait-il une préface?

Un philosophe plein de bon sens, philosophie à part, critiquant les excès où entraîne la plume, disait dès le dix-huitième siècle : « Les préfaces sont une autre source d'abus; c'est là que se déploie l'ostentation d'un auteur qui exagère parfois ridiculement le prix des sujets qu'il traite. » (CONDILLAC, *Art d'écrire*.)

Or, battre la parade entre deux paravents serait précisément tomber dans ce ridicule. Devant le mince rideau d'une scène particulière un piano suffit pour orchestre, une ritournelle pour ouverture; le trombone, la grosse caisse feraient trembler les vitres et se sauver les gens; pour seule réclame les comédiens d'un soir doivent simplement solliciter l'indulgence du public.

De même ici l'auteur, loin de se donner la tâche,

toujours ingrate et malaisée, de faire une préface, devrait se borner, et se bornerait bien volontairement, à quelques mots d'introduction. Mais aujourd'hui le lecteur en demande un peu plus. Quelque chose qu'on imprime, de sérieux ou de léger, avant d'ouvrir le livre, il veut en savoir tout d'abord le comment et le pourquoi, l'origine et le but.

Et le lecteur a bien raison. Dans l'existence moderne, si occupée, si agitée, fièvre d'action et de vitesse, tourbillonnement d'idées, lutte de chaque instant, pas une minute à perdre. Il faut lire les journaux, — il faudrait même les lire tous ; — on a bien peu de temps pour les livres. Aussi veut-on juger d'avance, et comme d'un coup d'œil, ce que le livre pourra donner d'utilité ou d'agrément.

C'est donc le public lui-même qui impose les préfaces ; et les auteurs acceptent l'impôt, espérant que du moins les préfaces seront lues... ce qui est déjà quelque chose. Et c'est pourquoi enfin « *Entre deux paravents* » aura... non sa préface — le mot serait ambitieux — mais son avant-propos, son « boniment », si on le préfère. L'imprésario — pardon, l'auteur, — en se résignant à le faire, a d'ailleurs une excuse et une chance heureuse : il sera ici comme Simonide faisant l'éloge de l'athlète, il parlera de son héros moins que de Castor et de Pollux, c'est-à-dire peu de lui et beaucoup plus des autres. — Mais de quels autres ? C'est ce que le lecteur verra en quelques lignes, s'il veut bien tourner le feuillet.

Le théâtre au dix-neuvième siècle... c'est là un

grand sujet, que nous n'avons pas à traiter ici. Mais en se bornant au théâtre « à côté », on peut dire en deux mots que si le siècle a vu le plus grand développement du théâtre en général, il eut, plus que tout autre, le goût, la passion du théâtre de société, plus que tout autre il en vit l'expansion. Au dix-huitième siècle, ainsi que M. Albert de Lasalle nous le dira plus loin, c'était déjà une « fureur »; mais fureur ne gagnant que les gens privilégiés du rang ou de la fortune; fureur qui se calma, on le comprend de reste, devant le drame social qui allait, pour longtemps, bouleverser autre chose que les frêles tréteaux de la scène à domicile; pendant bien des années, plus de la moitié du siècle, le théâtre de société semble passé de mode ou fait peu parler de lui. Ce n'est que sous le second empire que l'engouement reprend, plus « furieux » que jamais, et non pas seulement dans telle ou telle sphère — de classes, il n'y en a plus, en principe du moins — mais on peut dire chez tout le monde. Partout des scènes privées.

Mais le théâtre chez soi a bien des manières d'être : la plus simple, pour ceux en position de le faire, est d'appeler de vrais acteurs, avec leur répertoire; la plus habituelle est de monter, entre amis, une pièce connue ou inédite, avec ou sans le concours d'artistes de profession; il en est d'autres, comme, par exemple, les représentations des cercles, des sociétés d'anciens, d'écoles ou de collèges; enfin il est un mode qui, pour n'être pas sans doute particulier à notre époque, s'y est montré plus fréquent et y a pris parfois, surtout dans le dernier tiers du siècle, une certaine importance ; c'est de former un groupe destiné à durer, ambitionnant de fournir une note d'art personnelle, sur un théâtre spécial, plus ou moins permanent.

De ces groupes plusieurs se formèrent ; certains ont subsisté longtemps ; quelques-uns durent encore, peu à peu transformés en troupes régulières, ayant même théâtre à leur nom.

C'est d'un de ces groupes que nous allons parler, du plus obscur peut-être, sans nous dissimuler que l'histoire des autres offrirait au lecteur un intérêt plus grand, mais apportant seulement au chercheur, au curieux un tout petit chapitre et, comme on dit de nos jours, un document vécu.

―――

Quand l'auteur était étudiant — ce n'est pas d'hier ni d'avant-hier, — des maisons où il fréquentait, le salon de Mme G*** était tout particulièrement ouvert aux hommes de lettres et aux artistes. Des sauteries de quinzaine y appelaient la jeunesse, mais d'habitude la danse y était précédée de lectures, de récitations, musique, charades, etc., qui, très souvent, faisaient oublier le piano mécanique, orchestre commode et toujours prêt à fonctionner... ou à se taire. On voyait là, écrivains ou auteurs, Hippolyte Lucas, Mme de Beauvoir, Capefigue, Émile Augier... *comme artistes dramatiques*, Saint-Germain, Berthe Savary, déjà, quoique bien jeunes encore, au Théâtre-Français... *comme musiciens*, Jules Boucher et d'autres, alors à leur début, dont quelques-uns se firent connaître plus tard ; nous ne citons que les disparus.

Les charades en action étaient le plaisir de choix, charades ayant le piquant d'être jouées par des élèves du Conservatoire; charades d'ailleurs très préparées, avec un « monstre » réglé par actes liés entre eux, écrit, appris d'avance, le dialogue seul laissé à l'improvisation, comme dans la comédie italienne ou le théâtre de la foire. De là à jouer des pièces il n'y avait pas loin; plusieurs étaient toutes prêtes; mais pour cela le salon était un peu restreint, l'hiver était fini; on décida de donner les représentations à Neuilly, en plein air, dans le jardin du petit hôtel qu'habitait Mme G*** durant la belle saison.

Fait à souhait, ce jardin, comme salle et comme scène. Soit fantaisie de jardinier, soit qu'autrefois déjà il eût servi de théâtre, il était disposé exprès. Devant les portes-fenêtres du salon de plain pied, portes qui seraient les loges d'honneur, régnait une pelouse circulaire se relevant brusquement en terrasse gazonnée, haute d'environ deux mètres, assez large et profonde pour une scène très convenable. De droite et de gauche les allées y montaient en pente douce, abordant ainsi les coulisses côté « cour » et côté « jardin »; le rebord du gazon formait une rampe naturelle; les arbres serviraient de portants; trois bâtons et quatre fils de fer compléteraient le cadre, où il n'y aurait plus qu'à accrocher le manteau d'Arlequin, la toile de fond, les bandes d'air, les décors... et le rideau. Quelques quinquets sur l'herbe, quelques autres fixés aux branches, et le théâtre serait prêt.

Restait à composer la troupe et, d'abord, à choisir

les pièces d'ouverture ; mais avant tout se posa le principe que, dans le théâtre qu'on « fondait », tout serait d'original, c'est-à-dire que tout, pièces, musique, décors, costumes — excepté ceux, bien entendu, que l'on devrait louer — tout serait œuvre des membres du groupe.

Cette règle absolue — non sans difficultés — que s'imposaient sérieusement de folles têtes, variant en âge de seize printemps pour la plus jeune sociétaire jusqu'à vingt-cinq pour le doyen, sera fidèlement observée ; dans le grand développement que ne tardera pas à prendre le groupe si restreint au début, dans tous ses déplacements, ses modifications, elle restera le caractère, l'originalité qui marque dès le premier jour la troupe des Fanfans.

Les Fanfans !... c'est là le nom de guerre que prend la petite société. Le trouvera-t-on puéril ? Pas trop peut-être si l'on se souvient qu'au moment où nous sommes (1856) il était de mode, pour maintes associations, de coiffer leur nom sérieux d'une étiquette humoristique, enfantine ou grotesque : Le Cercle des *Bébés*, *les Pommes de terre*, *les Ganaches*, *les Pieds crottés*, etc. — Le cercle le plus select ne s'appelle-t-il pas *le Jockey ?* — *Fanfan* a même un aïeul crâne : on connaît Fanfan-la-Tulipe.

Fanfan donc étant le nom de famille, chacun, de plus, eut son petit nom : habitude de théâtre qui est commode sur « les planches » et abrègera notre récit.

Composition du groupe ; les dames d'abord :

Berthe Savary, dite Lili. — Toute jeune encore et,

aux Français, plus jeune encore sous la poudre ; les traits fins, de grands yeux bleus, clairs, naïfs et presque étonnés. Comment ce charme doux et discret, fait pour le sentiment de Sedaine ou le précieux de Marivaux, allait-il se tirer des grosses gaietés du vaudeville ou des flons-flons de l'opérette ? — Ce serait, et ce fut de vrai, curieux et piquant.

Mlle G***, dite Mimi, la fille de la maison : seize ans... — ici la discrétion nous force à laisser deviner le reste. N'acceptait que de petits rôles, mais était préposée, sous l'œil de Mme G*** et avec l'aide de jeunes amies, à la confection des costumes.

Les hommes :

Saint-Germain, dit Zozo ; vingt-trois ans : déjà très remarqué dès ses débuts, à l'Odéon ; entré depuis deux ans aux Français.

Nous n'allons pas sans doute, anticipant l'avenir, peindre l'acteur connu de tous, qui, pendant plus de quarante ans, fut un des plus aimés du public parisien, sans compter la province. Mais l'artiste et l'homme font deux. Camarades de jeunesse et amis de tout temps, l'ayant apprécié de près et en dehors de la scène, il nous sera bien permis de dire, en parenthèse, deux mots de l'homme intime.

François-Victor-Arthur-Gilles de Saint-Germain (notez ce prénom de Gilles, rare et prédestiné), ce comique si franchement comique, de ceux, comme disait Sarcey, « qui font rire même avant qu'ils aient ouvert la bouche, » était un esprit très sérieux ; esprit tenant de famille ; son père, un architecte fort épris de théâtre, avait écrit... non pas des comédies... « des drames (Vapereau). » Si la nature s'y fût prêtée, Saint-Germain eût joué de préférence les rôles de tendresse ou de passion. Son rêve, comme celui de Provost, son maître, ou de Régnier, qu'il admirait — et imitait à s'y méprendre, — était de faire pleurer ou frémir ; et quand, parfois, il s'y risqua, l'émotion qu'il fit naître ne fut pas moindre que la surprise.

Les bonnes études de lettres et de science qu'il avait faites à Turgot, avant le Conservatoire, il les compléta toute sa vie par des lectures de fond. Il adorait les livres, les livres choisis... et bien reliés ; un grand nombre lui venaient de son père, mais sans cesse il y ajoutait. Son intérieur, soigné, rangé, presque sévère, était moins d'un artiste que d'un bibliophile et d'un collectionneur ; partout, auprès des vives reliures, sur les murs, sur les meubles, des bronzes, des terres cuites, des aquarelles, des estampes rares. Ses livres étaient son repos, plus encore, son soutien ; qui n'a pas ses luttes et ses peines ? — C'était près d'eux, entouré d'eux qu'il s'attardait le matin au lit, se levant assez tard, las des succès de rire de la veille ; c'est là que ses amis étaient sûrs de le trouver, en compagnie... — ah ! ah !... — attendez s'il vous plaît... — en compagnie de sa chatte blanche, blanche de mère en fille ; une surtout, Moumouth, une angora superbe, aux poils de soie, aux yeux vert d'eau, dont il aurait peut-être, comme celle du fabuliste, obtenu la métamorphose, si les caresses étaient une suffisante magie. Il lisait, et Moumouth tournait d'un coup de patte la page qui lui frôlait l'oreille. — Mais encore, direz-vous, quels livres lisait-il donc, puisqu'il était, à domicile, si sérieux que ça? Les classiques sans doute? — Les classiques certainement; mais vous vous étonnerez, sous l'oreille de Moumouth j'ai vu Descartes, Pascal, Platon!... j'ai même vu, non pas là, mais sur la table de travail, au-dessous d'un crucifix, la Bible, l'*Imitation*.

Saint-Germain avait le sens, le besoin religieux; disons mieux, c'était un croyant. Il n'en faisait mystère ni parade, ne montrant de lui au dehors que le philosophe facile et doux.

Facile, mais non indifférent; enthousiaste, au contraire, passionné en toutes choses. — A peine levé, ainsi que Moumouth, c'était le mouvement, l'activité fébriles, l'incessante causerie; partout, dans l'escalier, sur le boulevard, dans sa loge même, avec tous il causait, causait, sans souci de l'heure, au grand effroi de l'avertisseur, tremblant qu'il manquât son entrée; et, chose étrange, toujours en retard, il arrivait presque toujours à temps. — Non moins causeur avec la plume; ses lettres à ses amis, d'une fine et jolie écriture, toujours écrites sur même petit papier, satiné et chiffré, vert clair comme les yeux de sa chatte, était d'un tour si vif et d'une humeur si personnelle, d'une grâce si tendre, presque féminine, que nous le surnommions « le Sévigné de la rampe ». Sait-on qu'il taquinait la muse, et qu'elle répondait à ses agaceries; qu'il troussait lestement le couplet, et, membre distingué du caveau, qu'il y chantait mieux que pas un? — Chanter!... dit un moderne, chanter avec cet enrouement chronique, ce timbre de soufflet percé qui était si cocasse et faisait pouffer au premier mot... — Oui, un effet comique, provenant d'une affection de la gorge dont il souffrit vingt ans sans se plaindre. Mais, plus jeune, Saint-Germain avait une voix non pas très forte, mais chaude, vibrante et portant bien, et, la faisant valoir en bon musicien qu'il était, chantait fort agréablement.

Et quel liseur !... Prenant un manuscrit, une pièce pour lui nouvelle, il semblait la deviner, mieux encore, la créer, la jouant tout en lisant, donnant un tel relief au moindre personnage, que l'auteur même, charmé, ne se reconnaissait plus et s'étonnait de son esprit... qui était celui de l'interprète.

Mais revenons à nos moutons, c'est-à-dire aux Fanfans. — On conçoit qu'un tel compagnon dût être l'âme de la jeune troupe. Il en fut aussi le succès : son jeu si naturel, si sobre, et cependant si détaillé de geste et de physionomie, voulait, comme toute chose délicate, n'être pas vu de trop loin. Il faut pour les grandes salles plus d'éclat que de finesse; les demi-teintes y perdent un peu, et Saint-Germain était l'artiste des nuances; il fallait le voir, l'entendre de près pour l'apprécier à sa valeur. Nous n'avançons là rien qu'on ne sache; on l'a souvent dit et écrit de lui : s'il charmait sur toutes les scènes, il fut par excellence le comédien de société.

Aussi la petite troupe dont il fut le chef et le guide lui devait bien ce souvenir. Née par lui, c'est par lui qu'elle put durer et s'agrandir, c'est lui qui, pendant des années, malgré tous les soucis, le travail, les fatigues d'une carrière si remplie, la soutint de son concours, ou au moins de ses conseils, et si le théâtre des Fanfans méritait un nom dans l'histoire — l'histoire du théâtre de salon, — il s'appellerait à juste titre : Théâtre Saint-Germain.

Eugène Fauvre, surnommé le Cabot à cause de son amour des planches, passion irrésistible, qui ne devait plus s'éteindre, et l'arrachait de bonne heure au métier paternel, à son état de tapissier; disant bonnement de lui-même : « Oui, monsieur, comme Molière, tapissier et acteur. » — Élève de Saint-Germain et surtout son fidèle, sa chose, son satellite, la lune de Saint-Germain. Jouant tout, pourvu qu'il eût un rôle, n'importe lequel et n'importe où. Un type de « m'as-tu vu? »... mais si candide, et bon enfant! Combien précieux comme machiniste, poseur de rideaux et tentures, lampiste, etc. — Et avec ça ténor léger, chantant bien le comique et, au besoin, le sentiment.

Alphonse Giboin, Toto. Le fils d'un médecin de la compagnie de l'Ouest. Ayant le goût de tous les arts, assidu aux Français; jouant les charades l'hiver dans le salon de Mme G***, et par suite, disaient les malins de la bande, s'attachant au corps des Fanfans, épousant leur destin, entraîné dans l'orbite — l'orbite était le mot — de certains yeux bleus déjà nommés. Mais ce sont là propos de coulisses, qu'il faut laisser pour ce qu'ils valent, et dont se fût sans doute vivement formalisé le grave percepteur de plus tard. — Jeune premier et souffleur.

L'auteur, Chonchon, juste surnom en harmonie

avec une nature un peu grognonne et ronchonnante. Jouait les utilités.

Jules Boucher, le musicien de la troupe : compositeur et chef d'orchestre; le plus jeune, côté mâle, et pour cela dit Bébé. Faisait de la musique dès le collège, — et n'y faisait guère autre chose. En sort pour le Conservatoire. Élève d'Auber, son secrétaire, et très aimé de lui, — autant qu'on pouvait l'être d'Auber, pas fort tendre pour ses élèves. Avait déjà en portefeuille la musique de quelques saynettes, qui, pour la première fois, allaient subir « le feu de la rampe. »

Ernest Guillaume, le peintre; ami de Chonchon depuis la petite jeunesse, son condisciple comme Boucher. Brillamment doué pour la peinture et on peut dire pour tout; étonnant dès *rosa la rose* par l'esprit de son crayon sur les marges de ses rudiments, ou l'agilité de son pinceau sur les décors scolaires. Élève de Biennoury, et déjà exposant; remarqué aussitôt, acheté par l'Etat. — N'était de la troupe qu'en tirailleur. Bien qu'aux représentations bisannuelles du collège il eût fait preuve, de quatorze à seize ans, d'une aptitude surprenante pour la scène, bornait ici sa part, et ce n'était pas la moindre, à être le peintre-décorateur.

Enfin, comme Mentor du jeune groupe, M. Jules Boucher père, auquel, comme de juste, revenait le titre de Papa Fanfan, grave magistrat, juge de paix à Lizy-sur-Ourcq, écrivain à ses heures, et auteur d'une des pièces qui allaient faire l'ouverture du théâtre de Neuilly.

Pièces et musique se trouvant prêtes et la scène se montant, les répétitions se commençaient sur place.

Pas banales ces répétitions dans ce cadre d'ombrages, sur ce tapis de verdure à demi soleillée ; au fond le peintre brosse son rideau, ayant non loin de lui pour modèles les jeunes femmes en toilettes claires, récitant ou chantant leurs rôles, ou travaillant, assises dans l'herbe, parmi le chatoiement des costumes, le rouge et l'or des lambrequins ; perché sur une échelle, le machiniste accroche ses frises, ses bandes d'air, que lui tend le souffleur ; sur le piano, au pied de la butte, le maestro plaque ses accords et attend, impatient, que Lili-Phaloë, la grave pensionnaire de la rue de Richelieu, ait calmé son fou rire sans cesse provoqué par les lazzi de Gilles-Midas. — On voit le tableau : tout simplement un pur Watteau... dix-neuvième siècle.

L'inauguration du théâtre des Fanfans est fixée, annoncée par affiches et programmes (intimes s'entend), au 6 juillet. Le temps est magnifique ; mais se maintiendra-t-il ? Si l'on avait la pluie !... c'est là l'inquiétude et l'écueil du théâtre en plein vent. Le temps se soutient ; le soir est superbe, très chaud ; aussi le public préfère-t-il l'orchestre et le parterre, c'est-à-dire la pelouse, aux loges couvertes, le salon, qui ne sont occupées que par de prudentes gens dont l'âge redoute le serein.

Dirons-nous un mot du public ? C'étaient d'abord des habitués des soirées de Mme G*** et des amis à eux, invités par leur entremise ; les familles des

« artistes »; les amis de leur âge, la plupart étudiants, de l'École des beaux-arts, de droit, etc., dont plusieurs se sont fait un nom, mais qui étaient encore en herbe; d'autres en pleine fleur; ainsi, de l'École de médecine, Ulysse Trélat, docteur depuis deux ans, prosecteur à l'école pratique, aussi curieux d'art que de science; le docteur Charles Pajot, depuis trois ans déjà agrégé de la Faculté, ardente nature qui, même devenu « l'illustre professeur », restera toute sa vie le plus jeune des étudiants; Auguste Millard, encore élève, bientôt interne et lauréat, en attendant la renommée.

La soirée se composait : d'abord de la pièce sérieuse d'ouverture (à tout mentor tout honneur), une comédie de papa Fanfan, *Faute de parler*, jouée par Lili, Mimi, Chonchon et Bébé;

D'intermèdes fantaisistes par Zozo-Saint-Germain;

D'une opérette humoristique, *Milord Sambett*, paroles de Chonchon, musique de Bébé, jouée par Lili, Zozo, Chonchon et Toto;

Enfin, d'une tombola comique, suivie à l'improviste, aux lueurs de feux de Bengale allumés sous les arbres, d'un tour de valse sur le gazon.

Le début de la jeune troupe avait-il réussi? — Devant un public d'amis l'on réussit toujours, et le succès ne prouve rien. Toutefois il encourage; et, trois semaines après, le temps de monter deux autres pièces, le théâtre des Fanfans donnait sa seconde représentation : Un petit acte de X***, joué par X*** et la troupe, et *Trop d'or!... ou les Oreilles de Midas*, une opérette phrygienne, presque opéra-comique, paroles de Chonchon, musique de Bébé, jouée par Lili-Phaloë, Zozo-Midas, le Cabot-Catogan et Chonchon-Silène, sans compter le perroquet, la statue d'or, les faunes, bacchantes et satyres... figurants et choristes de bonne volonté.

L'auteur du lever du rideau, X***, était Saint-Germain. Nous n'en pouvons dire plus. X*** voulut que sa pièce, qu'il traitait de pochade, restât sous le voile de l'anonyme et ne vécût qu'un soir. Respectons donc sa modestie.

Mais ne ménageons pas celle du comédien au sujet du rôle de Midas; Saint-Germain y fut merveilleux de verve, d'esprit, d'originalité; d'un rien il fit une création; d'une caricature, un type étrange, vivant, où le grotesque devenait profond et, par instants, presque terrible.

Après la chute du rideau, le public l'entourant, ainsi que Mlle Savary, charmante de malice dans le rôle de Phaloë, réclamait vivement une seconde représentation.

On l'eût donnée bien volontiers, ainsi que d'autres pièces faites ou se préparant, *Quintin Metzis*, *Un nœud de cravate*, *Dame Isabelle*, etc. Mais les vacances étaient venues, dispersant le personnel. Au retour, la saison n'était plus favorable au théâtre de jardin : on dut remettre à un autre été.

Entre temps, le 24 août, — en dehors de la troupe — était donnée à Commentry, chez les Dames de Bourges, pour la distribution des prix, et jouée par leurs élèves : *Ruth*, scène biblique, adaptation extraite presque entièrement du texte même de la Bible.

L'été revenu, un temps moins bon, et diverses circonstances qui ne sont pas de notre sujet, retardèrent et, bref, empêchèrent la réouverture à Neuilly. D'ailleurs la troupe des Fanfans, toujours aussi ardente et augmentée de nouvelles recrues, rêvait d'avoir à elle un théâtre permanent, exempt d'intempéries et autres vicissitudes.

L'emplacement s'en trouva rue de l'Ouest (aujourd'hui rue d'Assas), dans un assez vaste atelier de peintre que venait de quitter Stéphane Baron. Atelier au premier, se prêtant bien à une scène, avec petites chambres et faux greniers pouvant faire les loges des acteurs. Le théâtre est bientôt monté, quoique plus sérieusement fait que celui de Neuilly : un bon bâti de sapin, facilement démontable, de vrais portants, etc. Rideau, décor, toile de fond, toute l'ornementation, amusante et coquette, est l'œuvre d'artistes du quartier, voisins de l'atelier ou amis de l'auteur, s'intéressant à la jeune troupe et l'assistant de leur mieux; c'est, comme peintres, Paul Vernier, Gustave Droz, Georges Gassies; et, pour concours divers, bien d'autres qu'on va nommer.

Que jouer pour la réouverture? *Midas* était redemandé; d'autres pièces étaient prêtes; mais les Fanfans allaient avoir un public tout nouveau. Sauf les fidèles de Neuilly, les invités seraient du pays assez particulier qui est situé, ou environ, entre le boulevard de Montparnasse et le jardin du Luxembourg, monde d'artistes : peintres, sculpteurs, littérateurs, étudiants, etc. C'étaient Préault, Hamon, Gustave

Doré, Léon Lamé, Émile Lamé. Stéphane Baron, Harpignies, Gluck, Gaston Guitton, Charles et Auguste Bartholdi, Raoul Vernier, Géruzès, de Vivès, tout le cénacle du café Fleurus... et leurs amis et connaissances.

On pensa qu'il convenait de présenter d'abord la troupe des Fanfans dans une sorte de prologue-programme.

Prologue allégorique d'une donnée très simple :

LES ESPÉRANCES DE BILBOQUET

Personnages

LA MUSE DES FANFANS, Mlle Savary.
BILBOQUET, l'auteur.
ZOZO (le plus jeune des enfants de Bilboquet), Saint-Germain.
GRO-GNO-NÉ-LI (intendant du palais... de Siam), Saint-Germain.

LES ENFANTS DE BILBOQUET :

    TITI, M. Scott, du Théâtre-Lyrique.
    TOTO, M. Giboin.
    MIMI, Mlle G***.
    BÉBÉ, Jules Boucher.
        LE PRINCE, LE PUBLIC.

Argument

Une jeune Muse sans emploi rencontre Bilboquet, que Flore et Gringalet viennent d'abandonner, l'une enlevée par l'autre, ne laissant au pauvre forain que sa grosse caisse... et cinq enfants, dont le plus jeune est encore au biberon. *Comœdia* console Bilboquet en lui donnant la preuve que ses affreux moutards, loin d'être les crétins qu'il suppose, sont très bien doués pour le théâtre. Elle commence par le dernier. Or, ce petit dernier, vagissant et piaillant dans son berceau d'osier, c'est Zozo, et Zozo, on le sait, c'est Saint-Germain. Soudain, sous la baguette levée de Comœdia, Zozo, bourrelet en tête, surgit comme un diable de sa boîte et, ainsi que dans les Revues, à l'acte des théâtres, le voici tour à tour évoquant le vaudeville, le drame, la haute comédie. On se souvient à quel point de vérité — accent, geste, attitude et jusqu'au moindre tic — Saint-Germain, quand sa voix le permettait encore, poussait le talent d'imitation : on voit donc Zozo, dans ses langes, donnant Numa, Mélingue, Samson... et après chaque tirade, retombant à six mois, tétant son pouce comme du lait. — Après lui Titi-Scott, oubliant sa tartine et devenant Zéphoris, du Théâtre-Lyrique, chantait le grand air de *Si j'étais roi!...*

Bilboquet rassuré sur l'avenir de ses mioches, la Muse transporte toute la bande dans le royaume de Siam, Siam mis ici pour Mont-Parnasse. On se présente au palais; l'intendant de la cour, Gro-gno-né-li, reçoit fort mal la troupe nomade et veut la faire chasser. Bilboquet se fâche et, de son bâton, rosse Gro-gno-né-li comme un simple Polichinelle. On est perdu!... mais le Prince s'avance, ou plutôt l'on s'avance vers lui, car le Prince, c'est le Public; Public auquel la Muse, en peplum rose sur blanche tunique, couronnée de verveine, armée de sa baguette d'or, adresse le couplet de la fin :

PRINCE,

Celle qui vous salue est une jeune Muse,
La Muse des Fanfans, — titre qui vous amuse,
Mais qui n'explique pas les rapports singuliers,
D'une fille du Pinde avec des écoliers. —
Souffrez donc qu'en deux mots je conte notre histoire :
Un jour que je planais sur certain champ... de foire,

AVANT-PROPOS

J'aperçus Bilboquet, vieil enfant des Beaux-Arts,
Réduit au triste sort d'allaiter des moutards.
De Phœbus-Apollo je ne suis pas la fille
Pour rien; de Bilboquet j'adoptai la famille,
Et voulus à mon tour, leur donnant mes leçons,
Comme mes doctes sœurs avoir mes nourrissons.
Nous avons commencé; déjà de l'opérette
A mes jeunes auteurs j'ai donné la recette;
L'un tourne les couplets, l'autre y met les flons-flons,
Et... ce sont bien mes fils... de petits Apollons.
Puis, suivant leurs moyens ou sérieux ou drôles,
Entre mes débutants je partageai les rôles.
Le public seul manquait, Prince, mais votre nom
A traversé les mers; vous avez le renom
D'un généreux Mécène, et, dans votre royaume,
Nous sommes accourus avec *Papa Fantôme;*
C'était notre opérette, et, pour qu'à tout instant
La pièce pût s'offrir au public palpitant,
Avec nous en tout lieu nous portions un théâtre,
Non de ces lourds bâtis de pierre, fer ou plâtre,
Mais de quatre bâtons couverts de calicot.
Il nous servait en route à payer notre écot;
Nos chansons acquittaient la dette, et chaque ville,
Contente du marché, nous donnait un asile.
Nous sommes moins heureux ici; vos intendants
Loin de nous accueillir nous ont montré les dents;
Bilboquet s'en offense et, confondant les rôles,
Permet à son bâton d'errer sur leurs épaules.
Que va-t-il devenir? Il n'a pas eu raison,
Et je crains fort pour lui qu'il ne couche en prison.
   Soyez notre recours; qu'une bonne parole
Le sauve des verrous?... — Instruit par cette école
Et protégé par vous, il jugera prudent
De s'élever lui-même au rôle d'intendant.
Sur un sol abrité d'une bonne patente
Près de votre palais il plantera sa tente;
Là, bravant les censeurs au regard de travers,
Ses acteurs enfantins balbutieront leurs vers.
Encouragez les jeux de leur troupe folâtre,
Prince, en venant parfois visiter son théâtre,
Et, pour mettre le comble à ses vœux triomphants,
Applaudissez un peu les pièces des Fanfans.

Ainsi présentée, et certaine du bon accueil des

« Siamois », la troupe se préparait à donner sans retard le spectacle d'ouverture : *Un nœud de cravate,* opérette en un acte, suivie de *Quintin Metzis,* pièce sérieuse en deux tableaux.

Mais pour cette dernière, comptant six personnages, des figurants assez nombreux et des décors un peu complexes, on dut reconnaître que la scène manquait d'espace et de profondeur, et se borner pour le moment aux pièces, qui, comme *Un nœud de cravate, Dame Isabelle, Papa Fantôme,* étaient très simples à monter.

Les répétitions marchaient grand train, et en même temps d'autres études qui augmentaient la troupe d'un nouveau personnel. Les amis du quartier qui, dès le premier jour, s'étaient si bien prêtés à installer le théâtre, lui continuaient leur intérêt et même leur concours effectif. Assistant aux répétitions, parfois y prenant part comme aides ou figurants, ils se trouvaient tout engagés et même très excités à jouer eux-mêmes « pour de bon ». Souvent, quand les « professionnels », leur pièce répétée, laissaient la scène libre, les autres y montaient, s'exerçant entre intimes, tour à tour acteurs ou public. Sur une donnée quelconque, comique ou dramatique, on improvisait une action, parlée ou seulement mimée, fantaisie à outrance, allant de la plus grosse farce jusqu'au tragique le plus macabre.

Dans ces essais se révélaient de remarquables aptitudes, et même, chez quelques-uns, un vrai don pour la pantomime : Gassies pour Arlequin, Lurat comme Pierrot, Émile Lamé-Cassandre, Pillaut-le

Capitan, Paul Vernier-Colombine, etc., etc. De là l'idée de joindre au « répertoire » des Fanfans la pantomime dite italienne, modernisée au goût du jour.

Georges Gassies se charge du « monstre »; cela est tôt fait, et l'œuvre : *Le Nez de l'invalide* — un nez d'or, s'il vous plaît — lu devant « le comité », obtient un succès d'enthousiasme; Arlequin a le génie du genre. Sans retard on met en scène; mais, aux répétitions, le monstre, déjà fort pour son âge, se développe encore; chacun, même le père, dans l'entraînement du jeu, y ajoute une oreille, s'entend une scène, un effet. On devient ambitieux, on rêve de décors superbes et compliqués, de changements à vue, de trucs, etc., et bientôt, comme pour *Quintin Metzis*, il devient évident que le théâtre actuel sera insuffisant.

Qu'à cela ne tienne; dans la même rue, à quelques pas plus haut, l'atelier de Gustave Droz offre la place voulue et une disposition permettant tout ce qu'on souhaite. En quelques jours la nouvelle scène est dressée, décorée, machinée, etc., non scène rivale, mais seconde; la jeune troupe, très renforcée, a ainsi deux théâtres, où les représentations vont pouvoir alterner; le théâtre des Fanfans, qui garde le nom « social », annonce pour le 6 mars (1858) la reprise de *Midas*, et le théâtre Droz *le Nez de l'invalide* pour le 13 du même mois.

La musique de *Midas* ayant reçu depuis la « première » un assez grand développement, le rôle de Catogan est cette fois confié à Scott, et celui de Phaloë à Mlle Victorine Moreau, sa camarade au

Théâtre-Lyrique. — Le public était celui que nous avons déjà indiqué, augmenté d'invités nouveaux, parmi lesquels Planat, Edmond About, Taine, Lorédan Larchey, Duplessis, Villemot... — Planat, qui allait bientôt, en 1863, fonder *la Vie parisienne*, déjà bien connu par son fin crayon sous le nom de Marcelin, donnait le 9 mars, dans *le Journal amusant*, un grand dessin de première page représentant le théâtre des Fanfans au moment du rappel des acteurs de *Midas*.

Quant à la représentation du 13, *la Revue anecdotique* de Lorédan Larchey et Georges Duplessis, dans le numéro du 10 au 20, en donnait ainsi le compte rendu : « Le théâtre de M. Gustave Droz, dont nous avons déjà constaté la vitalité, vient de donner un nouveau coup d'épaule à la régénération de la pantomime. Le samedi 13 mars, on y fêtait la *première* d'une arlequinade en trois tableaux, sans compter les feux de Bengale. *Le Nez de l'invalide* — ainsi se nomme la pièce — fait le plus grand honneur à M. Gassies, un maître acteur nourri dans les saines traditions funambulesques. Une intrigue remplie d'imprévu, des coups de théâtre magnifiquement amenés, d'heureux anacréontismes, des costumes à rendre Delphine Baron jalouse, ont fatigué d'un bout à l'autre les mains (traduisez *battoirs*) d'un auditoire éminemment artistique et se piquant de délicatesse en ce qui concerne l'appréciation de la mise en scène. Les acteurs ont joué comme un seul homme ; en voyant ces mimes émérites, il eût été difficile de reconnaître un peintre de genre sous le coquet ajustement de Colombine, un paysagiste sous le masque d'Arlequin, un sculpteur sous le bicorne de l'Invalide, et dans Cassandre l'auteur d'une des plus jolies nouvelles qu'ait publiées la *Revue de Paris*.

« Un bal et un souper ont succédé à la représentation, qui a réuni près de cent cinquante personnes. »

La *Revue anecdotique* du 20 au 31 revenait sur cette soirée : « Place aux remords de conscience ! Les théâtres de société nous font penser à réparer un funeste oubli. Dans notre dernier compte rendu du *Nez de l'invalide*, nous n'avons pas soldé à MM. Fauvre et Lurat le tribut élogieux qui leur était dû ; M. Fauvre est un Levassor au petit pied pour lequel la science des intermèdes comiques n'a plus de secrets : M. Lurat nous a rendu Debureau avec toute sa grâce et sa force, son esprit et sa naïveté. »

Peu après, la troupe des Fanfans, ou du moins trois de ses protagonistes, étaient appelés à jouer sur une scène publique. Même Revue, même numéro : « Salle Herz. — Un charmant proverbe de M. André Lazare, — pseudonyme qui ressortit trop à notre juridiction pour ne pas être dévoilé (1), — a clos, dimanche 21 mars, le concert donné par M. Émile Laurent. Mlle Savary et Saint-Germain, des Français, plus une accorte soubrette dont nous ignorons le nom, ont bien voulu interpréter ce petit acte, dont le seul défaut est d'être trop fin, trop distingué (2) pour le public bourgeois des concerts du dimanche. »

Ce même proverbe était de nouveau représenté le

(1) M. Adolphe Môny.
(2) Ce n'est pas l'auteur qui parle. (Note de l'édit.)

6 mai, avec *les Oreilles de Midas*. — *Revue et Gazette des théâtres* du dimanche 9 mai : « Jeudi dernier a eu lieu à la Salle Lyrique de la rue de la Tour-d'Auvergne une solennité musicale et dramatique. Après avoir applaudi la voix charmante de Mlle Claire Granger, l'excellent jeu de M. Lebrun dans un concerto de violon d'Allard, et les chansonnettes de M. Fauvre, nous avons entendu : le *Premier quartier ou Ce que femme veut*, proverbe par M. André Lazare, jolie pièce qui exhale un aimable parfum de distinction, jouée par la Comédie française dans la personne de M. Saint-Germain et de Mlle Savary et par Mlle Marie Marchand, et a eu sa part méritée de succès. Le spectacle a fini par *les Oreilles de Midas*, opérette du même auteur, musique de M. Jules Boucher. Voilà un franc succès de gaieté et d'entrain. La pièce, d'un comique achevé, est soutenue par une musique originale, pleine de verve et d'imagination. Nous voudrions être directeur de théâtre pour nous emparer de ce succès-là ; mais pourrions-nous remplacer le jeu de Saint-Germain dans Midas ? J'en doute, et nous aurions peine à trouver de plus belles épaules et de plus beaux yeux que ceux de Mlle Claire Granger. M. Fauvre a joué d'une façon très distinguée un rôle très difficile, et le bénéficiaire, M. Davoust (de l'Opéra-Comique) est un Silène fort agréable. »

Le 3 juin de la même année c'est aux Folies-Dramatiques que se donne la quatrième représentation des *Oreilles de Midas*.

Cependant d'autres soirées intimes se continuaient

de temps à autre sur les deux théâtres de la rue de l'Ouest, ainsi que la préparation de pièces déjà citées.

Mais un troisième théâtre privé se dressait pour la troupe, qui allait émigrer de Mont-Parnasse à Montmartre, sous les auspices dorés d'un riche imprésario, un ami de Gustave Droz, ami, par suite, de ses amis, un peu peintre, musicien surtout, passionné de théâtre et possesseur d'une belle fortune, ce qui est fort utile pour jouer la comédie chez soi ; enrôlé dans la troupe et voulant faire mieux qu'elle n'avait fait encore... — Mais la parole est à M. Lorédan Larchey, *Courrier de Paris* (3 avril 1859) — Chronique parisienne :

« Lundi je me trouvais convié à une représentation unique en son genre, — une véritable fortune dramatique, éclose dans les parages de la rue Fontaine-Saint-Georges. Il s'agissait de la mise en scène d'un conte drolatique de Balzac.

« Grâce aux illustrations de Doré, la foule a payé à cette partie des œuvres du maître romancier le tribut d'admiration qu'elle mérite. Beaucoup de mes lecteurs doivent donc connaître *la Belle Impéria*, c'est-à-dire le premier en date, et aussi l'un des plus populaires des *Contes drolatiques*. C'est, ils le savent, une variation pittoresque sur ce refrain toujours jeune : *contentement d'amour passe richesse*. — Seulement le proverbe a dû être accommodé aux gros appétits du moyen âge. La belle Impéria est une Aspasie tant soit peu dégénérée, ce n'est pas encore une Marguerite Gautier. Nos Manons poitrinaires pourraient tenir dans un seul pli de sa robe de brocart, à cette forte femme qui a le parler franc, le verbe haut, et dont le ressentiment est, comme l'amour, toujours prêt à tuer son homme. A cette Cléopâtre qui fait trotter les plus gros seigneurs, il ne faut pas un chevalier romanesque, mais bien de bons petits clercs tout épanouis, tout brillants d'une santé rougeaude, et sentant leur matérialisme jusqu'au bout des ongles. Quant aux trésoriers de ses folies amoureuses, ce sont des protecteurs bourrus et colères, même dans leurs tendresses, ne regardant pas à faire passer au travers du corps d'un rival toutes les guisarmes de leurs estafiers ; leurs passions brutales n'ont pas trop pour être tenues en bride d'une aussi rude compagnonne. Avec la belle Impéria donc, nous assistons à l'éternel triomphe de Dalila sur les Samson du quinzième siècle.

« Si je me suis ainsi perdu en réflexions préliminaires, c'est afin de faire mieux sentir toute l'étrangeté d'une pareille tentative. Drolatique était le sujet, drolatique a été sa mise en action. — N'est-ce pas le plus bel adjectif que notre éloge puisse décerner à M. Émile Lamé, dont la plume a déjà vaillamment fait ses preuves à la *Revue française* et à l'ancienne *Revue de Paris* ?

« Un mot maintenant de l'exécution : ses difficultés très réelles ont été vaillamment et victorieusement abordées par une pléiade d'artistes volontaires, où nous avons distingué un paysagiste, deux peintres de genre, un littérateur, un graveur sur bois, un Hippocrate qui sculpte et qui fait des pièces à ses heures de loisir, et enfin l'amphytrion lui-même, —

un maître de maison charmant, et sachant se grimer comme s'il voulait dissimuler jusqu'au bout son titre imposant de millionnaire.

« Après *la Belle Impéria,* est venue une pantomime en deux actes très rondement joués, *Pierrot en Andalousie.* — Ici une mention spéciale à M. Lurat; il semble avoir pour mission de régénérer en France la race des Gilles, — une race qui s'éteindra si l'on n'y prend garde.

« Pour être juste, parlons aussi du théâtre, — un théâtre de fée, bâti pour vingt-quatre heures, comme s'il devait durer mille et une nuits, — avec sa toile, ses décors, son nombreux orchestre, ses costumes splendides, son amphithéâtre de spectateurs rehaussé par un triple rang de brillantes toilettes. La longueur de chaque entr'acte semblait n'avoir été ménagée que pour donner une direction nouvelle aux appétits de l'assemblée, où se remarquaient une bonne partie de nos célébrités artistiques et littéraires. A chaque minute, le rideau soulevé à demi laissait déborder dans la salle une véritable invasion de rafraîchissements, des avalanches de petits fours, des montagnes de glaces multicolores. — Un ours blanc d'excellente tenue offrait des bouquets aux dames. »

Dans *l'Audience* du même jour, Revue des Théâtres, par Jacque : « Nous allons, s'il vous plaît, quitter l'Odéon et transporter nos pénates rue Fontaine-Saint-Georges. C'est là que M. Granger, oubliant pour quelques jours sa palette et ses pinceaux, s'est fait auteur, acteur et directeur de théâtre. Son atelier, grâce à l'excellent goût de M. David, jeune architecte plein d'avenir, a été transformé en une salle d'une fraîcheur et d'une organisation merveilleuses. On attendait sans impatience les trois coups sacramentels en regardant les peintures du rideau, de M. Paul Vernier. C'était un ravissant prélude de fête, et tous les yeux étaient déjà charmés quand la toile se leva.

« Nous sommes en plein moyen âge, dans la ville de Constance, à l'époque de ce fameux concile qui condamna Jean Huss au bûcher. Ce n'est pas au martyre de cet hérétique qu'on nous fait assister ; la scène est ailleurs, dans l'antichambre d'une célèbre courtisane, qui cherchait, dit-on, à racheter par de pieuses pratiques ses désordres et son mépris de la morale. Les partisans de Jean Huss prétendent qu'on voyait chez elle ceux même qui avaient prononcé la sentence de mort contre le réformateur. L'esprit de secte est si méchant ! Aussi trouvons-nous la courtisane entourée d'un cercle de *têtes chauves*, à travers lesquelles se glisse un jeune blond rose et frais, qui l'emporte sur tous. La toile tombe sur le bonheur de ce bel amoureux.

« Il y a dans ce petit acte, imité d'un conte de Balzac, un esprit de saillie, une verve, un entrain, qui ont gagné tout l'auditoire. Il faut être artiste pour jouer ainsi, pour rendre avec autant de perfection les détails de costumes et de forme, pour faire sentir les plus délicates nuances de chaque chose. Ici, les groupes, l'attitude, les gestes, les physionomies, tout parlait. C'était la vérité dans l'art.

« Mme Laure a fait revivre ces courtisanes d'un autre temps, folles comme les nôtres de leur beauté, faisant métier de leurs charmes, mais mieux que les nôtres peut-être, sachant déguiser la honte et repousser l'ignominie. M. Lamé, auteur de la pièce, étalait la fière grandeur et l'air d'autorité absolue propres aux gens d'épée du moyen âge; M. Granger, la mansuétude et l'onction particulières aux *gens de robe;* M. Paul Vernier a le brio et la folle joie qu'exigeait son rôle d'amant heureux de la courtisane, et M. Droz est superbe d'arrogance et d'ambition vantarde.

« De la comédie nous passons à la pantomime; de Constance nous voici en Andalousie, dans une ville dont la mer baigne les murs. Nous voyons Pierrot se livrer aux douceurs de la pêche, en attendant que la belle Colombine veuille bien se pencher à sa fenêtre et lui envoyer un baiser d'amour. Il a pour rivaux Arlequin et Neptune sortant des ondes. Mais tandis qu'inquiet et jaloux, Pierrot surveille son amante, une brûlante Espagnole cherche à gagner son cœur.

« Cette pantomime de M. Gassies, paysagiste, a obtenu un succès d'enthousiasme. C'était à qui poserait le mieux de tous ces artistes amoureux de la forme. Chacun luttait de grâce et de vérité. M. Lurat surtout a fait merveille dans le rôle de Pierrot; il a eu les honneurs de la soirée. Gérôme lui-même a paru très satisfait de la manière dont est tombé Pierrot, lors de son duel avec Arlequin.

« M. Paul Vernier, si charmant dans le jeune amoureux de la courtisane, a été plus charmant encore sous les traits de la belle Espagnole. M. Môny, en sa qualité de dieu des eaux, s'est permis de parler en vers qu'on a fort applaudis, et dont il s'est avoué l'auteur, sans croire déroger à sa céleste origine. La musique, attirée par la poésie, a mis le comble aux plaisirs de la soirée. Si l'on en croit des bruits de coulisse, cette musique serait fille de l'amphytrion.

« Enfin, dieux et mortels ne se sont quittés qu'après valses et galops, aux accents d'un formidable orchestre, où Gustave Doré improvisait des accompagnements sur le violon, et Harpignies sur la contre-basse. La fête a été couronnée d'un festin fabuleux, au milieu des jardins d'Armide. »

Dans le *Courrier du dimanche* du 10 avril, Chronique théâtrale, par Félix Duc : « Il est assez probable, ami lecteur, que vous ne connaissez pas le théâtre de la rue Fontaine-Saint-Georges. J'en suis fâché pour vous, et je le regrette d'autant mieux qu'il est trop tard maintenant pour faire sa connaissance. Le théâtre n'existe probablement plus à cette heure; les artistes improvisés qui composaient la troupe sont rentrés dans la vie privée et ont repris palettes et pinceaux.

« Imaginez-vous un magnifique atelier au fond duquel se dressait un théâtre en miniature; un véritable bijou de théâtre, blanc et or, frais et pimpant, couvert de fleurs et d'arabesques, et décoré avec ce goût plein d'une originalité qui n'appartient qu'aux vrais artistes. Chacun des acteurs lui avait apporté le tribut de sa brosse, chacun lui avait donné son coup de pinceau. La toile représentait un verdoyant paysage où s'ébattaient Pierrot, Arlequin et Colombine, et sur le devant un superbe angora de grandeur naturelle fixait la salle de ses yeux verts, en faisant gros dos.

« Le public d'ailleurs eût suffi, à lui seul, pour former le plus étrange spectacle du monde. C'était un singulier pêle-mêle de peintres, sculpteurs, hommes de lettres, artistes de tout genre, confusément groupés sur des banquettes en gradins. Dans un coin, Préault le sceptique philosophait avec Taine; tandis que Gustave Doré, dressant sa crinière mérovingienne, semblait narguer le crâne demi-chauve du bon Henri Murger. Dans un coin se dessinaient les profils de Gérôme et de Jules Rigo; et l'on apercevait çà et là dans la foule Marcelin, le spirituel caricaturiste, Bourdin, Eugène Philippon, Hector Crémieux, etc.

« C'est le lundi 28 mars qu'a eu lieu sur le théâtre de la rue Fontaine la première et la dernière représentation de *la Belle Impéria*, comédie en un acte, tirée des *Contes drolatiques* de Balzac, suivie de la première et dernière représentation de *Pierrot en Andalousie*, pantomime en deux tableaux.

« A dix heures la toile se levait au milieu d'un religieux silence, qui faisait singulièrement contraste avec le tapage infernal des entr'actes.

« Alors nous avons vu s'animer et défiler sous nos yeux tous les personnages que Balzac a mis en scène dans le conte de *la Belle Impéria* : — Voici venir d'abord Philippe de Mala, rouge comme une *nuict de noces* et *l'œil goulu d'amour :* puis ... (suivent les autres rôles.) Rien n'y manque; l'auteur a même ajouté pour les besoins de sa pièce deux personnages épisodiques : le hallebardier Herman et le roi de Bohême.

« La pièce est intéressante et très habilement faite.

M. Émile Lamé, pourquoi ne point le nommer? a tiré parti du conte de Balzac, qu'il a suivi avec la plus grande exactitude, s'appliquant à ne modifier que les détails inadmissibles à la scène. Il s'est servi, autant que possible, de ce bon vieux français rabelaisien, si vigoureusement expressif, que Balzac s'était efforcé de ressusciter dans ses contes, et qui nous fait si bien sentir la pauvreté et l'insuffisance de notre langue moderne. Il a mêlé parfois son esprit à celui de Balzac; et nous croyons lui adresser un grand compliment en lui disant que l'un ne faisait pas tache à côté de l'autre.

« Les acteurs ont joué, non pas en conscrits qui affrontent pour la première fois le feu de la rampe, mais en comédiens consommés; et pour être juste, il faudrait nommer tout le monde.

« Toutefois, réservons une mention particulière pour Mlle Laure, ex-artiste du Vaudeville, qui a rempli d'une façon tout à fait remarquable le rôle d'Impéria. C'est une fort belle personne, belle d'une luxuriante beauté que relevait encore l'éclat de son costume brodé d'or. Elle a réalisé l'idéal que Balzac a dû rêver quand il a créé le type de la belle Impéria. Sa voix est douce et bien timbrée; sa diction est fine, spirituelle et ne manque pas de mordant; ce n'est certainement pas là une actrice ordinaire, c'est une véritable artiste et une comédienne d'avenir.

« Je n'essayerai pas de donner ici une analyse de *Pierrot en Andalousie;* ce serait chose impossible. C'est un pêle-mêle, un tohu-bohu, un va-et-vient qui ne peuvent se décrire. Il y a de tout dans cette pièce, c'est un véritable salmigondis : des combats, des danses, des conspirations, des coups de pied... là où on les donne dans la pantomime; voire même de la poésie. — Comment de la poésie? — Que vient-elle faire dans cette bagarre? — Rassurez-vous, ami lecteur, elle est à la hauteur de la circonstance; c'est de la poésie de carnaval, pleine d'humour et de verve, et voici à quel propos elle arrive : Pierrot, ayant jeté sa ligne à la mer, accroche avec son hameçon le dieu Neptune, et le ramène sur le rivage. Celui-ci profite de l'occasion pour lui débiter, *ex abrupto*, une tirade qui tient le milieu entre le récit de Théramène et l'histoire racontée par Giraffier dans *les Deux Aveugles*.

« Faute de pouvoir la citer en entier, nous nous contenterons de transcrire ici quelques fragments de cette épopée burlesque :

NEPTUNE, *au public*

Je suis le Dieu des flots et le Dieu des merlans.
Jupin et moi, nous nous partageons la nature ;
Si Jupiter a l'air, les fleurs, les cerfs-volants,
Moi j'ai les Alcyons, Trouville... et la friture !
Je protège les arts humides : la peinture
De marine, à la colle, et la littérature
De *Jean-Bart*, du *Corsaire* et du *Fils de la nuit* ;
Je règne sur l'Attique, et le homard... non cuit :
Aux petits porteurs d'eau je donne la pâture ;
On m'appelle Neptune, et, depuis six mille ans,
J'aime les Auvergnats, l'Institut et l'eau pure...
Je suis le dieu des flots et celui des merlans.

(A *Pierrot*.)

Oublions le passé !... Les vents et la fortune
M'emportèrent fort jeune aux bords de l'Hélicon.
— Un soir que, vers ses flots, seul, au clair de la lune,
O mon ami Pierrot, je vidais un flacon,

Ou deux, de punch Grassot, vu la température,
Au cabaret du coin... tout à coup, la nature
Se trouble, sans avoir prévenu Babinet,
Et je vois devant moi ce mort sans sépulture
Qu'on nomme Ahasvérus et que chanta Quinet!
Cependant les rochers secouaient leurs fronts chauves,
Et les vierges disaient, au fond de leurs alcôves,
Est-ce César qui meurt ou Saint-Victor qui naît?...
 Colombine!!!... Ah! Pierrot, je vois que tu t'étonnes
Que le cœur d'un vieux dieu se laisse ainsi toucher,
Et pourtant, n'est-il pas fréquent que les automnes
Soient plus chauds que les mois où fleurit le pêcher!!
Tu m'écoutes, Pierrot, avec mansuétude,

(Pierrot bâille.)

Mais je crois deviner à tes trente-deux dents
Que tu n'as pas assez d'esprit ou d'habitude
Pour remplir sans bâiller l'emploi des confidents.
Je te délivre donc de ce rôle stupide,
Adieu; je vais conter mon histoire... limpide
A monsieur Scribe, afin qu'il en tire parti
Dans l'opéra qu'il fait avec Palianti.

« Le rôle de Pierrot était rempli par un jeune graveur de mérite, M. Abel Lurat, qui a un talent de premier ordre comme mime. C'est bien là le vrai Pierrot avec sa figure mobile et ses grands yeux étonnés, son esprit naïf et sa bêtise spirituelle. M. Lurat peut, très certainement, prendre place entre Paul Legrand et Débureau.

« Colombine, Arlequin, Cassandre, Neptune se sont fort bien acquittés de leur rôle. N'oublions pas non plus Mercédès, la charmante danseuse espagnole, à l'œil fripon, à la hanche provocante, qui, nous assure-t-on, n'est autre qu'un jeune paysagiste dont les tableaux figurent à l'Exposition.

« Cette pantomime était d'une gaieté folle, et le public riait à se faire éclater les côtes, tandis que Mercédès. Colombine, Pierrot, Arlequin et *tutti quanti* se démenaient, cascadaient, dansaient et se trémoussaient à jambes déployées, sur les airs nouveaux parfaitement exécutés par un orchestre de huit à dix musiciens.

« La musique de la pantomime avait été composée par le maître de la maison, un homme d'esprit qui manie également bien le pinceau et l'archet, et trouve encore le temps d'être le plus aimable amphytrion du monde. Mais voici de l'indiscrétion ; bien des gens vont le reconnaître, et j'avais promis de ne pas le nommer. »

En janvier 1860, *A travers les Alpes ou le grand triomphe remporté par M. Passe-Partout sur le farouche ours de Berne* est représenté chez M. Eugène Flachat. — Soirée intime où la famille et les amis de M. Flachat célébraient son projet de percement des Alpes. — Les acteurs étaient ses enfants, et de leurs jeunes amies ; le théâtre, de M. Émile Trélat ; l'affiche-programme, avec illustrations, d'Alexandre Protais ; décors de Théodore Robin ; musique de Lucantoni.

Quelque coquet que fût le théâtre de l'atelier de la rue Fontaine-Saint-Georges, il n'était pas fait pour durer ; Alfred Granger, nous l'avons dit, rêvait mieux et plus grand. — Tandis qu'il composait la musique d'un opéra-comique en trois actes, — dont le livret, demandé par lui à l'auteur de ce recueil, était l'adaptation d'une pièce italienne du seizième siècle, *le Philosophe*, de l'Arétin, il faisait établir dans son hôtel des Champs-Élysées une salle spéciale et une scène qui devaient être permanentes, et dont, en 1861, l'inauguration... mais laissons dire M. X. Feyrnet (*Illustration* du 4 mai, Courrier de Paris) :

« M. Granger prie M.*** de lui faire l'honneur de
« venir passer la soirée chez lui, le vendredi 26 avril.

« On jouera la comédie.

« Lever du rideau à huit heures et demie très pré-
« cises.

« 57 *bis*, rue du Chemin-de-Versailles (Champs-Ély-
« sées).

« Ce billet ressemble à tous les billets d'invitation, et il était permis à ceux qui le recevaient, d'une main qui ne se trahissait pas, de s'imaginer qu'on les priait à quelque petit proverbe joué entre deux paravents, dans un salon de vingt pieds de long sur quinze pieds de large. Ces mots « lever du rideau » pouvaient bien donner à penser aux gens peu au courant de la comédie bourgeoise qu'il y avait un rideau, mais il eût été imprudent de faire grand fon sur cette expression, qui n'est trop souvent qu'un pure métaphore.

« Quelques-uns des invités partirent donc pour l rue du Chemin-de-Versailles, sans trop compter sur de merveilles. Arrivés au terme du voyage, ils se sentire agréablement disposés en entrant dans la cour d'u fort bel hôtel tout neuf. A travers les soupiraux d'u sous-sol, d'où s'élevaient des parfums que Brilla Savarin eût loués, ils apercevaient un grand mouv ment de marmitons qui allaient et venaient, roug et effarés. Cette activité dans les cuisines, ces se teurs gastronomiques annonçaient assez que le proverbe serait nourrissant.

« Rassurés par ces présages favorables, les plus défiants montaient d'un pas léger l'escalier qui conduit aux appartements; à peine en avaient-ils franchi le seuil qu'ils s'arrêtaient surpris, éblouis, ravis. Imaginez-vous une salle haute et vaste, construite dans le style propre à l'architecture romaine, et couverte de peintures copiées sur les fresques de Pompéi. Rien de plus gai, de plus frais, de plus riant; ce sont des frises remplies d'oiseaux, de daims, de cerfs, de béliers, de lions et de panthères; des encadrements et des chapiteaux polychromes; des paysages aux feuillages légers et aux couleurs claires; des masques aux grimaces comiques; de grandes figures de muses à l'attitude calme, au regard tranquille. Du plafond descendent quatre grands lustres de bronze; des gradins s'élèvent depuis l'orchestre jusqu'au fond de la salle, et, sur ces gradins, cent femmes en éblouissantes toilettes sont assises; sans un trop grand effort d'imagination vous pourriez les prendre pour des dames romaines, aux camées qui retiennent leurs robes, aux pierres gravées qui ornent leurs doigts, à leurs cheveux enfermés dans des résilles de perles, ou s'échappant en boucles nombreuses d'un peigne d'or. Les hommes, il faut l'avouer, nuisent un peu à l'illusion, mais rien n'empêche, si ce n'est la vérité chronologique, de voir en eux des Romains déguisés en Parisiens, et l'imagination se soucie bien de la chronologie, vraiment !

« Quelque chose pourtant gâte l'aspect de cette salle

splendide. Le rideau de la scène est d'une pauvreté qui jure avec toutes ces magnificences; un rideau de toile grise! L'idée est singulière.

« Mais chut! trois musiciens se placent à l'orchestre; ils ont le costume classique d'aveugles du pont des Arts : un costume qui n'est pas riche.

« Les voilà qui soufflent et qui raclent. Bon Dieu! quelle cacophonie! Est-il vraisemblable que trois musiciens puissent faire autant de fausses notes? Ah! le rideau, l'affreux rideau se lève, on respire. C'est le prologue : la scène se passe à la campagne. Un jeune homme bien vêtu s'approche de la rampe et adresse la parole aux musiciens. Bon! j'y suis, c'étaient des musiciens pour rire. Le jeune homme est un imprésario. Arrivent bientôt un régisseur, un roi, un confident et des gardes, et l'on se met à jouer une tragédie; au bout de dix vers tous les acteurs sont frappés d'imbécillité. Survient la Fantaisie, vêtue d'azur, et court vêtue, fraîchement débarquée de l'étoile polaire, et suivie de Pierrot, d'Arlequin, de Cassandre et de Colombine; elle prononce l'arrêt de mort de la tragédie, et chante son propre éloge sur un ton assez peu modeste, mais en vers si spirituels, si lestes, si pimpants, si joliment troussés, qu'on ne peut lui en vouloir, et qu'on l'applaudit sans respect pour le malheur de cette pauvre tragédie qui ne souffle mot.

« Cependant la scène change à vue : le paysage terne, ennuyeux, monotone de la réalité s'efface comme par enchantement; le paysage de la fantaisie apparaît avec ses horizons bleus, son ciel rose, ses feuillages d'émeraude, ses fleurs de rubis et ses fruits de diamants ; soudain la clarté d'une flamme de Bengale illumine ce monde féerique, et le rideau tombe, le vrai rideau cette fois, tout ruisselant d'argent, de pourpre et d'or.

« Une demi-heure après, il se relève sur une place de Venise ; un décor à plonger dans les rêveries sans fin tous ceux qui ont vu la cité unique dans le monde, et qui ont conservé dans leur souvenir attendri sa douce et charmante image. Pendant l'entr'acte, l'orchestre s'est rempli d'artistes excellents, qui ont joué une ouverture très vive et très gracieuse.

« Donc nous sommes à Venise, non dans la Venise autrichienne, mais dans la Venise folle, amoureuse et masquée du quatorzième et du quinzième siècle. Un philosophe, sa femme, un spadassin, une aventurière, un aventurier, un garçon apothicaire et un bon bourgeois, voilà les personnages ; pas le moindre major en culotte gris-perle, à bottes molles, à sabre traînant. Deux heures et trois actes durant, bourgeois, garçon apothicaire, aventurier, aventurière et spadassin, monsieur le philosophe et madame sa femme, représentés par les acteurs du Théâtre-Lyrique, disent, chantent et font, avec un entrain qui ne se ralentit pas un moment, les choses du monde les plus comiques, les plus grotesques, les plus invraisemblables, les plus fantaisistes qu'on puisse imaginer. Cependant, le machiniste ne perd pas son temps : le ciel, d'une sérénité admirable d'abord, se couvre vers la fin du premier acte ; au second la nuit se fait, et la lune monte dans le ciel purifié ; elle poursuit, pendant le troisième, sa tranquille carrière. Dans les entr'actes, les spectateurs ont lieu de se convaincre que les marmitons du sous-sol ne se démenaient pas pour rien.

« A une heure, le rideau tombe pour la dernière fois.

« Vous savez maintenant à quoi vous en tenir sur la soirée de M. Granger. M. Granger n'est ni banquier, ni commerçant, ni chef de bureau, ni militaire, ni député; c'est tout bonnement un jeune homme qui ne fait rien, frère jumeau, si je ne me trompe, de celui que M. Legouvé a mis sur la scène; c'est-à-dire qu'il dépense noblement une grande fortune. Je crois même qu'il a un avantage sur M. Verdière : celui-ci chante à merveille la musique des autres; M. Granger compose celle que les autres chantent; c'est lui qui a écrit la partition vive, gaie, mélodieuse et très suffisamment savante de l'opéra-comique représenté sur son théâtre et dont M. Adolphe Môny, auteur du prologue que je vous ai conté, a écrit le libretto.

« Pour que son luxe lui fût doublement cher, M. Granger a voulu que ses seuls amis en fussent les artisans : un ami, M. Ludovic David, a donné les plans de l'hôtel; un autre, M. Chauvin (qui a décoré la maison romaine de S. A. I. le prince Napoléon), a peint les fresques de la salle de spectacle; un troisième, M. Gustave Droz, fils du sculpteur dont les beaux bustes ont été souvent admirés, a exécuté les grandes figures des Muses, qui révèlent une intelligence très sûre de l'antiquité et une remarquable habileté de main. »

Plus de deux mois après cette représentation, *le Monde illustré* (29 juin) parlait du théâtre Granger dans sa chronique musicale. M. Albert de Lasalle, au début de cet article, intitulé : *Deux nouveaux théâtres lyriques*, résume d'abord en quelques mots, qu'il nous a paru intéressant de reproduire ici, l'histoire du théâtre de société pendant un siècle et demi.

« On a beaucoup joué la comédie et l'opéra de salon durant ce dix-huitième siècle si merveilleusement habile à jouir de tous les plaisirs secondés par tous les arts à la fois. Il était du dernier goût, dans ce temps de perpétuel festoiement, de donner chez soi des représentations théâtrales où l'on exhibait, à l'état de primeurs, les compositions destinées à être jugées plus tard par le public. Et ce passe-temps délicat était alors si recherché que tout grand seigneur ou toute courtisane qui se piquait d'être du bel air, ne manquait point d'installer dans son hôtel une salle de spectacle où, certains soirs, étincelaient les dorures, les jolis yeux et les vers du poète à la mode.

« La musique était de ces fêtes, et l'on sait si Rameau profita des violons de M. de la Popelinière, et J.-J. Rousseau de ceux que le roi lui prêta pour faire exécuter son *Devin de village* au château de Fontainebleau. La Guimard possédait deux théâtres, l'un à sa villa de Pantin, et l'autre dans le somptueux palais qu'elle habitait rue de la Chaussée-d'Antin, et que — par parenthèse — on démolit aujourd'hui même pour faire place au nouvel Opéra. On vantait beaucoup aussi les représentations que donnait la duchesse de Bourbon à Chantilly, celles du maréchal de Richelieu à l'hôtel des Menus, celles du duc d'Orléans et de Mme de Montesson à Bagnolet... que sais-je encore? On en pourrait citer jusqu'à demain, afin de mieux montrer par une liste effrayante de noms, de faits, de dates, quelle était, il y a cent ans, la manie du théâtre de société.

« Du reste, les *Mémoires secrets* le disent : « La fureur de jouer la comédie gagne journellement, et, malgré le ridicule dont l'immortel auteur de la *Métromanie* a couvert tous les histrions bourgeois, il n'est pas de procureur qui, dans sa bastide, ne veuille avoir des tréteaux et une troupe.

« Ce goût passa, et c'est à peine si depuis cinquante ans nous pourrions signaler çà et là quelques tentatives vaines pour relever la comédie ou l'opéra de salon; encore il nous faudrait signaler avec plus de complaisance que de justice une masse de petites soirées bourgeoises où les proverbes de Théodore Leclerc épanouissaient leurs grâces pudiques entre deux paravents.

« Pourtant il semblerait qu'on est en train de revenir aux errements du passé et de remettre le théâtre de société sur un grand pied de luxe.

« Depuis quelques semaines nous avons été jusqu'à faire la découverte de deux salles de spectacle généralement ignorées, mais qui ne méritent que mieux qu'on en dévoile les splendeurs. Le mot pourra paraître un peu forcé; il ne l'est point cependant, car je ne connais rien d'éblouissant comme le théâtre que M. Granger vient de se faire construire dans son hôtel de la rue des Vignes (ancien nom). Tout ce que le génie étrusque a su inventer de couleurs opulentes et de lignes bizarrement coupées s'y trouve reproduit avec un sentiment parfait de l'art antique. Pour tout dire, l'auteur de ce bijou est — d'après les renseignements recueillis — l'architecte de la fameuse maison romaine que le prince Napoléon a fait édifier dans l'avenue Montaigne (1). Nous ne regrettons qu'à moitié de ne pas savoir le nom d'un artiste aussi érudit, car ses œuvres sont là qui se chargeront vite de sa réputation, sans qu'il soit besoin que d'autres moyens de publicité soient employés.

« Franchissons maintenant la rampe du théâtre et pénétrons dans les coulisses; d'autres ébahissements nous y attendent. Ce ne sont que trappes, poulies, contre-poids, cordages... le tout monté et installé comme à l'Opéra; c'est-à-dire aussi complet que possible. Avec un pareil matériel on jouerait *les Pilules du diable* et autres féeries à trucs et changements compliqués. Il y a en outre un emplacement plus que raisonnable consacré aux loges des artistes, au foyer et à toutes les dépendances ordinaires d'un théâtre.

« Ce n'est pas tout encore, et M. Granger a poussé plus loin la magnificence; il a composé, pour inaugurer sa salle, un opéra-comique en trois actes, et en a confié l'exécution à MM. Ballanqué, Froment, Wartel, Leroy et à Mmes Moreau et C. Vadé, du Théâtre-Lyrique (2). L'orchestre était celui des Italiens.

(1) Erreur que M. de Lasalle a rectifiée lui-même dans le *Monde illustré* du 6 juillet.
(2) Le prologue était joué par la troupe habituelle, ayant en

« Cette partition, qui avait nom *le Philosophe,* est écrite avec beaucoup de correction et surtout orchestrée avec infiniment de goût et d'élégance dans la disposition des timbres. Ce n'est point une œuvre d'amateur ; aussi avons-nous remarqué parmi les invités de M. Granger un directeur de théâtre qui semblait s'émouvoir particulièrement de cette musique. Comme ce fait a sans doute sa signification flatteuse, nous pouvons remettre à un temps plus ou moins éloigné l'analyse détaillée du *Philosophe.*

« D'ailleurs il nous tarde d'arriver rue Bellefond, où nous sommes convié pour jouir d'une surprise analogue.

« Là encore, nous découvrons un théâtre tout monté, parfaitement orné, éclairé, fourni de tout le mobilier nécessaire et dont on ignorerait longtemps l'existence si nous et nos confrères n'avions résolu d'ébruiter les représentations vraiment supérieures qu'il s'y donne chaque semaine. Car la modestie des fondateurs les a empêchés de songer à des affiches ou à tout autre moyen de publicité. Au surplus ce théâtre n'est point public, et on n'y est admis qu'à titre d'invité ; il fait partie d'un cercle composé d'artistes et d'amateurs intelligents qui ont voulu se donner le royal plaisir du spectacle à domicile et se sont constitués sous le titre de *Société artistique.* Tous les genres y sont admis, depuis le vaudeville jusqu'à l'opéra, et la troupe qui le dessert est composée mi-partie de membres du cercle, mi-partie d'élèves du Conservatoire, d'artistes

tête Saint-Germain (M. Simplice) et par deux autres professionnels : M. Laroche (Lélio) et Mlle Bianca (la Fantaisie).

sans engagement, ou encore d'acteurs des théâtres de Paris, qui viendront y donner des représentations.

« La Société artistique — et c'est là son but le plus méritoire — se propose aussi de patronner les débuts de cette foule compacte de compositeurs qui stationnent à la porte de l'Opéra-Comique et du Théâtre-Lyrique attendant une petite place dans le répertoire. Ce sera une sorte de revue des inédits, accomplie dans des conditions profitables à tous.

« Le défilé a commencé par M. Émile Albert, auteur d'un opéra-comique qui s'est joué samedi sous le titre de *Joan le Fol.* Il y a beaucoup de talent dans cette partition, qui nous a surpris par l'originalité des mélodies, et surtout la clarté du style. Un duo bouffe et une chanson de baryton nous ont particulièrement séduit; ce dernier morceau a beaucoup de cachet et est empreint d'une certaine couleur légendaire qui en est le principal charme. »

Dans le même journal (numéro du 6 juillet), au sujet de *Joan le Fol*, M. Maxime Vauvert ajoutait : « La Chronique musicale de notre dernier numéro rendait compte d'une représentation donnée récemment au théâtre de la *Société artistique*. Les sympathies acquises à cette institution vont toujours grandissant, et *le Monde illustré* a pensé qu'il ne serait pas hors de propos de publier, à titre d'éloge, une vue du gracieux théâtre fondé dans un but si philanthropique. Nous donnons donc aujourd'hui un dessin qui représente la scène principale de *Joan le Fol*, l'opéra-comique dont il a été parlé, il y a huit jours, par M. Albert de Lasalle, notre collaborateur. »

Le Tintamarre du 7 juillet parle également de cette dernière pièce. M. A. Jaime (Correspondance), dans une lettre adressée à M. Commerson, traite d'abord longuement de la *liberté des théâtres*, et, à ce sujet, il termine : « Ainsi, mon cher ami, et à l'appui de mes paroles (lorsque je demande, lorsque nous demandons tous la liberté des théâtres ou un plus grand nombre de privilèges). il me suffit d'avoir assisté dernièrement à la représentation donnée par le *Cercle artistique*. Laissez-moi vous dire que c'est un charmant endroit, un théâtre grand comme la main, — fondé par une société de gens amis des arts. — Le Cercle artistique, situé 8, rue Bellefonds, ouvre ses portes à tout ce qui est jeune, à tout ce qui est inconnu, à tout ce qui travaille. C'est plaisir de voir cette petite salle décorée avec un goût exquis ; cela est gai, cela est vif, pimpant, gracieux. On y jouait samedi dernier une œuvre inédite, un opéra-comique, s'il vous plaît, intitulé *Joan le Fol*. Cela fait toujours rire, un théâtre d'amateurs. Vous eussiez fait comme moi, vous n'eussiez pas ri, et cela vous eût donné à penser que le nombre des gens ignorés est illimité; voilà deux auteurs pris au hasard dans le tas, qui sont pleins d'avenir.

Ce petit opéra-comique est rempli de talent, les paroles en sont accortes, la musique en est délicieuse; j'ai passé là une heure charmante, et lorsque le public — un public d'élite — a demandé les noms des compositeurs et que le régisseur est venu dire : « Messieurs, l'opérette que nous avons représentée devant vous est, pour les paroles, de M. Lazare (1), pour la musique, de M. Émile Albert, » je suis sorti tout tristement en me disant : voilà de véritables artistes, qui ont peut-être frappé pendant dix ans à la porte de nos théâtres lyriques; et cela était exécuté d'une façon peu vulgaire. L'orchestre — un orchestre en gants blancs, conduit par M. Cello, un nom aimé des arts — a été remarquable. Il y a dans cette œuvre une jeune chanteuse inconnue aujourd'hui, que vous applaudirez demain, ainsi que tout Paris. Disons vite son nom, de peur qu'on ne me le vole. Elle se nomme Mlle Lucie Carrouchi. C'est une élève du Conservatoire, elle a dix-sept ans à peine. Vous ne trouverez sur aucune de nos scènes une voix plus fraîche, plus sympathique; elle joue la comédie avec un aplomb, une justesse de mouvements vraiment extraordinaire, cela est simple, naturel, point étudié; elle dit comme elle sent. Aux premiers mots on l'écoute, aux derniers on l'écoute encore... »

Dans le *Charivari* du 21 juillet (les Théâtres), Henri Rochefort : « Il n'est pas permis à tout le monde d'aller à Corinthe, il n'est permis à peu près à personne de se faire ouvrir les portes d'un théâtre lyrique; quand je dis personne, je fais quelques restrictions mentales en faveur de gros capitalistes qui ont par malheur moins de talent que de rentes sur l'État. Mais réservons cette question, elle est assez importante pour qu'on y revienne, et on y reviendra prochainement. Tout ce que nous voulons cons-

(1) André Lazare, pseudonyme alors de l'auteur.

tater aujourd'hui, c'est que les jeunes compositeurs inédits ne pouvant payer leur entrée au théâtre ont pris le parti d'en avoir un à eux sans privilège et sans directeur. C'est un théâtre situé rue Bellefond, dont les fournisseurs se sont constitués sous le nom de Société artistique.

« Le premier opéra-comique joué sur cette petite scène, qui peut-être deviendra grande, est intitulé *Joan le Fol*. M. Émile Albert, l'auteur de la partition, a très favorablement inauguré le nouveau théâtre par un succès qui serait de bon aloi partout. Sa musique est pleine d'originalité et de goût. Elle a été, en outre, fort convenablement interprétée. Nous ne saurions dire actuellement ce que son opéra lui rapportera, mais au moins nous sommes sûr qu'il ne lui coûte rien. »

Quelques semaines après, une deuxième représentation de *Joan le Fol* était donnée au même théâtre.

En septembre de la même année, cinquième des *Oreilles de Midas*, exécutée, rôles et orchestre, par des « artistes » de société, dans un décor de feuillage naturel, dressé entre le hall et le grand salon, chez Mme Rambourg, à Châteauvert (Nièvre).

En novembre une partie de la troupe de la rue de l'Ouest se transportait rue de Boulogne, dans l'atelier d'Ernest Guillaume, le peintre décorateur du premier théâtre des Fanfans, pour répéter et jouer un drame fantastique, en cinq actes et combien de tableaux !...

féerie philosophique non moins que littéraire, composée par Charles Bartholdi, le frère du sculpteur si connu, en collaboration avec deux de ses compères pour la musique et pour les chœurs. Musique de l'avenir, chœurs suggestifs, desquels nous citerons seulement le début profond de celui des têtes empaillées, squelettes et momies ornant le laboratoire de la sorcière :

> Nous qui sommes empaillées
> Voici nos réflexions :
> Couic, couic, couic, couic !... etc.

Et quel théâtre !... quels décors, quel machinisme, quels trucs !... à rendre jalouse enfin la Porte Saint-Martin... de Lilliput. — Avons-nous dit qu'il s'agissait d'un théâtre de marionnettes ? Mais quelles marionnettes !... de petits chefs-d'œuvre de têtes, d'ajustement, de mécanisme, sculptés, peints, habillés... et articulés par Guillaume, Vaucanson du pantin.

Marionnettes... mais donnant l'illusion de la vie lorsque, dans le prestige d'ingénieux décors, saisissants de fantasque éclat ou de mystérieuse horreur, ces fantoches, au bout de leurs fils, recevant leur action des vrais acteurs cachés, semblaient en prendre, avec la voix, les gestes et l'esprit.

Ajoutons qu'un charmant prologue servait d'argument à la pièce, comme pour les tragédies de Shakespeare, et que ce prologue en vers était d'Alexandre Dumas fils, qui le débitait lui-même et, devant les bravos, dut le dire deux fois, chose inouïe pour un prologue, même de tragédie.

Le 25 août 1863, troisième représentation de *Joan le Fol* à la société artistique de la rue Bellefond.

En automne, château de la Garde (Nièvre), sixième représentation des *Oreilles de Midas* par des acteurs de société.

Joan le Fol devait bientôt se reprendre à Paris (Théâtre-Lyrique ou Bouffes-Parisiens) et, auparavant, se montait en province; mais hélas! l'auteur principal, Émile Albert, dont la musique avait fait le succès de la petite œuvre, allait disparaître tout jeune et presque subitement.

Ses amis, c'est-à-dire tous ceux qui le connaissaient, — qui n'eût aimé cette fine nature si chaudement affectueuse!... — le savaient fatigué, souffrant; cependant du Midi, où, tardivement, il se soignait un peu tout en travaillant trop, on recevait de meilleures nouvelles, lorsque brusquement... — mais écoutons un de ses plus intimes, M. Charles Soullier, directeur de l'*Union musicale*. Rappelant dans le numéro du 5 septembre 1865 la représentation de 1863, dont il avait rendu compte, M. Soullier continuait par ces lignes émues : « ... Les charmantes mélodies qui fourmillent dans ce petit ouvrage nous saisirent vivement, et nous témoignâmes hautement notre surprise de ne pas compter encore leur auteur parmi les auteurs dramatiques de l'époque.

« ... Depuis lors, Émile Albert s'est fait connaître dans un autre opéra en un acte, *les Petits du premier*, qui a été représenté, l'an dernier, au théâtre

Saint-Germain, puis aux Bouffes-Parisiens et qui obtint un grand et légitime succès dans chacun de ces deux théâtres.

« Mais Émile Albert n'avait pas perdu de vue son premier ouvrage, et nous venions de le lui rappeler à lui-même, quelque temps après le succès que nous venons de constater, lorsqu'il se mit en route pour Montpellier, où le dépérissement toujours croissant de sa santé l'appelait auprès de la faculté de médecine de cette ville, et de là à Bagnères-de-Bigorre, pour y surveiller les représentations de son premier ouvrage, qu'il destinait à son ami Max Mayer, directeur du casino de cette ville. C'est durant une répétition de *Joan le Fol* qu'il fut pris d'un accès de névralgie qui l'enleva en quelques heures.

« Emile Albert était de l'école classique la plus estimée; il laisse un grand nombre de morceaux et d'études pour piano, deux remarquables trios, une charmante sonate pour piano et violon, et une symphonie d'une grande beauté... »

La perte d'Émile Albert n'était pas seule, malheureusement, à attrister, à diminuer une association que, depuis si peu de temps encore, il fortifiait de son talent; la société née à Neuilly, si restreinte au début, si augmentée ensuite et vieillie de dix ans, perdait, et soudainement aussi, deux autres de ses membres : Émile Lamé, enlevé par une fièvre chaude; Paul Vernier, mort avant trente ans, d'une trop ardente jeunesse. Plusieurs se dispersaient, suivant l'exigence des carrières.

Cependant le fond restait; et *Boule de Neige ou l'Ame nature*, conte bleu, était représenté deux fois en automne 68 au château de la Garde, et l'hiver qui suivait, au domicile de l'auteur, rue Saint-Georges, à Paris.

Mais bientôt tous allaient subir les devoirs et les tristesses de 70 et de ses suites. De longtemps on ne songera plus guère au théâtre de société; et c'est seulement quelques années plus tard que la troupe, bien réduite, se reforme de ses restes, en s'adjoignant des membres nouveaux.

Ainsi *Adam et Ève*, proverbe, est joué rue Saint-Georges en janvier 1875 — décors de Moullion, — par Joumard de la Comédie française, et Jeanne Samary, qui allait y entrer (1)...

Saint-Germain, compagnon fidèle, trop occupé maintenant pour prendre lui-même un rôle, contribuait toujours aux soirées, soit en mettant les pièces en scène, soit en corsant le programme de monologues, chansonnettes ou imitations.

Miss Hippocrate, en 1876; jouée rue Saint-Georges par l'auteur, sa femme et des amis, M. le comte Emmanuel de Las Cases, Mme Mathilde Collet et M. Raymond Deslandres.

Plusieurs médecins dans l'assistance; entre autres, le Dʳ Bonnet de Malherbe (Joseph d'Arçay, du *Figaro*) qui écrit le 6 mai dans *l'Union médicale* :... « Le sujet de cette comédie est la femme-médecin, cette fantaisie des temps modernes, à laquelle nous avons été les

---

(1) Pour trop de temps, hélas!

derniers à payer tribut, mais qu'il faut bien laisser faire son chemin jusqu'à ce que le bon sens public en fasse justice. — Je ne raconterai pas les diverses péripéties auxquelles donne lieu le développement du sujet; je me bornerai à constater le succès de bon aloi qu'il a obtenu aussi bien auprès de la partie la plus élégante de l'assemblée, qu'il intéressait plus directement, que de... l'autre. » — Et il reproduit le prologue qui précède la pièce.

L'Escarpolette, ou un cas de conscience, faute d'espace et de décors, est réservée pour la campagne.

Enfin, en avril 78, *la Sorcière,* dans un décor de Cappelli (la vue du Louvre en 1403), avec Jeanne Samary, Mme Esquier-Samary, sa sœur, et Corbin, du Gymnase.

En trouvant dans ces quelques pages les noms de tous ceux qui, interprètes ou collaborateurs, permirent à ce petit théâtre de naître et de durer, et qui, à supposer qu'il eût par lui-même quelque valeur, y ajoutèrent leur talent, leur grâce ou leur simple concours, le lecteur a compris qu'écrire cette préface était un devoir de souvenir, de reconnaissance et d'affection...

Mais si ces légères comédies, par elle-mêmes ou autrement, eurent naguère leur succès... de jeunesse, pourquoi les imprimer maintenant? N'ont-elles pas vieilli? — Cela est bien possible; l'auteur n'en serait pas bon juge; mais il lui sera permis de faire remarquer que ces actes, simples et courts, opérettes ou saynettes, n'ont pas cherché à être du moment, d'*actualité* comme dit le français nouveau ; leur sujet, leur donnée n'est pas le fait du jour ou l'idée de l'instant. Sans l'appeler « philosophique », ce qui serait écrasant pour elles, leur sens, comme celui des proverbes — « cette sagesse des nations », — est d'exprimer, dans un petit cadre, une vérité quelconque, vraie la veille et vraie le lendemain.

L'auteur y a-t-il réussi ? — Aux lumières d'un salon, ou même d'une scène publique, dans le prestige des décors, sous le charme d'une interprétation dont on sait les protagonistes, l'œuvre des « Fanfans » a paru plaire. Le pourra-t-elle à la lecture ? Ici l'auteur s'arrête ; — c'est au lecteur seul d'apprécier.

Paris, mai 1901.

TROP D'OR

OU

LES OREILLES DE MIDAS

OPÉRETTE PHRYGIENNE AUX TEMPS FABULEUX

ARGUMENT

Personne n'ignore l'histoire de Midas ; son nom et ses mésaventures ont passé en proverbe. Comment le souvenir de ce roi de féerie a-t-il pu vivre jusqu'à nous depuis les temps fabuleux ? Sans doute parce que le personnage, ainsi que beaucoup de figures mythiques, offrait un type durable, et qu'ici la légende se doublait d'apologue.

Midas, « roi de cette portion de la grande Phrygie où coulait le Pactole (un fleuve disparu), était fils de Gorgias et de Cybèle. »

De Gorgias on ne sait presque rien ; cela indique peu de valeur pour l'homme, sans rien prouver contre le prince. Les peuples heureux n'ont pas d'histoire, et le silence peut faire penser que le pays arrosé du Pactole n'avait pas à se plaindre de son gouvernement. Ce qui porterait encore à le croire, c'est que les Phrygiens firent de leur reine Cybèle une divinité.

Non pas que Cybèle, femme de Gorgias, fût « la bonne déesse », la mère de tous les dieux, — le même nom, en mythologie, s'applique souvent à des divinités de nature très diverses. — Rien de commun avec Vesta, cette chaste déité dont les prêtresses étaient vierges et payaient de leur vie un manquement à leur vœu.

Quoiqu'on l'ait confondue plus tard avec l'antique Cybèle, épouse de Saturne, la Cybèle phrygienne ne symbolise pas la Terre, fille du Ciel, mais seulement la terre dans le sens le moins élevé du mot, ses jouissances et ses trésors. La manière dont on l'honorait le montre clairement : « ... Son culte devint célèbre dans la Phrygie, d'où il fut porté en Crète. Cette déité fut inconnue en Italie jusqu'au temps d'Annibal. Les Romains, ayant consulté le livre des Sibylles, reçurent pour réponse que l'ennemi ne pourrait être chassé de l'Italie jusqu'à ce qu'on eût fait venir à Rome la mère des dieux. Sur cet oracle, ils envoyèrent des députés la demander à Attale, roi de Pergame. Ce prince leur fit donner une grosse pierre (cube, χύϐος) conservée à Pessinante, ville de Phrygie où Cybèle avait un superbe temple, et que ses habitants disaient être la mère des dieux. On l'apporta en pompe à Rome, où elle fut introduite par l'homme le plus moral de la ville au jugement du Sénat, c'est-à-dire par le jeune P. Scipion; et on la plaça dans le temple de la Victoire, sur le mont Palatin... Ses mystères, comme ceux de Bacchus, étaient célébrés avec un bruit confus de timbales, de haut-bois et de cymbales. Les sacrificateurs poussaient des hurlements et profanaient le temple de la déesse, ainsi que les yeux et les oreilles des spectateurs, par le langage le plus obscène et les gestes les plus licencieux. On lui offrait en sacrifice une truie, à cause de sa fécondité, un taureau ou une chèvre, et les prêtres sacrifiaient les victimes, assis, touchant la terre avec la main... » (Noel, *Diction. de la Fable.*)

Arrivons à Midas. — Que le fils de Gorgias et de Cybèle eût hérité de son ascendance un esprit assez lourd et des goûts peu relevés, ce serait un fait tout naturel et trop banal pour que l'histoire eût gardé même le nom de ce Jocrisse couronné. Mais ce qui « l'illustra », ce qui l'enchaîne au premier banc — si l'on permet la métaphore — de la galère du ridicule, ce qui le timbre d'une double marque et lui rive un double boulet, c'est, d'une part le béotisme, béotisme phrygien poussé jusqu'au trouble inquiétant qui frise la démence, et, d'autre part, le goût de la terre, exactement : la soif de l'or, le dévorant au point d'y sacrifier tout, les autres et lui-même, jusqu'à *s'en faire mourir*, comme on dirait aux Variétés.

Un pareil type, pris au sérieux, serait plutôt dramatique, mais l'opérette n'avait qu'à développer le côté grotesque du personnage ; et l'action, très rapide, peut s'exposer en quelques mots.

Midas, lorsque commence la pièce, porte déjà depuis longtemps les longues oreilles qui l'immortalisèrent ; on sait, d'après Ovide, comment il en fut gratifié : « Pan, s'applaudissant un jour en présence de quelques nymphes sur la beauté de sa voix et sur les doux accents de sa flûte, eut la témérité de les préférer à la lyre et aux chants d'Apollon, et poussa la vanité jusqu'à lui faire un défi. Midas, ami de Pan, pris pour juge entre les deux rivaux, adjugea la victoire à son ami. Apollon, pour se venger, lui donna des oreilles d'âne. Midas prenait grand soin de cacher cette difformité, et la couvrait sous une tiare. » (NOEL, *ibid.*)

Mais ce n'était pas, à ce moment, la plus grande de ses infortunes. Bacchus, errant par la Phrygie, suivi de son cortège de satyres, venait d'y perdre Silène, qui s'égarait facilement. Midas, retrouvant le bonhomme, après l'avoir fêté de son mieux, « le rendait à Bacchus. Ce dieu, charmé de revoir son père nourricier, dit au roi de Phrygie de lui demander tout ce qu'il souhaiterait. Midas le pria de faire en sorte que tout ce qu'il toucherait devînt or. Bacchus y consentit. Les premiers essais de Midas l'éblouirent ; mais ses aliments se changeant en or, il se vit pauvre au milieu de cette trompeuse abondance qui le condamnait à mourir d'inanition. » (NOEL.)

Que faire ?... Bacchus était remonté dans l'Olympe Phrygien, mais heureusement Silène restait dans la contrée pour le temps des vendanges. Midas l'implore; il le supplie d'intercéder pour lui auprès des dieux : qu'Apollon daigne le délivrer d'un ridicule qui empoisonne sa vie, et, avant tout, que Bacchus lui retire le pouvoir fatal dont il meurt.

Silène, suivi de sa tonne, part au petit trot de son âne, et rapporte les arrêts que l'Olympe, mis en joie par le vin nouveau, a rendus dans un éclat de rire : « Que Midas se plonge dans le Pactole, et le don de faire de l'or s'évanouira dans l'onde... » Quant aux oreilles d'âne, elles tomberont si Midas est aimé pour lui-même d'une vierge de Phrygie. »

Remèdes bien faciles : un bain à prendre... et quant à être aimé !... tout à propos paraît une jeune phrygienne charmante. Voilà le salut, dit Midas à Silène devant Catogan, son barbier. Or cette vierge naïve est la fiancée dudit Catogan, lequel, comme de juste, jaloux de garder pour lui seul sa future épouse, proteste contre le vœu du roi. Midas supprime l'obstacle; usant une dernière fois de son pouvoir magique, il touche Catogan du doigt, et le transforme en statue d'or; puis, mourant de faim et de soif, il court se baigner au Pactole.

Phaloë, voyant la statue, verse un pleur sur son fiancé; mais croyant que Silène est l'auteur de la métamorphose, elle admire la puissance du dieu, et, moins naïve que « pratique », le genre existait déjà aux temps fabuleux, elle fait comprendre clairement à Silène qu'elle ne se refuserait pas à charmer sa vieillesse; le dieu du vin répond par... une chanson à boire; et, suivant le désir de Midas, que la vue de l'or exaspère, fait jeter au Pactole la statue de Catogan.

Cependant Midas, délivré de son terrible pouvoir, revient déguisé en berger, afin d'être aimé pour lui-même. Il a repris des forces, bien bu surtout, non pas de l'eau du Pactole, et, dans sa gaieté, il raconte aux échos que toutes ses richesses descendent la rivière ; tout ce qu'il avait changé en or, jusqu'à la reine même, tout est au fond du fleuve ; il ne reverra plus l'affreux métal qui le tuait. Phaloë, qui l'entend, déplore ce coup de folie ; mais Midas est toujours le roi : elle l'écoute donc ; elle sera reine si elle accorde un simple baiser. Elle l'accorde. Sûr alors d'être aimé et, par suite, d'après la promesse d'Apollon, de ne plus avoir ce qui faisait sa honte, Midas découvre son front et remercie Phœbus.

Hélas !... la vierge timide est prise de fou rire, et Midas, se mirant dans le cristal d'une source, voit qu'il n'a rien perdu... que ses illusions : « Mais vous me trompiez donc !... vous ne m'aimiez donc pas !... » En vain il promet la couronne... il veut que Phaloë soit sa femme pour s'assurer sa discrétion... Phaloë n'écoute plus un roi grotesque... et ruiné ; et comme Catogan a retrouvé la vie dans le fleuve qui rompt les charmes, c'est son fiancé qu'elle épousera. Que Midas y consente, ou elle publiera le secret qu'elle a surpris. Midas a perdu ses trésors, il garde ses oreilles, et n'a plus qu'une consolation, celle que lui offre le dieu du vin.

TROP D'OR

OU

LES OREILLES DE MIDAS

PERSONNAGES

MIDAS, roi de Phrygie
SILÈNE, dieu du vin, ami de Midas
CATOGAN, barbier du roi, amoureux de Phaloë

PHALOE, jeune Phrygienne, fiancée de Catogan
LE PERROQUET
BACCHANTES
FAUNES
SATYRES

La scène se passe dans les jardins du roi Midas, auprès du Pactole en Phrygie.

Le théâtre représente une clairière au milieu du parc royal. — A droite un banc de gazon; à gauche une statue du dieu Pan; des rochers, un ruisselet jouant dans les roseaux.

SCÈNE PREMIÈRE

LES BACCHANTES

Elles entourent de guirlandes la statue de Pan, — chantent et dansent en rond sur le mode ionique.

  Vieux compère des Bacchantes,
  Témoin de leurs folles nuits,
  Pan, de lierres et d'acanthes,
  J'ornerai ton front de buis.

Mais dis-moi pourquoi Silène,
Silène le dieu du vin,
Sur son âne à court d'haleine
Trotte aujourd'hui chez Jupin.

Quand les grappes sont vermeilles,
Les vendanges en retard,
Que fait donc le dieu des treilles
Chez ces buveurs de nectar ?

Elles aperçoivent Catogan, poussent un cri, et s'enfuient par la gauche.

SCÈNE II

CATOGAN

Il entre par la droite et parcourt la scène avec agitation.

Non, je n'irai pas plus loin sans me délivrer du secret qui m'étouffe !... A chaque instant je tremble qu'il ne m'échappe !... Depuis hier, malheureux !... n'a-tu pas failli cent fois tout faire comprendre à Phaloë, à Phaloë qui n'est encore que ta fiancée ?... Que feras-tu donc quand elle sera ta femme ?

Ah ! je le sens, le seul moyen de ne pas me trahir, c'est de m'épancher sans retard dans le sein d'un confident discret, d'un ami sûr comme moi-même. Mais où le trouver ?... — Ah ! quelle idée ! ces roseaux ?... Ils ont un air naïf qui me rassure et m'attire.

Personne !... (*Il fait le tour de la scène en regardant attentivement de tous côtés.*)

SCÈNE III

CATOGAN, LE PERROQUET

Le perroquet entre en sautillant par la gauche et va se percher, sans être vu de Catogan, sur les rochers à gauche.

CATOGAN

Personne !... allons !... — Forêt silencieuse (*Il s'approche des roseaux*) et vous roseaux encore plus silencieux, apprenez un horrible mystère ; c'était au mois fleuri du rossignol ; le roi Midas — dont j'ai l'honneur d'être le barbier — à la suite de je ne sais quel différend avec Apollon, devint tout à coup sombre et bizarre ; il fuyait les hommes, il repoussait mes soins, et, le front couvert d'une coiffure inaccoutumée, il recherchait les plus secrets ombrages de ses jardins. En vain je tentais de pénétrer la raison de cet étrange caprice, lorsqu'hier, à la première heure du jour, je surpris le roi profondément endormi sur ce banc de gazon... — O fatale curiosité !... ma main sacrilège osa soulever le mystérieux bandeau... Qu'aperçus-je ? O ciel !... Midas ! le roi Midas a des oreilles d'âne !... (*Se relevant.*) Ouf ! je suis mieux ; et maintenant je puis aller converser sans crainte avec ma fiancée. (*Le vent s'élève et agite les roseaux.*) Quoi ! Qu'est-ce que c'est ?... — Ah ! c'est le doux zéphir. (*Il sourit et ébauche un pas de danse ; les roseaux s'agitent et murmurent :* « Le roi Midas a des oreilles d'âne ».)

Ah ! je me meurs d'épouvante !...
Une voix plaintive et lente

Murmure derrière moi :
« Le roi Midas a des oreilles d'âne. »
Je me sens glacé d'effroi !...
Cette voix qui me condamne
S'échappe de ces roseaux
Qui balancés sur les eaux
Par une infernale brise,
Livrent mon secret aux échos !...
Oh ! sortons de ma surprise !...

Il s'élance sur les roseaux, les arrache et les foule aux pieds.

Roseaux bavards, je vous brise,
Et, pour étouffer vos cris,
Ma main avec fureur disperse vos débris !..,
J'ai failli mourir d'effroi :
Ils disaient le secret du roi !...

Je suis sauvé !...

Il va pour sortir.

LE PERROQUET

Le roi Midas a des oreilles d'âne ! »

CATOGAN

Ah ! je me meurs d'épouvante !
Une autre voix plus stridente
Répète derrière moi :
« Le roi Midas a des oreilles d'âne. »
Je me sens glacé d'effroi,
Cette voix qui me condamne
C'est la voix d'un perroquet
Qui, perché dans la forêt,
Me voit, m'écoute et s'apprête
A dire partout mon secret !...

Il ramasse par terre un thyrse oublié par les bacchantes et s'élance pour frapper le perroquet, qui évite le coup en sautant sur la scène.

Hélas j'en perdrai la tête,
Car cette maudite bête
Connaît le secret du roi !...
Le roi saura mon crime, et c'en est fait de moi !...

Il poursuit le perroquet.

CATOGAN	LE PERROQUET
Il sait le secret du roi,	Le roi Midas a... le roi
Je me sens mourir d'effroi.	Midas a des... oi, oi, oi!

Catogan jette des pierres au perroquet, qui s'enfuit par la gauche.

SCÈNE IV

CATOGAN, PHALOE

Elle entre par la droite d'un pas rapide et nerveux.

PHALOE, *à part*

Enfin! le voilà. — Oh! cette fois je saurai ce qu'il me cache : (*Haut.*) Bonjour, Catogan.

CATOGAN, *au comble de l'effroi*

Hein? (*Il aperçoit Phaloë.*) Phaloë!... (*A part.*) Phaloë dans les jardins royaux!... Ah! elle manquait, elle manquait!...

PHALOE, *ironique*

Je suis heureuse de vous retrouver, mon ami, pour vous dire combien je me réjouis d'épouser un homme qui abandonne sa fiancée, la veille de son mariage, pour dénicher des perroquets.

CATOGAN

Phaloë, ma fiancée, ma femme! Si tu as quelque pitié pour la tête de ton époux, ne prononce jamais le nom de cet oiseau.

PHALOE

Pourquoi, Catogan?

CATOGAN

Parce que je ne l'aime pas, Phaloë.

PHALOE

Qui aimez-vous, Catogan !

CATOGAN

Mais toi, mais toi !...

PHALOE

Vous m'aimez ?... (*Elle s'asseoit sur le banc de gazon.*)

CATOGAN.

Si je t'aime !... (*A part.*) Il est parti !... (*Haut.*) O Phaloë !... (*A part.*) Je suis plus tranquille. (*Haut et tombant à genoux.*) O Phaloë, si la blonde Phœbé qui nous éclaire en ce moment... nous éclaire-t-elle ?... non... il fait un soleil magnifique... enfin. (*Très vite.*) Si la blonde Phœbé s'entoure parfois de nuages pour aller visiter le bel Endymion, si le grand Jupiter se transforma jadis en cygne, en vapeur, en pièces d'or, en bœuf, en nymphe, en serpent, et en toutes sortes de bêtes, pour conter toutes sortes de choses à toutes sortes de mortelles moins belles que toi... je t'aime, ô Phaloë !...

PHALOE, *avec une tendresse feinte*

Je te crois, ô Catogan ; mais alors pourquoi ton front semble-t-il chargé d'une sombre inquiétude ? Pourquoi tes yeux quittent-ils les miens pour se promener au loin dans la campagne ?

CATOGAN, *à part, se levant*

Ne nous trahissons pas, prenons un air serein.

PHALOE

Me trouves-tu moins belle qu'hier, ô Catogan, ou ma coiffure offre-t-elle quelque désordre à ton œil expérimenté ?

CATOGAN

Non, Phaloë, de jour en jour tu me sembles plus belle, et l'édifice de ta coiffure est construit dans toutes les règles de l'art, mais... (*Il regarde avec inquiétude autour de lui.*)

PHALOE, *éclatant*

Mais... Catogan !

CATOGAN, *effrayé*

Phaloë ?

PHALOE

Vous êtes un traître, un perfide, un imposteur, un scélérat !...

CATOGAN

Phaloë !...

PHALOE

Un cœur double, une âme sans foi !

CATOGAN

Phaloë !...

PHALOE

Un scorpion sans honneur !...

CATOGAN

Oh !...

PHALOE

Un caméléon sans principes !...

CATOGAN

Moi !

PHALOE

Vous devriez attendre au moins le lendemain des noces.

CATOGAN

Je...

PHALOE

Pour abandonner votre femme et courir les bois avec vos victimes !...

CATOGAN

Mes victimes ?...

PHALOE

Ne niez pas, je les ai vues.

CATOGAN

Mais...

PHALOE

Ah ! vous ne m'attendiez pas ici !...

CATOGAN

Tu...

PHALOE

Croyez-vous donc que depuis hier votre étrange conduite ne me donnait pas à penser ?

CATOGAN

Tu ne...

PHALOE

Voilà donc pourquoi vous me défendiez, sous peine des plus grands malheurs, de pénétrer dans des jardins !...

CATOGAN

Tu...

PHALOE

Pourquoi, vous le barbier du roi, vous refusiez de me présenter à la cour....

CATOGAN

Tu ne....

PHALOE

Pourquoi enfin vous me laissiez pleurer toute seule

dans ma chaumière (*Elle s'attendrit.*), moi qui vous aimais, moi qui vous sacrifiais mon pays, mes campagnes et le toit paternel... (*Elle pleure.*), où je devrais être en... en... en.. core !... (*Catogan pleure à ses genoux.*)

LE PERROQUET, *reparaissant à gauche*

Le roi... le roi... Midas.

CATOGAN, *se relevant brusquement*

Ah, brigand !... (*Il poursuit le perroquet qui s'enfuit.*)

PHALOE

Mais avouez, avouez donc, au lieu de chercher une contenance en poursuivant des cacatois... (*Elle tombe sans haleine sur le banc de gazon.*)

CATOGAN

Phaloë, prodigue-moi les noms les plus tendres ou les plus amers à ton gré, mais je t'en supplie à deux genoux, ne parle pas de ces...

PHALOE

Encore ! Je méprise les traîtres et je plains les fous, mais je ne les aime pas... adieu... (*Fausse sortie.*)

CATOGAN

Phaloë, par les cornes de la triple Hécate, les trois gueules de Cerbère, le noir Caron, l'Achéron et la barbe de Pluton !...

PHALOE

Adieu !...

CATOGAN

Mon cœur est pur comme celui du chevreau qui tette encore sa mère...

PHALOE

Adieu !!...

CATOGAN

Et puisqu'il faut absolument tout t'apprendre... Eh bien!...

PHALOE

Eh bien?...

CATOGAN

Je vais t'apprendre... (*A part...*) presque tout.

PHALOE

Enfin!...

CATOGAN

Hier le hasard m'apprit un secret terrible.

PHALOE

Lequel?

CATOGAN

Ce secret m'étouffait... J'ai fui pour ne pas me trahir; mais ce matin, à bout de forces, j'ai cru soulager mon cœur en me confiant à ces roseaux.

PHALOE

Moins de phrases. — Le secret?

CATOGAN

Mais un perroquet m'a entendu et...

PHALOE

Le secret?

CATOGAN.

Phaloë, songe qu'il s'agit de la tête de ton époux.

PHALOE

Le secret?

CATOGAN

Tu le veux... — Sache donc... (*Il aperçoit le roi. A part.*) Ciel! le roi!...

PHALOE

J'attends !.

CATOGAN

Jamais !... oh jamais !...

PHALOE

Jamais !... ah ! c'en est trop. Adieu, Catogan, adieu, et pour toujours !... (*A part.*) oh ! je le saurai. (*Elle sort à droite.*)

SCÈNE V

CATOGAN, MIDAS

Il entre à pas lents par la gauche, suit des yeux Phaloë et soupire.

CATOGAN, *à part*

Le roi !... son front est encore plus sombre et plus couvert qu'à l'ordinaire. — Il sait tout ; je suis perdu, la frayeur me rend muet.

MIDAS

Tais-toi. — Je viens de composer une phrase qui peint toute l'étendue de ma tristesse et je tiens à la prononcer. — Si tu n'as jamais vu de prince infortuné, contemple ton prince, ô Catogan ! et de tous les princes infortunés tu reconnaîtras le plus infortuné, ô Catogan !...

CATOGAN, *à part*

Il a rencontré le perroquet !... Ah ! ma pauvre tête ! (*Il prend sa tête à deux mains.*)

MIDAS

Qu'est-ce que tu fais, Catogan?

CATOGAN

Je... je me gratte l'oreille... (*A part.*) Ah! bien trouvé!... (*Haut.*) pour... pour deviner ce qui cause votre mélancolie.

MIDAS

Cela n'est pas nécessaire, mon ami; cherche tout simplement, sans faire de gestes; — ou plutôt non, ne cherche pas, car j'éprouve le besoin de m'épancher dans le cœur d'un ami.

CATOGAN

Sire, je vous écoute de toutes mes oreilles. (*A part.*) Allons! bien; et de deux!...

MIDAS

Catogan, mon ami, apprenez qu'il est inconvenant de parler de ses yeux, de son nez, de ses dents, de ses..... enfin de tous les petits détails de sa personne. On dit : « Je vous écoute », et non « je vous écoute avec mes..... » — tu comprends?

CATOGAN

Très bien, sire; vos paroles ne tombent pas dans l'or... pardon, dans le petit détail d'un sourd... (*A part.*) Et de trois!. — Catogan, vous êtes absurde, et je vous engage à garder le silence, mon ami.

MIDAS

Tais-toi... (*Mystérieusement.*) J'ai des choses graves à te dire.

CATOGAN, *tressaillant; à part*

Ah! nous y voilà.

MIDAS

Hier, à la première heure du jour...

CATOGAN, *à part*

Ho ! là !...

MIDAS

Je m'étais assoupi dans ce lieu champêtre...

CATOGAN, *à part*

Ho ! là ! là !...

MIDAS

Lorsque je suis tiré de mon sommeil...

CATOGAN

Ho ! là ! là ! là ! (*A part.*) Il s'est aperçu de... (*Il fait le geste de soulever le bonnet royal.*)

MIDAS

Qu'as-tu ?

CATOGAN

Rien !... Rien !!...

MIDAS

Par le joyeux refrain des Bacchantes.

CATOGAN, *à part*

Hein !...

MIDAS

C'était le dieu Silène...

CATOGAN, *respirant, à part*

Ouf !...

MIDAS

Qui reconnaissant des services et des honneurs que je lui ai rendus... car j'ai toujours eu pour ce dieu une estime particulière...

CATOGAN

C'est bien naturel.

MIDAS

Venait m'annoncer que Bacchus, son nourrisson bien-aimé, m'accorderait le plus cher de mes vœux. Qu'eusses-tu demandé, ô Catogan ?

CATOGAN

Moi ?... mais...

MIDAS

Je ne te demande pas ton avis; c'est une forme oratoire que j'emploie. — Que pouvais-je désirer, sinon la fortune et la puissance qu'elle donne; la fortune! ce levier qui remue le monde, ce mobile, ce but, ce... et cætera !...

CATOGAN

Et cætera.

MIDAS

Je l'ai dit, mon ami. — Enfin je demandai de transformer en or tout ce que mes mains toucheraient.

CATOGAN

Oh! l'admirable idée !...

MIDAS

Tu crois ?... Tu vas en juger.

De tout changer en or
Dès que j'eus la puissance,
Je crus mon bonheur immense,
Immense comme mon trésor.

I

Mais bientôt je dus maudire
Ce présent fatal ;
Tout devient dans mon empire
Du métal.
Le fruit qui sourit à ma bouche
Aussitôt que ma main le touche.
Est un fruit d'or,

        Et ma dent ne mord
            Que de l'or.
    De l'or! de l'or! partout de l'or!
            Toujours de l'or!
    Je meurs de faim sur mon trésor!...

II

    Ah! que Bacchus me délivre
            De ce don fatal!
    Croit-il que l'on puisse vivre
            De métal?
    Qu'une belle charme mon âme,
    Je n'embrasse au lieu d'une femme
            Qu'un lingot d'or.
            Et l'or trompe encor
            Mon transport...
    Mes bras ne pressent que de l'or,
            Rien que de l'or!...
    Je meurs d'amour sur mon trésor!...

Il me semble être le jouet d'un cauchemar inouï; je ne vois, je ne sens, je n'entends que de l'or! de l'or! partout de l'or! toujours et encore de l'or! Etourdi, aveuglé, je ferme les yeux, je fuis, élevant vers le ciel mes mains fatales, et l'air lui-même se résout en pluie d'or autour de mes doigts!... C'est de l'or que je respire, c'est de l'or qui roule dans mes veines, c'est de l'or qui bouillonne dans mon cerveau... — Ivre de métal, je tombe haletant sur mes trésors, et je m'écrie : Assez d'or, ô Bacchus!... assez... trop d'or!...

CATOGAN

Oui... c'est étrange.

MIDAS

Non; c'est atroce, et je deviendrai fou si je ne suis pas mort de faim auparavant. — Je n'ai plus d'amis, plus d'officiers, plus de serviteurs, je les ai tous transformés en statues d'or en les touchant du bout du doigt, tous, ma femme aussi. — Tu me diras que c'est une consolation dans mon infortune, car elle vaut maintenant son pesant d'or, et Jupiter sait que pendant sa vie !... Je pourrais aussi te transformer en or si je voulais. (*A partir de ce moment, Catogan joint à ses inquiétudes la crainte d'être atteint par le terrible doigt de Midas.*) Mais rassure-toi, Catogan, je t'aime, et puis j'ai besoin d'un confident, car je ne t'ai dit encore que la moitié de mes malheurs.

CATOGAN, *à part*

Ah ! pour le coup nous y sommes.

MIDAS

Catogan, t'es-tu parfois mêlé des affaires des dieux ?

CATOGAN

Jamais, sire.

MIDAS

Et bien ne recommence pas, mon ami, tu t'en trouverais mal. — Apprends un horrible mystère : — C'était au mois du rossignol...

CATOGAN, *à part*

Ah ! voilà ! voilà !

MIDAS

Le dieu Pan prétendait l'emporter sur Apollon dans l'art de jouer de la flûte ! Je fus choisi pour juger le combat. Je ne suis pas très fort sur la musique, mais Pan était mon ami, et naturellement je lui décernai la victoire. Furieux, Apollon se conduisit peu dignement à mon égard.

CATOGAN, *à part*

Je voudrais bien m'en aller.

MIDAS

Catogan, j'ai la plus grande confiance en toi.

CATOGAN

Sire...

MIDAS

Depuis longtemps j'ai reconnu ta discrétion.

CATOGAN

Sire !...

MIDAS

Catogan, je te nomme mon premier ministre.

CATOGAN

Sire !!...

MIDAS

Si j'avais une fille, je te la donnerais en mariage.

CATOGAN

Sire !!!...

MIDAS

Catogan, mon ami, j'ai un secret qui me pèse, et ce secret...

CATOGAN, *au comble de l'inquiétude*

Ce... se... cret?

MIDAS

Je ne te le dirai pas, mon ami... — juge de son importance ! — Je ne l'ai confié qu'à un seul homme, et encore cet homme n'en est-il pas un ; c'est le dieu Silène, qui, touché de mes malheurs, a été demander à Bacchus un soulagement à mes peines ; mais, hélas ! il ne revient pas, tout m'abandonne et... mais qu'entends-je? (*Musique. — On entend au dehors la voix de Silène.*)

SCÈNE VI

MIDAS, CATOGAN, SILÈNE, SATYRES, BACCHANTES, FAUNES

Le cortège entre par la droite : — deux satyres jouant de la double flûte et portant sur leur épaule, au bout d'un gros sarment, une outre étroite et longue; — deux faunes chargés du tonneau de Silène; quatre bacchantes portant des cymbalums garnis de crotales; — enfin Silène soutenu sur son âne par de jeunes faunes armés de thyrses.

LE CHOEUR

Grappe vermeille,
Où, sous la treille,
Le vin s'éveille
Au soleil de l'été,
Avec l'automne,
Dans notre tonne
Tombe et bouillonne !...
Euh Bacchus !... Evohé !...

MIDAS

Enfin c'est toi, Silène !...

SILÈNE

Oui, cher Midas, c'est moi ;
C'est le dieu des buveurs qui vient calmer ta peine
O trop malheureux roi !...

MIDAS	SILÈNE
Silène, Silène,	Il faut que Silène
Termine la peine	Termine ta peine
D'un roi qui se traîne	Car, par ma bedaine,
Vers sa triste fin.	Tu dois avoir faim.
Si tu n'es pas ivre,	Tout l'Olympe est ivre,
Dis-moi, dieu du vin,	Et je sais enfin
Ce que, dans son livre,	Ce que, dans son livre,
Marque le destin.	Marque le destin.

CATOGAN	LE CHOEUR
Silène! Silène!	Silène, Silène!
Termine la peine	Termine sa peine,
D'un roi qui se traîne	Car, par ta bedaine
Vers sa triste fin.	Il doit avoir faim!
Si tu n'es pas ivre,	Si l'Olympe est ivre,
Dis-lui, dieu du vin,	Tu sais, grâce au vin,
Ce que, dans son livre,	Ce que, dans son livre,
Marque le destin.	Marque le destin.

Après l'ensemble, les faunes déposent le tonneau à gauche, au premier plan. — Silène, aidé par les jeunes faunes, glisse lourdement de son âne et descend la scène appuyé sur deux bacchantes; l'âne est conduit à droite par les jeunes faunes; les satyres et les autres bacchantes sont au fond.

MIDAS

O Silène! ô mon ami, est-ce un sauveur que je presse dans mes bras?

SILÈNE

Ton sauveur, le voilà.

MIDAS

Qui, satyre jovial, ce tonneau?

SILÈNE

Oui, ce vin généreux dont l'éloquence a plaidé ta cause auprès des immortels. Ah! le joyeux compagnon!... J'ai béni sa grappe empourprée, j'ai pressé son jus divin dans les coupes d'or de l'Olympe; et quand les dieux, fatigués d'ambroisie, ont aspiré le breuvage vermeil, j'ai vu leurs fronts se dérider, leurs yeux pétiller, leurs jambes s'amollir; Vénus souriait à Vulcain, Jupiter prenait le menton de Ganymède, Junon dansait avec Bacchus... Et l'Olympe tout entier, chancelant sur sa base, roulait sur les nues comme une bacchante en délire.

MIDAS

Et c'est alors que profitant de cette gaîté favorable...

SILÈNE

C'est alors que j'ai parlé de toi, et qu'au milieu des rires universels, Apollon, se tenant les côtes, a dicté ton arrêt.

MIDAS

Oh ! parle !

SILÈNE

Un instant; les discours m'altèrent.

MIDAS

Viens dans mon palais.

SILÈNE

Allons donc !... le ciel bleu, les pampres verts, une table de chêne, et des coupes remplies, voilà le palais du dieu du vin. (*Il frappe la terre de son thyrse; une table servie et des sièges sortent du sol.*) Nous sommes servis. Assieds-toi, Midas; et toi aussi, Catogan. Tous les hommes sont égaux devant la bouteille. (*Aux bacchantes.*) Versez.

CATOGAN, *à part*

Pourvu que le perroquet ne se mêle pas à la conversation ! Oublions, oublions ! (*Il boit.*)

MIDAS

Il veut prendre un fruit, le fruit se change en or; il veut boire, la coupe se change en or et le vin en pièces d'or qui roulent à terre

Ah ! mon ami, tu le vois, la plaisanterie continue.

Parle vite, je meurs de faim et de soif; de soif surtout.

SILÈNE

« Les dieux, a dit Phœbus, ne reprennent pas leurs dons; mais que Midas se plonge dans le Pactole, et ce fleuve, héritant de son magique pouvoir, roulera pour jamais de l'or avec ses flots. »

CATOGAN, *à part*

Oublions! (*Il boit.*)

MIDAS, *se levant*

Ainsi je dois me plonger?...

SILÈNE

Dans le Pactole, oui, c'est l'ordre narquois des dieux. Vainement je leur ai fait observer que tu es mon ami, et que par conséquent tu n'as pas pour l'eau de passion marquée..... ils ont tenu à leur idée.

MIDAS

Oh! mon ami, ce n'est pas la mer à boire, c'est un bain, voilà tout, et je vole...

SILÈNE

Attends donc!...

MIDAS

Ah! oui. J'oubliais l'autre question. (*Il se rasseoit.*)

SILÈNE

La question des...

MIDAS

Chut!...

SILÈNE

Oui. — « Que Midas soit aimé d'une vierge naïve, a dit encore Phœbus, et il sera délivré de ses..

MIDAS

Chut!...

SILÈNE

Oui.

MIDAS

Aimé d'une vierge naïve?... et je serai délivré de mes...?

SILÈNE

Chut!...

MIDAS

Oui. — Hun!...

SILÈNE

Pourquoi hun?

MIDAS

La naïveté, ô Silène! est plus rare que le réséda dans mon royaume; mais je la trouverai, cette vierge naïve, dussé-je la faire faire exprès, et dès que je l'aurai rencontrée...

SILÈNE

Et que tu seras aimé d'elle...

MIDAS

C'est tout simple.

SILÈNE

Hun!...

MIDAS

Pourquoi hun?

SILÈNE

C'est peut-être moins simple que tu ne crois.

MIDAS

Comment, moins simple? Je la rencontre, elle me voit; je la regarde, elle m'aime. Si tu as jamais vu quelque chose de simple, voilà quelque chose de simple.

SILÈNE

Mais Apollon prétend que tu sois aimé pour toi même; c'est une condition absolue.

MIDAS

Aimé pour moi-même? Qu'est-ce que cela veut dire?

SILÈNE

Comment, prince corrompu, tu ne sais pas ce que cela veut dire?

MIDAS

Non, faune aimable, et toi?

SILÈNE

Moi non plus, mais voilà un garçon (*Il montre Catogan.*) qui doit en savoir plus long que nous sur ce chapitre.

MIDAS

Pourquoi cela, tonneau plein de philosophie?

SILÈNE

Parce qu'il n'est ni roi ni dieu. Catogan!...

CATOGAN, *ébrieux*

Oublions... (*Il boit.*) Sire? (*Il se lève en trébuchant.*)

SILÈNE

Tiens-toi debout si tu peux, et réponds-nous. Le roi Midas, ton maître et mon ami, désire apprendre de toi ce que c'est que d'être aimé pour soi-même.

CATOGAN

Aimé pour soi-même!... très bien. Voici... Mais auparavant je demanderai au roi Midas, votre maître et mon ami, la permission de lui poser quelques questions.

SILÈNE
Pose. Et ne tombe pas.

MIDAS
Une vierge naïve !... (*A part.*) Quelle était donc cette jeune fille ? (*Voyant Catogan chanceler.*) Cet homme est gris comme un Troyen.

SILÈNE
Raison de plus. (*A Catogan.*) Va, mon fils.

CATOGAN, *doctoral*
Sire, avez-vous aimé ?

MIDAS
Certainement, mon ami, j'ai beaucoup aimé... ma femme d'abord... C'était mon devoir.

CATOGAN
Et ensuite ?

MIDAS
Ensuite ?

SILÈNE
Ensuite ?

MIDAS
Mais, entre nous, j'ai quelque peu folâtré dans la prairie.

SILÈNE
Voyez-vous ça, prince folichon !...

CATOGAN
Et de quelle façon folichonnâtes-vous, sire ?

MIDAS
Comment ! de quelle façon ?

SILÈNE

Oui, explique-nous ça.

MIDAS

Mais de la façon la plus simple du monde; — je ne pense pas qu'il y en ait plusieurs. L'une des nombreuses beautés qui peuplaient ma cour attirait-elle mes regards, je déployais auprès d'elle le charme de ma personne, l'éclat de mon esprit et le prestige de ma puissance; je la fascinais par ma grandeur, je l'éblouissais par mes présents!... et... voilà mon ami comment je folichonnais.

CATOGAN

Et tu te croyais aimé, prince aveugle?

MIDAS

Je crois qu'il m'a tutoyé!...

CATOGAN

Non, prince, c'est une forme oratoire que j'emploie. C'était ton or, tes présents, ta puissance, que l'on aimait... mais toi!... Quelle erreur est la vôtre, ô roi peu clairvoyant!...

MIDAS

Catogan, je crois que vous me manquez de respect!

CATOGAN

Ne m'interrompez pas!...

SILÈNE, *à Midas*

Ne l'interromps pas, il m'intéresse.

CATOGAN

Armé d'une humble cornemuse et couvert d'un manteau couleur de muraille, avez-vous jamais soupiré pendant plusieurs heures consécutives, au clair de la lune, sous le balcon de votre adorée? Avez-vous chanté pour l'attendrir : « Je suis Lindor, ma naissance est commune, mes vœux sont ceux d'un simple pastoureau (1) ? » Avez-vous escaladé sa fenêtre au risque de vous rompre les os et d'être rossé par ses valets, et tombant à ses pieds, avez-vous dit : « Je n'ai pas une obole, mais je t'aime ; je suis fils de bouvier, mais voilà des fleurs des champs ; je n'ai pas voiture, mais je puis t'offrir une mèche de mes cheveux ! » Avez-vous fait cela, sire, et pour prix de votre amour, avez-vous reçu de votre belle un chaste baiser sur le front avec autorisation de la rechercher pour le bon motif? Alors, oh ! alors, mais seulement alors, vous pourrez dire qu'on vous a aimé pour vous-même.

SILÈNE

Eh ! eh ! qu'en penses-tu ? Ça n'est pas aussi facile que tu croyais.

MIDAS

Je ne trouve pas cela, c'est une autre manière de s'y prendre, voilà tout, et je suis persuadé qu'à la première occasion..... (*Apercevant Phaloë qui s'avance dans la forêt.*) Mais tiens, mon ami... (*Avec fatuité.*) Par Jupiter ! Vénus me favorise ; la voilà.

SILÈNE

Cette jeune Phrygienne ?

CATOGAN

Phaloë !... (*A part.*) Ah ! Vulcain, protège-moi !...

---

(1) Romance phrygienne, retrouvée par Beaumarchais, et composée, à ce qu'on croit, par Catogan, figaro de Midas, il y a quelque quatre mille ans.

MIDAS

Phaloë!... le joli nom; mais regarde-la donc, sylvain folâtre; ne dirait-on pas Vénus elle-même?

SILÈNE

Oui, mais...

MIDAS

Je n'en doute pas, c'est elle qui..... Pourquoi ce mais?

SILÈNE

Tu t'enflammes, et tu ne sais pas si cette jeune fille a toutes les qualités exigées par Phœbus.

CATOGAN

Hein?

MIDAS, *indigné*

Oh!... (*Réfléchissant.*) Ah! c'est juste. Catogan!...

CATOGAN

Sire... (*A part.*) Je ne suis pas tranquille.

MIDAS

Tu connais cette jeune fille?

CATOGAN

Si je connais ma fiancée!...

MIDAS

Phaloë est ta fiancée!... Je t'en félicite, mon ami, et j'en éprouve une grande joie.

CATOGAN, *rassuré*

Ha!...

MIDAS

O Vénus, sois bénie, toi qui m'envoies la vierge de mes rêves (*A Catogan.*), et l'occasion de mettre à profit tes excellents conseils, ô Catogan.

CATOGAN

Comment ? Comment ?

MIDAS

Silence ! la voilà.

CATOGAN

Mais...

MIDAS

Catogan, j'ai parfaitement compris vos instructions amoureuses, et je vous prie de vous taire, mon ami.

CATOGAN

Me taire ? par exemple !...

MIDAS

Catogan, je vous pardonne à cause de l'état où vous êtes, mais vous raisonnez comme une amphore. Phaloë est ta fiancée ?

CATOGAN

Ma fiancée.

MIDAS

C'est-à-dire qu'elle n'est pas encore ta femme ?

CATOGAN

Ni ma femme ni celle de personne, ah mais !...

MIDAS

Tu abondes complètement dans mon sens.

CATOGAN

Et je l'aime, entendez-vous !

MIDAS

Tu l'aimes ; cela me prouve qu'elle est aimable. Tu vois donc bien, Catogan, que j'ai parfaitement raison de vouloir en faire ma femme.

CATOGAN

Votre femme... Madame Midas !... Nous verrons bien.

MIDAS

Que verrons-nous, barbier pétulant?

CATOGAN

Tant que je vivrai, Phaloë n'épousera que moi.

MIDAS

Tant que vous vivrez... Vous me donnez une idée, Catogan.

CATOGAN

Une idée?

MIDAS

Je regrette d'en venir là, car je suis doux et vous êtes le meilleur barbier de la Phrygie. — Consentez-vous à n'épouser Phaloë que plus tard? Après moi, par exemple?

CATOGAN

Épouser une veuve... jamais!

MIDAS

Ce sont vos derniers mots?

CATOGAN

Les derniers!

MIDAS

Alors, et malgré le chagrin que cela me cause (*Il étend la main vers Catogan, qui recule effrayé.*), allez, mon ami (*Il le poursuit autour de la table.*), allez rejoindre ma femme (*Il pose la main sur l'épaule de Catogan au moment où celui-ci passe derrière un gros arbre qui est au fond de la scène*), mon ancienne femme!

CATOGAN

Ciel, mon sang se fige (*Il paraît de l'autre côté de l'arbre en statue d'or.*), mes yeux voient tout en jaune, ma langue s'emba...a... — Ah! (*Il reste immobile.*)

MIDAS, *triomphant*

Eh mais!... (*Il se frotte les mains.*)

SILÈNE

Pauvre garçon!...

MIDAS

Chut! la voici. Prête-moi ton manteau. (*Il fait signe aux bacchantes, aux faunes et aux satyres de se cacher, puis il se couvre du manteau et se place, avec Silène, derrière un arbre.*)

SCÈNE VII

Les mêmes, PHALOE

Elle entre pensive, les yeux fixés sur un bouquet de jasmin qu'elle effeuille.

MIDAS

O Priape!... qu'elle est gentille!...

PHALOE

Symbole de l'hyménée,
Blanche étoile du jasmin,
Demain tu seras fanée...
Demain!...

I

Adieu la joyeuse ronde
Que, sous les chênes sacrés,
Aux fêtes d'Isis la blonde
Nous dansions dans les grands prés;
Adieu, fantasque déesse,
Les mystères pleins d'attrait
Que dérobe ta prêtresse
Aux yeux de l'homme indiscret.

II

Adieu, retraites ombreuses
Du fleuve dont les roseaux
Cachaient les vierges peureuses
Qui se jouaient dans ses eaux.
Adieu les propos folâtres
Et, quand finissait le jour,
La chanson des jeunes pâtres
Soupirant leurs vœux d'amour.

Non, mon cœur, non; Catogan est aimable et beau. il a des cheveux bouclés, une belle position à la cour, des yeux bleus et deux oncles en perspective, mais il me dira son secret, ou je ne lui pardonnerai pas. (*Elle remonte la scène.*)

MIDAS

O Silène, la charmante enfant!... Je la trouve belle comme... Donne-moi donc une comparaison.

SILÈNE

Comme une vigne chargée de raisins.

MIDAS

Merci.

PHALOE, *apercevant Catogan*

Ah! le voici. — Ciel, le magnifique costume!... Est-ce que le roi l'aurait nommé ministre? J'ai peut-être été bien cruelle envers lui ce matin. Catogan!... Il ne répond pas...

MIDAS, *s'avançant*

Et ne vous répondra plus, vierge candide.

PHALOE, *préoccupée*

Passez votre chemin, brave homme, je n'ai pas de monnaie. Catogan! (*Elle lui prend le bras.*) Catogan!... Mais que vois-je? Ces bras immobiles, ces yeux sans regard, cette bouche sans voix...

MIDAS

Sont la juste punition de ses crimes.

PHALOE

Ses crimes!

MIDAS

Envers le roi... du vin, le dieu Silène.

PHALOE

Le dieu Silène?...

MIDAS

Ici présent.

PHALOE, *s'inclinant devant Silène*

Seigneur.

MIDAS

Il l'outragea d'une façon que je n'essaierai pas de vous dépeindre, et, pour le punir, Silène l'a transformé en statue d'or. (*Bas à Silène.*) C'est adroit.

PHALOE

D'or!... ce dieu est bien puissant.

MIDAS

Consolez-vous, rosée du matin; vous n'étiez pas faite pour être l'épouse d'un barbier, mais la compagne d'un prince.

PHALOE, *à part*

D'un prince!... si c'était?... (*Haut.*) Seigneur! (*Elle s'incline devant Midas.*)

MIDAS

Que faites-vous? Je ne suis pas le roi, mais un simple berger qui garde ses moutons.

SILÈNE, *bas à Midas*

Très bien.

MIDAS

Mon histoire est bien simple : Issu de parents pauvres, mais obscurs... (*Il s'arrête.*)

PHALOE, *désillusionnée*

Ah!

SILÈNE, *bas à Midas*

Allons ! ferme !... ça va très bien.

MIDAS

Non, mon ami, ça va très mal : d'abord je n'ai pas de cornemuse, et puis je meurs de faim. Je vais prendre mon bain. (*A Phaloë.*) Oui, perle de la Phrygie, je cours au palais de mon royal maître, qui se désole dans un triste veuvage ; je l'embrase d'amour par la simple peinture de vos perfections, et je reviens chercher notre reine pour la conduire à son auguste époux. (*Fausse sortie, à Silène.*) Fais jeter cet homme dans le Pactole. (*Il va à gauche.*)

SILÈNE

Dans le Pactole ? Mais...

MIDAS, *revenant*

Je t'en prie ; j'ai quelques remords, et puis la vue de l'or m'est désagréable. (*A Phaloë.*) A bientôt, comète de l'Asie. (*Il sort en lui envoyant des baisers.*)

SCÈNE VIII

PHALOE, SILÈNE, CATOGAN *en statue*, LE CORTÈGE DE SILÈNE

SILÈNE *à sa troupe*

Allons ! mes enfants : (*Tous se rangent autour de lui. — Aux satyres.*) Cet homme au Pactole ! (*Les satyres em-*

portent la statue par la droite. — Au reste de sa troupe.)
Et nous aux vendanges.

PHALOE, *à Silène*

Arrêtez! (*A part.*) Ce vieux dieu est bien conservé. Catogan, malgré sa beauté, n'était qu'un vulgaire mortel... un roi-même ne vaut pas un dieu; un dieu qui peut changer les hommes en or!... et si... (*Elle baisse les yeux.*)

SILÈNE

Que veux-tu, ma fille? Hâte-toi, le raisin gémit sous le pressoir, et le vin nouveau réclame en bouillonnant le dieu qui le bénit.

PHALOE

Ah! Silène, votre main n'est pas toujours bienfaisante; elle a brisé l'ormeau qui faisait ma force, et maintenant je suis comme la vigne sans soutien que le vent renverse et flétrit.

SILÈNE

Cette comparaison me touche, et pour te consoler, s'il est quelque chose en mon pouvoir, par Bacchus, je le ferai.

PHALOE

Hélas!

SILÈNE

Eh bien?

PHALOE, *minaudant*

Ah! Silène, j'aimais Catogan comme la vierge timide aime l'époux qu'a choisi son cœur... et pourtant, vous le dirai-je?

SILÈNE, *paternel*

Parle, mon enfant.

PHALOE

Le joyeux éclat qui vous environne, l'air enivrant que l'on respire autour de vous, la divine gaîté qui brille sur votre front, tout, jusqu'à ce pouvoir mystérieux qui me rend veuve avant d'être épouse, tout en vous me charme, m'entraîne, me fascine !... et fait de l'image de Catogan un pâle clair de lune à côté d'un soleil radieux.

SILÈNE, *goguenard*

Ah ! ah !

PHALOE, *caressante*

Ah ! Silène, malgré vos nymphes, vos bacchantes, vos satyres, vos pampres verts, vos pressoirs et vos raisins dorés, n'avez-vous jamais senti dans votre âme un secret appel vers quelque chose d'inconnu, un vide immense, semblable à celui du désert desséché par le souffle brûlant de l'aquilon ? Et alors si quelque femme jeune, belle, dévouée, aimante était venue vous dire : O Silène ! je t'aime !... ô Silène, veux-tu de moi pour sœur, pour amie, pour épouse ? ô Silène, qu'auriez-vous répondu ?

SILÈNE

Ce que j'aurais répondu ? (*Aux bacchantes.*) Enfants, ma coupe et versez jusqu'au bord !... (*Les bacchantes remplissent la coupe de Silène et la lui présentent.*)

I

Le plus grand dieu de la terre
C'est l'Amour à ce qu'on dit ;
Mais ce moutard de Cythère
A la terre ôte l'esprit,
Car autour de votre belle,
Amants ou maris jaloux,

Quand vous faites sentinelle
La belle vous fait...

LE PERROQUET, *perché sur les rochers à gauche*

Hou !... Hou !...

LE CHOEUR, *riant*

Hou ! Hou ! Hou ! Hou.

SILÈNE

Ah ! Bacchus aux cheveux roux,
Que ces braves gens sont fous !

LES FAUNES

Nymphes à la gorge nue...

LES BACCHANTES

Pans à la tête cornue...

LE CHOEUR

Bénissons le dieu du vin
Des voluptés infinies
Que d'en haut ses mains bénies
Font pleuvoir dans le raisin !...
    Ohé !... Ohé !...
    Jus vermeil
    Toi que dore
    Le soleil
    Je t'adore !...
    Euh Bacchus, évohé !...

Ils dansent.

SILÈNE

II

De nectar et d'ambroisie
Les dieux lassés, un beau jour,
Sur terre ont eu fantaisie
De chercher aussi l'amour.
Mais pour quelque objet indigne,
Quand Jupin devenu fou,
Se fait serpent, bœuf ou cygne,
Junon fait Jupin.....

LE PERROQUET

Hou!... Hou!...

LE CHOEUR

Hou! Hou! Hou! Hou!

SILÈNE

Ah! Bacchus au cheveux roux,
Que ces braves dieux sont fous!...

LES FAUNES

Nymphes à la gorge nue...

LES BACCHANTES

Pans à la tête cornue...

LE CHOEUR

Bénissons le dieu du vin.
Des voluptés infinies
Que d'en haut ses mains bénies
Font pleuvoir dans le raisin.
    Ohé! ohé!.
    Toi qui dore
    Le soleil,
    Je t'adore!...
    Euh Bachus, évohé!...

Silène vide sa coupe; danse générale; Phaloë, seule à droite, contemple la scène d'un air vexé.

SILÈNE, *embrassant Phaloë*

Adieu, ma fille. (*Aux faunes et aux bacchantes.*) Au pressoir!... (*Il remonte sur son âne.*)

LE CHOEUR

Au pressoir! (*Ils sortent par la gauche en dansant sur l'air de*) : Ohé! Ohé! Toi que dore, etc.

SCÈNE IX

PHALOE, *seule*

Ce dieu n'est qu'un vieillard obèse !... j'aurais dû remarquer plus tôt ses yeux bouffis, son nez flamboyant et son haleine chargée de vin !... Quel monstre !... Mais qui me rendra ma couronne de fiancée ?...

SCÈNE X

PHALOE, CATOGAN

Il rentre sur la droite, marchant avec précaution et évitant d'être vu.

PHALOE, *s'asseyant tristement sur le banc de gazon*
Si du moins Silène m'avait laissé Catogan... pour dot, j'aurais trouvé sans peine un époux plus riche et plus beau que lui, mais il est à jamais perdu pour moi, le pauvre garçon !...

CATOGAN, *qui n'a entendu que les derniers mots*
Oh bonheur ! elle me pleure... (*Il s'avance vers elle.*)

PHALOE, *effrayée*
Ah ! grands dieux, protégez-moi !... et toi, ombre de celui qui fut Catogan, rentre dans l'enfer qui t'a vomi !...

CATOGAN
L'Enfer ? non, le Pactole.

PHALOE

Le Pactole ?...

CATOGAN

Ah ! Phaloë, bénissons ce fleuve généreux qui dissipe les enchantements.

PHALOE

Quoi ! tu n'es pas en or ?

CATOGAN

Plus du tout.

PHALOE, *à mi-voix*

C'est dommage.

CATOGAN

Tu dis ?

PHALOE

Je rends hommage au dieu qui me rend un époux.

CATOGAN

O colombe de mon âme, tu m'aimes toujours ?

PHALOE

Toujours comme autrefois, tourtereau de mon cœur.

CATOGAN, *à part*

O Vénus, sois bénie, j'arrive à temps.

PHALOE

Tu dis ?

CATOGAN

Rien, mais je ris de ce roi qui me transformait en statue pour me supplanter dans ton cœur.

PHALOE

Quel roi ? le roi du vin ?...

CATOGAN

Non, le roi de Phrygie.

PHALOE

Midas?

CATOGAN

Midas.

PHALOE

Comment, ce n'était donc pas Silène qui t'avait...?

CATOGAN

Non, c'était Midas.

PHALOE

Ainsi le compagnon de Silène?...

CATOGAN

C'était Midas.

PHALOE

Qui se disait berger?

CATOGAN

C'était encore Midas.

PHALOE

Et jurait que le roi me prendrait pour femme?

CATOGAN

C'était toujours Midas... O infamie!

PHALOE

O bonheur!...

CATOGAN

Tu dis?

PHALOE

Je vous prie, Catogan, de ne plus me tutoyer.

CATOGAN

Comment?

PHALOE

Et de me parler désormais avec le respect...

CATOGAN

Hein ?

PHALOE

Qu'on doit à la reine de Phrygie.

CATOGAN

Elle est folle !... Elle est folle !...

PHALOE

Le roi Midas m'a promis de m'épouser... Un roi n'a qu'une parole, Catogan.

CATOGAN

C'est pour cela qu'il ne peut pas la donner à tout le monde, Phaloë.

PHALOE

Il a prêté serment sur son honneur.

CATOGAN

Le roi prête ainsi de petits serments à courte échéance et à gros intérêts quatre ou cinq fois par jour.

PHALOE

Vous calomniez votre prince, Catogan !...

CATOGAN

Je le calomnie ?... — Elle ne m'aime plus !...

Si tu m'aimais comme je t'aime,
    O Phaloë,
Tu prendrais de ma peine extrême
    Quelque pitié.
Car tu sais bien, âme barbare
    Et cœur sans foi,
Que si de toi l'on me sépare
    C'est fait de moi...

PHALOE

Si tu m'aimais comme je t'aime,
    O Catogan !

Tu songerais qu'un diadème
    Vaut un amant.
Il faut que ton âme jalouse
    N'aime que soi,
Ou tu dirais : Le roi t'épouse,
    Vive le roi !

CATOGAN

Hélas ! c'est le coup de grâce,
Elle est folle en vérité !...

PHALOE

Ces manants ont l'âme basse !...
Respectez ma Majesté !...

CATOGAN

O Phaloé !...

PHALOE

Je régnerai !...
Mon sceptre est la fantaisie ;
Ma couronne, le plaisir !
Toutes les reines d'Asie
    De jalousie
    Vont mourir.

CATOGAN	PHALOE
O Phaloë !...	Je régnerai !...

CATOGAN.

Ne vous souvient-il pas, cruelle,
Du jour où dans les bois tous deux,
En écoutant la tourterelle
Nous cheminions silencieux ?
Tremblant d'espérance et de crainte,
Ma main osa presser ta main...
Et votre main, dans cette étreinte,
S'oublia pour tout le chemin...

CATOGAN	PHALOE
O Phaloë !...	Je régnerai !...

CATOGAN

Avez-vous oublié, perfide,
Le soir, — la nuit fait tout oser —
Où ma lèvre à ton front candide
Imprima son premier baiser?
Tremblant d'espérance et de crainte,
Mon cœur se pressait sur le tien...
Et votre cœur, dans cette étreinte,
Battait aussi fort que le mien...

CATOGAN	PHALOE
O Phaloë!...	Je régnerai!...

CATOGAN

Dans ma chaumière,
O beauté fière,
Tu régneras sur ton époux.

PHALOE

Le beau royaume
Qu'un toit de chaume
Quand le monde est à mes genoux!...

CATOGAN	PHALOE
Si tu m'aimais comme je t'aime,	Si tu m'aimais comme je t'aime,
O Phaloë!... etc.	O Catogan!... etc.

Catogan tombe en pleurant sur le banc de gazon.

PHALOE, *à part*

Pauvre Catogan, il m'attendrit; mais si l'on s'arrêtait à ces détails-là...

CATOGAN, *sanglotant*

As-tu donc tout oublié?

PHALOE

Non, Catogan.

CATOGAN

Non, Catogan!... Elle est émue!...

PHALOE

Et je m'en souviendrai toujours.

CATOGAN

Toujours!... (*Il se lève.*) Elle m'aime encore!...

PHALOE

Et quand je serai sur le trône de Phrygie.

CATOGAN

Qu'entends-je?...

PHALOE

Je vous permettrai d'écrire sur votre maison : *Catogan, barbier de la reine.*

CATOGAN, *avec une dignité froide*

Merci, madame, j'ai l'honneur de vous donner ma démission.

PHALOE

Pourquoi, Catogan?

CATOGAN, *étouffant*

Parce que je vais me jeter à l'eau!

PHALOE, *à part*

Que dit-il?

CATOGAN

Adieu, Phaloë! Adieu pour toujours!... (*Il sort en courant par la droite.*)

SCÈNE XI

PHALOE *seule*

Il s'enfuit... Ah! grands dieux, s'il allait... Je serais désolée que le pauvre garçon mourût d'amour pour moi... Catogan! Catogan!... Il ne m'entend plus... Que faire? Ciel! le roi!...

SCÈNE XII

PHALOE, MIDAS, puis le PERROQUET

Midas entre par la gauche; il est vêtu en berger ridicule; il porte une cornemuse enrubannée et un énorme bouquet de fleurs des champs; sa démarche est un peu irrégulière.

MIDAS, *sans voir Phaloë*

J'ai pris mon bain, j'ai bien dîné... Je crois même que j'ai un peu trop dîné, mais il fallait bien rattraper le temps perdu; j'ai bu de même... Je crois même que j'ai un peu trop bu... — Dans ma gaîté, j'ai fait prendre un bain à tous mes trésors.

PHALOE, *à part*

Oh!...

MIDAS

Oui, la vue de cet affreux métal m'était insupportable, et j'ai tout fait jeter dans le Pactole; tout: mes officiers, mes serviteurs, mon palais... tout ce que j'ai changé... ma femme aussi; je suis ruiné.

PHALOE, *à part*

Ah!

MIDAS

Mais que n'importe maintenant que, grâce à ce simple costume de berger, je vais enfin goûter le bonheur d'être aimé pour moi-même!

PHALOE, *à part*

Quelle étrange fantaisie!... jeter à l'eau toutes ses richesses et s'habiller en berger?... mais il ne faut pas contrarier les rois. Il s'avance de ce côté; feignons de le prendre pour un pasteur.

MIDAS, *apercevant Phaloë*

Salut à la charmante Phaloë!...

PHALOE

Eh bien, aimable berger, le roi Midas a-t-il partagé de confiance votre admiration pour ma personne, et consent-il à couronner une humble fille des champs?

MIDAS

O nymphe de ces bocages, ne parlons plus de mon maître, et...

PHALOE

Comment! vous n'avez pas vu le roi?

MIDAS

Non, fille des bois.

PHALOE

Et vous n'allez pas me conduire auprès de lui?

MIDAS

Non, fleur champêtre, non; c'est une agréable fiction que j'ai imaginée pour pouvoir vous entretenir un moment.

PHALOE

Je ne serai donc pas reine de Phrygie?

MIDAS

Non, buisson de roses, non, mais vous serez la reine de mon hameau.

PHALOE

Moi! la femme d'un berger!...

MIDAS

Tous les bergers sont rois... de leurs moutons. D'ailleurs, mon maître et moi, c'est exactement la même chose.

PHALOE

Comment ?

MIDAS

Oh! je comprends bien que vous ne puissiez pas me comprendre; mais cela ne fait rien, je vous assure. Veuillez vous asseoir sur ce banc de gazon. (*Phaloë s'assoit; Midas roule à ses pieds le tonneau de Silène.*) Bien.

PHALOE

Que faites-vous ?

MIDAS

Vous allez voir. C'est une petite scène que j'ai préparée, et que je tiens beaucoup à exécuter. Supposez que ceci est votre chambre. Bien. Ceci votre balcon. Bien. Ceci, la rue. Bien. (*A part.*) Maintenant tout est disposé et je puis enfin me faire aimer pour moi-même.

PHALOE, *à part*

Aurait-il perdu la raison ?

MIDAS

Quel magnifique clair de lune!... Voilà cinq heures consécutives que je soupire sous le balcon de mon adorée, couvert d'une simple cornemuse et armé d'un manteau couleur de muraille... Que faire pour attirer son attention ? si je chantais un peu...

TROP D'OR OU LES OREILLES DE MIDAS

hem!... hem!... (*A part.*) Je ne sais pas l'air... n'importe, improvisons ; un roi doit tout savoir de naissance... (*Il chante.*)

Je suis Lindor, ma naissance est commune,
Mes vœux sont ceux d'un simple pastoureau.

PHALOE, *à part*

Décidément, il est fou. Flattons sa manie. (*Haut.*) Qu'entends-je? C'est la voix d'un jeune berger qui chante sous ma fenêtre... Entr'ouvrons un peu ma jalousie pour voir s'il a bonne façon.

MIDAS

Bravo! Bravo! ça va très bien. Par Cupidon, comme c'est facile d'être aimé pour soi-même. Je savais bien, moi. (*Il pirouette.*) Continuons. (*Il saute par-dessus le tonneau.*)

PHALOE

Ciel! que veut ce pastour?

MIDAS

J'escalade votre balcon au risque de me rompre les os ou d'être rossé par vos valets, et tombant à vos pieds, je vous dis : Je n'ai pas une obole, mais je t'aime! Je suis fils de bouvier, mais voilà des fleurs des champs; je n'ai pas voiture, mais je puis t'offrir une mèche de mes cheveux... — Répondez ; répondez quelque chose pour que je reprenne ma respiration!...

PHALOE

Mais, mon tuteur.....

MIDAS

Très bien, j'ai repris ma respiration. Maintenant,

embrassez-moi sur le front, et dites-moi que vous acceptez mon amour.

PHALOE, *minaudant*

J'accepte la mèche de cheveux.

MIDAS, *anxieux*

La mèche de cheveux... très bien... Cette réserve me charme, et je te promets cet objet de tes ardents désirs, o nymphe pleine de modestie! Mais auparavant, daigne, je t'en conjure, m'accorder un chaste baiser sur le front.

PHALOE, *à part*

Embrasser le roi, moi la fille d'un pasteur! Quel beau jour!... mais il est bien laid!...

MIDAS, *toujours agenouillé*

Eh bien?

PHALOE

Mais je n'ose...

MIDAS

Osez, rose d'avril, osez... Des raisons particulières m'obligent à dépouiller toute retenue; allez, bouton de mai, faites votre bonheur, et que ce gage de notre union...

PHALOE, *à part*

De notre union?... (*Elle l'embrasse.*) Je suis reine!..

MIDAS *se relevant exalté*

Je suis beau!... j'ai retrouvé... c'est-à-dire j'ai perdu... non, je préfère dire comme tout à l'heure... j'ai retrouvé ma splendeur première. O dieu de Patare et de Scio, fils de Latone, inventeur de la flûte et roi du jour, de nouveau sois béni... tu m'as dit : « Sois aimé pour toi-même et tes... chagrins n'existeront plus!. » Adieu donc, appendices vexatoires!... et toi, coiffure mortifiante, adieu! Midas peut désormais montrer sans crainte à tout l'univers son front régénéré. (*Il ôte son bonnet.*)

PHALOE, *apercevant les oreilles du roi*

Que vois-je? (*Riant.*) ah! ah! ah! Pardon, sire... mais... ah! ah!

MIDAS

Ah! ah!... Elle est sotte, cette petite. (*Haut.*) Pourquoi m'appelez-vous sire, et que trouvez-vous de risible dans ma personne?

PHALOE

Ah! ah! Que Votre Majesté me pardonne!... ah! ah!... mais ce ruisseau... lui dira... ce que je n'oserais... ah! ah!...

MIDAS

Ce ruisseau!... Je ne vois pas ce que ce ruisseau... (*Il se mire et voit ses oreilles d'âne.*) Ciel!... (*Il remet son bonnet avec difficulté, sans s'apercevoir qu'une oreille passe.*) Mais alors Apollon n'est qu'un... ou bien vous me trompiez donc, petite malheureuse!

PHALOE

Mais, sire...

MIDAS

Sire!... encore!... vous me connaissiez?...

PHALOE

Je l'avoue.

MIDAS

Mais alors vous ne m'avez pas pris pour un berger?...

PHALOE

Il est vrai.

MIDAS

Mais alors vous ne m'aimiez pas pour moi-même, et ce baiser...?

PHALOE

Dame! sire, Votre Majesté me disait que je serais sa femme.

MIDAS

Ma femme! ma femme!

PHALOE

Comment! vous ne vouliez pas!...

MIDAS

Je n'avais pas là-dessus d'idée arrêtée... Cela n'était pas nécessaire... Il suffisait... mais... Ah! je suis un prince bien malheureux!...

PHALOE, *à part*

Et je sacrifiais l'amour de Catogan au caprice de ce roi ridicule et ruiné!... Oh! cela crie vengeance, et je me vengerai!... Mais Catogan me pardonnera-t-il?... Courons!... (*Haut.*) Adieu, sire. (*Fausse sortie.*)

MIDAS

Adieu! (*Le perroquet entre par la gauche en sautillant.*)

PHALOE, *revenant*

Je pars, mais bientôt vous aurez de mes nouvelles, et vous saurez ce qu'il en coûte d'offenser une femme quand vous entendrez toute la Phrygie répéter...

LE PERROQUET

Le roi, le roi Midas a des oreilles d'âne!...

MIDAS, *croyant que c'est Phaloë*

Ah! c'est le dernier coup... J'ai eu bien tort de rudoyer cette petite.

PHALOE, *à part*

Ce perroquet!... Je comprends tout; voilà le secret de Catogan. (*Le perroquet se poste dans le feuillage.*) Ah! maintenant il faudra bien qu'il me pardonne. (*Haut.*) Adieu, sire!...

MIDAS, *la retenant*

Adieu!... non, restez! (*A part.*) Cette petite scélérate connaît seule ma disgrâce, et quand elle sera ma femme (*Il fait un geste significatif.*), je sauverai ma réputation. (*Haut.*) N'as-tu donc pas compris, vierge naïve, que tout ceci n'est qu'une plaisanterie pleine de gaîté, qu'il n'y a de sérieux que mon amour, et que je t'épouse tout à fait, ô Phaloë!...

PHALOE

Moi, par exemple!...

MIDAS

Tu hésites, chère Phaloë?...

PHALOE

Du tout.

MIDAS

Ah!

PHALOE

Je refuse.

MIDAS

Tu refuses, petite misérable!...

PHALOE

Complètement.

MIDAS

Mais sais-tu bien que je te ferai plonger dans la prison la plus malsaine de mon palais.

PHALOE

Vous n'avez plus de palais.

MIDAS

Comment! je n'ai plus de... Ah! c'est vrai... mais j'ai encore des arbres, et je t'y ferai pendre...

PHALOE

Vous n'avez plus d'officiers.

MIDAS

Je n'ai plus de... Ah! c'est vrai... — mais demain j'en aurai d'autres.

PHALOE

Avec quoi? Vous n'avez plus de trésors?

MIDAS

Je n'ai plus de... c'est vrai!... Ah! Phaloë, si tu n'as pas eu pour père le granit le plus dur, si tu n'as pas sucé le lait des ours les plus vindicatifs, ne seras-tu pas touchée d'une infortune... sans exemple?... N'auras-tu pas pitié d'un monarque, ton roi, qui a tout perdu excepté.. excepté... ce qu'il voudrait tant perdre, et qui désire garder au moins les apparences?... Toi seule connais mon secret...

LE PERROQUET

Le roi...

PHALOE, *à part*

Respectons ses illusions.

MIDAS

Jure-moi de ne pas le trahir et de sauver le nom

de Midas des facéties de la postérité. Tu ne réponds pas?... Adieu!...

PHALOE

Que voulez-vous faire, sire?...

MIDAS

Me jeter dans le Pactole; il ne me reste plus que cette consolation... On vient... J'embrasse tes genoux.

PHALOE

Eh! bien soit, je me tairai, mais à une condition.

MIDAS

Laquelle?

PHALOE

Vous allez la connaître.

SCÈNE XIII

MIDAS, PHALOE, CATOGAN

Trio

CATOGAN

Le roi, c'était donc vrai?...

MIDAS, *à part*

Lui!... je ne puis comprendre!...

CATOGAN, *à part*

Si grand que soit le coup, devait-il me surprendre?...
J'étais son fiancé, mais Midas était roi.

PHALOE, *à part*

Éros, o dieu puissant, toi qui dois nous défendre,
Amour, soutiens ma cause, elle est digne de toi!...

MIDAS, *à part*

Si la métamorphose a droit de me surprendre,
Elle m'apprend du moins ce qu'on préfère au roi.

A Catogan

Sortez!...

PHALOE

N'obéis pas, les dieux sont avec moi.

CATOGAN, *à Phaloë*

Cœur perfide, âme noire,
En venant en ce lieu,
Je doutais, j'ai dû croire.
Mon cœur est mort... Adieu!...

PHALOE

Est-il mort?...

CATOGAN

Oui, bien mort!...

PHALOE

Non, non, non, pas encor!...

MIDAS

Que faut-il que j'ordonne?...
En tes mains est ton sort;
Choisis-tu la couronne
Ou choisis-tu la mort?...

PHALOE

Quoi, la mort!

MIDAS

Oui, la mort.

PHALOE

Non, non, non, pas encor!
— Quoique la faveur soit bien grande,
Deux cœurs qui s'uniront demain,

O grand roi, vous font la demande
D'être témoin de leur hymen.

CATOGAN

Votre hymen... avec moi?... Jamais!...

PHALOE

Nous verrons bien.

MIDAS

Votre hymen... avec lui?... Jamais!...

PHALOE

Ne jurez rien!

A Catogan

Un perroquet m'a conté
Certaines merveilles.

CATOGAN

Un perroquet? tais-toi!...

PHALOE

Donnez-moi votre main.

A Midas

Un monarque était doté
De longues oreilles.

MIDAS

Chut! taisez-vous, silence!...

PHALOE

Agréez notre hymen.

A Catogan

Eh bien!

CATOGAN

Non; sans ton cœur que m'importe la vie?

PHALOE

Et moi qui refusais le trône de Phrygie
Pour un ingrat !

CATOGAN

Pardonne-moi.

PHALOE

A Midas
Eh bien ?

MIDAS

Non, mes bourreaux m'assurent le mystère.

PHALOE

Avant que vos bourreaux m'obligent à me taire,
Ecoutez tous !...

MIDAS

Tais-toi, tais-toi !...
Cruel martyre !...

PHALOE

Un seul mot, sire,
Répondez-moi.

CATOGAN

Mon cœur délire,
Aimé de toi !...

MIDAS

Tais-toi, tais-toi !...

SCÈNE XIV

Les mêmes, SILÈNE, LES FAUNES, LES BACCHANTES, puis
LE PERROQUET

SILÈNE, *montrant Catogan*

Savez-vous, prince, où j'ai repêché ce garçon-là ?

MIDAS, *absorbé*

Non, mais cela m'est égal.

SILÈNE

Dans le Pactole. Se noyer dans l'eau quand je suis là !...

MIDAS

Dans le...? mais en effet, je... je suis heureux de vous revoir, Catogan, mais je me demande pourquoi vous n'êtes plus au fond du Pactole.

CATOGAN

Ah ! sire, pardonnez moi ; j'ai retrouvé la vie en touchant les flots.

MIDAS, *foudroyé*

Ciel !... mais alors, ma femme !...

CATOGAN

La reine est plus vivante que jamais ; et puisque votre Majesté a le bonheur de ne plus être veuve, j'ose croire qu'elle ne s'opposera plus...

MIDAS, *lugubre*

Moi !... mariez-vous ; c'est mon vœu le plus cher.

CATOGAN

Que Jupiter vous le rende, sire !

MIDAS

Oh ! moi, je n'ai plus de bonheur à espérer dans ce monde, car je ne serai jamais aimé pour moi-même, et alors...

SILÈNE

Bah ! si l'amour te manque, il te reste la fortune.

MIDAS

L'or ne fait pas le bonheur... surtout quand on n'en a plus.

SILÈNE

Quoi !... tes immenses richesses ?...

MIDAS

Elles descendent la rivière, mon ami. J'ai perdu mes trésors, j'ai gardé mes ennuis, et je retrouve ma femme !... Adieu !...

TOUS

Qu'allez-vous faire ?...

MIDAS

Noyer mes chagrins dans le Pactole !...

SILÈNE, *le retenant*

Dans le Pactole... ingrat ! Tu m'oublies !...

LE CHOEUR

Quel est le chagrin
Qui ne s'endorme sous la treille ?
Quel est le chagrin
Que ne guérisse le bon vin ?

MIDAS

Si le noir chagrin
S'endort au fond de la bouteille,
Je veux dans le vin,
Noyer à jamais mon chagrin.

PHALOE

Royal ou divin,
J'ai fait un songe et je m'éveille
Près d'un sot... — Enfin
Il faut toujours faire une fin.

CATOGAN

Souvenons-nous bien
De ne jamais parler d'oreille
Et, si je suis fin,
On ne se doutera de rien.

LE PERROQUET

Oi! Oi! Oi! Oi! Oi!
Le roi Midas a des oreilles..,
Oi! Oi! Oi! Oi! Oi!
Le roi! Le roi! Le roi! Le roi!

SILÈNE

Console-toi, Midas, la beauté vermeille
A les yeux moins brillants que les rubis du vin;
L'amour vaut-il un verre de bon vin?...

LE CHOEUR

Quel est le chagrin
Qui ne s'endorme sous la treille?
Quel est le chagrin
Que ne guérisse le bon vin?...

Midas embrasse Silène; Phaloë est dans les bras de Catogan; le perroquet agite ses ailes; les satyres, les faunes et les bacchantes dansent sur le final.

Rideau.

QUINTIN METZYS

HISTORIQUE

« *Quintin Messis (Metzys)*, que plusieurs auteurs désignent seulement par le surnom de « Maréchal d'Anvers », qui lui resta de sa première profession, naquit en cette ville en 1440. Il était encore fort jeune lorsqu'il perdit son père, mais c'était déjà un ouvrier très habile dans la pratique de son état ; il mettait dans ses ouvrages une recherche et une élégance de formes qui auraient pu faire deviner l'âme active et intelligente d'un artiste. Le goût exquis qui caractérisait tous ses ouvrages en a fait conserver quelques-uns ; on montre encore des grilles et des balcons qui lui sont attribués ; mais sa plus belle œuvre en ce genre et surtout la plus authentique, est sans contredit le puits qui se trouve devant la cathédrale d'Anvers. On peut voir la place qu'il occupe dans le dessin que nous donnons de cette église. (Voy. 1833, p. 65.)

A l'âge de vingt ans, Messis fut atteint d'une maladie longue et dangereuse qui le mit hors d'état de gagner sa vie et celle de sa mère qu'il soutenait de son travail. Alors il essaya de graver sur bois quelques-unes des images de confrérie qui se distribuaient aux processions ; il les copia d'abord grossièrement, puis mieux, puis il se mit à les composer lui-même.

Dès qu'il fut guéri, il reprit le marteau, et travailla encore le fer pendant plusieurs années : il acquit la réputation du plus habile ouvrier de tout le pays.

Enfin il songea à se marier; il aimait la fille d'un peintre en grande réputation à Anvers; après beaucoup d'hésitation, il se décida à demander sa main. Mais le père, tout offensé d'une semblable prétention, répondit que sa fille n'était pas faite pour un forgeron, et que personne, autre qu'un peintre du plus grand mérite, ne deviendrait son époux.

Quintin ne fut pas découragé par ce refus. Il se rappela ce qu'il avait pu faire dans sa maladie, pendant les instants de répit que lui laissait la douleur, et il se demanda pourquoi il ne deviendrait pas peintre, maintenant qu'il était en bonne santé et résolu à travailler avec la plus grande assiduité. Son parti fut bientôt pris; il quitta sa boutique et se mit à voyager pour tâcher d'acquérir le talent sans lequel il ne voulait pas retourner dans son pays. Il parcourut plusieurs villes de Flandre, de Hollande et d'Allemagne; quelques auteurs prétendent qu'il serait allé à Rome, mais cela n'est pas probable, car on ne trouve pas trace d'une pensée italienne dans sa manière non plus que dans son style. Peut-être a-t-il voyagé en Angleterre : nous avons déjà eu occasion de dire que l'on montre au château de Windsor la tombe en fer d'Édouard IV comme étant une œuvre de Messis. (V. 1634, p. 6.)

Quand il eut acquis un talent incontestable, il reprit le chemin d'Anvers. On raconte qu'introduit dans l'atelier d'un peintre, il peignit sur la croupe du cheval auquel il travaillait une mouche avec tant de vérité, que celui-ci étant entré essaya plusieurs fois de la chasser avant de s'apercevoir qu'elle était peinte; enfin, l'ayant touchée pour s'en assurer, il déclara que celui qui saurait peindre une tête humaine avec autant de perfection, pourrait lui demander la main de sa fille. On lui montra des tableaux peints par Quintin, et il n'eut plus de raison pour s'opposer à son mariage.

Quintin Messis devint un des premiers peintres de son époque. Il a beaucoup travaillé et pourtant ses tableaux sont assez rares, ce que l'on doit attribuer à la précision et à la recherche minutieuse avec laquelle il les terminait jusque dans les détails les plus indifférents, car il mourut très vieux vers 1529. Il a laissé un fils qui a toujours travaillé dans sa manière, mais avec un moindre talent. Cependant quelques-uns de ses tableaux le cèdent peu à ceux de son père.

Les ouvrages de Quintin ont été extraordinairement recherchés; on les a payés aussi cher que ceux des plus grands maîtres. Les amateurs anglais les achetaient à tout prix. Un de ses plus beaux tableaux est une Descente de croix qu'il peignit pour les menuisiers de la ville d'Anvers; le Christ est peint avec âme et les Maries sont extrêmement belles. Sur un des volets qui ferment ce tableau, on voit le martyre de saint Jean-Baptiste et sur l'autre Hérodiade qui reçoit la tête du saint en présence d'Hérode. Philippe II, roi d'Espagne, a souvent offert de ce tableau des sommes considérables sans que ce corps de métier consentît à le vendre; enfin, dans un besoin d'argent on le mit en vente et la municipalité l'acheta pour le prix de quinze cents florins. »

(*Magasin pittoresque*. — **Année 1834, page 363.**)

QUINTIN METZYS

(LE MARÉCHAL D'ANVERS)

PERSONNAGES

QUINTIN METZYS
PIERRE JACOBS, peintre, père de Marie
MARIE, fille de Jacobs

VAN CLEEF, peintre, rival de Quintin Metzys
JEROME VANDER, ami de Quintin
HUBERT, famulus de Jacobs

Le Grand Bailli, le Président et les Membres du jury de peinture, Peintres, Bourgeois, Pages, etc.

La scène se passe à Anvers en 1470

Le théâtre représente une grande salle attenant à celle du jury et disposée en atelier ; au fond une grande porte masquée par une tenture ; à droite et à gauche deux portes communiquant avec des galeries latérales ; à gauche et sur le devant, une autre petite porte. — Des armures, des tableaux et divers objets d'art sont pendus aux murs. — Au lever du rideau Pierre Jacobs, debout sur une échelle de peintre, travaille à droite de la scène.

SCÈNE PREMIÈRE

PIERRE JACOBS, seul

Il descend de son échelle et regarde son tableau.

Allons ! mon œuvre avance et me vaudra, j'espère,
Un triomphe de plus. — C'est être deux fois père

Que de voir d'heure en heure, et grâce à son pinceau,
Renaître son enfant dans un vivant tableau.
Renaître !... mieux encor : devenir immortelle !...
Oui, c'est elle ; et pourtant elle est encor plus belle,
Ma fille ; voilà bien son front pur et ses yeux
Qui semblent refléter l'ardent azur des cieux...
Douce image à la fois riante et sérieuse,
C'est bien vous, ô Marie, ô ma belle rêveuse ;
Le monde à votre aspect fléchirait les genoux
Et pourtant votre sœur est plus belle que vous !...

SCÈNE II

JACOBS, MARIE

*Marie est entrée pendant les derniers vers et sourit,
appuyée sur un grand fauteuil gothique.*

MARIE

Amour-propre d'auteur.

JACOBS, *se retournant*

Voyez-vous, la coquette,
Elle écoutait ; peut-on être plus indiscrète ?...
Mais viens donc m'embrasser. Que veux-tu, mon enfant,
De sa faiblesse en vain ton père se défend,
Mais du soir au matin, craignant qu'on ne l'ignore,
Même dans un désert il dirait qu'il t'adore.

MARIE

Mon père !...

JACOBS, *assis sur un escabeau devant Marie et lui tenant les mains*

Tu n'es pas seulement, vois-tu bien,

Ma fille, mais encor mon guide et mon soutien,
Et si mon nom doit vivre, enfant, sois-en bénie...
Après Dieu, c'est à toi que je dois mon génie.

MARIE

Votre génie? à moi !...

JACOBS

Si, de l'antiquité,
L'artiste le plus grand que la Grèce ait vanté,
Si le peintre de Cos, si le divin Appelle
Se surpassa lui-même en prenant pour modèle
La beauté qu'un hasard amenait devant lui,

Se levant et allant vers son tableau.

C'est à toi que je dois mon chef-d'œuvre aujourd'hui,
Moi, qui dans ta beauté puis contempler sans cesse
Un modèle plus beau que tous ceux de la Grèce.

MARIE

Oh! vous exagérez...

JACOBS

Oui, j'ai tort, je devrais
Te parler de ton cœur et non de tes attraits;
Je connais mon devoir, mais je ne puis le faire,
Et l'artiste chez moi l'emporte sur le père.

MARIE

Je ne vous entends pas.

JACOBS

Il faut... Mais assieds-toi
Sur ce fauteuil...

MARIE

Ainsi?...

JACOBS

Très bien. Regarde-moi.

Travaillant.

Bien. Il faut, mon enfant, que mon cœur te confesse,
Afin de s'en guérir, sa coupable faiblesse,
A ton âge il est temps de songer... tu comprends?...

MARIE

Non, mon père.

JACOBS

    Parmi les nombreux soupirants
Qui recherchent ta main, il est temps de m'apprendre
Celui qu'il te plairait de me donner pour gendre.

MARIE

Moi?... je ne sais... celui que vous voudrez...

JACOBS

          Comment!
Ton cœur n'a distingué personne...

MARIE, *hésitant*

        Non vraiment...

JACOBS, *quittant son travail*

Parle sans crainte.

MARIE, *à part*

Hélas!

JACOBS

Eh! bien.

MARIE, *avec effort*

      Non... non, mon père

JACOBS

Et voilà justement ce qui me désespère.
Oui! je n'ai pas rempli mon devoir; je t'aimais
D'un amour égoïste et coupable, et jamais,
Quand j'admirais en toi les grâces de la femme,
Je n'ai pris le souci d'interroger ton âme;

Je ne voyais en toi que l'ange gracieux
Qui, pour charmer ma vie, était venu des cieux,
Et l'artiste, s'aimant lui-même dans sa fille,
Oubliait les devoirs du père de famille...

MARIE

Que dites-vous ?

JACOBS

Devais-je, au profit de mon art,
Sacrifier ta vie à celle d'un vieillard ?
Devais-je, à mes travaux enchaînant ton enfance,
Alors qu'un jeune cœur sourit à l'espérance,
Oublier que les fleurs ont besoin du grand jour,
L'oiseau de ses chansons, la femme de l'amour ?
Et n'aurais-je pas dû, bien loin d'en être avare,
Montrer avec orgueil un trésor aussi rare,
Te donner les plaisirs de ton âge, être heureux
De voir le monde entier de ma fille amoureux ?...
L'ai-je fait ? Non ; du monde exilant ta jeunesse,
Je voulais à moi seul réserver ta tendresse
Et, si quelque galant te faisait les yeux doux,
J'étais... je crois vraiment que j'en étais jaloux !...
Jaloux de mon enfant !... Que le ciel me pardonne !
— Mais j'ai compris ma faute et désormais j'ordonne
Qu'on soit heureuse...

MARIE

Mais...

JACOBS

Voyons ; mon atelier
Est visité souvent par un beau cavalier ;
Van...

MARIE

Je ne songe pas, mon père, au mariage.

JACOBS

Il le faut cependant; il ne serait pas sage
D'attendre plus longtemps; tu vas avoir vingt ans,
Ma fille, et les amours ne viennent qu'au printemps
Et s'en vont avec lui comme les hirondelles.
— De tes admirateurs c'est un des plus fidèles.

MARIE

Qui? mon père.

JACOBS

Van Cleef; lui qui vient chaque jour
Admirer mes tableaux pour te faire sa cour.

MARIE

Il m'est indifférent.

JACOBS

C'est un garçon capable
Et qui t'aime, je crois, d'un amour véritable.
Il est un peu léger, mais il s'amendera...
Aimes-tu mieux Porbus?

MARIE

Moi? Comme il vous plaît.

JACOBS

Du tout, ma chère enfant, c'est à toi qu'il faut plaire
Préfères-tu Jean Eyk ou Cornille?

MARIE

Mon père,
Pourquoi tant me presser de choisir un époux?
Serai-je plus heureuse avec lui qu'avec vous?
Que deviendrez-vous dans votre solitude,
Quand vous aurez perdu la compagne d'étude.

L'âme de vos travaux, c'est vous qui l'avez dit?
JACOBS
Certes, et ton hymen par moi serait maudit
S'il devait séparer le père de la fille.
Aussi, pour ne former qu'une même famille,
Je veux que ton époux soit peintre comme moi,
Qu'il vienne travailler et vivre sous mon toit
Et qu'il...

SCÈNE III

Les mêmes, VAN CLEEF

VAN CLEEF, *saluant Jacobs*
Maître...
JACOBS
Ah! c'est vous, Van Cleef.
VAN CLEEF, *saluant Marie*

Mademoiselle,
De jour en jour, hélas! si vous êtes plus belle...
JACOBS, *qui s'est remis à peindre*
Je suis plus amoureux. — Vieux refrain de chanson.
Nous faisions mieux que ça de mon temps, mon garçon;
Nous n'avions pourtant pas une aussi belle muse,
Qu'en dites-vous?

VAN CLEEF
Voilà peut-être mon excuse.
JACOBS
Comment?
VAN CLEEF
Si le soleil nous fait perdre les yeux,

L'amour ôte l'esprit.
                    JACOBS
                        Allons! c'est un peu mieux.
    A Marie.
Qu'en penses-tu?
                    MARIE, *sortant de sa rêverie*
                    Moi?... mais... sans doute...
                    VAN CLEEF
                                Eh! quoi, cher
Vous travaillez encor!... vous oubliez peut-être
Que les prix du concours, dans une heure, en ce lieu
Vont être décernés... moi, j'ai la tête en feu,
Je ne tiens pas en place et vous, d'un doigt tranquille,
Vous guidez sans trembler votre pinceau docile...
Quel homme êtes-vous donc, maître? Mais songez-vous
Que derrière ce mur, à quatre pas de nous,
Le jury délibère et que chaque minute
Marque de nos rivaux le triomphe ou la chute.
Et vous travaillez!...
                    JACOBS
                        Oui; je sais qu'en ce moment
Les jurés assemblés portent leur jugement,
Et couronnent, parmi cent œuvres capitales,
Celle qui leur paraît éclipser ses rivales.
D'un combat aussi beau si je sortais vainqueur
Certe une joie immense inonderait mon cœur;
Mais d'avance faut-il que la gloire me grise
Et qu'à l'oisiveté cet espoir m'autorise?
Non; d'importants travaux voulant bien m'honorer,
Anvers m'a confié ses murs à décorer;
Pour qu'ici tout à fait l'œuvre fût terminée

J'avais encor besoin de cette matinée;
Je viens de l'achever, et, lorsque dans ces lieux
Le laurier descendra sur un front glorieux,
Si mes travaux n'ont pas remporté la victoire,
Peut-être que ceux-ci relèveront ma gloire,
Et si je suis vainqueur, loin d'être superflus,
Ils seront en ce jour un triomphe de plus.

VAN CLEEF

Je vous admire, mais je n'ai pas l'âme faite
Comme la vôtre; il faut qu'elle soit satisfaite,
Calme, et libre en un mot de joie ou de chagrin
Pour guider mes pinceaux ou suivre mon burin;
Qu'une douleur m'irrite ou qu'un espoir m'enflamme,
Ma main, reproduisant le trouble de mon âme,
Frémit, mon cœur palpite... en vain, le front brûlant,
J'impose le travail à mon pinceau tremblant,
Je ne fais rien de bon... Je brise ma palette
Et, jetant ses débris sur mon œuvre incomplète,
J'immole pour un jour l'art à la passion
Et j'attends le moment de l'inspiration.

JACOBS, *descendant de son échelle*

C'est parler en jeune homme; un véritable artiste
Doit travailler toujours, qu'il soit joyeux ou triste;
De l'inspiration attendre le moment,
Voilà des paresseux l'éternel argument.
Le ciel vous a doté richement, mon cher maître,
Mais si c'est un bonheur, c'est un écueil peut-être;
Il faut se défier de la facilité,
C'est la sœur de l'orgueil et de l'oisiveté;
Celui qui veut la gloire et redoute la lutte
Déserte la carrière à la première chute;

L'artiste vrai demeure, et, lutteur obstiné,
Après mille combats est enfin couronné.
— Qu'en pensez-vous ?
  Appelant.
      Hubert !
    HUBERT *entrant*
     Maître.
    JACOBS
        Prends ma palette ;
Mets tout en ordre.
    HUBERT
   Oui, maître.
  JACOBS, *à Van Cleef*
       Allons ! mon jeune athlète
Dans cette noble arène entrez résolument ;
Chassez de votre esprit le découragement
Et tous ces rêves creux qui sont à la jeunesse
Un oreiller commode où s'endort la paresse.
A votre âge j'avais moins de talent que vous,
Mais je travaillais plus ; sans amis, loin de tous,
Seul et sur mes pinceaux penché depuis l'aurore,
Lorsque le soir venait je travaillais encore ;
Et c'est par des efforts soutenus vingt-cinq ans
Que je suis...
    VAN CLEEF
     Le premier peintre de notre temps ;
Je le sais ; sur vos pas je marcherai, j'espère,
Mais vous aviez alors le bonheur d'être père ;
Une femme, un enfant vous donnaient chaque jour
La force et le soutien qu'on puise dans l'amour ;
Je n'ai pas ce bonheur encore et, sur ma route,

Si je trouve parfois la fatigue ou le doute
Je suis bien excusable...

      JACOBS

     Oh! le raisonnement
Ne vaut rien; vous savez, et j'en ai fait serment,
Qu'il faut, pour obtenir ma fille bien-aimée,
Au bonheur de lui plaire unir la renommée.
 Montrant Marie.
Vous l'aimez, dites-vous?

      VAN CLEEF

     Moi! si je l'aime!...

      JACOBS

          Eh bien
Le concours d'aujourd'hui vous donnait le moyen
D'écarter vos rivaux en amour comme en gloire.

      VAN CLEEF

Il est vrai; mais à quoi servira la victoire
Si l'on ne daigne pas agréer le vainqueur?

      JACOBS

C'est à vous sur ce point d'interroger son cœur.

     VAN CLEEF, *à Marie*

Ah! de grâce, parlez; que faut-il que j'espère?

      MARIE

J'accepterai l'époux que choisira mon père.

      VAN CLEEF

O ciel! à ce bonheur je puis donc aspirer
Car d'emporter le prix j'ai tout lieu d'espérer.
 A Jacobs.
Vous seul au laurier d'or avez droit de prétendre,
Mais à vaincre après vous je crois pouvoir m'attendre;
— Je soupais hier soir avec mon oncle Jean,

L'un des jurés : « On dit que le laurier d'argent
Est pour Porbus, lui dis-je en remplissant son verre.
— Mon devoir de juré m'ordonne de me taire,
Répond-il en buvant ; mais Porbus... un rapin...
Allons donc !... — C'est Cornille alors ? — Peuh !... Quelle
Verse encore...
    — Jean Eik ?
        — Ah bah !... mon verre est
Moi je verse toujours et d'une oreille avide
Je recueille avec soin chaque indiscrétion
Et je poursuis le cours de sa confession ;
Enfin, en terminant la troisième bouteille,
Mon bon oncle m'embrasse et m'avoue à l'oreille
Que le choix du jury sur moi s'est arrêté !

     JACOBS

Et depuis au concours nul ne s'est présenté ?

     VAN CLEEF

Personne, si ce n'est un peintre d'aventure
Qui n'a pas dit son nom ni montré sa figure
Et de Rome, dit-on, nouvellement venu,
Cache sous l'anonyme un génie inconnu.

    MARIE, *à part*

Si c'était !... (*Haut.*) C'est peut-être un rival redoutable ;

     VAN CLEEF

Quand on a des atouts, on met cartes sur table ;
S'il n'est pas plus hardi, c'est qu'il n'a pas beau jeu.

     MARIE

Ou qu'il est trop modeste.
     On ouvre les portes latérales.

     VAN CLEEF

    On le saura dans peu,

Car déjà les huissiers ouvrent la galerie
Et voici mes rivaux. — Bientôt, belle Marie,
J'oserai, si je suis favorisé du sort,
Réclamer à vos pieds un bien plus doux encor.

JACOBS

Oui, ce n'est qu'à ce prix que l'on peut y prétendre
Car je veux des lauriers sur le front de mon gendre.

SCÈNE IV

Les mêmes, JEAN EIK, CORNILLE, PORBUS, etc.,

Groupes de peintres qui sont entrés pendant les derniers vers de Van Cleef. Les uns ne font que traverser lentement la salle en causant. D'autres s'approchent de Jacobs. Jérôme Vander entre un instant après eux et va, à droite et à gauche, dans les galeries latérales, cherchant quelqu'un avec inquiétude.

JEAN EIK, à Jacobs

Salut, maître.

JACOBS

Messieurs.

CORNILLE

Dites mieux : vos amis.

PORBUS, saluant Marie

Se peut-il qu'au vainqueur cet espoir soit permis ?
    A Jacobs.
Ah ! vous avez bien fait de garder le silence,
Car si l'on eût plus tôt connu la récompense
Que vous nous promettez, on aurait dans Anvers

Vu pour la disputer venir tout l'univers.
Mais puisqu'une faveur, que j'ai toujours rêvée,
A notre bonne ville est par vous réservée,
J'ose, au double triomphe avide concurrent,
Ne pas désespérer d'un bonheur aussi grand.

   VAN CLEEF, *avec hauteur à Porbus*

Vous paraissez compter sur le succès, messire ?

   PORBUS, *de même*

Si je n'avais que vous pour rival...

   VAN CLEEF

        Qu'est-ce à dire ?

   MARIE, *avec un peu d'ironie*

Eh ! de grâce, messieurs, ne vous emportez pas ;
Quelque flatteurs pour moi que soient de tels débats,
Modérez une ardeur qui peut être déçue,
Et veuillez du concours attendre au moins l'issue
Pour prétendre à mon cœur et pour vous disputer
Ce qu'un autre que vous peut aussi mériter.

Porbus salue Marie et fait quelques pas vers la droite.

   JACOBS, *étonné, à part*

D'où vient ce changement ?

   CORNILLE, *bas à Porbus*

       Il paraît que la belle
A déjà fait son choix.

   PORBUS, *de même*

    J'en ai peur.

   VAN CLEEF, *bas à Marie*

         Ah ! cruelle,
Dois-je douter de vous plus que de mon destin ?
Lorsque sur mes rivaux mon triomphe est certain
Faut-il ?...

MARIE, *avec ironie*

Triomphez donc.

VAN CLEEF

O ciel! quelle espérance...
Je comprends; devant lui... pauvre ami (*Haut.*) Bonne chance,
Porbus; que le succès décide entre nous deux.

PORBUS, *se moquant*

Non vraiment; le combat serait trop hasardeux;
Lutter avec Van Cleef! je... n'ai pas cette audace.

VAN CLEEF

Trêve à vos compliments.

CORNILLE

Nous vous cédons la place.

Ils s'éloignent en riant.

VAN CLEEF

Rira bien qui rira le dernier.

MARIE, *à Jacobs*

Au concours
Je veux que vous portiez le manteau de velours,
La toque à l'espagnole et l'épée à coquille;
Il faut que vous fassiez honneur à votre fille.
Les juges vont venir ici dans peu d'instants
Et de vous apprêter vous n'avez que le temps;
Venez vite...

JACOBS, *à Van Cleef*

On vous suit, coquette. — A tout-à-l'heure.

VANDER, *à part*

En vain je cherche... — rien!...

MARIE

Ah! Vander...

VANDER, *à part*

Que je meure,
Si ce n'était pas lui qu'hier au couvre-feu
J'ai vu passer devant notre porte...

JACOBS

Eh! morbleu,
A qui donc en as-tu, Jérôme?

VANDER

Ah! c'est vous, maître.
Vous ne l'avez pas vu?

JABOBS

Qui?

VANDER

Lui.

VAN CLEEF, *riant*

Quintin, peut-être?

VANDER

Vous l'avez vu?...

JACOBS, *étonné*

Quintin?...

VAN CLEEF, *riant*

J'en étais sûr.

MARIE, *très émue*

Comment?...
Il serait donc?.....

SCÈNE V

Les mêmes, QUINTIN METZYS

Il entre, s'approche doucement et se tient immobile derrière les autres personnages en écoutant leurs discours.

VAN CLEEF, *à Marie*
    Je vois à votre étonnement
Que de Quintin Metzys vous ignorez l'histoire.
    QUINTIN, *à part*
Elle !!...
   JACOBS, *à Vander, qui lui a parlé bas*
  Achève.
     VANDER
    La rue était déjà fort noire
Et j'ai pu me tromper, mais pourtant.....
     VAN CLEEF
         Pauvre fou
Qui croit depuis cinq ans voir son ami partout.
    MARIE, *à part*
C'est comme moi.
     VAN CLEEF
    Voici l'histoire : en cette ville
Des forgerons flamands vivait le plus habile;
On l'avait surnommé le maréchal d'Anvers;
C'était Quintin Metzys : glaives, casques, hauberts,
Morions et brassards, rondaches et salades,
Armures de combats, armures de parades,
Equipements de guerre ou parures de cour

Du merveilleux marteau, s'échappaient tour à tour
De modèles connus loin d'être le copiste,
Par des créations il se montrait artiste,
Et nos plus grands sculpteurs du modeste ouvrier
Venaient de toutes parts admirer l'atelier.

JACOBS, *à Marie*

Tu dois t'en souvenir, car, malgré ton jeune âge,
A son habileté tu savais rendre hommage.
Si devant sa maison nous passions par hasard,
Curieuse déjà des mystères de l'art,
Dans l'ardente fournaise où le métal écume,
Dans le moule fumant ou sur la noire enclume
Tu suivais le travail du fer et de l'airain.

VAN CLEEF

Et l'on eût dit Vénus aux forges de Vulcain.

MARIE

Je dois m'en souvenir, non seulement, je pense,
Par admiration, mais par reconnaissance.

JACOBS

Que veux-tu dire?

MARIE

Eh! quoi, ne vous souvient-il pas
De la nuit où Metzys nous sauva... du trépas,
Peut-être?

VAN CLEEF

Du trépas?...

MARIE

Un soir, d'une veillée
Nous revenions fort tard par la rue isolée
Du Château, quand soudain des gens ivres ou fous
Sortent d'un carrefour et se jettent sur nous...

Vous luttez... vous allez succomber sous le nombre
Quand une épée aussi étincelle dans l'ombre !...
C'est Quintin !... L'assaillant recule devant lui,
Deux sont frappés à mort et le reste s'enfuit.
Il nous reconduisit jusqu'à notre demeure.
Ah ! je m'en souviendrai jusqu'à ma dernière heure.
L'auriez-vous oublié ?

JACOBS

Non certes ; mais d'Anvers
N'a-t-il pas disparu par un soudain travers
D'amour ou de folie !

VAN CLEEF

Oui ; tout à coup notre homme
Annonce un beau matin qu'il veut partir pour Rome ;
Et sans plus s'expliquer, après avoir remis
Sa mère et sa maison aux soins de ses amis,
Il quitte Anvers, laissant la ville stupéfaite
Chercher en vain le mot d'un pareil coup de tête.

VANDER, *à part*

Et malgré sa promesse il n'est pas revenu ?

MARIE, *à part*

C'est étrange. (*Haut.*) Et sait-on ce qu'il est devenu ?

VAN CLEEF

On l'ignore ; à tous ceux qui sont venus de Rome
Depuis qu'il est parti, c'est en vain qu'on le nomme ;
Soit que sous un nom faux il se soit dérobé,
Qu'il ne soit plus à Rome ou qu'il ait succombé,
Aucun n'en peut donner de nouvelles.

QUINTIN, *s'avançant*

Peut-être.

VANDER, *bas à Quintin*

Toi !...

QUINTIN, *bas à Vander*

Silence.

VAN CLEEF

Êtes-vous mieux instruit, mon cher maître;
Du maréchal d'Anvers savez-vous le destin,
Et connaîtriez-vous ?...

QUINTIN

Si je connais Quintin ?...

MARIE, *à part*

C'est lui !...

QUINTIN

Depuis cinq ans compagnon de sa route,
Partageant avec lui l'espérance ou le doute,
Son unique soutien et son seul confident
Pendant cinq ans d'angoisse et de travail ardent,
Oui, je le connais bien, et je dois à sa gloire
De vous faire connaître un peu mieux son histoire.
Quand pour forger le fer ou ciseler l'airain
Il était sans rival, s'il brisa son burin,
Si, quand de ses travaux la Hollande était fière,
Il quitta tout à coup sa patrie et sa mère,
C'était pour fuir un mal qu'il ne pouvait guérir !

JACOBS

Quel était donc ce mal?

QUINTIN

Aimer... jusqu'à mourir.

VAN CLEEF

On en meurt rarement.

QUINTIN

   Trop sûrement peut-être,
Quand il faut l'éprouver sans le faire connaître,
Quand il faut le cacher, quand il faut dans son cœur,
Dût-il en éclater, renfermer sa douleur.

VAN CLEEF.

Le forgeron sans doute aimait une princesse ?

QUINTIN

L'art n'est-il pas, hélas ! la plus haute noblesse ?...
— Celle vers qui Metzys osait lever les yeux
Était l'unique enfant d'un maître glorieux...

JACOBS

Ha ?...

QUINTIN

  D'un artiste fier, dont l'orgueil légitime
Ne jugeant que son art assez digne d'estime,
Pour lui donner un gendre, aurait avec dédain
Ri des vœux insensés de l'ouvrier Quintin.

JACOBS

C'est assez naturel.

VAN CLEEF

   En effet l'on n'épouse
Que les gens de sa classe et l'on n'est point jalouse,
Quand on peut aspirer aux plus brillants partis,
De vivre en une forge au milieu d'apprentis ;
De polir des hauberts, de mêler sa main blanche
A de calleuses mains, noires, sauf le dimanche ;
Aux chants de l'établi d'égayer ses loisirs,
Et, les jours fériés pour délicats plaisirs,
Sortant de sa boutique ou, mieux de sa caverne,

Au bras de son époux d'aller à la taverne,
Et sous l'ormeau, parmi les joyeux compagnons
D'arroser d'hypocras le hareng aux oignons...
Je plains beaucoup Quintin, mais, il faut bien le dire,
Son amour était fou.

QUINTIN

C'est votre avis, messire,
Ce ne fut pas le sien. Ayant fort bien compris
Que celle dont son cœur était si fort épris
Jusqu'à l'humble artisan ne pouvait pas descendre,
Il voulut s'élever pour oser y prétendre.

VAN CLEEF

Et que fit-il alors?

QUINTIN

Ce qu'il fit? Il lutta...
Forgeron, il voulut être peintre ; il jeta
La lime et le burin pour prendre la palette ;
Et le jour et la nuit, en silence, en cachette,
Travaillant sans relâche en doutant du succès,
Recommençant vingt fois d'inhabiles essais,
Faisant faute sur faute, allant de chute en chute,
Il se disait : je l'aime... et poursuivait la lutte.

MARIE, *émue, à part*

Noble cœur!...

VAN CLEEF

C'est fort beau.

QUINTIN

Je ne vous dirai pas
Les obstacles sans fin qu'il trouvait sous ses pas :
Lui d'abord, sa nature ignorante et grossière,
Ses doigts qui faits pour tordre et forger la matière,

Dès l'enfance alourdis par le pesant marteau,
Brisaient en y touchant le fragile pinceau...
Ses amis, de sa vie accusant le mystère
Au lieu de respecter ce qu'il devait leur taire,
Quand il avait besoin de tendresse et d'appui
Comme des étrangers se tournant contre lui...
Ses parents, le voyant affaibli par les veilles,
D'inutiles avis fatiguant ses oreilles
Et, furieux de voir mépriser leurs leçons,
Allant semer partout leur blâme ou leurs soupçons...
Sa mère enfin, sa mère, auguste et sainte femme,
Sur son fils adoré ne versant aucun blâme
Mais soupirant tout bas et détournant les yeux
Pour cacher à son fils ses pleurs silencieux...
—Ah! ce qu'il a souffert alors pour le comprendre
Comme moi de sa bouche il eût fallu l'entendre.

JACOBS

Vous semblez en effet l'avoir fort bien connu.

QUINTIN

Oui, c'est dans ma maison que Metzys est venu,
Lorsque, brisant les nœuds dont le monde nous lie,
Il courut demander au ciel de l'Italie,
Pour marcher à son but avec rapidité,
Les leçons du génie avec la liberté.

JACOBS

Ainsi Quintin Metzys est à Rome. Et la belle
Connaît-elle l'amour dont il brûle pour elle?

QUINTIN

Pas encore.

JACOBS

Et le père, ému par de tels feux,

A-t-il de quelque espoir encouragé ses vœux?
QUINTIN
Ce que je vous ai dit tout le monde l'ignore ;
Seul je connais le nom de celle qu'il adore,
Et Quintin, vers son but avançant chaque jour,
Attend que des lauriers plaident pour son amour.
VAN CLEEF
L'entreprise, à coup sûr, est noble et glorieuse,
Mais peut-être l'issue en est-elle douteuse ;
S'il attend pour parler des succès éclatants,
Je crains fort que Metzys n'attende encor longtemps.
La gloire, dont souvent le culte n'est qu'un leurre,
Ne dit à ses élus ni son jour ni son heure,
Et quand il l'atteindra, s'il doit l'atteindre un jour,
Qui sait si son idole, ignorant un amour
Qu'il aura trop tardé de lui faire connaître,
N'aura pas disposé de sa main, mon cher maître?
QUINTIN, *avec angoisse*
Son cœur est libre encor.
VAN CLEEF
      Libre, jusqu'à demain.
Ne peut-elle choisir pour songer à l'hymen,
Quelque autre admirateur?... et Metzys en lui-même
Est-il si confiant qu'il espère qu'on l'aime
A la première vue? Il m'en souvient fort peu,
Mais je vois son front pâle et flétri par le feu,
Ses cheveux en désordre et sa barbe grossière,
Ses bras nus et souillés de rouille et de poussière ;
Je vois le forgeron, et j'ignore vraiment
Si l'on peut s'enflammer pour un pareil amant,
Quel que soit son génie, et s'il est une femme

Qui n'attache de prix qu'aux qualités de l'âme
Et ne préfère pas toujours par vanité
La beauté sans talent au talent sans beauté.

MARIE

Gracieux compliment !

VAN CLEEF

    Pardon, mademoiselle ;
Il faut de votre sexe isoler le modèle ;
Je n'ai pu vous atteindre en lui, car votre cœur...

MARIE

Ne vaut ni plus ni moins qu'un autre ; et pour l'honneur
De mon sexe offensé, hautement je proclame
Qu'on nous touche surtout par la grandeur de l'âme,
Que notre cœur, ému par les beaux sentiments,
A peine à résister à de tels dévouements,
Que d'un amour prouvé d'une telle manière.
Une femme, à mon sens, doit toujours être fière
Et ..

JACOBS, *impatient*

  Van Cleef a raison ; ce sont rêves charmants
Dans les contes de fée ou bien dans les romans ;
Mais en réalité ce n'est rien autre chose...
Chimères !

A Quintin.

   A votre air, messire, je suppose
Que vous êtes artiste et l'un de nos rivaux.

QUINTIN

Je le suis.

JACOBS

   Vous savez alors par quels travaux,
Quels efforts incessants, dès l'aube de la vie,

Par quelle lutte ardente et longtemps poursuivie,
S'il n'a pas succombé de fatigue ou de faim,
A la gloire, parfois, l'artiste arrive enfin ;
On n'improvise pas le génie, on l'achète ;
Et Metzys, à lui seul, sans conseils, en cachette
Aurait pu l'acquérir tout à coup !... Je voudrais
Connaître sa recette et j'en profiterais.
C'est un rêve impossible, un genre de folie,
Et, puisque l'amitié l'un à l'autre vous lie,
Au lieu d'encourager un funeste travers,
Rendez à son pays le maréchal d'Anvers.
Si vous l'aimez vraiment, voulez-vous qu'il persiste,
Bon ouvrier, à faire un détestable artiste ?
Raisonnez votre ami, ramenez en ce lieu
Le vrai Quintin Metzys. Rentrons, ma fille. Adieu.

Il sort avec sa fille; van Cleef les suit.

SCÈNE VI

QUINTIN, VANDER

VANDER

Enfin ils sont partis et je puis à mon aise
Te presser dans mes bras. — Mais quel chagrin te pèse ?
Après cinq ans d'absence as-tu donc oublié
Ton vieux Jérôme ?

QUINTIN

Oh ! non, frère, ton amitié,
Ma mère et mon burin, voilà ce qui me reste.

VANDER

Comment ! Que veux-tu dire ?

QUINTIN METZYS 103

QUINTIN
Adieu, rêve céleste!...
VANDER
Quintin !...
QUINTIN
Oh ! ce Van Cleef ! Oh ! ce père orgueilleux !
VANDER
Parle.
QUINTIN
Celle que j'aime était devant tes yeux
Ici même, à l'instant.
VANDER
Quoi ! la belle Marie
Serait...
QUINTIN
Celle pour qui j'ai tout quitté : patrie,
Famille, amis, renom, ma mère et mon état;
Celle pour qui cinq ans, courbé comme un forçat
Sur mon nouveau labeur, sans repos et sans trêve,
J'ai triomphé de tout, soutenu par mon rêve;
Celle dont, chaque jour, d'efforts plus enflammés,
Reproduisant les traits dans mon cœur imprimés,
J'avais sous mes pinceaux vu naître enfin l'image,
Image où je puisais l'espoir et le courage,
Image qu'au concours aujourd'hui j'apportais
La croyant un chef-d'œuvre, insensé que j'étais !...
Celle enfin que j'adore, amant trop téméraire,
C'est la fille et l'orgueil de cet homme sévère
Qui de mon rêve ardent froidement meurtrier,
Sous l'artiste inconnu devinant l'ouvrier,
A brisé, sans pitié pour ma longue souffrance,

Dans mon âme la foi, dans mon cœur l'espérance !...

                    VANDER

Après avoir tenté cet effort surhumain
Dois-tu perdre courage au milieu du chemin,
Et te laissant troubler par quelque noir fantôme,
Écouter un rival ?...

                    QUINTIN

              Il a raison, Jérôme ;
Dans le rude sentier qui conduit au talent
L'homme le mieux doué ne va que d'un pas lent ;
Et j'ai voulu fournir en un jour la carrière !...
J'étais fou ; je reviens trop tard à la lumière ;
J'ai vécu seul, j'ai pris mon rêve au sérieux
Et de faibles essais follement orgueilleux,
Compté sur mon génie... illusion cruelle ;
J'ai rougi de mon œuvre en face du modèle,
Et de mes yeux enfin arrachant le bandeau,
Reconnu ma folie et maudit mon pinceau.

                    VANDER

Tu voudrais !...

                    QUINTIN

              Oui, je veux... ah j'en mourrai peut-être,
Étouffer un amour qui n'eût jamais dû naître,
Et, jetant ce velours pour mon noir tablier,
Demain du forgeron regagner l'atelier.
— Hier soir, dans la ville entré depuis une heure,
J'ai passé lentement devant notre demeure.

                    VANDER

Parbleu ! j'étais bien sûr de t'avoir reconnu.

                    QUINTIN

Et je n'ai pas crié que j'étais revenu !...

Je ne suis pas entré!... — Je vous jetai mon âme...
Près de toi, dans la forge étincelant de flamme,
Ma mère travaillait... j'allais pour m'élancer...
Mais c'était un vainqueur qui voulait l'embrasser!
Et tandis que l'orgueil m'imposait le mystère,
Qu'il obligeait mon cœur et ma bouche à se taire,
Je voyais le bonheur paisible du foyer,
Je regrettais ce temps où, modeste ouvrier,
Simple, et ne poursuivant nulle vaine chimère,
Je vivais sans désirs près de ma sainte mère.
Et sentant ce qu'on souffre à sortir de son rang,
Je vous bénis tous deux et partis en pleurant.

VANDER

Sois plus homme, Quintin.

QUINTIN

              Ah! je comprends la vie.
Adieu, songes trompeurs, gloire en vain poursuivie,
Adieu, rêves d'amour que je n'atteindrai pas...
Il en est temps encor, je reviens sur mes pas
Et demain, reprenant le métier de mon père...

VANDER

Tu n'en as plus le droit.

QUINTIN

        Que faire alors?

VANDER

                      Espère
Et travaille. — Quand l'homme a librement laissé
Pour d'autres horizons le chemin tout tracé,
Il a perdu le droit de regagner la rive
Et désormais il faut qu'il meure ou qu'il arrive.
Tu voulus être artiste et tu changeas, Quintin,

Contre un rêve de gloire un avenir certain ;
De ta vocation ou de ton imprudence,
Il te faut maintenant subir la conséquence.
Il ne t'est plus permis de te décourager ;
Et de route, d'ailleurs, qui t'oblige à changer ?
Tu travaillas cinq ans et tu perdrais courage
Quand Van Cleef, sans le voir, censure ton ouvrage,
Et quand maître Jacobs, dans sa rude fierté,
Nargue ton espérance et s'en montre irrité !...
A bien d'autres douleurs il faut que l'on résiste
Quand on veut s'élever. Je ne suis pas artiste,
Moi, mais si je l'étais, trouvant l'art assez grand
Pour que tout autre objet me fût indifférent,
Je ne laisserais pas dominer sur mon âme
De moi les passions ni des autres le blâme,
Et vainqueur ou martyr, glorieux ou vaincu,
J'irais jusques au bout, souffrant mais convaincu.
Sous la fatalité dois-tu courber la tête ?
Non, tu fuis le combat même avant la défaite.
Quelles sont tes raisons d'accuser le destin ?
Ton talent ?... Qui t'en fait désespérer, Quintin ?
Pour condamner ton œuvre, attends qu'on l'ait jugée.
Ton amour ?... Dans le sien une femme outragée,
Pour défendre celui qu'aurait choisi son cœur
Montra-t-elle jamais plus de force et d'ardeur
Que la belle Marie en plaidant pour toi-même.

QUINTIN

C'est Quintin qu'elle admire.

VANDER

Oui, donc c'est toi qu'elle aime.

QUINTIN

M'a-t-elle reconnu?...

VANDER

Je ne sais. Si l'amour
Est aveugle, dit-on, il n'est muet ni sourd,
Et le cœur de Quintin s'est assez fait entendre,
Pour que facilement le sien l'ait dû comprendre.

Les groupes de peintres rentrent en scène.

QUINTIN

Ah! tu me rends l'espoir et d'un cœur plus hardi,
Désormais sans faiblir...

On entend tinter une horloge; Quintin tressaille.

Mais qu'entends-je? Midi!...
C'est l'heure du concours... déjà... Dis à ma mère
Dans l'église pour moi de se mettre en prière...
Marie!... Ils vont venir... oh! le doute, mon Dieu!...

VANDER

Du courage!...

QUINTIN

J'en ai; je suis très calme... adieu...
Embrasse-moi, mon frère; adieu... dans ma demeure
Va m'attendre... j'irai moi-même tout à l'heure...

VANDER

Nous porter ton triomphe.

QUINTIN

Ou pleurer avec vous.

VANDER

Espérance!

Il sort par la droite; pendant ce temps divers groupes de peintres sont entrés en scène.

SCÈNE VII

LES MÊMES, JACOBS, VAN CLEEF

Ils entrent par la gauche; Quintin est resté appuyé contre un pilier à droite.

JACOBS

Oui, Van Cleef, vous serez son époux
Si vous avez le prix.

VAN CLEEF, *à part*

C'est une chose faite.

Jacobs et Van Cleef saluent les autres peintres, qui se rangent à droite et à gauche de la scène en laissant le milieu libre; les huissiers ont baissé les tentures des galeries latérales et se tiennent de chaque côté de la tenture du milieu. Porbus et ses amis sont à droite de la scène.

PORBUS, *à ses amis*

Dans les astres Van Cleef a lu notre défaite.

VAN CLEEF, *à Jacobs*

Porbus est triomphant...

PORBUS

Voyez son air joyeux.
Un Van Cleef!...

VAN CLEEF

Un Porbus!...

PORBUS

Quel fou!

VAN CLEEF

Quel orgueilleux!

On entend un coup de canon.

CORNILLE

Écoutez le canon, qui marque l'ouverture
Du concours.

TOUS

Chut ! — Silence !

SCÈNE VIII

Les huissiers tirent la tapisserie du fond; les portes s'ouvrent et l'on aperçoit le jury ; de chaque côté deux pages soutiennent les tableaux couronnés, qui sont couverts d'un voile ; les pages s'avancent et déposent les tableaux sur des consoles placées de chaque côté de la baie.

LE PRÉSIDENT DU JURY

Huissier, donnez lecture
De notre jugement ainsi que des honneurs
Qui seront aujourd'hui décernés aux vainqueurs.

L'HUISSIER, *lisant,*

« Nous, président du Jury chargé de couronner les deux meilleurs ouvrages apportés au concours de l'an de grâce 1470, après en avoir conféré avec M. le Grand Bailli, avons arrêté et arrêtons ce qui suit :

« L'auteur de l'ouvrage ayant mérité le second prix recevra, comme aux concours précédents, la somme de deux mille florins et de plus un laurier d'argent offert à notre ville par le duc Maximilien.

« L'auteur de l'ouvrage ayant mérité le premier prix recevra le laurier d'or forgé autrefois par Quintin Metzys pour la princesse Marie, et de plus, vu l'excellence de son œuvre, il sera conduit en triomphe à l'hôtel de ville et couronné par M. le Grand Bailli en présence de la ville entière. »

JACOBS, *à part*

Enfin !...

PORBUS, *à ses amis*

Maître Jacobs en rayonne d'avance.

VAN CLEEF, *à Jacobs*

Voilà de vos talents la juste récompense.

L'HUISSIER

Le laurier d'argent est décerné à maître Pierre Jacobs.

On découvre le tableau de Jacobs

JACOBS, *à part*

Qu'entends-je ?...

Il va lentement, et après une longue hésitation, prendre le laurier d'argent.

CORNILLE

Mais qui donc aura le laurier d'or.

VAN CLEEF, *à part*

Serait-ce moi ?

PORBUS, *à part*

C'est moi.

LE PRÉSIDENT DU JURY, *se levant et venant au milieu du théâtre*

Nous ignorons encor
A quel génie on doit cette admirable toile ;
L'œuvre n'a point de nom ; qu'on enlève ce voile
Et que l'heureux auteur paraisse devant nous.

On découvre le tableau de Quintin.

QUINTIN, *qui a suivi toute cette scène avec une extrême anxiété*

Grand Dieu !

JACOBS, *voyant le portrait*
Ma fille !... Lui !...
TOUS
Lui !...
LE PRÉSIDENT DU JURY
Qui donc êtes-vous ?
QUINTIN
Je suis Quintin Metzys.
LE PRÉSIDENT DU JURY
Ce forgeron habile,
Cet armurier naguère honneur de notre ville ?
QUINTIN
Je suis ce forgeron.
JACOBS, *à part*
Je l'avais deviné !
LE PRÉSIDENT DU JURY
Honneur à vous, Metzys ; vous étiez destiné
A faire doublement l'honneur de la patrie ;
Triomphez doublement en ce jour.
Il donne le laurier à Quintin.
QUINTIN, *à part*
O Marie !...

Les juges se retirent; Quintin est entouré par les peintres qui le félicitent et lui serrent la main, puis sortent par groupes pendant le commencement de la scène suivante.

SCÈNE XI

QUINTIN, JACOBS, VAN CLEEF

VAN CLEEF, *à part*
Diable d'homme !

JACOBS, *à part*
Être atteint dans mon cœur et mon nom
Par un aventurier, le souffrirai-je ? Non.
Haut.
Van Cleef !...

VAN CLEEF
Maître...

JACOBS
Marie est votre fiancée.

VAN CLEEF
En effet j'espérais... J'avais eu la pensée...
Mais puisque désormais mes vœux sont superflus,
J'abandonne mes droits et ne réclame plus
Un bien...

JACOBS
Vous avez tort.

VAN CLEEF
Quoi !...

JACOBS
Pensez-vous qu'un père
Sur un pareil sujet s'engage à la légère
Et, du premier venu couronnant les amours,
Abandonne sa fille aux hasards d'un concours ?
Vous avez ma parole et ce titre de gendre
Vous donne maintenant notre honneur à défendre.

VAN CLEEF
Votre honneur !... contre qui ?..

JACOBS
N'est-il pas bien osé
Cet homme qui, par moi sans être autorisé,
Affichant par son œuvre un amour que je blâme,
Compromet à la fois ma fille et votre femme

Et dispute le bien auquel vous prétendez?
VAN CLEEF
Oui, vous m'ouvrez les yeux, et je vais...
JACOBS
Attendez.
QUINTIN
Maître, vous savez tout, mon nom, mon espérance;
D'un amour trop craintif excusez le silence;
Mais pouvais-je prévoir, pour oser en parler,
Le bonheur dont le ciel a voulu me combler?
Je dépose à vos pieds mon amour et ma gloire,
Car ce n'est pas à moi qu'appartient la victoire;
Je la dois à vous, maître, à vous dont les travaux
Eclairaient mon esprit et guidaient mes pinceaux;
Je la dois à cet ange, à la belle Marie,
Dont le doux souvenir et l'image chérie
Ont soutenu mes pas jusqu'au bout du chemin,
Et dont j'ose aujourd'hui vous demander la main.
VAN CLEEF, *à Quintin*
Pardon, maître; à Marie avant que de prétendre,
Veuillez vous informer si la place est à prendre.
QUINTIN, *à Jacobs*
Parlez, maître, parlez; ai-je donc mal compris,
Quand tout à l'heure encore vous promettiez ce prix
Au vainqueur du concours?..
VAN CLEEF
Sur le choix de son gendre
Maître Jacobs n'a pas de comptes à nous rendre;
Mais il est comme moi surpris, qu'un inconnu,
De ses prétentions sans l'avoir prévenu,
Affiche aux yeux de tous un amour qu'il rejette.

Si l'explication vous paraît incomplète,
Il est dans ces jardins plus d'un endroit charmant
Où l'on peut, sans témoin, s'expliquer librement...

QUINTIN

Je vous suis.
   A Jacobs.
   Vous n'avez, maître, qu'un mot à dire...
   A Van Cleef.
Vous ne répondez rien ?... Ah !... passez donc, messire.

Ils sortent brusquement.

SCÈNE X

JACOBS, *seul*

Allez, et puissiez-vous y rester tous les deux !...
Que dis-je ?... Le combat n'a rien de hasardeux
Pour Van Cleef, qui d'Anvers est la meilleure lame,
Et j'espère... Je fais une action infâme,
Et si l'on m'entendait on me croirait jaloux
De cet homme... Il voulait devenir ton époux,
Ma fille ; c'est cela qui m'irrite... Le traître,
Avec quel art il sut n'en rien faire paraître
Pour être plus certain, quand soudain au grand jour
Il se démasquerait, d'obtenir ton amour
Par ce perfide attrait du mystère où la femme
Toujours facilement laisse entraîner son âme !
Et cet homme voudrait t'arracher de mes bras,
Ma fille, mon seul bien !... Cela ne sera pas...
Que dis-je ? Je la donne à Van Cleef. Jour funeste !
Je perds tout à la fois !... Oh ! que je le déteste,

Ce Metzis ! Quarante ans d'efforts, d'espoir perdus !..
Ce triomphe est volé !... les juges sont vendus !...
Il court vers le tableau de Quintin comme pour le frapper.
Hélas ! c'est un chef-d'œuvre, il faut le reconnaître ;
Enfer ! et c'est moi... moi, dit-il, qui fus son maître,
Dérision ! et c'est ma fille, mon trésor,
Dont l'image aujourd'hui lui vaut le laurier d'or...
Ma fille, à mes travaux dès son enfance unie...
Ma fille, mon amour ! ma fille, mon génie !...

Il tombe anéanti sur un siège à droite.

SCÈNE XI

JACOBS, MARIE

MARIE

Eh ? quoi, lorsqu'au vainqueur le prix est décerné,
Que ses rivaux ont fui, que tout est terminé,
Seul, et se renfermant comme un dieu dans sa gloire,
Il dédaigne aux mortels d'en raconter l'histoire
Et ne s'empresse pas, dès qu'il est triomphant,
D'apprendre son bonheur au cœur de son enfant ?...

JACOBS

Je ne suis pas vainqueur.

MARIE

Ciel ! Mais qui donc ?

JACOBS

Écoute.

On entend au dehors la foule qui crie :
Vive Quintin Metzys !...

MARIE, *à part*
Lui? J'entends et je doute
Encor.

LA FOULE

Vive Quintin Metzys!

MARIE, *à mi-voix*
Lui, c'est bien lui.

JACOBS

Oui, c'est lui que la foule applaudit aujourd'hui.
Menant sa fille vers une fenêtre.
O foule ingrate et vaine, ignorante et frivole,
Il te faut donc sans cesse une nouvelle idole?
Ecoute ces clameurs, regarde ce concours,
Ces palmes, ce laurier porté sur le velours,
Ces archers, ces drapeaux, ce transport populaire
Dont une ville entoure un nom qui sait lui plaire;
Regarde ce triomphe — il m'était destiné; —
Un inconnu paraît... à ses pieds prosterné,
Ce peuple, toujours prêt à changer de folie,
Le place sur un trône et dans l'ombre m'oublie!...
Oh! oui, je te méprise et je te connais bien,
Foule, aujourd'hui ton dieu, demain l'on n'est plus rien.

MARIE

*Pendant ces derniers vers elle a aperçu le tableau
de Quintin. A part.*
Qu'ai-je vu?... Ce portrait?... le mien!... Quelle lumière
C'était moi qu'il aimait, qu'il aime! Mais, mon père?...
Ah! je lis mon arrêt dans son regard hautain;
Je suis perdue... il est jaloux!...

SCÈNE XII

Les mêmes, VANDER

VANDER, *très agité*

Quintin ? Quintin ?...

A Jacobs.

Ne l'avez-vous pas vu, maître !

JACOBS

Que vous importe ?

VANDER

Sang du Christ !... du palais on assiège la porte,
On réclame Quintin, on l'appelle, on l'attend,
On s'étonne, on murmure... il ne vient pas pourtant.
Je parcours ce palais des caves jusqu'au faîte ;
Je ne le trouve pas et je m'en inquiète ;
Je sais qu'avec la gloire on a des ennemis...
C'est vous que j'interroge, et lorsque je frémis,
Vous m'osez froidement dire : « Que vous importe » !...
Répondez...

JACOBS

A des gens qui parlent de la sorte
Je ne réponds jamais, messire ; cependant
Pour détourner de moi votre blâme impudent,
Vos indignes soupçons, je veux bien vous apprendre
Que j'ai vu votre ami sortir avec mon gendre.

VANDER

Votre gendre !...

JACOBS

Van Cleef.

VANDER

Ensemble de ce lieu
S'ils sont sortis, c'était pour se battre!...

MARIE

Grand Dieu!

A Jacobs.

Ses jours sont en danger... sauvez-le!...

JACOBS

Sois sans crainte;
Van Cleef est fort habile et possède une feinte...

MARIE

Eh! ce n'est pas pour lui que je tremble...

JACOBS, *stupéfait*

Comment!...

VANDER

Mais parlez donc; il meurt peut-être en ce moment.
Où sont-ils?... Parlez donc!...

MARIE, *suppliante*

Parlez...

JACOBS, *à part*

Ciel! elle l'aime...

Haut.

Dans les jardins...

VANDER

Enfin!...

Il s'élance pour sortir et aperçoit Quintin.

Ah! c'est lui!... c'est toi-mê

SCÈNE XIII

Les mêmes, QUINTIN, VAN CLEEF

Van Cleef blessé entre en s'appuyant sur Quintin; on assoit Van Cleef dans un fauteuil.

MARIE, *s'élançant vers Quintin*
Dieu!... vivant!...
JACOBS, *l'arrêtant avec un geste sévère*
Pas un mot.
VANDER, *à Quintin*
Tu n'es pas blessé?...
VAN CLEEF, *gaîment*
Non,
Mais je le suis pour deux et j'y perds mon renom.
Jacobs et Marie s'approchent de Van Cleef, Vander sort.
JACOBS
Êtes-vous donc frappé gravement?
VAN CLEEF
J'aime à croire,
Pour un bras traversé, que je n'irai pas boire
L'eau du fleuve Achéron, mais au repos, morbleu!
Me voilà pour un mois.
JACOBS
Je m'y connais un peu;
Voyons.
Il examine le bras.
De part en part, l'épaule... une blessure.
Très sérieuse.

QUINTIN, *à part, regardant Marie*
Effroi, pâleur, tout me l'assure,
Elle aime Van Cleef.

VAN CLEEF
Bon !... tué même à demi,
Je bénirais le coup qui me donne un ami.

A Jacobs étonné.

N'en soyez pas surpris ; la tête n'est pas bonne,
J'en conviens, mais mon âme est meilleure personne.

A Quintin.

Je dois vous l'avouer, tout d'abord ce matin
Vous m'aviez fort déplu ; j'étais jaloux, Quintin,
De vous, de votre lutte admirable, obstinée,
Du succès dont enfin elle était couronnée ;
De votre amour surtout, et je souhaitais fort
Quelque mésaventure à travers votre sort.

A Jacobs.

Aussi quand, grâce à vous, j'ai vu qu'il fallait mettre,

A Quintin.

Pour notre honneur, l'épée à la main, mon cher maître,
Il est un certain coup que j'espérais un peu
Vous faire apprécier ; — vous connaissez le jeu... —
C'est moi qui le reçus. Mais quand je fus par terre
Et qu'en me relevant vous me dîtes : Mon frère,
De nous deux le vainqueur, c'est vous ; soyez heureux.
Et que je vis briller des larmes dans vos yeux,
Ami, je compris tout ; je vis votre souffrance,
Votre avenir brisé, votre unique espérance
Anéantie... alors je ne fus plus jaloux ;

A Jacobs.

Je vous dis : aimez-la. — Me démentirez-vous,
Maître ?...

Jacobs est sombre et indécis; Marie a pris la main gauche de Van Cleef; Quintin va pour prendre la main droite.

VAN CLEEF

Pas celle-là ! Donnez-moi donc la vôtre.

QUINTIN

Mais...

VAN CLEEF

Quoi donc ? celle-ci ne vaut rien, prenez l'autre.

Il unit dans sa main gauche la main de Quintin à celle de Marie.

SCÈNE XIV

Les mêmes, GÉROME VANDER, LE GRAND BAILLI, LE JURY

VANDER

Les voilà ! les voilà !.

VAN CLEEF

Qui donc ?

VANDER

Tous, les soldats,
Le jury, les bourgeois, les métiers, les États,
Toute la ville, à qui j'ai compté ton histoire,
Et qui vient couronner et saluer ta gloire.

Le cortège entre dans la salle et se dispose autour de la scène. La couronne de laurier est portée par un page sur un coussin de velours. Le grand bailli s'avance au milieu du théâtre; on entend tirer le canon et sonner les cloches dans le lointain.

LE GRAND BAILLI

Pour ceindre ces lauriers destinés au vainqueur,
Approchez-vous, Metzis.

QUINTIN, *s'approche et prend la couronne*

Pardonnez, monseigneur,
Si mon cœur, accablé de cet honneur insigne,
Ne trouve pas encor que mon front en soit digne;
Ces lauriers, laissez-moi, pour oser les porter,
Par de plus longs travaux savoir les mériter,
Et, d'Anvers aujourd'hui me faisant l'interprète,
Laissez-moi, monseigneur, en parer une tête
Plus digne que la mienne.

Il pose la couronne sur le front de Jacobs.

JACOBS

Il hésite, semble en proie à un violent combat, puis il ouvre ses bras à Quintin.

Embrasse-moi, mon fils.

LA FOULE

Vive maître Jacobs! Vive Quintin Metzys!...

Tableau; la toile tombe.

UN NŒUD DE CRAVATE

ARGUMENT

Le nœud de la pièce étant un nœud de cravate, on comprend qu'une action si simple ne demande guère d'exposition. Trois personnages seulement : un jeune peintre, Robert Lebel, célibataire de conviction, pensant que le mariage est une chaîne pour l'artiste, un éteignoir pour l'art; — un brave bonhomme d'oncle, filateur retiré, Martial Duchesne, rêvant de petits-neveux, n'ayant que Robert pour famille et voulant le marier à Gertrude Buschmann, la fille de son ancien associé ; — Thérèse Valois, vingt ans, orpheline, malheureuse... et charmante.

Un nœud de cravate les réunit ; pour les jeunes gens c'est le coup de foudre ; pour l'oncle Martial c'est la joie de retrouver en Thérèse la fille d'un contre maître qui, au prix de sa vie, dans l'incendie de la filature, sauva la fortune de Duchesne.

On devine que Gertrude, dont le père, Fritz Buschmann, fut cause des malheurs de Thérèse, restera pour compte aux siens, et que Robert épousera Thérèse.

D'où l'on pourrait conclure,

'Ο μῦθος δηλοῖ ὅτι

d'une part qu'au sujet du mariage il ne faut pas dire : « Fontaine, je ne boirai pas de ton eau ; » et, d'autre part, que la vertu, qui sera toujours récompensée un jour, peut l'être aussi dès ici-bas.

UN NŒUD DE CRAVATE

PERSONNAGES

MARTIAL-SCIPION-THÉMISTOCLE DUCHESNE, filateur retiré

ROBERT LEBEL, son neveu, artiste peintre

THÉRÈSE VALOIS, jeune ouvrière

La scène se passe à Paris, en 1855

Le théâtre représente l'atelier de Robert. — Ameublement très simple, vieux chêne treizième siècle, bahut, table, canapé, escabeaux; sur la table, un gros bouquet de lilas, boîte à peindre, livres, etc. — Aux murs, un portrait dans un cadre, toiles, plâtres, miroir, horloge. — Ça et là des études sur chevalet, un mannequin en soldat romain, etc. — Au fond, une porte donnant sur le palier, en face de la porte de Thérèse. — A gauche, une grande fenêtre ou baie vitrée donnant sur la rue.

SCÈNE PREMIÈRE

ROBERT *seul*

...Au lever du rideau Robert travaille, assis à droite, devant une toile; il est vêtu d'un pantalon gris habillé, d'une chemise habillée, à col rabattu, sans cravate, et d'un veston de velours brun. — Le gilet blanc et la redingote sont sur le canapé. — La porte de l'atelier est à demi ouverte; carte d'artiste clouée en dehors.

ROBERT, *il chantonne.*
Quel est donc ce mystère?...
Comme dit M. Scribe.

Quelle est donc la démarche étrange et singulière...
Que mon oncle avec lui,
Pas plus tard qu'aujourd'hui,
A son neveu veut faire faire?

« Demain, 10 heures, heure militaire... c'est l'oncle Martial qui parle, — Martial-Scipion-Thémistocle Duchesne, ancien sergent de la garde et filateur en retraite — demain dimanche, soulignait-il de son geste le plus digne, avec un air radieux qui le rajeunissait de vingt ans, sois prêt chez toi, en grande tenue; je passerai te prendre. Nous ferons ensemble une visite d'où ton avenir dépend. » Et pas d'explications...

Quel est donc ce mystère?...

J'ai beau chercher?... mais... ah!... (*Il se lève vivement.*) S'il s'agissait de mon tableau, mon envoi au Salon... un sujet classique s'il en fut... décollation de Saint Jean-Baptiste... mais d'un ragoût de modernité ! une Hérodiade, monsieur... allez voir ça, une toile de douze pieds de haut, que le jury couvrirait de fleurs s'il n'était pas... le jury ! — L'oncle Martial a des relations; s'il s'agissait, pour enlever la médaille... non de me recommander... de l'intrigue, jamais!... mais de me présenter à quelque gros bonnet?... un membre de l'Institut? .. le président du jury?... Oh! alors, en avant la toilette officielle. Ah! diable, ai-je une cravate blanche? (*Il va vers le bahut.*) Une cravate blanche en plein midi... il n'y a pour oser ça qu'un notaire de Concarneau, ou que l'oncle Martial; c'est sa marotte; l'an dernier, pour ma fête, il m'en donnait une demi-douzaine; et si son neveu, en grande tenue, oubliait « ce signe de convenance, ce symbole — style de mon oncle, — de respect des autres et de soi-même », le cher homme, à soixante-cinq ans, — il est encore vert comme son nom — serait capable de tout... même de se remarier et d'avoir, pour m'apprendre à vivre, un autre héritier que... son neveu. (*Il fouille dans un tiroir et en retire successivement cinq cravates blanches déjà portées.*) Toutes fripées... pas une mettable. Oh! bonheur, encore une! (*Il va pour la mettre, et regarde le coucou.*) Neuf heures et demie.. J'ai bien le temps. Quel soleil!... (*Il va à la grande fenêtre et ouvre un vitrail.*) C'est égal, il tombe mal, mon oncle; j'avais juré à Zuléma, sur la tête de son caniche, de la mener aujourd'hui déjeuner à Meudon... toute une journée de campagne au doux mois des lilas, des tourterelles... et des grisettes!... (*Musique.*)

Ah! vous ne savez pas ce que votre neveu
Pour vous attendre sacrifie.
Oui, j'en dois faire l'aveu,
Cher oncle, je meurs d'envie
De vous fausser compagnie...
L'amour m'appelle et le ciel est si bleu!

Dans nos bois lorsque Zéphyre
Chante le joyeux printemps,
Il dit au cœur qui soupire :
On n'a pas toujours vingt ans.
Ce sont les plus douces choses
Qui durent le moins de jours ;
Il faut cueillir les amours
Comme l'on cueille les roses.
— Ah! j'en dois faire l'aveu,
Cher oncle, je meurs d'envie
De vous fausser compagnie...
L'amour m'appelle, et le ciel est si bleu!

Vous souvient-il, Rose, Hélène,
Des jours, si vite écoulés,
Où nous allions par la plaine
Rêver à l'ombre des blés ?
Doux secrets que, le dimanche,
On s'y confiait tout bas,
Ne vous en souvient-il pas,
Flora, Gabrielle ou Blanche?
— Ah! j'en dois faire l'aveu,
Cher oncle, je meurs d'envie
De vous fausser compagnie...
L'amour m'appelle, et le ciel est si bleu!

(*Se remettant à peindre.*) Voilà pourtant ce que je perds pour vous attendre, oncle Martial... un sacrifice, hélas!... dont vous ne vous douterez même pas, car vous avez sur votre neveu des illusions!... oui-dà, si l'on couronnait des rosiers, il me présenterait à Nanterre.

Zuléma?... est-ce que je l'aime vraiment cette grande fille dont le petit cœur m'a coûté deux bouquets à la Closerie des Lilas, et un souper au champagne chez Vuillet? Ni plus ni moins que les autres, et parfois, quand je suis seul, je me prends à rêver d'une bonne petite femme, bien pure, bien à moi, doux ange du logis, à qui je donnerais pour toujours un cœur que je vais prodiguant, comme l'agneau sa blanche laine, aux buissons du chemin.

Oui; et ce rêve-là me poursuit depuis longtemps déjà... au moins un mois... depuis... depuis que ma petite voisine si modeste, si sage — au dire de Mme Carlin, notre imposante concierge — est venue habiter là,

Dans le même escalier,
Sur le même palier,
Devant mon atelier.

J'en deviens poète, je rime, et richement, je crois.
— Bah!... Mlle Thérèse?... quelque grisette aussi, qui
fait la réservée. — Et serait-elle Minerve elle-même?...
foin du mariage!... — Une chaîne de roses, sans
parler des épines, est toujours une chaîne; le flambeau de l'hymen n'est qu'une lampe de ménage, et
l'artiste marié, c'est quoi?... le génie en pantoufles...
Phœbus en bonnet de coton.

Dix heures moins le quart; il est temps de m'apprêter. *(Il se lève, prend la cravate et, sans y penser, la met en corde, comme un foulard.)* Voyons. *(Il se regarde dans le miroir.)* Ah! jarnigué, si mon oncle voyait ça!... une cravate romantique! *(Il essaye de faire le nœud).* Je n'y arriverai pas. *(Il regarde le portrait.)* Pauvre chère mère, c'est toi qui nouais mes cravates... et quels amours de nœuds! — Maintenant... sacrelotte!... j'en ai des crampes dans les épaules. *(Il jette la cravate sur la table. — Apercevant Thérèse qui va pour rentrer chez elle.)* Tiens!... la petite voisine... Oh! une idée. *(Il va vers la porte.)* C'est drôle... le cœur me bat.

SCÈNE II

ROBERT, THÉRÈSE

Toilette très simple, demi-deuil.

ROBERT

Mademoiselle?...

THÉRÈSE, *s'arrêtant sur le palier, devant sa porte entr'ouverte*

Monsieur?

ROBERT

Vous... vous rentrez chez vous? (*A part.*) Ce n'est pourtant pas l'aplomb qui me manque d'ordinaire; mais ces deux grands yeux noirs... je me sens bête comme un paon. — Ah! mais, elle m'échappe. (*Haut.*) Mademoiselle?...

THÉRÈSE

Monsieur?

ROBERT

Pardon, mademoiselle, de l'étrangeté de la demande que je vais avoir l'honneur de vous adresser. (*A part.*) J'ai l'air de demander la main de la fille du propriétaire. (*Haut.*) Tout d'abord, je conçois l'étonnement dont vous serez saisie... et cependant... quoi de plus simple... (*A part.*) Je patauge, c'est évident.

THÉRÈSE

Enfin, monsieur?

ROBERT

Oui, mademoiselle; j'arrive au fait : il faut que je fasse une toilette superbe parce que... pour mon oncle, qui va venir me chercher pour... ah! ça, je n'en sais rien; mais il tient, ce bon oncle, à ce que je mette une cravate blanche, parce que... c'est son idée, et figurez-vous, mademoiselle... (*A part.*) Ah! je trouve le fil... (*Haut.*) Figurez-vous que, seul, je ne puis réussir à la nouer convenablement. Alors en vous voyant, en regardant vos jolis petits doigts, je me disais : si mademoiselle Thérèse — Thérèse, n'est-ce pas?... je sais par Mme Carlin, — si mademoiselle Thérèse avait l'extrême bonté d'avoir la complaisance de vouloir bien me faire le nœud de ma cravate... je serais sauvé, car voici l'heure... et mon oncle est terrible... pour l'heure. (*A part.*) Ouf!... (*Haut.*) Et maintenant, mademoiselle, mon sort... non... oui... enfin celui de ma cravate, dépend d'un mot de votre bouche.

THÉRÈSE

Ah! c'est cela?

ROBERT

C'est cela... rien que cela. Entre voisins, chère voisine, vous ne me refuserez pas ce tout petit service?

THÉRÈSE, *riant*

Mais c'est précisément parce que nous sommes voisins que... ce n'est pas possible. Que penserait-on en me voyant chez vous? Excusez-moi, monsieur... — Mais... Mme Carlin est là, au second étage; il suffit de l'appeler.

ROBERT

La portière avec ses grosses pattes!

THÉRÈSE

Pattes très adroites, je vous assure; elles attachent tous les jours la cravate de M. Carlin, qui est serveur en ville... et les nœuds sont superbes.

ROBERT

Des nœuds de Carlin!... Ah! par pitié!... voyons, mademoiselle, un atelier n'est pas une chambre... je laisse la porte ouverte... c'est presque le palier, un terrain neutre... tout à fait neutre... et c'est l'affaire d'un instant. Je vous fais donc bien peur?

THÉRÈSE

Peur?... (*Elle franchit le seuil de la porte et s'appuie*

au chambranle.) Oh ! non, pas du tout. Quand on est seule au monde on s'habitue à ne rien craindre... et à se défendre... s'il le fallait.

ROBERT, *surpris*

Oh ! pardon... je vous demande pardon, mademoiselle. Vous ne me connaissez pas; je suis peut-être un peu... braque, mais incapable d'offenser... — Ma demande, j'en conviens, n'était pas convenable; n'en parlons plus.

THÉRÈSE

Mais, vous le voyez, monsieur, je suis prête à vous rendre ce... tout petit service. — Donnez votre cravate. (*Ils se regardent; Robert, ému et respectueux, va prendre la cravate, et se rapproche de Thérèse.*)

ROBERT

Ainsi, vous êtes sans famille ?

THÉRÈSE

Je n'avais plus que ma mère; je l'ai perdue, voilà bientôt deux ans.

ROBERT

Deux ans ?... C'est comme moi.

THÉRÈSE

Ah ! vous aussi ? (*Robert désigne le portrait de sa mère.*) Votre mère ?

ROBERT

Ma mère, oui. — Et maintenant, pas un parent, personne !...

THÉRÈSE

Personne. — J'étais enfant, quand mon père, contremaître dans une filature, mourut des suites d'un accident. Ma mère, ayant horreur du lieu où elle était devenue veuve, partit avec moi pour Paris. Nous vivions de son épargne et surtout de son travail. Mais la maladie vint, les ressources s'épuisèrent... et, quand elle me quitta, la misère avait déjà frappé à notre porte et hâté ses derniers moments.

ROBERT

Pauvre enfant!... Mais alors, comment, seule, sans appui...

Musique.

THÉRÈSE

Comme un ange gardien
Auprès de moi sur terre
L'image de ma mère
Fut alors mon soutien.

ROBERT

Oui, c'est le plus grand bien
De l'orphelin sur terre.
L'image d'une mère
Est un ange gardien.

ENSEMBLE

THÉRÈSE	ROBERT
Ses yeux, son doux sourire	Ses yeux, son doux sourire
Toujours fixés sur moi,	Toujours fixés sur moi
D'en haut semblaient me dire :	Semblent encor me dire :
Je veille encor sur toi.	Je suis là, près de toi.

ROBERT

Comment triompher à votre âge
De la misère, de la faim?

THÉRÈSE

De mes parents j'ai le courage :
En travaillant j'avais du pain.

ROBERT

Mais la route est rude et sévère.

Un ami... — qui serait un frère —
Nous aide à faire le chemin?

THÉRÈSE, *à part*

Un ami!... Que dit-il?... Un frère?...
Quel trouble m'agite soudain!

Comme à elle-même

Parfois, dans un songe endormie,
J'ai senti palpiter mon cœur;
J'entendais une voix amie
Qui me promettait le bonheur;
J'écoutais... et d'en haut ma mère
Me bénissait dans mon sommeil...
Mais ce n'était qu'une chimère,
Envolée avec le réveil.

ROBERT, *à part*

Rêves de son sommeil... vague émoi de son être...
C'est l'éveil de son cœur.

THÉRÈSE, *à part*

Vains songes, vague émoi, devait-il vous connaître?
Ses regards me font peur.

ENSEMBLE

THÉRÈSE, *à part*	ROBERT, *à part*
Trouble qui m'oppresse,	Trouble qui l'oppresse,
Besoin de tendresse...	Besoin de tendresse,
Ai-je par faiblesse,	Innocente ivresse,
Livré mon secret?	J'ai votre secret.
Fuyons sa présence,	Charmante espérance,
Ma folle imprudence,	Son cœur, je le pense,
Ma peur, mon silence,	Dans son ignorance,
Tout me trahirait.	A l'amour est prêt.

Thérèse, reculant lentement sous le regard de Robert, est près de la porte et va sortir.

ROBERT, *lui saisissant la main*

Eh! quoi, partir déjà?... Vous oubliez...

Il lui tend la cravate, que Thérèse prend, toute émue.

THÉRÈSE, *à part*

Je tremble.

ROBERT

Pose classique ; fixe, immobile... Voici.

Il se place debout devant Thérèse, les bras au corps, la tête droite. Thérèse lève les bras pour passer la cravate derrière le cou, mais Robert avançant les mains vers sa taille, elle laisse tomber les bras et recule.

C'est un peu haut ?

THÉRÈSE

Trop haut.

ROBERT, *mettant ses mains derrière le dos et avançant la tête.*

Eh! bien, voyons ainsi.
La pose est meilleure, il me semble.

Thérèse essaye encore, mais son visage est si près de celui de Robert qu'elle recule de nouveau.

THÉRÈSE

Je ne puis.

ROBERT

Encore trop haut?

THÉRÈSE

Oui ; laissons.

ROBERT

Cherchons autre chose.

THÉRÈSE

Inutile.

ROBERT

Ah! que je suis sot!

Il court au canapé, prend un coussin, le jette aux pieds de Thérèse, et s'agenouille les bras croisés.

Voici la véritable pose.

Thérèse passe la cravate autour du cou de Robert, mais, au moment où elle va faire le nœud, Robert penche la tête vers ses mains, et les effleure de ses lèvres.

THÉRÈSE, *tressaillant*

Je ne puis pas!

Elle recule.

ROBERT

Oui; c'est trop bas.

Il se relève et lance le coussin sur le canapé.

THÉRÈSE

Il faut y renoncer.

ROBERT

Non, non!

Il s'assied sur un escabeau.

Autre manière. Par charité!... C'est la dernière.

Thérèse se décide et passe derrière Robert, qui tourne la tête à droite et à gauche pour la voir.

THÉRÈSE

Si vous bougez... je ne puis rien.

ROBERT, *les mains sur les genoux*

Fixe... immobile... — Suis-je bien?

THÉRÈSE, *cherchant à faire le nœud*

Oui; mais levez un peu la tête.

UN NŒUD DE CRAVATE

Robert renverse complètement la tête vers Thérèse.

Pas ainsi !... — La chose était faite,
C'est manqué.

ROBERT

Je suis sage.

THÉRÈSE

Adieu.

ROBERT

Fixe... immobile... tel un pieu,
Pendant que Thérèse cherche à refaire le nœud, Robert soudain saisit et lui baise les mains.

THÉRÈSE

Ah !

Elle enlève la cravate d'un geste brusque.

C'est perdu !

Montrant la cravate.

Toute froissée !...

ROBERT

Oui, ma conduite est insensée...
Pardon !... recommençons.

THÉRÈSE, *emportant la cravate*

Jamais !
Un coup de fer suffira... mais
Vous la rattacherez vous-même.

ROBERT

Croyez mon repentir extrême.

ENSEMBLE

ROBERT	THÉRÈSE
Je suis un grand coupable, mais,	Un coup de fer suffira... mais...

ROBERT	THÉRÈSE
	A part.
Est-ce ma faute... je vous aime !	Il pourrait croire que je l'aime.
	Haut.
Croyez mon repentir extrême...	Vous la rattacherez vous-même.
Faut-il me punir à jamais !	Vous ne m'y reprendrez jamais.

Thérèse se sauve dans sa chambre et en ferme la porte.

SCÈNE III

ROBERT, *seul*

Charmante fille !... vaillante et timide... — J'en suis fou !... et je suis un maladroit, je l'ai effarouchée. — Honnête ?... j'en jurerais ; ce regard pur et droit, ce trouble si candide, cette confiance... pourtant... c'est bien invraisemblable. Voyons, voyons : d'abord elle refusait nettement de franchir cette porte ; elle est entrée tout de même. Son histoire ?... très touchante, mais qui ne prouve rien... au contraire, car cette solitude ?... une fille aussi jolie, seule, à Paris, depuis deux ans !... Et ses petites confidences, ses rêves... je ne les demandais pas. Et cet émoi, cette rougeur, ce tremblement quand elle s'approchait... et ce cri lorsque mes lèvres ont effleuré sa main... Ça, ma belle voisine, est-ce que Robert Lebel, sans trop s'en faire accroire, occuperait déjà ce jeune cœur qui s'éveille ? ne seriez-vous qu'une coquette, qui fuit pour qu'on la suive ?... *fugit ad salices ?*... C'est assez clair !... franchement, je ne suis qu'un nigaud : elle se sauve en jurant qu'on ne l'y reprendra plus, mais... elle emporte la cravate, pour réparer le mal !

Elle attend... c'est limpide... que je me jette à ses pieds... et j'y cours! (*Il se précipite vers le palier; l'oncle Martial paraît.*) Ah! mon oncle.

SCÈNE IV

ROBERT, L'ONCLE MARTIAL

Martial Duchesne, — habit bleu à boutons d'or, gilet blanc, haute cravate de mousseline blanche, pantalon gris clair, guêtres nankin, canne à pomme d'or, chapeau bolivar — entre en regardant sa montre et l'horloge qui sonne dix heures.

DUCHESNE

Dix heures sonnant. Bonjour, mon neveu.

ROBERT, *agité*

Bonjour, mon oncle.

DUCHESNE

Eh bien! tu n'es pas prêt! Habille-toi vite, malheureux, nous manquerions le chemin de fer. (*Tirant un indicateur de son habit.*) Gare de l'Ouest, rive droite, départ 10 h. 45. Voilà le journal pratique. Il ne s'amuse pas, celui-là, à troubler le public de feuilletons incendiaires ou de scandales parisiens. Je n'en connais pas le rédacteur, mais si je le rencontrais, je lui dirais : « Monsieur, votre périodique est à l'économie sociale ce qu'une bonne constitution... » Ah! çà, au lieu de tourner sur toi-même comme un fuseau de mule-Jenny, si tu voulais me faire le plaisir d'achever ta toilette!... Qu'est-ce que tu as pu bien faire, je me le demande, depuis l'aurore?

ROBERT

Mais voyez... ce tableau en pleine composition...

DUCHESNE

Oui!...

ROBERT

L'ardeur du travail m'a fait oublier l'heure.

DUCHESNE

Et c'est après l'inspiration que tu courais, sans doute, lorsque je suis entré? Nous n'avons plus que vingt-huit minutes, et il en faut dix-sept pour gagner le chemin de fer.

ROBERT

Voilà, oncle Martial, voilà. (*Il arrange ses cheveux devant le miroir; à part.*) Ah! bigre... ma cravate! Comment faire?

DUCHESNE

Eh! bien, quoi? Est-ce encore l'inspiration qui te vient?

ROBERT

Non, mon oncle (*A part.*), au contraire. Ma foi, tant pis, je prends la plus belle. (*Il tire du bahut une cravate foulard groseille des Alpes.*) Occupons-le. (*Haut.*) Connaissez-vous ce paysage, là-bas dans le coin, derrière Marius?

DUCHESNE, *sans bouger*

Une mare avec des canards.

ROBERT

Sauvages, mon oncle.

DUCHESNE

Sauvage toi-même. Un drôle de sujet. Je connais,

ROBERT

Et mon dernier tableau d'histoire ?

DUCHESNE

Bon! Marius chargé d'assassiner le Cimbre. Tu me l'as montré vingt fois.

ROBERT

Alors, oncle Martial, puisque vous connaissez si bien mes œuvres, asseyez-vous, et... non, prenez le fauteuil... expliquez-moi, je vous prie, pourquoi cet enlèvement subit, à toute vapeur, à l'heure de votre déjeuner... car c'est votre heure, mon bon oncle?

DUCHESNE

Une surprise que je te ménage.

ROBERT

Surprenez-moi tout de suite.

DUCHESNE

Nous n'avons plus que onze minutes.

ROBERT

Bah! commencez toujours; vous achèverez le reste en marchant.

DUCHESNE, *solennel*

Apprenez donc, beau neveu, que le jour d'aujourd'hui est un jour... mais un jour!...

ROBERT, *à part*

Mon tableau!... la médaille!... Oh! Thérèse... l'amour et la gloire en même temps! (*Haut.*) Quoi! bon cher oncle, oncle des oncles, vous auriez des nouvelles... Vous auriez fait quelques démarches?...

DUCHESNE

Depuis un mois je ne fais que ça.

ROBERT

Oncle adorable !

DUCHESNE

Eh ! cher enfant, ne savais-je pas ton impatience !

ROBERT

L'incertitude est si cruelle !

DUCHESNE

Surtout quand tout l'avenir dépend...

ROBERT

Oui, tout l'avenir !... et qu'on a tant de rivaux !

DUCHESNE

Des rivaux ?... allons donc !... mon neveu, mon héritier !... j'aurais voulu voir ça !

ROBERT, *à part*

Il est bon là, mon oncle ; il croit que c'est pour lui... (*Haut.*) Ainsi vous en êtes sûr ?... absolument ?... je l'ai ?

DUCHESNE

C'est une affaire faite ; il ne te reste plus qu'à aller embrasser...

ROBERT

Le président du jury. Volons !...

DUCHESNE

Le président ?... le jury ?... De quoi diantre crois-tu donc que je te parle ?

ROBERT

De mon tableau ?... de la médaille ?...

DUCHESNE

Mieux que ça ! Mieux que ça !

ROBERT

Mieux ? .. Ciel !... Quoi ?... décoré ?...

DUCHESNE

Décoré?... si tu veux; décoré de la meilleure, de la plus charmante femme...

ROBERT

Un mariage?... patatras!... O oncle sans entrailles!... et vous m'apprenez ça sans l'ombre de ménagements... que dis-je?... en me faisant dégringoler de l'Olympe!...

DUCHESNE

Olympe?... Ah! non... Gertrude.

ROBERT

Et elle s'appelle Gertrude!... la chute est rude, oncle féroce!... Et vous organisez la petite cérémonie, tout seul, sans mon avis, comme pour vos propres noces!... Vous faites la cour à la demoiselle, les arrangements avec les père et mère, le contrat avec le notaire, vous prenez jour avec le maire, les violons attendent au chemin de fer, et nous nous marions à Nanterre, église de village, tableau de genre!... Bien obligé, mon oncle, mais d'où vient, je vous prie, cette fureur matrimoniale?

DUCHESNE

D'où?... mais de toi-même, ingrat. Oublies-tu donc qu'à cette place, en déjeunant ensemble, il y a juste un mois, la Saint-Robert, jour de ta fête, tu me disais solennellement : « Soyez heureux, cher oncle, et ne craignez rien pour moi; vous déplorez toujours que je n'aie pas suivi votre exemple, qu'à l'industrie je préfère l'art; pour vous la vie de l'artiste n'est qu'insouciance, paresse, désordre... c'est un peu vrai... pour beaucoup d'autres. Mais moi, je veux vous prouver combien je suis sérieux : Oncle Martial, je vous le déclare, sur ce bouquet de fête que vous m'avez donné, vous, toute ma famille... je veux combler vos souhaits... je veux me marier!... » Et là-dessus tu me fis une telle peinture de ta vie de travail, de tes œuvres méditées, poursuivies sans relâche à côté du foyer, dans le sein du ménage, tu me parlas si bien de cette jeune femme — ma fille, me disais-tu, moi qui n'ai jamais eu d'enfant... et qui en ai tant désiré — de ta chère compagne souriant à tes efforts, te consolant de tes défaites ou partageant ta gloire — la vraie muse, c'était ton mot —, que je te pressai dans mes bras... en pleurant comme une bête. — M'as-tu dit cela, oui ou non ? **Parle !**

ROBERT

Il y a des jours, mon oncle, où l'on n'a pas le sens commun.

DUCHESNE

Heim ?... tu dis ?...

ROBERT

Je dis que... le jour où je vous ai fait ce beau dithyrambe je... (*à part*) eh! parbleu, c'était la fin du mois, je devais deux termes et le matin j'avais rompu avec Florinde.

DUCHESNE

Eh bien ! monsieur mon neveu ?

ROBERT

Eh! mon très cher oncle, je dis que, ce jour-là, le champagne dont votre bonté avait arrosé la petite fête me faisait dire des sottises.

DUCHESNE

Sottises!... le mariage!... — Ainsi tu ne veux pas ?
(*Musique.*)

ROBERT

A l'Hyménée offrir en sacrifice
Votre neveu!... que vous a-t-il donc fait?

DUCHESNE

Quel changement!... — D'un semblable caprice
Peut-on savoir la raison, s'il vous plaît?

ROBERT

Avant d'entrer en ménage
Il faut réfléchir longtemps
Sur les devoirs importants
Où ce lien nous engage.

DUCHESNE, *nerveux*

C'est parler en homme sage,
Et je suis impatient
D'avoir votre sentiment,
Monsieur, sur le mariage.

ROBERT

Je partage sur ce point
L'avis d'un sage de Rome ;
Il prétendait qu'un jeune homme
N'y peut donner trop de soin,
Et que s'il lui prend envie
De former ce nœud charmant...

DUCHESNE, *parlé*

Après ?...

ROBERT

Il fera très prudemment
D'y songer toute sa vie.

DUCHESNE

Te moques-tu de moi?...

ROBERT

Non vraiment, sur ma foi !

DUCHESNE

Quoi ! tu ne rêves pas d'une épouse fidèle...

ROBERT

Qui toujours vous querelle.

DUCHESNE

De trois ou quatre enfants autour de ton foyer...

ROBERT

D'ici je les entends crier.
Trois ou quatre, est-ce donc la peine ?
Mon oncle, mettons la douzaine.

ENSEMBLE

DUCHESNE	ROBERT
De beaux petits enfants,	J'aime fort les enfants ;
Bonheur de nos vieux ans !...	De loin ils sont charmants ;
Chers démons innocents	Sans peine je comprends
Qu'on gronde et qu'on adore...	Qu'un oncle les adore ;
C'est le vœu du destin :	Mais de leur cri mutin
Le soir rit au matin...	Jouir soir et matin,
C'est le passé lointain	Ce paternel destin
Renaissant dans l'aurore.	Ne me rit pas encore.

DUCHESNE

Je vous vois sortant déjà,
Poupons, de vos langes ;
Vous entourez bon papa...
Ah ! comme il vous aimera,
Vous baisera,
Vous mangera,
Mes beaux petits anges !

ROBERT

Quels anges voyez-vous là ?

DUCHESNE

Les anges que ta femme un jour me donnera.

ROBERT

Cessons enfin ce badinage
Et perdez cette illusion ;
Je n'ai pas de vocation,
Mon oncle, pour le mariage.

DUCHESNE

Parlez-vous sérieusement ?

ROBERT

Je ne plaisante aucunement.

DUCHESNE

De repousser le mariage
Vous êtes libre, mon neveu ;
Restez garçon, soit ! mais adieu
Ma tendresse et mon héritage.

ROBERT

Faites ce qu'il vous plaira :
Votre neveu comme un père
Vous respecte et vous vénère
Et toujours vous aimera ;
Mais...

DUCHESNE

Mais ?...

ROBERT

Mais malgré tout cela,
Jamais il ne se mariera.

ENSEMBLE

ROBERT, *à part*

Non, non, malgré sa colère,
Je ne puis remplir son vœu ;
Thérèse, pour lui complaire,
Il faudrait te dire adieu.

DUCHESNE

Ah ! c'en est trop !... Ma colère
Redouble à ce fol aveu !
Vous refusez de me plaire,
Vous n'êtes plus mon neveu.

DUCHESNE, *prenant son chapeau*

Oui, je te déshériterai.

ROBERT

Bon! ... Je vous en défie.

DUCHESNE

Je donnerai tout mon bien à l'OEuvre... de la repopulation nationale.

ROBERT

Vous mériterez une statue.

DUCHESNE

Et j'aurai le plaisir de te voir quelque jour épouser ton modèle... et finir sur la paille!

ROBERT

Magnifique sujet de drame pour l'Ambigu.

DUCHESNE

Adieu, monsieur!

ROBERT

Au revoir, mon oncle.

DUCHESNE, *sur le point de sortir, pris d'un sanglot et se retournant*

Tu veux donc me faire mourir de chagrin?

ROBERT, *courant à lui et voulant l'embrasser*

Vous savez bien que non.

DUCHESNE

Laissez-moi!

ROBERT

Voyons, oncle Martial, ne suis-je pas pour vous le fils... que vous n'avez pas eu? Sur terre, pour moi, ne remplacez-vous pas le père que j'ai connu si peu, la mère que je n'ai plus? N'êtes-vous pas tout ce qui me reste? (*Duchesne se laisse prendre la main.*) Allons, un bon mouvement.

DUCHESNE

Imbécile!

ROBERT

Oui, mon oncle. (*Ils s'embrassent.*) Et maintenant parlons raison.

DUCHESNE

Eh! morgué, nous en avons le temps! Il y a dix minutes que le train est parti. Adieu le déjeuner.

ROBERT

Le déjeuner?... Comment!... Il ne s'agissait donc...?

DUCHESNE

Croyais-tu que je voulusse te traîner à l'autel... te marier entre deux gendarmes?

ROBERT

Alors?

DUCHESNE

Une simple présentation. Mais tu t'emballes comme une bobine folle.

ROBERT

Et quelle est l'innocente victime que je devais... c'est-à-dire que vous deviez me faire connaître?

DUCHESNE

Tu la connais déjà : la fille de Fritz Buschmann, mon ancien associé.

ROBERT

Quoi! cette gamine qui, naguère, me provoquait au piquant jeu de volant?

DUCHESNE

Gamine qui, aujourd'hui, jouit de dix-huit printemps, avec leurs roses et leurs lys; des cheveux d'un blond... Véronèse.

ROBERT

Un blond vert.

DUCHESNE

Mais non, un blond chaud.

ROBERT

Vénitien alors?

DUCHESNE

Vénitien, si tu veux. — Et des yeux d'un azur... vertuchou!

ROBERT

Vertu... bleu.

DUCHESNE, *frappant du pied*

Vertu... foin!... Tu m'ennuies... — Des yeux, te dis-je, des yeux d'un azur incendiaire.

ROBERT

Eh! eh! voyez-vous ça!... Je lui trouverai un mari, vous, par exemple, oncle Martial.

DUCHESNE

Sans parler d'une dot de vingt mille livres de rente... et sans compter les espérances.

ROBERT

Fi donc!... Que m'importe la fortune!... Je suis votre unique héritier.

DUCHESNE

Mon unique héritier; le seul, hélas!... J'espérais bien en avoir deux, pourtant.

ROBERT

Deux?... Qu'entends-je!... M'auriez-vous dissimulé quelque cousin?

DUCHESNE

Oh! Robert! non, mais l'enfant de mon cœur, la fille de ce brave Pierre Valois, ma pauvre petite Thérèse, que je n'ai jamais pu retrouver... Ah! c'est le remords de ma vieillesse.

ROBERT, *à part*

Thérèse!... Si c'était?... — Je suis fou; quel rapport?...

DUCHESNE

Enfin, qu'en penses-tu?

ROBERT

De Thérèse?

DUCHESNE

Ah! Robert, ne réveille pas en moi ce pénible souvenir. Je parle de Mlle Buschmann.

ROBERT

Eh! bien, mon oncle, je pense que... sans inconvénient... je puis, encore une fois, renvoyer le volant à Mlle Gertrude. — Allons donc déjeuner.

DUCHESNE

Dans mes bras!

ROBERT

Doucement, je ne m'engage à rien.

DUCHESNE

Bon! quand tu la verras, ton cœur sera broché.

ROBERT, *se hâtant de terminer sa toilette en tournant le dos à son oncle*

Je défendrai la trame. (*A part.*) Je penserai à Thérèse.

DUCHESNE

Partons!... Nous serons d'une heure en retard,

mais à la campagne... — Çà, la tenue est-elle correcte ? Passez à l'inspection.

ROBERT, *à part*

Voilà l'instant critique. (*Il se retourne vers son oncle.*)

DUCHESNE

Qu'ai-je vu ?... Cravate sang de bœuf.

ROBERT

Groseille des Alpes... le dernier genre.

DUCHESNE

Joli !... Oh ! ces artistes... ils ne respectent rien... pas même une fiancée.

ROBERT

Fiancée ?... Pas encore.

DUCHESNE

Veux-tu me changer ça !

ROBERT

C'est que... oncle Martial...

DUCHESNE

Quoi ?

ROBERT

Je n'en ai pas d'autre.

DUCHESNE

Tu n'as pas de cravate blanche !... Et celles que je t'ai données ?

ROBERT

Voilà : cinq non mettables, et une... au blanchissage.

DUCHESNE

Enfin, tu en as le temps ; dégringole... là, en face, il y a un magasin ; choisis-moi la plus fine.

ROBERT, *à part*

Et si Thérèse revient, rapportant la cravate?... Ce serait le comble!

DUCHESNE

Qu'est-ce que tu attends?

ROBERT, *à part*

Il faut que je la prévienne. (*Haut.*) Tenez, mon oncle, mon album... mes dernières études... asseyez-vous...

DUCHESNE

Dépêche-toi donc! (*Il le poursuit vers la porte.*)

ROBERT

Je cours... restez, mon oncle.... asseyez-vous... le fauteuil, là-bas... (*Il sort en tirant la porte sur lui.*)

DUCHESNE, *rouvrant la porte et le voyant sur le palier*

Quoi! tu n'es pas parti?

ROBERT

Mon mouchoir...

DUCHESNE

Mais va donc!... tu n'en as pas besoin.

ROBERT, *à part*

Le diable s'en mêle!... (*Il disparaît.*)

SCÈNE V

DUCHESNE, *seul*

Il est grand temps que je marie ce garçon-là; la tête se détraque. (*Écoutant.*) Eh!... il remonte. Oh! oh! qu'est-ce que cela veut dire?

ROBERT, *reparaissant sur le palier et voyant son oncle*

J'ai oublié ma bourse.

DUCHESNE

Voici la mienne ; marche ! (*Robert disparaît avec un geste désespéré.*) Il y a quelque chose. Rien de grave, j'espère ; mais, dame, à vingt-cinq ans !... un artiste surtout... et ce Paris est si terrible ! Robert, je le gagerais, est encore, à peu près du moins, ce que j'étais à son âge quand j'épousai feu madame Duchesne: Pauvre femme !... comme moi elle rêvait d'une nombreuse famille... et rien !... — cependant... enfin ! — Aussi Robert est-il mon fils. Je veux qu'il ait le bonheur qui nous a tant manqué, je veux avoir par lui la joie d'être grand-père, et j'ai hâte de lui voir une bonne petite femme, parfaite en tous points, comme Gertrude. (*Il est s'assis dans le fauteuil et feuillette l'album.*)

SCÈNE VI

DUCHESNE, THÉRÈSE

Thérèse sort de sa chambre, laissant la porte entr'ouverte, s'avance sur le palier, la cravate blanche à la main, regarde dans l'atelier et, derrière le fauteuil, prend Duchesne pour Robert.

THÉRÈSE

Ah ! il est encore seul. (*Elle fait un pas dans l'atelier.*) Voici votre cravate.

DUCHESNE, *tressautant sur son siège et se levant vivement*

Hein !... une femme chez mon neveu... et avec sa cravate... oui-dà, la blanchisseuse !!... et cette porte ouverte? une voisine?... je comprends! je comprends! — Qui êtes-vous? Que voulez-vous? Que venez-vous faire ici? — Répondez!

THÉRÈSE

Mais, monsieur...

DUCHESNE

Ou plutôt non, ne répondez pas; je ne devine que trop qui vous êtes et je veux vous épargner la honte de l'avouer ! — Ah! malheureux garçon!... mes illusions détruites!... O Circés exécrables... abominables Pasiphaés!... — Mais parlez, mademoiselle, parlez donc, et dites-moi de quels charmes diaboliques, de quels philtres infernaux vous vous êtes servie pour séduire un enfant aussi... aussi... enfin que Robert, mon neveu?

THÉRÈSE

Écoutez...

DUCHESNE

Taisez-vous!... je ne veux rien entendre. Ne sais-je pas ce que vous me répondrez : que c'est Robert qui vous trompa, qui abusa de votre candeur?... Voilà ce que vous direz, n'est-ce pas?... Taisez-vous !... et vous aurez l'audace de réclamer le mariage pour couvrir votre déshonneur, vous serez capable de vous dire mère pour attendrir les juges !... mais je suis là, corbleu!... et devant les tribunaux... Assez!... Votre silence vous accable... sortez ! et si jamais vous osez reparaître...

Musique.

SCÈNE VII

LES MÊMES, ROBERT

Thérèse est tombée à genoux et sanglote.

ROBERT

Qu'est-ce donc?

DUCHESNE

Ah! c'est vous!...

ROBERT

Ciel!... Thérèse à genoux!

Il la relève.

Qui donc ici l'accuse?

DUCHESNE

Qui?...

ROBERT

Vous déplorerez l'erreur qui vous abuse
Nul n'a le droit de l'outrager.

THÉRÈSE

Défendez-moi de sa colère,
Je suis sans soutien, et ma mère
N'est plus là pour me protéger.

ENSEMBLE

ROBERT

Ne craignez rien, je saurai vous défendre
Et d'un seul mot apaiser son courroux.
Ce doux secret que j'ai su vous surprendre,
Thérèse, devant lui le démentirez-vous?

THÉRÈSE

Oui, je n'ai plus que vous pour me défendre,
Vous seul pouvez apaiser son courroux ;
Et si mon cœur s'est trop bien fait comprendre,
N'est-ce pas dire assez qu'il n'espère qu'en vous ?

DUCHESNE

Tout maintenant est facile à comprendre :
Mes vœux brisaient des liens aussi doux
A ce coup-là j'étais loin de m'attendre...
Rêves de mes vieux ans, hélas ! envolez-vous.

THÉRÈSE

De mon innocence
Prenez la défense ;
Ma seule espérance
Est dans votre appui.

ROBERT

A sa voix si chère,
Amour tutélaire,
Ta douce lumière
A mon cœur a lui.

DUCHESNE

Riante pensée
Que j'avais bercée,
Mon âme brisée
Te perd aujourd'hui.

ROBERT, *à Duchesne*

Écartez un soupçon qui l'offense et me blesse.

DUCHESNE

Plus un mot ; j'ai perdu l'espoir de ma vieillesse.
Je ne vous connais plus !

ROBERT

De quoi m'accusez-vous ?

DUCHESNE

Que votre audace ailleurs s'adresse !...

Le fourbe, aux pieds de sa maîtresse,
S'indigne encor de mon courroux!

ENSEMBLE

ROBERT

Ma maîtresse!

THÉRÈSE

Sa maîtresse!

ROBERT

Ah! je vous le jure,
Vous vous trompez étrangement.

DUCHESNE

Je me trompe?... quelle imposture!

ROBERT

Sur mon honneur, j'en fais serment.

THÉRÈSE

Ma mère, tu vois mon tourment.

ENSEMBLE

DUCHESNE

De ma peine encore il s'étonne!...
Aucun remords d'un pareil tort!
Pas d'espoir, non! que je pardonne,
Pour jamais je vous abandonne,
Neveu traître, au plus triste sort!

THÉRÈSE

Ce courroux, dont mon cœur frissonne
Tous les deux nous condamne à tort
A tous deux, hélas! qu'il pardonne
Pour jamais je vous abandonne,
Doux rêves d'un plus heureux sort!

ROBERT

Ce courroux, qui n'entend personne.
Follement nous accable à tort...
Calmez-vous, pour qu'on vous pardonne,
Ou d'honneur je vous abandonne,
Que le remords soit votre sort!

DUCHESNE, *au comble de l'exaspération, enfonce son chapeau, brandit sa canne et il s'élance pour sortir*

ROBERT

Arrêtez!

DUCHESNE

Rien, monsieur!... Mon neveu est hors de mon cœur.

ROBERT

Et mon oncle hors de sens... Une jolie famille!

DUCHESNE

C'est votre œuvre.

ROBERT

Mais au moins, entendez...

DUCHESNE

Non!

ROBERT

Quatre mots.

DUCHESNE

Pas un seul!... Je suis sourd.

ROBERT, *courant vers la porte et se plantant, les bras croisés, sur le seuil*

Je veux me marier!

DUCHESNE

Heim!...

ROBERT

Ah! vous m'écoutez... c'est heureux! Je devrais vous laisser, oncle trop volcanique, à vos emportements; ce serait ma vengeance. Mais je ne puis pas voir méconnaître, humilier, outrager une brave et honnête fille. Vous tenez à ce que je prenne femme?...

DUCHESNE

Que signifie?...

ROBERT

Oui, n'est-ce pas? Eh! bien, sachez que j'aime

Thérèse, et que c'est elle que j'épouserai. (*A part.*) Un coup de tête, mais c'est fait.

DUCHESNE

Thérèse?...

ROBERT

Elle-même... et elle seule!... Vous pouvez l'annoncer à toutes les Gertrudes de votre connaissance.

DUCHESNE

Thérèse!... vous épouserez, mademoiselle Thérèse?... mais faites-vous donc exprès, neveu dénaturé, de me jeter sans cesse à la tête le nom de la pauvre enfant que je cherche, que je pleure! Oui, certes, j'aurais voulu te marier à Thérèse, mais qu'a de commun mademoiselle avec... (*Il est arrêté par l'émotion.*)

ROBERT

Je vous le répète, mon oncle, pas d'injustes suppositions. Oui, j'aime Thérèse — sans le savoir peut-être — depuis que je l'ai vue; mais c'est aujourd'hui même, il y a une heure, entendez-vous, que je lui ai parlé pour la première fois. — Si vous ne comprenez pas... (*à part*), je m'en étonne moi-même (*haut*), l'affection qu'elle m'inspire, accordez-lui du moins le respect qu'elle mérite.

DUCHESNE

Le respect?... le respect... (*A part.*) Il est certain qu'elle a bonne façon, cette petite... un air candide et franc... le regard... Ah! grand Dieu, et cette ressemblance qui me frappe tout à coup! — Si c'était?...

ROBERT, *à part*

Qu'a-t-il donc?

DUCHESNE

Oh! je ne puis rester plus longtemps dans le doute. Mademoiselle?... ainsi... vous vous nommez Thérèse?

THÉRÈSE

Oui, monsieur, comme ma mère, qui doit pleurer là-haut en voyant ce que je souffre.

DUCHESNE

Ciel!... Oh! je vous en prie, le nom de votre père?

THÉRÈSE

Pierre Valois. Mais que vous importe?

DUCHESNE

Que m'importe!... (*Il ôte son chapeau, le pose, ainsi que sa canne, et s'avance vers Thérèse, les mains tendues.*) — Oh! Thérèse, pardonne-moi, mon enfant!... (*Il l'embrasse.*) Pierre Valois!... Dette sacrée de mon cœur, je ne t'emporterai pas dans la tombe.

ROBERT

Quoi, Thérèse!...

DUCHESNE, *tenant Thérèse d'une main et tendant l'autre à Robert*

Oui, c'est elle. — Ne t'ai-je pas conté cent fois l'incendie de ma filature?

ROBERT

Ce terrible accident qui faillit vous ruiner... (*Riant.*) et moi aussi en même temps.

DUCHESNE

J'étais ruiné, déshonoré sans le dévouement d'un homme qui me sauva de la banqueroute en arrachant aux flammes... hélas! au prix de sa vie...

ROBERT

Le porteefeuille des titres. — Et c'était?...

DUCHESNE

Pierre Valois! (*A Thérèse.*) Ma pauvre chère enfant, que tu as dû souffrir! Au moment de l'incendie, j'étais en Amérique; on ne m'apprit rien, qu'à mon retour... et vous n'étiez plus là... on ignorait, me disait-on, le lieu de votre retraite... et je comprends... je vois... Fritz Buschmann m'a trompé... il n'a rien fait pour vous? (*Thérèse baisse la tête.*) Ah! le Teuton!... l'indigne! (*A Robert.*) Moi qui voulais te donner sa rousseaude de fille... car elle est rousse, il faut l'avouer. (*A Thérèse.*) Mais je t'ai retrouvée!... C'est la main du bon Dieu qui vous a conduits l'un vers l'autre. Robert t'aime; et maintenant rien ne m'empêche plus d'accomplir les deux rêves de ma vieillesse, le bonheur de ce vaurien-là, et le tien, ma chère fille. (*Il va unir leurs mains, mais s'arrête tout à coup.*) Ah! s'il te plaît, pourtant?

ROBERT

Thérèse... un mot?... faut-il qu'à genoux?...

DUCHESNE

Tu ne dis rien?... Est-ce que?...

THÉRÈSE

Je demandais à ma mère de vous bénir, monsieur Duchesne.

DUCHESNE, *unissant leurs mains*

Elle vous bénit, mes enfants. Pauvre femme, pourquoi n'est-elle plus? Si mes soixante-cinq ans ne l'avaient pas effrayée... ma foi! nous aurions fait deux noces le même jour. — Demain les fiançailles... et le vieil oncle Martial, si vous le grisez un peu... — de joie c'est presque déjà fait — sera capable de chanter, comme dans sa jeunesse, le refrain de la mère-grand (*Musique*) :

> Le plus beau garçon du village,
> Colin méprisait l'amour,
> Et contre le mariage
> Chantait tout le long du jour.
> Les filles y perdaient leur peine,
> Leurs soins étaient superflus.....
> Mais Colin vit Madeleine
> Et Colin ne chanta plus.

ENSEMBLE

> Les filles y perdaient leur peine,
> Leurs soins étaient superflus...
> Mais Colin vit Madeleine,
> Et Colin ne chanta plus.

DUCHESNE

> Madeleine était la plus fière.
> Des filles de ces hameaux,
> Et la belle au cœur de pierre
> Se moquait des doux propos.
> Mais Colin devant la cruelle
> Vint à passer un beau jour...
> Et le lendemain la belle
> Ne riait plus de l'amour.

ENSEMBLE

> Mais Colin devant la cruelle
> Vint à passer un beau jour...
> Et le lendemain la belle
> Ne riait plus de l'amour.

Rideau.

GRAND-PAPA FANTÔME

ARGUMENT

Grand-papa fantôme n'étant que la mise en scène d'une des nombreuses anecdotes contées par le Diable boiteux à l'écolier d'Ascala, don Cléophas Léandro Perez Zambullo, le lecteur approuvera certainement que, pour lui présenter le sujet de la petite pièce, nous laissions la parole au diable.

« Un vieux soldat, parvenu par son courage, ou plutôt par sa patience, à l'emploi de sergent dans sa compagnie, vint faire des recrues à Madrid. Il alla demander un logement dans un cabaret. On lui dit qu'il y avait à la vérité des chambres vides, mais qu'on ne pouvait lui en donner aucune, parce qu'il revenait toutes les nuits dans la maison un esprit qui maltraitait fort les étrangers quand ils avaient la témérité d'y coucher. Cette nouvelle ne rebuta pas le sergent. Que l'on me mette, dit-il, dans la chambre qu'on voudra. Donnez-moi de la lumière, du vin, une pipe et du tabac, et soyez sans inquiétude sur le reste. Les esprits ont de la considération pour les gens de guerre qui ont blanchi sous le harnois.

« On mena le sergent dans une chambre, puisqu'il paraissait si résolu, et on lui porta tout ce qu'il avait demandé. Il se mit à boire et à fumer. Il était déjà minuit, que l'esprit n'avait point encore troublé le profond silence qui régnait dans la maison. On eût dit qu'effectivement il respectait ce nouvel hôte. Mais entre une heure et deux, le grivois entendit tout à coup un bruit horrible, comme de ferrailles, et vit bientôt entrer dans sa chambre un fantôme épouvantable, vêtu de drap noir et tout entortillé de chaînes de fer. Notre fumeur ne fut pas autrement ému de cette apparition. Il tira son épée, s'avança vers l'esprit et lui en déchargea sur la tête un assez rude coup.

« Le fantôme, peu accoutumé à trouver des hôtes si hardis, fit un cri ; et, remarquant que le soldat se préparait à recommencer, il se prosterna très humblement devant lui en disant : « — De grâce, seigneur sergent, ne m'en donnez pas davantage. Ayez pitié d'un pauvre diable qui se jette à vos pieds pour implorer votre clémence. Je vous en conjure par saint Jacques, qui était comme vous un grand spadassin. — Si tu veux conserver la vie, répondit le soldat, il faut que tu me dises qui tu es, et que tu me parles sans déguisement, ou bien je vais te fendre en deux comme les chevaliers du temps passé fendaient les géants qu'ils rencontraient. » A ces mots l'esprit, voyant à qui il avait affaire, prit le parti d'avouer tout.

« — Je suis, dit-il au sergent, le maître garçon de ce cabaret. Je m'appelle Guillaume. J'aime Juanilla, qui est la fille unique du logis, et je ne lui déplais pas. Mais comme son père et sa mère ont en vue une alliance plus relevée que la mienne, pour les obliger à me choisir pour gendre, nous sommes convenus, la petite fille et moi, que je ferais toutes les nuits le personnage que je fais. Je m'enveloppe le corps d'un long manteau noir, et je me pends au cou une chaîne de tournebroche, avec laquelle je cours toute la maison, depuis la cave jusqu'au grenier, en faisant tout le bruit que vous avez entendu. Quand je suis à la porte du maître et de la maîtresse, je m'arrête et m'écrie : *N'espérez pas que je vous laisse en repos que vous n'ayez marié Juanilla avec votre maître garçon !*

« Après avoir prononcé ces paroles d'une voix que j'af-

fecte grosse et cassée, je continue mon carillon et j'entre ensuite par une fenêtre dans un cabinet où Juanilla couche seule, et je lui rends compte de ce que j'ai fait. Seigneur sergent, continua Guillaume, vous jugez bien que je vous dis la vérité. Je sais qu'après cet aveu vous pouvez me perdre en apprenant à mon maître ce qui se passe; mais si vous voulez me servir, au lieu de me rendre ce mauvais office, je vous jure que ma reconnaissance... — Eh! quel service peux-tu attendre de moi? interrompit le soldat. — Vous n'avez, reprit le jeune homme, qu'à dire demain que vous avez vu l'esprit, et qu'il vous a fait si grand'peur...
— Comment, ventrebleu! grand'peur, interrompit encore le grivois. Vous voulez que le sergent Annibal-Antonio-Quebrantador aille dire qu'il a eu peur? J'aimerais mieux que cent mille diables m'eussent... — Cela n'est pas absolument nécessaire, interrompit à son tour Guillaume, et après tout il m'importe peu de quelle façon vous parliez, pourvu que vous secondiez mon dessein. Lorsque j'aurai épousé Juanilla et que je serai établi, je vous promets de vous régaler tous les jours pour rien, vous et tous vos amis. — Vous êtes séduisant, monsieur Guillaume, s'écria le grivois. Vous me proposez d'appuyer une fourberie; l'affaire ne laisse pas d'être sérieuse : mais vous vous y prenez d'une manière qui m'étourdit sur les conséquences. Allez, continuez de faire du bruit et d'en rendre compte à Juanilla. Je me charge du reste.

« En effet, dès le lendemain matin, le sergent dit à l'hôte et à l'hôtesse : — J'ai vu l'esprit ; je l'ai entretenu ; il est très raisonnable. Je suis, m'a-t-il dit, le bisaïeul du maître de ce cabaret. J'avais une fille que je promis au père du grand-père de son garçon. Néanmoins, au mépris de ma foi, je la mariai à un autre et je mourus peu de temps après. Je souffre depuis ce temps-là. Je porte la peine de mon parjure, et je ne serai point en repos que quelqu'un de ma race n'ait épousé une personne de la famille de

Guillaume. C'est pourquoi je reviens toutes les nuits dans cette maison. Cependant j'ai beau dire que l'on marie ensemble Juanilla et le maître garçon, le fils de mon petit-fils fait la sourde oreille, aussi bien que sa femme ; mais dites-leur bien, s'il vous plaît, seigneur sergent, que s'ils ne font pas au plus tôt ce que je désire, j'en viendrai avec eux aux voies de fait. Je les tourmenterai l'un et l'autre d'une étrange façon.

« L'homme est un homme assez simple, il fut ébranlé de ce discours ; et l'hôtesse, encore plus simple que son mari, croyant déjà voir le revenant à ses trousses, consentit à ce mariage, qui se fit dès le jour suivant. »

La pièce, qui suit le récit d'Asmodée aussi rigoureusement que possible, croit même devoir, pour plus d'exactitude, lui emprunter quelques mots. On s'est permis de changer en Giscaro le nom du maître garçon, Guillaume, qui n'a guère couleur espagnole, et d'appeler Gil-César Trémolo, autrement « maître Gil » l'aubergiste, que le Diable oublie de nous nommer.

GRAND-PAPA FANTÔME

OPÉRA-VAUDEVILLE tiré du *Diable Boiteux* de Le Sage

PERSONNAGES

GIL-CESAR TRÉMOLO dit *Maître Gil*, cabaretier-logeur
MIGUEL GISCARO, garçon d'auberge, filleul de *maître Gil*
LE SERGENT ANNIBAL ANTONIO QUEBRANTADOR
JUANILLA, fille de Maître Gil

La scène se passe, en 16.., dans un faubourg de Madrid.

Salle d'auberge. — Au fond, la grand'porte à imposte vitrée, donnant sur la rue : fenêtres grillées ; à droite, deux portes de chambres; à gauche, une porte et l'entrée du cellier. — Table avec bancs; un grand fauteuil de cuir contre le mur. Buffet, armoire, horloge, escabeaux ; — au premier plan, à droite, une petite table de travail devant laquelle Juanilla est assise, un tricot à la main. — La nuit vient.

SCÈNE I

JUANILLA, *seule ; elle chante*

Pour combattre l'infidèle
Un jour mon beau Cid partait,
Et pour attendrir sa belle,
    Toujours cruelle,

Il chantait :
« Qu'un mot sorte de ta bouche
Et le Cid triomphera ;
Mais, hélas ! si rien ne touche
Ton cœur farouche,
Il mourra. »
Chimène restait muette ;
Vainement il soupira ;
Il partit... — Et la pauvrette
Pencha la tête
Et pleura.

Juanilla a dit le premier couplet en travaillant ; au second elle a posé son ouvrage sur ses genoux ; au troisième elle s'endort.

SCÈNE II

JUANILLA, GISCARO

Giscaro entre par le fond, s'avance doucement vers Juanilla, la regarde un instant dormir, puis l'embrasse sur le front.

JUANILLA, *se réveillant en sursaut*

Ah !... grâce, seigneur fantôme !...

GISCARO, *riant*

Seigneur fantôme ?... grand merci !... c'est m'enterrer trop tôt, Juanilla ; je ne suis pas encore ton époux. (*Juanilla regarde à travers ses doigts.*)
Reviens à toi ; c'est moi, ton Giscaro qui t'aime, et compte vivre longtemps pour te le répéter.

JUANILLA

Ah ! mon ami, que tu m'as fait peur !

GISCARO, *lui prenant les mains*

Tu trembles encore.

JUANILLA

Je tremble toujours... (*bas*) depuis un mois.

GISCARO

Depuis un mois?

JUANILLA

Oui, depuis que notre maison, autrefois si tranquille, est... (*regardant autour d'elle avec effroi*) ne l'est plus, tu sais?...

GISCARO, *de même*

Oui!...

JUANILLA

Vois-tu, Giscaro, pour me rassurer, j'ai fait toutes les suppositions possibles. D'abord je me suis dit : c'est le vent qui souffle dans la cheminée, c'est la girouette qui grince sur le toit, c'est un hibou qui pleure, les meubles qui craquent, ou les souris qui jouent; mais le vent n'a pas de pareilles plaintes, les girouettes de semblables cris, et ni chouettes, ni armoires ni rats ne sont capables de faire... ce qui se fait ici toutes les nuits.

GISCARO

C'est vrai.

JUANILLA

Ensuite j'ai pensé que c'était peut-être un voleur. — Un voleur, c'est bien effrayant, mais du moins on sait ce que c'est.

GISCARO

Oui, un voleur, c'est un homme.

JUANILLA

Justement... Mais hélas! Giscaro, il faut bien le reconnaître, il est très honnête, ce voleur.

GISCARO

Alors ce n'est pas un homme.

JUANILLA

Justement... et voilà ce qui est horrible, car si ce voleur n'est pas un homme...

GISCARO

C'est...

JUANILLA

Tais-toi!... ne prononce pas le mot, ça porte malheur... (*Plus bas.*) — Ah! vois-tu, Giscaro, depuis que je suis sûre que... ce n'est pas un homme, je n'existe plus, ou plutôt je vis dans une terreur continuelle; une feuille qui tombe, un oiseau qui vole, tout me fait peur; je n'ose rester seule dans ma chambre, et je n'ose en sortir de peur de le trouver derrière la porte; je tremble en traversant le corridor et, dans l'escalier, je me retourne brusquement pour voir si personne ne me suit.

Aujourd'hui mon père est à la ville; tu n'étais pas là; je gardais seule la maison; j'avais laissé la porte de la rue ouverte et je travaillais en chantant pour me tenir compagnie... je me suis endormie... je ne sais pas comment j'ai eu ce courage, mais depuis si longtemps je ne dors plus... Eh bien, j'avais à peine fermé les yeux, que j'ai cru le voir... et quand je me suis éveillée...

GISCARO

Tu m'as pris pour lui; bien obligé.

JUANILLA

Ne plaisante pas avec ces choses-là, mon ami; près

de toi j'oublie mes folles terreurs; le jour je suis presque brave.

GISCARO

En effet.

JUANILLA

Mais la nuit... oh! la nuit...

GISCARO

Tu as encore plus peur la nuit?

JUANILLA

Peur à mourir, Giscaro.

GISCARO

Eh bien! marions-nous bien vite, Juanilla.

JUANILLA

Tu crois donc que le mariage éloigne...

GISCARO

Le diable?... je n'en sais rien; cela te regardera; mais puisque tu ne trembles plus quand je suis près de toi... tout près de toi...

JUANILLA

Eh bien?...

GISCARO

Tu n'auras plus peur la nuit.

JUANILLA

Hélas! mon ami, tu sais bien que c'est là mon désir le plus cher.

GISCARO

De ne plus avoir peur?

JUANILLA

Non, méchant, d'être votre femme. Mais mon père ne veut pas entendre parler de ce mariage.

GISCARO

Et pour de belles raisons, ma foi! « Ma fille sera riche, et tu n'as rien ». Rien! qu'est-ce donc que la jeunesse, et le courage et l'amour? Rien!... Parbleu, maître Gil Trémolo, si vous avez vingt sacs d'écus, que je n'ai pas, j'ai mes vingt-cinq ans, que vous n'avez plus; et l'avenir, c'est la plus belle des spéculations. Tu m'aimes, Juanilla?

JUANILLA

Je n'épouserai que toi, Giscaro, ou le couvent.

GISCARO

Laissons là le couvent. Juanilla, tu seras ma femme ou, par Sant Iago!...

JUANILLA

Silence! Giscaro, voici mon père.

Les deux jeunes gens se retirent au fond de la scène à droite; maître Gil entre sans les voir.

SCÈNE III

Les mêmes, MAITRE GIL

Il est pâle et défait comme un homme qui dort mal depuis longtemps; il marche en hésitant comme s'il croyait toujours voir un spectre à ses côtés.

MAITRE GIL

Voilà la nuit! C'est étonnant comme les jours sont courts cette année : les chemins sont déjà très sombres, et les maisons... sont encore plus sombres... naturellement. Pourquoi Juanilla n'a-t-elle pas allumé la lampe? Elle a tort, cette enfant... ce sont de mauvaises économies; c'est comme cela qu'on s'abîme les yeux... Où donc est le briquet? (*Il fouille dans le tiroir de la table.*) Certainement le seigneur don Rosquillo Milflor Jargon d'Espantoflar, mon futur gendre... — ah! voilà la pierre — est un gentilhomme charmant; d'abord il est brave, très brave... oh! mais très brave... son père était capitaine, et sa chambre est un véritable arsenal; on n'y voit que des épées, des cuirasses, des piques... — je ne trouve pas le fusil — Oh! c'est un seigneur accompli, gai, pas fier, plein de politesse et surtout... brave!... — où donc est l'amadou? — seulement il a le défaut d'être un peu bavard... il cause, il cause, il raconte les campagnes qu'il... que son père a faites et... — voici l'amadou — c'est très intéressant, mais ça dure toute la journée... la nuit arrive (*plus bas*), et depuis quelque temps je n'aime pas la nuit... (*Musique.*)

  Je ne suis pas poltron; je me connais, nul homme
      Ne fait trembler Trémolo.
      La nuit si je tremble comme
      Une feuille de bouleau,
C'est que je crains celui que... que tout bas on nomme...

Parlé.

Chut!

      Jadis avec ma bouteille
          Le soir
      J'aimais aller sous la treille
          M'asseoir;
      Et, grâce au vin du Tage,
      Chaque jour plus joyeux,
      J'exerçais mon courage
      A boire de mieux en mieux;
        J'étais heureux!...

Mais depuis que le diable
　Est dans ma maison,
Je crois le voir sous ma table ;
Le diable est mon échanson,
Partout je vois le démon ;
J'ai peur, j'en perds la raison,
　Et pourtant, non ! non !
Je n'étais pas né poltron.

Il allume une lampe.

Jadis, comme un honnête homme
　Le fait,
La nuit je faisais un somme
　Parfait.
Je n'avais point de songes
Ou bien, si j'en avais,
C'étaient de doux mensonges
Où jamais je ne trouvais
　Rien de mauvais.
Mais depuis que le diable
Est dans ma maison,
Un cauchemar effroyable
Loge dans mon édredon ;
Partout je vois le démon ;
J'ai peur, j'en perds la raison,
　Et pourtant, non ! non !
Je n'étais pas né poltron.

Non, je ne suis pas poltron, seulement je n'aime pas les ténèbres... quand il fait jour ou que j'ai de la lumière, je suis aussi brave que tout le monde et... (*Les deux jeunes gens se sont rapprochés de maître Gil et Juanilla lui passe les bras autour du cou.*) Ah ! quoi ! qu'est-ce que c'est ?

JUANILLA

Mais, c'est moi, mon père ; c'est votre Juanilla.

MAITRE GIL

Bien sûr ? Ah ! oui, c'est toi, ma fille... mais aussi tu viens tout doucement par derrière à pas de loup et tu vous sautes au cou... tout à coup...

JUANILLA

Je vous ai fait peur, mon père?

MAITRE GIL

Peur!... peur!... tu ne m'as pas fait peur... tu m'as surpris, voilà tout. On est surpris et on fait : ah!... on n'a pas peur pour ça. Un homme n'a jamais peur ; je dirai même plus, il aurait peur, par un hasard, que l'on ne s'en apercevrait pas ; cela se passerait en dedans, car l'homme a sur lui-même une puissance qui... (*Apercevant Giscaro et tressaillant.*) Ah! tiens!... eh bien!... vaurien, que fais-tu là, planté... comme un épouvantail... à moineaux... dans un champ? Pourquoi n'es-tu pas à l'ouvrage, au lieu de m'écouter... comme une bûche? N'avais-tu pas de la besogne pour toute la journée?

GISCARO

La journée, oui ; mais il est nuit, parrain.

MAITRE GIL

Il est nuit, je le sais bien ; une belle raison, ma foi, pour se croiser les bras!...

JUANILLA

Mon père.

MAITRE GIL, *à sa fille*

Tais-toi, toi. (*A Giscaro.*) Et le vin à tirer, l'orge à vanner, les mules et l'ânesse à panser? Tâche d'être à l'écurie, au lieu de rôder ici quand je ne suis pas là. Tu sais que je n'aime pas ces manières... et qu'un beau jour...

GISCARO

Et qu'un beau jour?...

MAITRE GIL

Sufficit... je m'entends... Fais-moi le plaisir de voir dans le grenier si j'y suis. (*Giscaro fait semblant de sortir, puis il revient et écoute.*) (*A part.*) Ah! mon brave don Rosquillo, que je suis impatient de vous voir près de moi pour flanquer dehors ce singe-là.

JUANILLA

Vous êtes bien sévère pour Giscaro, mon père.

MAITRE GIL

Et toi trop indulgente. Un propre à rien qui fait le nécessaire.

GISCARO, *à part*

Et qui vous est indispensable.

MAITRE GIL

Un insolent qui ose lever les yeux sur toi, ma fille, je t'en préviens.

GISCARO

Il est temps.

MAITRE GIL

Mais, rassure-toi, tu seras bientôt délivrée des prétentions de ce faraud.

GISCARO

Que dit-il?

JUANILLA

Comment cela, mon père?

MAITRE GIL

Oui, ma fille, apprends une grande nouvelle : j'ai trouvé mon diamant, mon phénix, en un mot, mon gendre et ton époux.

JUANILLA, *à part*

Ciel!

GISCARO, *à part*

Diable!

MAITRE GIL

Je pourrais passer plusieurs heures à te portraire ses perfections; mais il se fait tard, et d'ailleurs son nom t'en dira plus que tous les discours; c'est... don Rosquillo Milflor Jargon d'Espantoflar. — Eh bien! tu ne me sautes pas au cou? (*Giscaro s'avance doucement.*)

JUANILLA

Mais, mon père...

MAITRE GIL

Comment! un gentilhomme qui porte un nom comme celui-là nous fait l'honneur de rechercher notre main et nous ne dansons pas de joie!

JUANILLA

Mais, mon père...

MAITRE GIL

Un hidalgo, dont le père était capitaine, et qui aurait pû l'être lui-même, aspire à devenir notre gendre et nous faisons la petite bouche!...

JUANILLA

Mais, mon père...

MAITRE GIL

Un noble tronc veut entrer dans notre lit et perpétuer par nous la tige des Espantoflar... et tu refuserais d'épouser...

GISCARO

Une souche; c'est bien naturel.

MAITRE GIL

Hein! quoi!! comment, c'est encore lui! De quoi vous mêlez-vous, s'il vous plaît, Giscaro?

GISCARO

De vos affaires.

MAITRE GIL

Caramba... je le vois bien; et c'est pourquoi, don l'Effronté, si vous n'allez pas vivement préparer le picotin de vos bêtes... (*Il prend un bâton.*) je m'en vais vous servir le vôtre.

GISCARO

Et vous auriez doublement tort.

MAITRE GIL

Et pourquoi donc cela, s'il vous plaît?

GISCARO

Mais d'abord parce que vos coups pourraient retomber sur vos épaules.

MAITRE GIL

Insolent!

JUANILLA, *bas*

Giscaro, mon ami, tu parles à mon père.

GISCARO

C'est juste. Et puis, parrain, parce que vous feriez mieux d'entendre un bon conseil.

MAITRE GIL, *avec une feinte bonhomie*

Un conseil!... mais c'est différent; un conseil! Et d'où me vient cet intérêt si tendre de maître Giscaro?

GISCARO

Tout simplement de ce que j'aime votre fille, et que, si vous me la refusez, je ne veux pas du moins qu'elle souffre avec un autre.

MAITRE GIL

Vous savez, mon ami, que cet autre est un noble sire ?

GISCARO

Je connais.

MAITRE GIL

Qu'il s'appelle : don Rosquillo Milflor...

GISCARO

Je sais le reste.

MAITRE GIL

Vous appelez-vous ?...

GISCARO

Don Matador d'Espatataronflar ?.. non pas; tout bonnement : Miguel Giscaro; mais je suis un brave garçon qui ne doit rien à personne, ni son nom, ni sa bourse, et peut regarder tout le monde en face.

JUANILLA, *bas*

Prends garde, Giscaro.

GISCARO

Tandis que le Rosquillo...

MAITRE GIL

Vous auriez quelque chose à dire contre Don Rosquillo ?

GISCARO

J'ai à vous dire, maître Gil, parce que rien n'est plus vrai, que votre sire d'Espantoflar est un gentilhomme d'aventure, fils d'un capitaine de hasard que personne n'a jamais connu, qu'il vous cajole, ce Jargon, parce qu'il s'est ruiné à plat dans les tripots; qu'il ne courtise votre fille que parce qu'il convoite sa dot, et que, tant que je serai vivant, votre Milflor maudit ne fera pas, en épousant Juanilla, votre malheur et le sien !

JUANILLA, *à part*

Comment tout cela va-t-il finir ?

MAITRE GIL

Et moi, j'ai à vous dire, Miguel Giscaro, parce que c'est encore plus vrai, que vous êtes le plus franc maraud que personne ait jamais connu ; que je ne vous casse pas les reins par la seule raison que vous êtes mon filleul ; que vous ne serez pas le mari de ma fille tant que je serai de ce monde, et que don Rosquillo épousera Juanilla pour son bonheur et pour le mien.

JUANILLA, *à part*

Oh ! mon Dieu !

GISCARO

C'est votre dernier mot ?

MAITRE GIL

Comme tu dis.

JUANILLA, *bas*

Tout est perdu.

GISCARO, *bas*

Peut-être ; je vais employer les grands moyens. (*Il prend son chapeau et va vers la porte.*) Adieu, père Trémolo.

MAITRE GIL

Hein ? Comment, adieu ? Qu'est-ce qui te prend ? Où veux-tu donc aller à cette heure-ci ?

GISCARO

Oh ! pas loin ; chez ma mère, votre cousine, maître Gil. Elle n'est pas riche, soit dit sans reproche ; mais sa chaumière, mon cher parrain, est assez grande pour nous deux, et d'ailleurs... on ne sait pas... Miguel Giscaro l'agrandira peut-être un jour.

MAITRE GIL, *à part*

Ah mais! ah mais! s'il s'en va, je vais rester seul ici, moi. (*Haut.*) Voyons, Miguel, cela n'est pas sérieux, mon ami?

GISCARO

Adieu, Juanilla.

MAITRE GIL

Voyons, ma fille, retiens-le; nous ne pouvons pas le laisser partir à cette heure; il est très tard; les chemins sont tout noirs; ôte-lui donc son chapeau, Juanilla. Voyons, mon cher enfant, ne boude pas ton vieux parrain, que tu aimes, car tu m'aimes, au fond, je le sais bien. Tu es un peu vif, mais c'est de ton âge, et je ne déteste pas cela. Allons! tu nous restes, n'est-ce pas?

JUANILLA

Oui, mon père, il reste.

MAITRE GIL

D'ailleurs je veux réfléchir à ce que tu m'as dit sur don Rosquillo; peut-être as-tu raison; il ne faut jamais trop se hâter dans ces sortes de choses.

GISCARO, *bas*

J'ai réussi.

JUANILLA

Ne chantons pas encore victoire.

MAITRE GIL, *à part*

Dans quinze jours les noces seront faites et alors... (*Haut.*) Bonsoir, mes enfants; la nuit porte conseil;

allons dormir (*A part.*)... si le ciel le permet. (*Haut.*) Bonne nuit, ma fille.

JUANILLA

Bonne nuit, mon père.

MAITRE GIL

Bonsoir, Giscaro; je ne t'en veux pas... Allons, bonne nuit, mes enfants. (*Ils se dirigent vers leurs chambres.*) Ah!...

JUANILLA

Quoi donc?...

GISCARO

Qu'avez-vous?

MAITRE GIL

As-tu bien visité la maison, Giscaro?

GISCARO

Oui, maître Trémolo.

MAITRE GIL

As-tu fermé tous les volets?... parce que, vois-tu, la nuit, le vent peut les faire battre... ça réveille... c'est ennuyeux.

GISCARO

Oui, oui, tout est en ordre.

MAITRE GIL

Bien; bonsoir, mes enfants. (*Les deux jeunes gens entrent chacun dans leur chambre.*) — Tout est tranquille; allons, je dormirai peut-être cette nuit.

SCÈNE IV

MAITRE GIL, puis JUANILLA et GISCARO, puis ANNIBAL

Au moment où maître Gil entre dans sa chambre, on frappe du dehors à la grand'porte.

MAITRE GIL

Qui va là ? — Giscaro ! Juanilla ! Giscaro !

Giscaro et Juanilla rentrent vivement en scène.

Musique.

GISCARO

Qu'est-ce donc ?

JUANILLA

Qu'avez-vous, mon père ?

MAITRE GIL

J'ai... je ne puis... j'étouffe !...

JUANILLA ET GISCARO

Encore ce mystère ?...
Parlez...

MAITRE GIL

Ne l'avez-vous pas vu ?
Ne l'avez-vous pas entendu ?
Il a disparu sous la terre...
Ah ! mes enfants !... ah ! cherchez bien,
Voyez si vous ne voyez rien.

ENSEMBLE

JUANILLA	MAITRE GIL
Autour de vous nous cherchons bien, Mon père, et nous ne voyons rien.	Ah ! mes enfants, ah ! cherchez bien, Voyez si vous ne voyez rien.
GISCARO	ANNIBAL, *en dehors*
Autour de vous nous cherchons bien, Cher maître, et nous ne voyons rien.	Ventre de biche !... nom d'un chien ! Je frappe et l'on ne répond rien.

MAITRE GIL

N'entendez-vous pas?

JUANILLA

Non.

GISCARO

J'écoute,
Et c'est le vent seul que j'entends.

MAITRE GIL

Je me suis trompé sans doute;
Allons! rentrons, mes enfants.
Bonsoir.

JUANILLA

Bonsoir, mon père.

MAITRE GIL

Bonne nuit.

GISCARO

Dormez bien.

MAITRE GIL

Je l'espère!... je l'espère...
Ce n'était rien; ce n'était rien.

Ils vont se séparer; on frappe de nouveau.

MAITRE GIL

Ecoutez! hélas! hélas!
Vade retro!... Satanas!

ANNIBAL, *en dehors*

Par les cornes de Satan!
Ouvrirez-vous...

Il frappe à coups répétés.

MAITRE GIL

Va-t'en! Va-t'en!

JUANILLA

J'ai peur !

MAITRE GIL

J'ai peur...

GISCARO, *riant*

Ah ! ah ! ah ! plus de frayeur.

MAITRE GIL

N'ouvre pas.

GISCARO

C'est un voyageur,

MAITRE GIL

Tu crois ?

GISCARO

Vous allez voir.

ANNIBAL

Ouvrez de par le roi !

GISCARO

Qui frappe ainsi ?

ANNIBAL

C'est moi.

GISCARO

Qui, vous ?

ANNIBAL

Soldat du roi.

MAITRE GIL ET JUANILLA

Ah ! je reviens de mon effroi.

Giscaro lève la barre de la porte, et ouvre,

GISCARO

Entrez, seigneur sergent.

ANNIBAL

C'est bien heureux, vraiment.

C'est moi !... bonsoir la compagnie,
Bonsoir, le père et le garçon ;
Bonsoir, la fillette jolie,
Bonsoir à toute la maison.
C'est moi ! C'est un bon camarade,
Joyeux buveur et vrai cœur d'or ;
Allons ! la belle, une embrassade,
C'est le sergent Quebrantador.

ENSEMBLE

ANNIBAL

C'est moi !... etc.

MAITRE GIL

Vraiment, c'est un bon camarade,
Un gai vivant, un vrai cœur d'or.
Sergent, permettez l'embrassade,
Bonsoir, sergent Quebrantador.

JUANILLA

Seigneur sergent, pour l'embrassade
Réprimez un peu ce transport.
Vous n'êtes pas à l'escalade,
Bonsoir, sergent Quebrantador.

GISCARO

Peste ! quelle ardeur d'embrassade,
Le seigneur sergent parle d'or ;
Il y va comme à l'escalade.
Bonsoir, sergent Quebrantador.

ANNIBAL

C'est moi ! Qu'on apporte des verres
Et que l'on boive à ma santé.
Je n'aime pas les fronts sévères,
Vivent l'amour et la gaîté !
C'est moi, c'est un bon camarade,
Joyeux buveur et vrai cœur d'or.
Allons ! la belle, une embrassade,
C'est le sergent Quebrantador.
Reprise de l'ensemble.

ANNIBAL, *lutinant Juanilla*

Un petit baiser.

MAITRE GIL, *à part*

Il est charmant ! Il est charmant !

MAITRE GIL

Un homme de guerre chez moi; quel bonheur!

ANNIBAL

Un simple petit baiser.

JUANILLA

Doucement, seigneur sergent; trêve aux hostilités, je vous prie; vous n'êtes pas en campagne.

MAITRE GIL

Bon! mon enfant, laisse-toi faire; les guerriers ont des privilèges.

ANNIBAL

De nombreux privilèges.

GISCARO, *bas à Juanilla*

Mais, Juanilla...

JUANILLA *à Giscaro*

Dame! mon ami, puisque mon père le permet...

Elle se laisse embrasser.

GISCARO, *à part*

Il m'ennuie, le sergent.

MAITRE GIL

Eh! bien, qu'est-ce que tu fais là, Giscaro? Vite des verres et du vin, et du bon, du meilleur, pour ce cher sergent Quebrantador.

Giscaro sort.

ANNIBAL

Ce cher papa Trémolo; toujours le même, l'ami des braves et des jolies filles. — A propos, je ne vois pas la petite Juanilla.

JUANILLA

Votre servante, seigneur sergent.

ANNIBAL

Comment! ce petit démon rose que je faisais trotter sur mon genou et qui me tirait si bravement la moustache, c'est toi, ma belle enfant?... Au fait, il y a quelque dix ans de cela. Mais c'est égal, mes moustaches sont toujours à ton service; elles ont un peu grisonné depuis, mais le cœur est toujours le même, et nous aurons le temps de renouer connaissance.

GISCARO, *rentrant*

Que dit-il?

ANNIBAL, *s'attablant*

La tournée de recrutement, dont je suis chargé à l'ordinaire, m'appelle cette fois dans ces parages, et m'y retiendra, je présume, une semaine ou deux; au lieu de courir Madrid, je me suis souvenu de votre enseigne : « Au franc Lapin », père Gil (*Il lui tend la main.*)... et voilà mon billet de logement; c'est la main d'un vieux camarade... Cela vous suffit-il?

MAITRE GIL

Comment donc! trop heureux!... (*A part.*) Il ne sait rien. (*Haut.*) Juanilla, verse donc à boire au sergent. (*A part.*) En conscience, je devrais l'avertir. (*Haut.*) Verse, ma fille, verse. (*A part.*) En bonne conscience, je le devrais. (*Haut.*) Verse donc!

ANNIBAL

Eh bien! père Trémolo, est-ce qu'on laisse un ami boire seul?

MAITRE GIL

A votre santé, mon cher sergent.

GISCARO, *à part*

Si ce diable d'homme s'installe ici, le patron n'a

plus peur... je ne lui suis plus nécessaire et alors...
il faut qu'il s'en aille.

Giscaro et Juanilla se parlent bas à part.

ANNIBAL

Ah! çà, mes braves amis, je vous trouve singuliers ; ces deux enfants chuchotent tout bas, et vous, mon vieux compère, vous êtes gai comme un clair de lune. Il y a du mystère là-dessous... (*Se levant.*) Je vous gêne, bonsoir.

MAITRE GIL

Mais non, sergent, non, au contraire... c'est-à-dire... je vous jure que je suis enchanté !

ANNIBAL

Vous êtes enchanté et vous ne buvez pas... Allons donc !...

MAITRE GIL

Mais je vous répète...

ANNIBAL

Je vous répète, moi, père Gil, que votre verre est plein, et cette distraction-là n'était pas dans vos habitudes... (*A Giscaro.*) Voyons, toi, le garçon, tu as un petit air crâne... superbe recrue, sais-tu? dis-moi la vérité !

MAITRE GIL, *bas à Giscaro*

Giscaro, mon ami, ne dis pas de bêtises.

ANNIBAL, *se rasseyant*

Eh bien ?

GISCARO

Dame, sergent... si vous y tenez absolument...

ANNIBAL

Il y a donc quelque chose ?

MAITRE GIL

Mais non, mais non. (*Bas.*) Te tairas-tu! (*Haut.*) Il vous endormirait, sergent, avec ses contes bleus.

ANNIBAL

Un conte! j'adore les contes. Je t'écoute, garçon.

MAITRE GIL

Giscaro, je te défends... tu m'entends...

Musique.

ANNIBAL

En avant!
Pas accéléré... Marche!

GISCARO

Eh! bien, seigneur sergent,
Puisque vous l'exigez, je vais vous satisfaire.
Rappelez donc en ce moment.
Pour écouter cet horrible mystère,
Tout votre courage...

ANNIBAL

Eh! diablo,
Quel conte est-ce là, Trémolo?

GISCARO

Ce n'est pas un conte.

ANNIBAL

Baco!

GISCARO

C'est une histoire...
Et la plus noire!..
C'est un fait... le plus effrayant!...
Un mystère... de l'autre monde
Qui nous cause une peur profonde...
D'en parler... Chut!... On est tremblant

ENSEMBLE

JUANILLA ET GISCARO.

C'est une histoire... etc.

ENSEMBLE

ANNIBAL	MAITRE GIL
Voyons l'histoire :	Foin de l'histoire!
Plus elle est noire,	Loin d'être noire,
Plus le mystère est effrayant,	Elle n'a rien... rien d'effrayant;
Plus il paraît... de l'autre monde,	Ce mystère... de l'autre monde,
Plus il cause une peur profonde,	Pour les autres, terreur profonde,
Plus il me semble... intéressant.	J'en parle en ri... en ri... i... iant.

GISCARO

La maison est bien close,
On n'y sent pas le vent;
On y chante, on y cause,
On y voit tout en rose,
Et chaque bon vivant
En buvant sa rasade
Jurerait sur sa foi
Qu'elle n'est point maussade...

ANNIBAL

Te moques-tu de moi ?

GISCARO

Un peu de patience;
Il ne faut pas juger les gens sur l'apparence,
Ni les maisons ; dans ce charmant réduit
Rien, il est vrai, ne trouble l'existence
Jusqu'au milieu de la nuit.
Mais aussitôt que le bruit
Du dernier coup de minuit
Dans les airs s'évanouit,
La terre s'ouvre... et l'esprit...
L'esprit paraît...

MAITRE GIL

L'es...

ENSEMBLE

L'esprit !

GISCARO

Un moment il doute...
Dans l'ombre il écoute,
Puis reprend sa route
Un feu dans la main.
　Ce feu qui le mène,
Fait de graisse humaine,
Siffle et se démène
Dans un crâne humain,
　Les yeux du fantôme,
Sombre comme un gnôme,
Ont du noir royaume
L'éclat sulfureux.
　Sous son pied qui fume,
L'infernal bitume
Dans la nuit allume
De longs serpents bleus.
　Les fers et la chaîne
Que son bras d'ébène
Dans la nuit promène
Font un bruit affreux.
　Et sa voix sauvage,
Et ses cris de rage
Font perdre courage
Au plus valeureux.
En entendant cette voix infernale
Chacun, se blottissant dans le fond de son lit,
Ne cesse de trembler qu'à l'heure matinale
Où la chanson du coq éloigne enfin l'esprit.

REPRISE DE L'ENSEMBLE

JUANILLA ET GISCARO

C'est une histoire... etc.

ANNIBAL	MAITRE GIL
Voilà l'histoire !... etc.	Foin de l'histoire !... etc.

ANNIBAL

Ah ! çà, maître farceur, qu'est-ce que tu me chantes là ?

GISCARO

Je ne chante pas, seigneur sergent.

MAITRE GIL, *à part*

Ga-garnement de Gis... ca... caro : tu me le pai... paieras.

ANNIBAL

Juanilla est toute tremblante et le père Trémolo éprouve le besoin de s'asseoir. (*Maître Gil tombe sur un banc.*) Avez-vous tous perdu l'esprit ?

MAITRE GIL, *se levant brusquement*

L'esprit !... Vous ne voyez donc pas, sergent, que Giscaro s'amuse... il s'amuse beaucoup.

JUANILLA

Mais non, mon père, ce qu'il dit n'est malheureusement que trop vrai ; vous savez bien que la nuit dernière encore...

ANNIBAL

Quoi ! vous voulez me faire accroire qu'un esprit revient toutes les nuits dans cette salle ?... (*Silence.*) Allons donc ! vous avez été dupes de quelque cauchemar.

JUANILLA

Trois personnes n'ont pas le même cauchemar toutes les nuits à la même heure pendant un mois, seigneur sergent.

ANNIBAL

Eh bien ! c'est un voleur qui, pour n'être pas dérangé, prend des airs de fantôme.

JUANILLA

Non, car il ne prend que cela.

MAITRE GIL

Hélas !

ANNIBAL

Demonio !... vous commencez à m'intéresser.

GISCARO, *à part*

Enfin !...

ANNIBAL, *bas à maître Gil*

Père Tromolo, il faut que je vous parle ; éloignez ces enfants.

MAITRE GIL, *à part*

Ah ! San Pantaléon !... il va dire qu'il veut s'en aller. (*Haut.*) Allons !... allons !... nous avons tous besoin de nous égayer un peu. — Giscaro, mon ami, (*A part.*) garnement, va ! (*Haut.*) apporte-nous donc une bouteille ou deux de ce vieux Jérès de la Frontera que je garde pour les amis ; tu sais, fond du cellier, à gauche... (*Au sergent.*) côté du cœur. (*Il lui serre la main.*)

Giscaro sort.

SCÈNE V

ANNIBAL, MAITRE GIL, JUANILLA

MAITRE GIL

Juanilla, ma fille, il est tard ; va te reposer et tâche d'oublier ces vilaines histoires qui te font peur... tu peux dormir tranquille, nous sommes là. (*Il l'embrasse.*)

JUANILLA

Votre servante, seigneur sergent.

ANNIBAL
Bonne nuit, mon enfant, bonne nuit.

Juanilla entre dans sa chambre.

SCÈNE VI

MAITRE GIL, ANNIBAL

ANNIBAL, *lui tapant sur l'épaule*
Compère!...

MAITRE GIL, *tressautant*
Eh!... Quoi?

ANNIBAL
Avez-vous des pistolets?

MAITRE GIL
Des pistolets?

ANNIBAL
Oui; j'ai laissé les miens au campement.

MAITRE GIL
Certainement, certainement; j'ai ceux de mon grand-père, qui était soldat, vous savez.

ANNIBAL
C'est admirable. — Où sont ces estimables reliques?

MAITRE GIL
Au-dessus de la cheminée... là, dans ma chambre; mais, qu'en voulez-vous donc faire?

ANNIBAL
Vous le saurez bientôt. Je vais visiter votre arsenal. Pendant ce temps vous ouvrirez la porte de la rue; tout le monde ne dort pas encore dans le vil-

lage ; vous ferez semblant de me reconduire et vous me souhaiterez le bonsoir très haut ; il importe que l'on me croie parti.

MAITRE GIL

Mais je ne comprends pas encore.

ANNIBAL, *allant vers la chambre*

Vous comprendrez ensuite... Faites toujours.

MAITRE GIL, *lui donnant une lumière*

Laissez donc la porte ouverte, sergent ; vous y verrez plus clair. (*Annibal lui ferme la porte au nez.*)

SCÈNE VII

MAITRE GIL, seul

Voilà un homme !... — Je ne sais pas encore ce qu'il veut faire, mais c'est évidemment quelque chose de très courageux, puisqu'il a besoin de pistolets... Si je lui donnais ma fille ? Il me plaît infiniment plus que ce vieil hidalgo rapé de don Rosquillo, surtout après ce que Giscaro... C'est un insolent, Giscaro ; je lui défendais de parler de... et il en a parlé. Si je le flanquais à la porte, maintenant que... Ah ! le voilà. Faisons ce que le sergent m'a dit. (*Il prend la lampe, va vers la porte, l'ouvre et crie :*) Allons ! bonsoir, sergent Quebrantador. Prenez garde, il y a deux marches ; c'est cela ; bonsoir.

SCÈNE VIII

MAITRE GIL, GISCARO

Giscaro pose les bouteilles sur la table.

GISCARO

Comment, bonsoir ? Le sergent s'en va ?

MAITRE GIL, *sèchement*

Oui, le sergent s'en va. Qu'est-ce que ça vous fait, s'il vous plaît ?

GISCARO

Oh ! rien. Seulement le sergent avait dit : « Vous commencez à m'intéresser ; » et...

MAITRE GIL

Et ?

GISCARO

Eh ! bien, je croyais qu'il serait curieux de connaître la suite de l'histoire ; il paraît que je me suis trompé.

MAITRE GIL

Je n'aime pas les logo...go...griphes ; que veut dire maître Giscaro ?

GISCARO

Mais je veux dire tout simplement qu'avant d'apprendre... ce que vous savez, le sergent aimait mieux coucher ici qu'à la ville, et qu'après l'avoir appris, il retourne à la ville au lieu de coucher ici.

MAITRE GIL

C'est qu'il aura changé d'idée.

GISCARO

Et c'est bien ce qui m'étonne. A écouter ses rodomontades on aurait dit qu'il avait l'intention d'attendre l'heure de minuit tout seul dans cette salle même.

MAITRE GIL

Dans cette sa... sa... salle? — Seriez-vous donc capable de faire cela, mon ami?

GISCARO

Il ne s'agit pas de moi. C'est le métier d'un soldat d'être brave, ce n'est pas le nôtre.

MAITRE GIL

Vous savez que je descends d'un guerrier, Giscaro.

GISCARO

Ça remonte loin.

MAITRE GIL

Giscaro, je vous ai déjà dit que j'étais las de vos insolences; tout à l'heure vous m'avez effrontément désobéi; maintenant vous manquez de respect à votre maître et à l'ami de votre maître; il faut que cela finisse, mon garçon.

GISCARO

Est-ce à dire que vous me renvoyez?

MAITRE GIL

Cela vous surprend?

GISCARO

Un peu. (*A part.*) Je ne serai pas au bout de la rue qu'il me rappellera. (*Haut.*) Soit! adieu donc, patron; aussi bien vous n'avez fait que me prévenir; il commence à courir de méchants bruits sur votre compte, Gil-César Trémolo; vos voisins savent déjà que vous ne dormez que d'un œil... et... comme dit le proverbe :

> Mauvaise conscience et mauvais somme
> Sont cousins germains chez l'homme.

Adieu, parrain.

Il sort.

SCÈNE IX

MAITRE GIL, *puis* ANNIBAL

MAITRE GIL *sur le seuil*

Triple insolent, triple coquin, triple vipère, triple...

ANNIBAL *entrant avec les pistolets*

Eh ! vous allez réveiller tout le faubourg : reconduisez-moi moins chaudement.

MAITRE GIL

Comment ! vous reconduire... où ça ? Vous ne pensez pas à vous en aller, mon cher sergent?... j'ai votre promesse, mon vieux camarade, et d'ailleurs je ne souffrirais pas qu'un ami...

ANNIBAL

Mais non, mais non. (*A part.*) Quelle tendresse ! décidément il y a quelque chose. (*Haut.*) Je ne pars que pour les voisins, mais, entre nous, je reste.

MAITRE GIL, *à part*

Je respire !... (*Haut.*) Ha !... Eh ! bien, comme je ne doutais pas que vous logeriez chez nous, malgré toutes les sottises que vous a débitées ce poltron de Giscaro, j'ai envoyé le drôle... chez sa mère... (*A part.*) Inutile d'entrer dans les détails (*Haut.*) et vous prendrez sa chambre, en face de la mienne, ici (*Il montre une porte à gauche.*), mon bon ami.

ANNIBAL

Comment!... vous avez eu le courage d'envoyer ce pauvre garçon courir les chemins à pareille heure! (*Il regarde l'horloge.*) Onze heures et demie. C'est dur, papa, et... ça n'était pas nécessaire.

MAITRE GIL

Mais si!... les chambres d'en haut, donnant sur la galerie, sont loin de la mienne... je veux dire que... l'escalier est... au dehors... et puis, des chambres de muletiers... pas convenables pour vous... tandis que là... tout près... vous serez mieux, sergent.

ANNIBAL

Eh bien! et cette salle?

MAITRE GIL

Cette sa... salle?... mais...

ANNIBAL

Quoi?...

MAITRE GIL

Il n'y a pas de lit.

ANNIBAL

Et ce fauteuil?...

MAITRE GIL

Ah oui... (*A part.*) Quel homme! (*Haut.*) C'est vrai, il y a ce fauteuil.

ANNIBAL

Il n'en faut pas tant pour dormir.

MAITRE GIL

Oui, mais...

ANNIBAL

Mais?...

MAITRE GIL

Si?... si vous ne dormez pas?...

ANNIBAL

Eh bien?...

MAITRE GIL

Vous ne craignez point de... de vous ennuyer?

ANNIBAL, *montrant la bouteille de vieux vin*

Moi? Allons donc!... n'ai-je pas là un joyeux compagnon dont la conversation ne me fatigue jamais?

MAITRE GIL, *à part*

Quel homme?... Sant Iago!... et dire que c'est comme ça que j'étais... autrefois!

ANNIBAL

Allons, mon vieux lapin, vous mourez de sommeil (*A part.*) et de peur. (*Haut.*) Allez vous coucher.

MAITRE GIL *fermant les portes à double tour*

C'est pour vous faire plaisir, sergent. J'aimerais mieux passer la nuit à vous tenir tête comme dans le bon temps.

ANNIBAL, *avec malice*

Libre à vous, Trémolo.

MAITRE GIL

Oui; je n'insiste pas; vous devez avoir besoin de sommeil. (*Il allume une seconde lampe.*) Allons! bonne nuit, cher Annibal, bonne nuit, vaillant ami. (*Il pose une des lampes sur la table.*)

ANNIBAL

Qu'est-ce que vous faites là?

MAITRE GIL

Mais je vous laisse de la lumière.

ANNIBAL

A quoi bon?... il fait clair de lune; une lampe attire les papillons (*A part.*) et éloigne les fantômes! (*Haut.*) Ménagez l'huile, papa, et dormez bien... (*A part.*) si vous pouvez.

MAITRE GIL, *emportant les deux lampes*

Quel homme!... quel homme!... Voilà un homme!... et dire que j'étais exactement comme ça... (*Il éclaire sa chambre avant d'y entrer*). Ex-ac-te-ment... comme ça... (*Il entre et ferme à clef*).

SCÈNE X

ANNIBAL seul (*un rayon de lune éclaire vaguement la salle*).

ANNIBAL, *bourrant une pipe*

Ce brave Trémolo, il ne tenait plus sur ses jambes. Comme dix années changent un homme! Un gaillard, autrefois, qui ne m'aurait pas laissé seul, quand le diable eût sonné les heures, devant le Jérès des amis... et quand l'aurore nous réveillait, c'était d'ordinaire sous la table.

Il doit être bientôt minuit. — Hé! brrr... la nuit est fraîche. (*Il se roule dans son manteau.*) Allons! dormons. — Je n'ai pas de sommeil du tout. — Où donc est mon verre? Ah! le voici. — C'est étrange!... souvent dans ma vie de soldat, je me suis trouvé dans de rudes passes, et je ne boudais pas; j'ai senti le vent de la mort plus près de ma caboche que ce verre de ma bouche, et le cœur dans ma poitrine était tranquille comme un caillou. Pourquoi donc bat-il à cette heure plus fort que le tic tac de l'horloge? Ah! c'est qu'alors je ne bravais que du fer ou du plomb, des hommes comme moi... tandis qu'ici... — Mille millions de milliasses de caronades! Dira-t-on qu'Annibal Antonio Quebrantador aura tremblé devant son ombre!... Allons! Dormons. (*Silence, l'horloge sonne minuit, Annibal est à moitié endormi.*) Minuit! tout est tranquille... bah! ces bonnes gens ont rêvé.

Il s'endort.

SCÈNE XI

Musique.

ANNIBAL, puis LE FANTOME

Une clef grince dans la serrure de la porte de gauche, qui s'ouvre lentement, et le fantôme paraît; il est couvert d'un long drap noir; des chaînes en ceinture; à la main une torche qui jette une clarté sinistre. — Il se dirige vers la chambre de maître Gil; arrivé devant la porte, il étend les bras et agite la torche et les chaînes d'une façon terrible.

ANNIBAL, *se réveillant en sursaut*

Qu'entends-je?... Qui va là?...
Je me trompais; ce n'est personne.
Mais d'où vient ce sinistre éclat?
Bon Dieu!... c'est l'esprit... je frissonne...
Oui! le voilà.....
Sa torche brille et sa chaîne résonne...

14

Par Saint Jacques, c'est bien cela...
Homme, spectre ou démon, répondez... Qui va là?

ENSEMBLE

ANNIBAL	GISCARO
Oui, mon cœur bat plus vite	Oh! rencontre maudite!
Devant ce que je vois,	S'il reconnaît ma voix,
Et la terreur l'agite	Ma fortune est détruite
Pour la première fois.	Pour la dernière fois,
Mais on ne doit pas croire	Essayons à ma gloire
Que jamais il trembla...	De me tirer de là,
Allons, figure noire,	Et ne laissons pas croire
Répondez! Qui va là?	Que le démon trembla.

ANNIBAL

Par la fenêtre ou par la porte
Que tu viennes, voleur, démon
Ou canaille de même sorte,
    Parle, quel est ton nom,
    Que veux-tu?

GISCARO

              Que t'importe?

ANNIBAL, *tirant son épée*

Veux-tu répondre?

GISCARO

              Malheureux,
Ne reconnais-tu pas à ces lueurs funèbres
Un esprit infernal errant dans les ténèbres?
Cesse de m'arrêter... ce rôle est dangereux!

ANNIBAL

Tu n'avanceras pas.

GISCARO

Redoute ma colère.
D'un geste je puis à l'instant
Réduire ton corps en poussière
Et livrer ton âme à Satan.

ANNIBAL

Tu n'avanceras pas!

GISCARO

Malheureux!... fuis ou tremble.

ANNIBAL

Fuir?... oh! seigneur infernal,
Vous me jugez mal,
Il me semble :
Je suis le sergent Annibal.

Reprise de l'ensemble

GISCARO   ANNIBAL

Oh! rencontre maudite! etc.   Oui, mon cœur bat plus vite, etc.

GISCARO

Je vais, toi qui ris du diable,
Comme verre te briser.

ANNIBAL

Noir masque, ou diable effroyable,
Ceci va t'exorciser.

Il prend un pistolet

GISCARO, *à part*

Que va-t-il faire? (*Haut.*) Fuis!...

ANNIBAL

Non!

GISCARO

Tu mourras!,..

ANNIBAL

Je reste.

GISCARO

Fuis!...

ANNIBAL

Jamais!

GISCARO

Meurs donc!

ANNIBAL, *armant le pistolet*

Un!

GISCARO

Qu'entends-je?

ARNIBAL, *visant*

Deux!

GISCARO

Ah! peste,
Ne tirez pas, sergent!

ANNIBAL

Tiens! le moyen est bon;
La poudre chasse le démon.
Je tire.

GISCARO

Eh! non, que diable!

ANNIBAL

Alors, dis-moi ton nom.

GISCARO

Vous le connaissez peut-être,
Mais j'aurais trop à rougir,
Et, sans me faire connaître,
Sergent, laissez-moi partir.

ANNIBAL

Non pas, non pas, l'aventure
Est trop comique, et je veux
Mettre un nom sur ta figure,
Ou je te casse en deux.

GISCARO

Mon nom?... Je vais vous le dire.

ANNIBAL

Il me fait rire, vraiment.

Diable ou non, parle ou je tire.

GISCARO

Ah! ne tirez pas, sergent.

ENSEMBLE

ANNIBAL	GISCARO
Ah! l'aventure est risible ;	Il n'est pas toujours risible
J'ignorais qu'un fils d'enfer	De jouer à Lucifer
A la poudre fût sensible	L'homme est un peu trop sensible
Et craignit autant le fer.	Aux coups du plomb et du fer.

ANNIBAL, *tenant toujours son pistolet*

Ça!... dom fantôme, j'attends; vous plaît-il de m'apprendre le nom de votre seigneurie!

GISCARO

Ah! sergent, par pitié ne me le demandez pas; et, si vous ne m'avez pas encore reconnu, laissez-moi m'en aller...

ANNIBAL

En fumée, si tu peux; pas autrement; je tiens trop à faire connaissance avec un esprit de ton calibre; on en a rarement l'occasion. Allons! parle, ou je t'envoie... ou plutôt, si tu n'es qu'une ombre, je te renvoie... là bas.

GISCARO

Un instant : vous allez savoir... mais avez-vous d'abord désarmé votre pistolet?

ANNIBAL

Oui.

GISCARO

Rengainé votre épée?

ANNIBAL

Oui! parle donc!

GISCARO

Eh! bien, je suis... vous ne me trahirez pas?

ANNIBAL

Por Baco, je n'en sais rien, car si tu ne sens guère le fagot, tu fleures franchement la corde.

GISCARO

Oh! je suis un honnête garçon.

ANNIBAL

De diable?

GISCARO

Non, d'auberge.

ANNIBAL

Ah bah!

GISCARO

C'est moi qui vous ai conté ce soir l'histoire de notre fantôme.

ANNIBAL

C'est-à-dire du tien; mais en effet, je reconnais ta voix maintenant. Comment, c'est vous, maître Giscaro?... Vous allez me dire, s'il vous plaît, la raison de cette mascarade?

GISCARO

Oui, seigneur sergent, oui, mais encore une fois je vous supplie de ne pas me trahir.

ANNIBAL

Nous verrons cela; j'écoute.

GISCARO

Eh! bien, sergent, apprenez que... j'aime Juanilla.

ANNIBAL

Jusqu'à présent, je ne vois là rien d'extraordinaire.

GISCARO

Oui; mais... je ne lui déplais pas.....

ANNIBAL

Ceci est plus étonnant; mais enfin?...

GISCARO

Enfin son père veut lui faire épouser un certain don Rosquillo Milflor Jargon d'Espantoflar... vous connaissez peut-être?

ANNIBAL

Ah! ah! je commence à comprendre.

GISCARO

Maître Gil, mon patron, sachant mon amour pour sa fille, voulait me chasser de chez lui. J'ai fait le fantôme, et le bon homme a craint de rester seul. C'était un premier point, mais il faudrait le décider à me choisir pour gendre, et je comptais, cette nuit, lui parler de manière... Seulement...

ANNIBAL

Seulement, tu n'avais pas compté sur moi.

GISCARO

C'est vrai, seigneur sergent, et vous pouvez me perdre; mais, au contraire, si vous me donnez votre aide, vous n'aurez pas, je vous le jure, obligé un ingrat.

ANNIBAL

Eh! que diantre veux-tu que je fasse pour toi?

GISCARO

Tout simplement dire ce matin que vous avez vu le revenant, et qu'il vous a fait grand'peur...

ANNIBAL

Comment, ventrebleu! grand'peur!... vous voulez

que le sergent Annibal Antonio Quebrantador aille dire qu'il a eu peur! J'aimerais mieux que cent mille diables m'eussent...

GISCARO

Cela n'est pas absolument nécessaire, et vous direz ce que vous voudrez; mais si, grâce à vous, j'épouse Juanilla, je vous assure, sergent, que vous n'aurez pas à vous plaindre de moi; ma maison deviendra la vôtre et, vous et vos amis, vous y pourrez banqueter, rire et boire à crédit, depuis le premier janvier jusqu'à la Saint-Sylvestre.

ANNIBAL

Eh! démonio!... vous êtes séduisant, Giscarille. C'est une bonne petite fourberie que vous me proposez là. Mais vous avez une façon de présenter les choses qui... — jarnibleu!... je l'avoue — m'étourdit un peu sur les conséquences!... D'ailleurs je connais ce Rosquillo...; c'est un homme de rien, et je ne dois pas souffrir que Gil Trémolo, mon ami, donne sa charmante fille à ce vieux caïman.

GISCARO

Ainsi vous consentez?...

ANNIBAL

Je ne promets rien... va vite quitter ton uniforme de fantôme, et préviens Juanilla... si tu peux.

GISCARO

Oh! oui, la fenêtre de sa chambre donne sur le jardin et... la mienne aussi.

ANNIBAL

Ah! fort bien; je commence à croire qu'il faut que

je plaide ta cause, ou que le diable s'en chargerait...
lui-même... pour de bon.

GISCARO

Ah! sergent, que ne vous dois-je pas!

ANNIBAL

Va donc!... nous compterons plus tard.

Giscaro sort

SCÈNE XII

ANNIBAL, puis MAITRE GIL, puis JUANILLA et GISCARO

ANNIBAL, *frappant à la porte de maître Gil*
Trémolo... Trémolo!

MAITRE GIL, *du dedans*
Qui?... qui est-ce qui... qui?... qui frappe là?

ANNIBAL

Eh!... c'est moi.

MAITRE GIL

Mais qui... vous?

ANNIBAL

Annibal.

MAITRE GIL

Animal?...

ANNIBAL

Annibal, le sergent.

MAITRE GIL

Vous êtes sûr que c'est vous?

ANNIBAL

Très sûr. (*A part.*) Fichu poltron! (*Haut.*) Venez sans crainte.

Maître Gil passe d'abord sa lampe, puis sa tête, coiffé d'un bonnet de coton ; il est en toilette de nuit, et il considère la salle avec inquiétude.

MAITRE GIL

Vous êtes encore vivant?...

ANNIBAL, *il frappe sur l'épaule de Maître Gil*

Je le crois.

MAITRE GIL

Ouf!... Eh bien, je ne suis pas fâché de vous avoir... touché, car je vous avoue que tout à l'heure... c'était très bête... vous allez rire... je me disais : si l'esprit l'avait réduit en poudre... froutt... et s'il était là sous votre fi-figure...? car il est ve...venu.

ANNIBAL

Oui.

MAITRE GIL

Et vous l'avez vu! (*Giscaro rentre.*)

ANNIBAL

Comment savez-vous ça?

MAITRE GIL

Vous avez fait assez de bruit! il semblait que tout l'enfer fût déchaîné dans ma maison.

ANNIBAL

Nous avons eu ensemble une conversation... assez vive.

MAITRE GIL

Une conversation!... Quel homme!... Et co... comment est-il?...

ANNIBAL

Fait?... Oh! exactement comme Giscaro,... votre

garçon,... nous en donnait le signalement... — à croire qu'ils se connaissent.

MAITRE GIL

Oui!... et il ne... vous a pas fait de mal?

ANNIBAL

Non, il n'est pas méchant.

MAITRE GIL

Vraiment!

ANNIBAL

Il tient de famille.

MAITRE GIL

Comment?

ANNIBAL

C'est un de vos ancêtres.

MAITRE GIL

Pas possible!

ANNIBAL

Votre bisaïeul.

MAITRE GIL

Saint Gil!... et que voulait-il, ce cher bi... bisaïeul?... Que vous a-t-il donc dit?

ANNIBAL

Voici ses propres paroles, telles absolument qu'il m'a chargé de vous les transmettre.

MAITRE GIL

A moi?... (*Juanilla rentre.*)

ANNIBAL

« Je suis, m'a dit l'esprit, le bisaïeul du maître de cette auberge; j'avais une fille que je promis au père du grand-père de son garçon. Néanmoins, au mépris de ma foi, je la mariai à un autre et je mourus peu de temps après. »

MAITRE GIL

Peu de temps après?

ANNIBAL

« Je souffre depuis ce temps-là. Je porte la peine de mon parjure, et je ne serai point en repos que quelqu'un de ma race n'ait épousé une personne de la famille de Giscaro. »

MAITRE GIL

De Giscaro?

ANNIBAL

« C'est pourquoi je reviens toutes les nuits... »

MAITRE GIL

Toutes les nuits!...

ANNIBAL

« Dites à mon arrière-petit-fils que s'il ne fait pas au plus tôt ce que je désire, je le tourmenterai d'une étrange façon, et que s'il marie mon arrière-arrière-petite-fille avec ce Rosquillo Milflor d'Espantoflar, qui s'appelle Rosquillo tout court et que réclame l'enfer... Gil Nicaise Trémollo... — c'est bien vous, papa Gil? — mourra trois jours après la noce.

MAITRE GIL

Trois jours après... O ciel! Ma fille?... où est ma fille?

JUANILLA

Me voici, père.

MAITRE GIL

Ma fille? Qu'on aille chercher ma fi... Ah! te voilà.

Ma fille, tu n'as qu'un père, et tu veux son bonheur, n'est-ce pas ?

JUANILLA

Oh ! oui, mon bon père.

MAITRE GIL

Eh ! bien, mon enfant chéri, sache que mon bonheur consiste à ce que tu sois la femme de Giscaro. Où est ce cher filleul ?

GISCARO

Me voilà, cher beau-père.

MAITRE GIL

Embrasse-moi, mon fils ; embrasse-moi, ma fille. Embrasse ta femme, Giscaro ; laisse-toi faire, mon enfant, laisse-toi faire.

JUANILLA

Oui, mon père...

MAITRE GIL

Ah ! mon enfant, je te demande un grand sacrifice, mais tu l'accompliras quand tu sauras...

JUANILLA

Je sais tout, mon père, et je suis prête à vous obéir.

MAITRE GIL

Tu t'immoles pour ton père !... Ah ! je reconnais bien là le courage de mon sang... Mais je n'en abuserai pas ; sois sa femme, je ne t'en demande pas davantage...

GISCARO, *à part*

Ni moi non plus.

MAITRE GIL

Eh ! bien, sergent Quebrantador, pensez-vous que

mon vénérable, mon bon cher grand-papa soit satisfait de son petit-fils ?

ANNIBAL, *regardant Giscaro*

Cornes du diable ! ah ! certes oui, grand-papa fantôme est content. Et toi, Giscarillo ?

GISCARO, *regardant Juanilla*

Moi ? mais... à moins d'être bien difficile...

Musique.

Il sera content de ça
 Grand-papa fantôme,
Il sera content, papa,
Il sera content de ça.

ENSEMBLE

Vous serez content de ça
 Grand-papa fantôme,
Vous serez content, papa,
Vous serez content de ça.

GISCARO, *prenant la main d'Annibal*

Seigneur sergent, touchez là ;
Grâce à grand-papa fantôme
D'un tas de petits Giscaro,
Plus éveillés que Figaro,
Je peuplerai le royaume.

ENSEMBLE

Seigneur sergent, touchez là.
L'ami de papa fantôme
Sera le mien, car c'est par lui
Que je suis la femme aujourd'hui
La plus heureuse du royaume.

ENSEMBLE

Vous serez content de ça, etc.

MAITRE GIL, *de même*

Seigneur sergent, touchez là ;
Puisque grand-papa fantôme

De son petit-fils est content,
Je vais être l'homme à présent
Le plus courageux du royaume.

ENSEMBLE

Vous serez content de ça, etc.

ANNIBAL

Ami sergent,
Sois content ;
Grâce à grand-papa fantôme,
A crédit tu seras, mon vieux,
Le soldat qui boira le mieux
Le mieux de tout le royaume.

ENSEMBLE

Vous serez content de ça, etc.

Rideau.

DAME ISABELLE

ARGUMENT

Nous sommes vers le milieu du quatorzième siècle, en 1354, au début de l'époque la plus sombre de notre histoire... au moyen âge s'entend. Depuis plus de dix-sept ans déjà a commencé la triste guerre qui durera cent ans et plus ; guerre inique, où l'Anglais, notre vassal en France par alliance féodale, rêve l'entière suzeraineté ; où le trouble des esprits, le désordre des mœurs, l'affaissement des caractères, la crainte, la trahison deviennent ses complices ; où la légèreté et le découragement accumulent les désastres, où une reine — étrangère d'origine heureusement — Isabeau de Bavière, indigne régente sous un roi, Charles le Bien-Aimé, frappé dans sa raison, livre la France à l'étranger, où l'on verra le roi d'Angleterre, Henri VI, un enfant de dix ans, sacré roi de France à Notre-Dame par un évêque anglais ; où la France enfin tombe si bas qu'elle périrait, sans un miracle !...

« Mais quoi ? va dire le lecteur, quelle annonce tragique ! Évoquer notre histoire, et ses plus noirs souvenirs, à propos d'opérette, même d'opéra demi seria, n'est-ce pas se tromper de muse et prendre Clio pour Thalie ? »

Sans doute; aussi nous hâtons-nous de regagner les modestes tréteaux où la muse légère

Sur ses pipeaux rustiques
Se borne à fredonner ses idylles gothiques...

comme l'a dit le sage Boileau.

Toutefois, si mince que soit l'œuvre, grave ou non, même de fantaisie, ne lui est-il pas bien permis de chercher au moins la vraisemblance, n'a-t-elle pas le droit, dirons-nous le devoir?... aujourd'hui où en art comme en science on se targue d'exactitude, d'être, dans la mesure et la portée de son genre, l'expression de l'époque où elle place son sujet?

Un petit tableau de chevalet figurant, par exemple, une noce de village au quatorzième siècle, ne peut-il se soucier de la vérité de costumes, d'attitudes, de physionomie, autant qu'une grande toile d'histoire représentant, je suppose, la prise d'Orléans par Jeanne d'Arc?

Assurément. Et puisqu'on nous l'accorde, nous revenons à Dame Isabelle.

En 1354, au moment où se passe notre action, le péril national, malgré la défaite de Crécy et la prise de Calais, n'était encore que menaçant; mais la menace datait de loin : « Par l'établissement de Guillaume le Conquérant en Angleterre et le mariage de Henri II avec Éléonore d'Aquitaine, les rois d'Angleterre étaient devenus, à raison de leurs possessions et de leurs prétentions en France, les ennemis naturels des rois de France, et la guerre était presque continuelle entre les deux états » (GUIZOT, *Hist. de Fr.*).

Pourtant Louis IX, par les victoires de Taillebourg et de Saintes, avait rétabli la paix; Henri III d'Angleterre « renonçait formellement à tous les droits qu'il pouvait prétendre sur le duché de Normandie, sur les comtés d'Anjou, du Maine, de Touraine, de Poitou, et généralement à tout ce que ses auteurs avaient pu prendre sur le continent, n'étant exceptées que les terres que le roi de France lui rendait par traité et celles qui lui restaient en Gascogne. Pour toutes ces dernières, le roi d'Angleterre prenait l'engagement d'en faire hommage lige au roi de France en qualité de pair de France et de duc d'Aquitaine et de remplir fidèlement les devoirs attachés à un fief. »

« Henri III vint en effet à Paris, apportant le traité ratifié et venant accomplir la cérémonie de l'hommage... Elle eut lieu le jeudi 4 décembre 1259 dans le verger royal qui s'étendait devant le palais, à l'endroit où se trouve aujourd'hui la place Dauphine. »

« Le roi d'Angleterre, à genoux, nu-tête, sans manteau, ceinture, épée ni éperons, mit ses mains jointes dans celles du roi de France, son suzerain, et lui dit : « Sire, « je deviens votre homme de bouche et de mains, et je « vous jure et promets foi et loyauté, et de garder votre « droit selon mon pouvoir, et de faire bonne justice à « votre semonce, ou à la semonce de votre bailli, à mon « sens. » Le roi le baisa sur la bouche et le releva. » *(Ibid.)*

« Édouard Ier, appelé à Paris par Philippe le Bel en 1326 pour lui prêter foi et hommage comme son vassal en raison de ses domaines en France... s'y rendit de bonne grâce et, à genoux devant son suzerain, lui répéta les mots consacrés : « Je deviens votre homme des terres que « je tiens de vous deçà la mer, selon la forme de la paix « qui fut faite entre nos ancêtres. » *(Ibid.)*

Édouard II renouvelle l'hommage, et épouse Isabelle, fille de Philippe le Bel, « la plus belle femme de l'Europe. »

Mais en 1328 Charles le Bel mourait, ne laissant que des filles. « La question de la succession au trône fut alors posée entre la ligne masculine représentée par Philippe, comte de Valois, petit-fille de Philippe le Hardi par Charles de Valois, son père, et le roi d'Angleterre

Édouard III, représentant la ligne féminine comme petit-fils de Philippe le Bel, par sa mère Isabelle, sœur du dernier roi Charles le Bel. » *(Ibid.)*

En vertu de la loi salique le droit de Philippe VI était incontestable ; droit non sans doute juridiquement écrit, « ni même conforme à tout le régime féodal, » mais d'usage constant. Le fait s'était déjà produit pour Philippe V, dont le frère, Louis le Hutin, ne laissait qu'une fille. La reine Clémence était enceinte ; mais son fils, Jean Ier, ne vivait que cinq jours. Convoqués aussitôt, le clergé, les barons et le tiers état déclarèrent, le 2 février 1317, que « les lois et la coutume, inviolablement observée parmi les Français, excluaient les filles de la couronne. » A la mort de Philippe le Long, la mesure se renouvelait au profit de son frère Charles le Bel, et, après lui, pour Philippe VI.

Aussi Édouard III, tout d'abord, ne proteste-t-il pas. Il se borne, il est vrai, en 1329, à rendre hommage simple à Philippe ; « mais le 30 mars 1331, Édouard reconnaît, par lettres expresses... que le dit hommage que nous fîmes à Amiens au roi de France, par paroles générales, est et doit être entendu lige, et que nous lui devons foi et loyauté porter comme duc d'Aquitaine et pair de France. » *(Ibid.)*

Mais c'étaient là serments d'Albion. Édouard ne renonçait à rien, et dans le trouble de l'opinion ne trouvait que trop d'appui. Déjà se formait dans le pays de France, même en dehors de ses domaines, le parti de l'étranger. Au sujet de la couronne et du droit de succession, Froissard, chroniqueur remarquable, mais, il faut se le rappeler, aussi anglais que français, soutient nettement la cause anglaise : « Ainsi alla le royaume, ce semble à moult de gens, hors de la droite ligne. »

« Le régime féodal se prêtait aux questions obscures et aux incertitudes de conscience ; un seigneur qui avait deux suzerains et qui, à tort ou à raison, croyait avoir à se plaindre de l'un des deux, était autorisé à servir celui qui pouvait et voulait le protéger; l'intérêt personnel et les querelles subtiles font bientôt des traîtres. » *(Ibid.)*

Des traîtres, — quoique le mot soit sévère peut-être pour ce temps d'inconscience nationale, surtout chez les plus grands — il s'en trouvait déjà jusque dans la famille de Philippe. Robert d'Artois, son gendre, repoussé dans ses prétentions sur le comté d'Artois « par une décision des pairs du royaume... s'engagea dans une série d'intrigues, de complots, de mensonges, de faux qui, en 1332, le firent condamner par la cour des pairs au bannissement et à la confiscation de ses biens. » Réfugié en Angleterre, bien accueilli d'Édouard, le suivant dans sa guerre du nord : « Sire, lui disait-il, en parcourant avec lui les bruyères de l'Ecosse, laissez là ce pauvre pays et pensez à la noble couronne de France. »

C'est Robert qui figure dans *le Vœu du héron*, poème bien connu du quatorzième siècle; sur son ordre, dans un festin, deux jeunes filles présentent au roi un héron « le plus timide des oiseaux, car il a peur de son ombre; c'est au héron à recevoir les vœux du roi Edouard qui, bien que roi légitime de France, n'a pas osé revendiquer ce noble héritage. » — « ...Avant qu'une année soit écoulée, dit le roi rougissant, je défierai le roi de Paris. »

Édouard ne se décide pas si tôt — l'entreprise était grave, — mais il recherche des alliances en Flandre, en Bavière et ailleurs; il rassemble forces et subsides, et, le 24 août 1337 « il déclare formellement la guerre au roi de France, et adresse à tous les shériffs, archevêques et évêques de son royaume une circulaire dans laquelle il en attribue l'initiative à Philippe; le 26 août il annonce ce qu'il vient de faire à l'empereur d'Allemagne, son allié, en donnant pour la première fois à Philippe cette qualification injurieuse : « se prétendant roi de France. » Le

7 octobre enfin, il se proclame lui-même roi de France, comme son héritage légitime. »

Toutefois, et quoique les armées fussent en présence à Buironfosse, on s'observe encore sans combattre. Édouard, jugeant ses forces insuffisantes, sollicite l'aide des communes flamandes ; il promet en échange de les aider à recouvrer Lille, Douai, Béthune, alors occupées par le roi de France. Artevelde, au nom des communes, accepterait volontiers, mais à de curieuses conditions, bien caractéristiques de l'époque : « Cher Sire, vous nous avez déjà fait telle requête, et vraiment, si nous le pouvions en gardant notre honneur et notre foi, nous ferions comme vous nous demandez ; mais nous sommes obligés, par foi et serment, et sur un engagement de deux millions de florins envers le pape, à ne point entrer en guerre avec le roi de France sans encourir la dette de cette somme et tomber en sentence d'excommunication ; mais si vous faites ce que nous allons vous dire, si vous voulez adopter les armes de France, les écarteler de celles d'Angleterre, et vous appeler hautement roi de France, nous vous tiendrons pour vrai roi de France ; vous nous donnerez, comme roi de France, quittance de notre foi ; et alors nous vous obéirons comme au roi de France et nous irons partout où vous l'ordonnerez. »

Edouard a bien quelques scrupules sur la loyauté de l'expédient ; mais ils durent peu. On se réunit à Gand, et « en janvier 1340, l'engagement mutuel fût écrit et scellé ; le roi d'Angleterre enchargea les armes de France en les écartelant d'Angleterre, et prit désormais le nom de roi de France. »

« Alors éclata effectivement la guerre qui devait durer cent ans. »

Elle s'ouvre pour nous par un désastre maritime. L'imprudence présomptueuse des chefs Huges Quiéret, amiral en titre, et Nicolas Behuchet, trésorier de Philippe, la retraite, non sans lutte, du corsaire génois Barbavera, et surtout l'arrivée en renfort aux Anglais de deux cents navires flamands, battent et presque détruisent notre flotte à l'Écluse.

Enorgueilli de ce succès, recevant d'Artevelde l'offre de cent mille hommes, Édouard assiège Tournai et adresse à Philippe, en le nommant seulement Philippe de Valois, un insolent défi.

Philippe répond : « Philippe, par la grâce de Dieu, roi de France, à Édouard d'Angleterre. Nous avons vu vos lettres apportées à notre cour, de par vous à Philippe de Valois, et contenant certaines requêtes que vous faites au dit Philippe de Valois. Et commé les dites lettres ne venaient pas à nous, nous ne faisons nulle réponse. Notre intention est, quand bon nous semblera, de vous jeter hors de notre royaume pour le profit de notre peuple. Et de ce avons ferme espérance en Jésus-Christ, dont toute puissance nous vient. »

Tournai se défend avec « un courage si opiniâtre » qu'Édouard est forcé de lever le siège ; et Philippe, témoignant sa reconnaissance aux habitants, « leur rend leur *loi*, c'est-à-dire leur charte communale. »

Dans l'Aquitaine nos troupes ont l'avantage sur celles d'Angleterre, mais, de part et d'autre, les ressources s'épuisent. Bientôt, par l'entremise et sous la sanction du pape Benoit XII, sollicité par Jeanne de Valois, on conclut une trêve de deux ans.

Trêve apparente, jamais réelle : les deux souverains se combattent toujours, quoique indirectement, prenant tous deux parti dans la guerre de Bretagne, dite guerre des trois Jeanne. Guerre curieuse où les deux rois soutiennent dans leurs champions le principe qu'ils repoussent pour eux-mêmes, Philippe protégeant dans Jeanne la Boiteuse l'héritage en ligne féminine, et Édouard, avec les Monfort, la succession des mâles. Guerre étrange où l'époque se peint dans ses extrêmes, où la dévotion vraie, les sentiments les plus chevaleresques, se mêlent à des actes indignes, à la plus froide férocité. « La guerre était alors la passion et la vie habituelle des hommes ; ils la faisaient sans motif comme sans prévoyance, par emportement et par passe-temps, pour déployer leurs forces ou pour échapper à leur ennui ; et en la faisant, ils se livraient sans scrupule à tous les actes de violence, de vengeance, de colère brutale ou d'amusement féroce que la guerre provoque. En même temps cependant les élans généreux de la chevalerie féodale, les sympathies de la pitié chrétienne, les affections tendres, les dévouements fidèles, les goûts nobles, fermentaient dans les âmes ; la nature humaine apparaissait avec toutes ses complications, ses incohérences, ses désordres, mais aussi avec toute sa richessse et ses développements en perpective. »

Guerre où trois femmes héroïques, trois Jeanne, par leur courage font pressentir une autre Jeanne ; où trente Bretons, trente vaillants, provoquant trente Anglais non moins braves « pour l'amour de leurs amies » montrent ce qu'on peut appeler, dans le grand sens du mot, la folie de l'honneur, de la galanterie et du patriotisme. Mais guerre qui montre aussi, comme toute cette lutte de cent ans, combien l'idée de patrie — cet instinct, ce besoin qui est et fut de tout temps au fond du cœur de l'homme, — était alors, vivace sans doute, mais incertaine, troublée et surtout divisée.

Tirer de ce désordre un esprit national, le condenser et l'entraîner était une œuvre plus qu'humaine ; c'est là qu'éclate l'action divine ; l'âme française réveillée, éclairée par l'épée de Jeanne d'Arc, ne s'embrasera vraiment d'une flamme générale et durable qu'au feu de son bûcher. La guerrière sauvera le pays, la martyre en refera la France.

On est encore loin de ce réveil, et le trouble va grandir.

Édouard perd Artevelde ; le dictateur devenu tyran, accusé de livrer à l'Anglais la Flandre et son trésor, périt des mains du peuple ; mais les Flamands n'en restent pas moins les alliés d'Édouard III, qui envahit la Normandie ; la saccage de Saint-Lô à Nantes, et vient jusqu'aux portes de Paris. Philippe accourt à Saint-Denis et suit jusqu'à Abbeville l'ennemi qui semble fuir. Mais là Édouard fait tête ; Crécy, qui pouvait être, sinon une victoire, du moins une bataille indécise, est un désastre par nos fautes ; et l'Anglais, sans obstacle, va s'emparer de Calais, cette clef de la France au nord.

Nouvelle trêve, mais d'autres maux : *La peste noire*, venue d'Égypte et de Syrie par les ports d'Italie, *la peste de Florence*, ravage l'Europe occidentale, surtout la Provence et le Languedoc, où, de 1347 à 1349, elle enlève, dit-on, les deux tiers des habitants. Enfin le fléau cède ; une fièvre de plaisirs et de fêtes le suit ; « la fureur du mariage, dit un chroniqueur contemporain, succéda à la mortalité ; Philippe de Valois lui-même, déjà âgé de cinquante-huit ans, épouse en secondes noces Blanche de Navarre, qui n'en avait que dix-huit, sœur de ce jeune roi de Navarre, Charles II, qui devait s'appeler bientôt Charles le Mauvais, et devenir pour les successeurs de Philippe un si dangereux ennemi. » Sept mois après son mariage, Philippe expire à Nogent-le-Roi. « C'était un prince de cour, de tournois, de voyages, de fêtes royales et populaires, léger, imprévoyant, hautain avec frivolité, brave sans habileté et despotique sans suite ni éclat. » — Il laissa le royaume diminué de quelques villes, grevé d'écrasantes « extorsions » ; mais en revanche il joint le Dauphiné à la France, et la seigneurie de Montpellier.

Jean II, son fils, dit Jean le Bon, ne saura ou ne pourra nous relever d'un état si grave ; le guerrier superbe de Poitiers, aidé d'un héros de quatorze ans, son fils Philippe le Hardi, ne sauvera que l'honneur, et le chevalier loyal, esclave de sa parole, disant que « si la bonne foi était bannie du monde, elle devrait trouver un asyle dans le cœur des rois, » mourra prisonnier de l'étranger.

. Mais nous ne sommes encore qu'en 1354, et nous y resterons. C'est l'année où se passe, tout au bout de la France, dans le comté de Bigorre, notre petite action.

Le Bigorre est français depuis que la Gaule devint France. « De la domination romaine, il passa successivement sous celle des Wisigoths, des Francs et des Gascons. Vers 820, Louis le Débonnaire établit comte de Bigorre Donat. Loup, fils de Loup Centule, duc de Gascogne. » (L. LALANNE, *Dictionn. hist.*) — De Wandrégésile et de Bernard (vers 845) jusqu'à Eskivat de Chabannais (fin du treizième siècle), y compris Lore, sœur d'Eskivar, et Constance vicomtesse de Marsan, le Bigorre ne cesse pas d'être fief de la couronne. Un moment le comté, enveloppé par l'Anglais, est mis sous séquestre par Édouard III; — Philippe IV, le reprenant, fait porter le titre de comte de Bigorre à son troisième fils, Charles le Bel. Mais l'Angleterre convoite toujours le fidèle domaine, et se fait un allié dans une région qui l'avoisine, du roi de Navarre, Charles II, que, dès l'âge de dix-huit ans, ses sujets navarrais nommaient déjà Charles le Mauvais. Profondément hypocrite et habile, Charles, trompant le roi Jean au point d'en recevoir la main de sa fille aînée Jeanne, avait, dès 1354... « conclu avec Édouard III un traité secret par lequel, en échange des promesses qu'il en obtenait, il le reconnaissait pour roi de France. » Jean devait bientôt connaître son gendre. Le connétable Charles d'Espagne, descendant d'Alphonse de Castille et naturalisé en France, avait reçu de Jean des terres réclamées par le roi de Navarre. Dissimulant deux ans sa haine, Charles le Mauvais, en 1354, fait surprendre et tuer le connétable à Laigle, en Normandie, par un de ses agents, le bâtard de Mareuil. « Jean éclata en menaces, jura de se venger...

mais le roi d'Angleterre promit au roi de Navarre son appui... » Charles continua ses menées : « Je ne veux nul maître en France que moi, disait Jean à ses affidés; jamais je n'aurai joie parfaite tant qu'il sera en vie. » Mais Charles le Mauvais devait survivre à Jean le Bon.

A la bataille de Saint-Omer (1352), une victoire pour nous, le baron d'Argelès, époux depuis peu d'Isabelle, fille du comte de Comminges — ici commence notre fiction, — se faisait bravement tuer, et près de lui, le défendant, mourait le baron de Luz, son féal et son capitaine de milice.

Le baron de Luz laissait un fils, Roger, élevé d'abord comme page chez le comte de Bigorre, et, depuis deux ans, passé au service d'Argelès. Roger, on le pressent, aime en secret la jeune veuve, qui, loin de soupçonner les sentiments de son page, se croit aimée du comte, prince du sang, et serait naturellement très fière de devenir comtesse de Bigorre.

Nous ne raconterons pas ce petit drame; son intérêt, s'il en a un, est dans les caractères, qui cherchent à être du temps. Isabelle y représente la fierté féodale dans ce qu'elle avait de pur et d'élevé, de nécessaire à son époque, le culte de l'honneur, le dévouement au roi et l'amour de la France; comme femme, la tendresse vaillante, et aussi la prudente finesse, si utile à cette heure troublée.

Roger, c'est la bravoure la plus chevaleresque, le cœur le plus français et l'âme d'un trouvère.

L'idylle est traversée — telle une bergerie où passe le loup — par deux aventuriers, partisans secrets de l'Anglais, le sire d'Anguillac et le sire de Montcorbeaux, qui, venus en Bigorre, disent-ils, pour s'y établir, y font grand train et se trouvent rivaux dans leur audacieuse prétention à la main d'Isabelle. Mais ici l'on m'arrête encore : « Dans un sujet sérieux au fond, vos deux sires sont des grotesques. » En effet, mais d'abord *Dame Isabelle* n'est pas une tragédie, c'est, si l'on veut, un petit drame lyrique, et le drame, comme la vie d'ailleurs, admet le bouffon auprès du grave. Il peut l'admettre surtout à une époque étrange où, à côté de vrais traîtres, comme Charles le Mauvais, on voit la légèreté de conscience, la soif du gain, l'intérêt et la peur faire tant de demi-coquins, des drôles changeant de peau mieux que le serpent, leur oncle, ou de couleur autant que le caméléon, n'ayant de raison morale que celle du plus fort, mais pratiques plus que méchants, êtres hybrides tenant du diable et de la bête, comme ces gargouilles de cathédrale, excroissances bizarres des murs saints, dont le rictus ambigu, si elles étaient vivantes, serait à la fois inquiétant et burlesque.

Puis Anguillac et Montcorbeaux, si faux et couards qu'ils soient, sont cependant Français de naissance. Mieux vaut qu'ils prêtent à rire que de faire s'indigner; mieux vaut croire, comme Isabelle, que leur traîtrise dévoilée les amènera à un retour, et qu'obligés d'ailleurs, de par sa généreuse justice, à rentrer dans le devoir, ils rachèteront leur forfaiture.

DAME ISABELLE

OPÉRA SERIA-BUFFA

PERSONNAGES

DAME ISABELLE, veuve du baron d'Argelès
ROGER, des barons de Luz, son page
LE SIRE D'ANGUILLAC
LE SIRE DE MONTCORBEAUX
BERTRADE, duègne
ISOLINE, première suivante
JACQUELIN DE LUZ, écuyer, armurier
GASPARD, écuyer, fauconnier
JUNCA, homme d'armes, chasseur d'izards
CHRISTIAN, sergent d'armes
Hommes d'armes, pages, suivantes, varlets

La scène se passe en 1354, au manoir d'Argelès-en-Bigorre.

Au manoir d'Argelès.

La salle d'honneur; au fond, une grande baie à meneaux donnant sur la vallée d'Arrens; à droite et à gauche, deux portes masquées de tentures; les murs, recouverts de boiseries de chêne, de tapisseries de haute lice et de portraits enchâssés dans les panneaux, sont ornés d'armes et de trophées de chasse. — A gauche, grande cheminée armoriée; à droite, entre les portes, la chaire baronniale; table; sièges; çà et là, des armures, coffres, bahuts, escabeaux. — Sur la table un timbre, un miroir; écritoire, plume, etc. et, auprès du miroir, un gros bouquet de rosages.

SCÈNE I

ROGER, seul

C'est l'heure du couchant; Roger, debout, appuyé contre un vitrail ouvert, une mandoline à la main, regarde la montagne.

Sous les feux du couchant les hauts sommets

rayonnent tels que de noirs géants parés de casques d'or; les grands monts à leur pied jettent leur manteau d'ombre, et, plus grands encore, ils se penchent sur les abîmes plus profonds. Là-haut, toujours joyeux, sonne l'appel du pâtre; en bas tout bruit s'éteint, sauf au loin dans la plaine la voix de l'angelus.

Heure splendide et calme, heure sainte, je t'aime !... c'est la fête où le jour s'unit avec la nuit... le suprême baiser du soleil à la terre... heure de gloire et de mystère, rayons au ciel, ombre ici-bas... Ainsi mon cœur est plein de joie et mes yeux sont baignés de larmes. (*Il chante.*)

> Le pauvre chevrier Pierre
> Aime — il en perd la raison —
> L'étoile qui, la première,
> Etincelle à l'horizon.
> Dès qu'il la voit apparaître
> Il s'élance, radieux...
> Il va la saisir peut-être...
> — L'étoile est au fond des cieux.
>
> Devant celle qu'il adore
> A genoux toute la nuit,
> Dans le ciel jusqu'à l'aurore
> Le pauvre amoureux la suit.
> Cependant elle s'incline
> Vers le coteau... — radieux,
> Pierre gravit la colline...
> — L'étoile n'est plus aux cieux !

Après avoir chanté, Roger s'assied dans l'embrasure de la baie et, absorbé par sa rêverie, ne voit pas entrer la châtelaine.

SCÈNE II

ROGER, DAME ISABELLE

Dame Isabelle entre lentement par la première porté à droite ; elle tient à la main un parchemin, et lit

  Vous aimer, me taire et souffrir,
  Et jamais, madame Isabelle,
  De mon mal ne vouloir guérir,
  C'est ma vie, et j'en dois mourir,
  Mais je n'en veux pas de plus belle.

  Brûlant d'un moins timide zèle,
  A vos yeux qu'on ose s'offrir
  Et sans une angoisse mortelle
    Vous aimer,

  Moi qui ne saurais encourir
  Colère ni mépris de celle
  Que j'ose adorer, sans périr.
  Inconnu, discret et fidèle,
  Laissez-moi, madame Isabelle,
    Vous aimer.

C'est un rondeau ; hier c'était un virelai ; avant-hier une ballade ; et jamais troubadour, fût-il savant comme Jehan de Meung ou noble comme le comte Thibault, ne tourna le vers plus galamment : mais aucun d'eux surtout, poète ou chevalier, ne les offrit jamais de façon si mystérieuse. Je trouve ceux-ci dans l'oratoire, entre les feuillets de mon missel. (*Apercevant les rosages.*) Mais que vois-je !... ces fleurs !... ces roses de montagne, qu'on ne cueille que près des neiges, et dont je désirais un bouquet !... — C'est étrange ; depuis quelque temps il semble qu'un démon familier soit à mes ordres et les devance; mes moindres volontés, mes désirs, mes caprices sont satisfaits, et souvent même avant que je les exprime. Je cherche... et, jusqu'ici, impossible... (*Roger, tout à son rêve, laisse tomber sa mandoline.*) Ce bruit?... (*Elle cache le parchemin dans son corsage.*) Eh quoi! c'est vous, Roger?... Que faites-vous céans? Le songe-creux, j'imagine? N'avez-vous pas meilleure besogne? Vos assauts d'armes avec Jacquelin, les chevaux à sortir, les faucons à dresser?... A dix-huit ans bientôt, vous, fils de chevalier, qui devez penser déjà à gagner vos éperons, ne rougissez-vous point de passer des heures entières à regarder dans les jardins si le jasmin fleurit?... (*Elle s'approche de la baie.*) Ha!... ou si l'une de mes suivantes, Isoline, s'y promène.

ROGER

Oh! madame, je vous jure...

ISABELLE

Ne jurez rien... On sait de vos nouvelles, messire; d'aucuns prétendent ici que... vous n'êtes plus un enfant; et si la barbe vous pousse, il serait temps, de par Dieu! d'aller faire votre devoir contre l'Anglais, beau page, à l'armée du roi Jean.

ROGER

Madame!... J'y suis prêt.

ISABELLE

Allons!... c'est un avertissement; gardez-en souvenance. Ah! dites à Gaspard de seller mon palefroi; je veux chevaucher une heure avant la chute du jour.

ROGER

Accompagnerai-je, madame?

ISABELLE

Isoline suffira. Que Bertrade la prévienne. (*Roger sort.*)

SCÈNE III

ISABELLE, *seule*

Elle s'assied à droite, près de la table, et reprend le parchemin.

Ces deux enfants s'adorent... cela saute aux yeux : Roger en rêve debout, Isoline en est assotée. Ce Roger!... c'est qu'il est charmant avec ses grands yeux langoureux et son air... décidé. « Madame... j'y suis prêt! » Comme il a bien dit cela! un homme déjà, vraiment! Aussi le jeu n'est-il pas sans péril; ce n'est pas un sort pour Isoline; Roger, fils du baron de Luz, son héritier maintenant, ne saurait l'épouser... et un malheur est si tôt venu! J'y dois mettre ordre; il partira.

D'ailleurs cette fille devient impertinente; elle triomphe d'être aimée, comme si elle seule pouvait l'être. Ne le suis-je donc pas?... Ces fleurs?... ne prouvent rien; j'en ai sans doute rêvé tout haut, et quelqu'un de mes hommes, Gaspard, mon fauconnier, ou Junca, le brave chasseur d'isards, aura grimpé jusqu'au glacier; Bertrade doit le savoir. Mais ces vers?... ces prévenances?... Personne autour de moi?... — Chevalier ou mage, homme ou esprit, chaque jour m'apporte la preuve de l'amour le plus tendre, le plus passionné, mais aussi le plus timide, hélas!... qui fût jamais! Et je n'ose interroger, je brûle de savoir... et je tremble qu'un mot ne détruise le charme.

Musique.

Je suis châtelaine,
Dame suzeraine...
Vassaux, vavassaux,
Lorsqu'en char je passe
Sur la grande place
Tirent leurs chapeaux
Comme devant une châsse...
Destin des plus beaux!...
Au ciel j'en rends grâce.

Mais amour passe grandeur
Et puissance et renommée;
Ce qu'il faut à notre cœur
C'est d'aimer, c'est d'être aimée...
Et comment aimer, hélas!
Un amant qu'on ne voit pas?

Que ne puis-je sous les platanes
Et les ormeaux
Danser comme les paysannes
De ces hameaux?
Sylvain m'entraînant sous l'ombrage
Veut un baiser,
Et moi, Berthe, ai-je le courage
De refuser?

Puis, par les sentiers qui serpentent,
Les amoureux,
A l'heure où les rossignols chantent,
Vont deux à deux.
Sylvain me jure qu'il m'adore,
A mes genoux,
Et moi, Berthe : « Répète encore
Ce mot si doux. »

Le bonheur du cœur,
C'est le vrai bonheur.

Je suis châtelaine, etc.

Et ce mystère étrange, inouï, exaspérant, dure depuis... depuis?... C'est singulier... depuis que Roger, sortant de la maison du prince, est entré dans la mienne. — Mais j'y songe... ces jours derniers, au tournoi de Saint-Bertrand de Comminges, — la première fête où mon veuvage m'ait permis de paraître — ce chevalier à l'armure blanche, à l'écusson de sable, — fantaisie de prince ou d'aventurier, — qui triompha de tous ses rivaux et resta inconnu, sauf des juges du camp, sous son casque fermé... c'était, dit-on, le prince lui-même, le comte de Bigorre. En passant devant notre estrade il inclina sa lance, comme pour me saluer, et je vis, à travers le grillage de son heaume, son regard brûlant fixé sur moi. Si c'était lui!... et pourquoi pas? S'il est Valois, je suis Comminges, et nous comptons, je pense, au moins autant de quartiers.

Bien que très jeune encore, on est surpris qu'il ne se marie pas... et j'ai ouï dire qu'avant mon mariage il m'avait... remarquée. Pourquoi, depuis mon veuvage réside-t-il souvent, et en ce moment même, à son château de Beaucens, si près qu'on le voit d'ici? Pour la chasse, dit-on. N'est-ce que pour la chasse? Si ce Roger, son page, n'était venu céans que par son ordre secret?... Si le comte de Bigorre l'avait placé près de moi pour servir un amour?... Mais pourquoi ce détour?... pourquoi tant de discrétion? A-t-il compté, trop justement, sur le charme du mystère...

SCÈNE IV

ISABELLE, ROGER

ROGER, *entrant par la gauche et saluant*
Madame...

ISABELLE, *cachant de nouveau le parchemin*
Que veut-on ?... Je n'ai pas appelé.

ROGER, *se retirant*
Pardon, madame.

ISABELLE

C'est vous, Roger; restez. Avant que d'être à moi, vous étiez au comte de Bigorre. (*Mouvement de Roger.*) (*A part.*) Il s'est troublé, il parlera. (*Haut.*) Le prince, il m'en souvient, vous fit recommander à moi. (*A part.*) Sans écrire lui-même, notons cela; je ne puis comparer l'écriture. (*Haut.*) La maison du comte, mieux que la mienne, convenait à un fils de soldat. Pourquoi donc en êtes-vous sorti ?

ROGER

Madame ne l'ignore pas; ou du moins, j'avais dit... je pensais que madame s'expliquerait les raisons...

ISABELLE

Expliquez-les de nouveau, j'ai peut-être oublié.

ROGER

Pardonnez donc, madame, s'il me faut devant vous évoquer de cruels souvenirs. — Au combat de Saint-Omer le noble baron votre époux succombait, en vainqueur, enseveli dans son triomphe. A peine mariée, vous étiez veuve. Mon père, compagnon de guerre du baron d'Argelès, chef après lui de sa milice, avait péri près de lui. Dès ce moment il me parut que ma place était ici, dans la maison suzeraine dont les barons de Luz furent toujours hommes liges; que le père lui manquant, le fils, si jeune qu'il fût, se devait de s'y offrir, d'y obtenir peut-être un jour le poste de son père... de la servir enfin de son mieux.

ISABELLE

Je sais, mon cher enfant, ce que ma maison doit à la vôtre; sans parler de vos aïeux, les féaux soutiens d'Argelès, je sais que votre père, l'héroïque baron de Luz, tomba devant mon époux, en le couvrant de son corps. C'est plus qu'un souvenir entre nous, c'est un lien. Mais vous n'ignoriez pas que sur le champ de bataille le commandement de nos milices fut donné par le roi au chevalier d'Arrens, notre féal aussi, dont c'était le droit devant votre âge; que la guerre continuant, et menaçant de durer, nos gens sont toujours dans le nord; qu'autour de moi je n'ai plus que quelques vieux hommes d'armes commandés par Christian, qui seront appelés demain... Tout en croyant à vos raisons, qui me touchent grandement, je dois penser que, pour quitter le comte... et pour venir céans... il était quelque autre motif... et je désire le connaître...

ROGER

L'exigez-vous, madame?

ISABELLE

Non pas, Roger; de vous, je n'exigerais rien. Mais, vous voyant un homme... et me fiant à votre loyauté, je vous demande, j'attends de vous la vérité entière.

ROGER

Je ne sais si le respect?...

ISABELLE

Soyez donc plus hardi; je vous y autorise.

ROGER

Eh! bien, madame, le comte...

ISABELLE

Le comte?

ROGER

Il est jeune... libre...

ISABELLE

Eh! sans doute!... — Le comte?...

ROGER

Avait remarqué...

ISABELLE

Remarqué?...

ROGER

Une personne.

ISABELLE, *à part*

Enfin!

ROGER

La plus plaisante assurément de nos quatre vallées.

ISABELLE

La plus?...

ROGER

Je n'ai pas dit la plus belle, madame. — Une personne bien connue de madame la baronne, Nicole de Saint-Orens.

ISABELLE

Ah! c'est Nicole... que le comte?..

ROGER

Oui, madame. — Or, le comte m'apercevant un jour — je ne me cachais pas — causant avec Nicole... et même l'embrassant...

ISABELLE

L'embrass...

ROGER

Oh! rien, madame, que de très innocent; elle est ma sœur de lait... — il s'exprima en termes... si vifs, que je priai messire — c'était prévenir son vœu — de permettre à son page de quitter son service, et même de daigner, pour les raisons que j'ai dites, m'appuyer près du vôtre.

ISABELLE

Allons! c'est de la franchise, et je dois au moins vous savoir gré de ne pas dissimuler vos tendresses... précoces. Là-bas, Nicole; chez moi, Isoline.

ROGER

Ah! madame,... si...

ISABELLE

Bon! bon!... Où avais-je donc la tête en gardant près de mes femmes un grand garçon comme vous? Vous partirez demain. (*Roger s'incline.*) L'heure est grave, le pays a besoin de tous les siens; tout se trouble; Édouard III, le vassal de la France, ose s'en prétendre le vrai roi! — Vive Dieu, si cela dure, les femmes, je le crois, se lèveront elles-mêmes... et si, comme le mien, battait tout cœur français, l'Anglais serait tôt bouté hors de notre chère France.

ROGER, *simplement*

J'y tâcherai, madame, de tout le sang du mien.

ISABELLE

Bien, Roger. (*Elle lui tend la main; Roger s'avance frissonnant, met un genou en terre, baise la main d'Isabelle et se relève.*) Allez, mon ami; faites vos préparatifs. — Ha!...

ROGER, *qui sortait*

Madame me rappelle?

ISABELLE

Qu'aviez-vous à me dire, lorsque vous êtes entré?

ROGER

Moi?... je ne me souviens... — Ah!... le sire d'Anguillac sollicitait, madame, l'honneur d'être reçu.

ISABELLE

Le sire?...

ROGER

D'Anguillac.

ISABELLE

Un chevalier de Guyenne, venu depuis peu en Bigorre, y faisant grand tapage et annonçant, je crois, l'intention de s'y fixer?

ROGER

Ainsi qu'un sien ami, le sire de Montcorbeaux.

ISABELLE

Sans doute de bons Français qui ne veulent pas rester les tenants du duc d'Aquitaine?

ROGER

On l'espère, madame.

ISABELLE

Donnez l'ordre qu'on l'introduise.

SCÈNE V

ISABELLE, seule

Un brave cœur ! — Il m'en coûte de l'éloigner ainsi. Mais il le faut. — L'histoire de Nicole est une fable ; Roger, à en croire Isoline, est d'une timidité !... — D'ailleurs, quelle apparence que le comte de Bigorre s'occupe sérieusement d'une fille... — la fille d'un de ses écuyers — charmante certes, belle... (*elle prend un miroir sur la table*), plus belle que moi peut-être ; mais enfin... — non, c'est impossible. Quel autre que le comte oserait m'écrire... m'aimer ?... Roger, cela est certain, était l'intermédiaire... et maintenant le comte... si c'est lui... et c'est lui, sera bien forcé d'agir lui-même.

SCÈNE VI

ISABELLE, LE SIRE D'ANGUILLAC

Roger annonçant : Le sire d'Anguillac, *deux varlets prétentieux, en livrée rouge chamarrée d'or, entrent et se tiennent de chaque côté de la porte de gauche.*

ANGUILLAC, *entrant et se dirigeant vers Isabelle d'une allure vive et ondoyante ; accent de l'Armagnac.*
Noble dame !... (*Roger sort.*) — Vous permettez ?... (*Il se tourne vers la porte.*) C'est bien, varlets, c'est bien ;

qu'on m'attende sur le pont-levis. (*Revenant.*) Baronne...
(*Les varlets sortent.*)

ISABELLE

Chevalier...

ANGUILLAC, *même jeu*

Ah !... (*Les varlets rentrent.*) et que torches et flambeaux s'allument pour le retour. — Allez ! (*Les varlets sortent.*) Je vous demande pardon, madame.

ISABELLE

Faites donc, je vous prie.

ANGUILLAC, *même jeu*

Ah !... (*Les varlets rentrent.*) et que mes piqueurs se tiennent prêts à sonner leurs plus brillantes fanfares en l'honneur de dame Isabelle, belle des belles, haute et puissante baronne d'Argelès. — Allez ! (*Les varlets sortent.*)

ISABELLE

Trop galant, sire d'Anguillac.

ANGUILLAC

C'est de nature, madame, c'est de nature. (*Il va vers la baie.*) — Quelques centaines de manants ont suivi mon escorte jusqu'au pied du château : souffrez que je leur jette quelques poignées de nobles à la rose.

ISABELLE

Trop généreux, chevalier.

ANGUILLAC

C'est de nature, baronne. — Mais cela n'est rien; j'espère vous en faire voir bien d'autres.

ISABELLE

Que voulez-vous dire ?

ANGUILLAC

Sachez que, pour un motif que... (*Tendrement.*) si vous le permettez, j'expliquerai mieux tout à l'heure, je me suis proposé de devenir le chevalier le plus accompli de mon siècle.

ISABELLE

Il me semble que déjà...

ANGUILLAC

Trop bonne, en vérité! Je dois avouer que dame nature fut indulgente à mon berceau; néanmoins, à l'exemple des meilleurs chevaliers qui s'efforcent d'imiter l'un Richard Cœur-de-Lion, Rudolph de Montflanquin ou Tancrède de Sarrazac, l'autre Hector d'Arcachon ou Barbe-en-Quatre de Cahors, je voulus un modèle, et consultai là-dessus un savant très versé dans les choses antiques, maître Zadoc Grippmann, homme obligeant, quelque peu mage.

ISABELLE

Savant... hébreu, je pense?

ANGUILLAC

Hébreu?... peut-être. — Zadoc, contre dix besans d'or, ayant étudié les lignes de ma main, déclara que, vu ma nature, je ne pouvais choisir un meilleur parangon que chez les Grecs anciens, et que des chevaliers grecs le plus parfait était le fier, l'éblouissant baron d'Alcibiadès, dont il me lut l'histoire dans le bon sire de Plutarchès.

ISABELLE

Ah?... le baron d'Alcibiadès.

ANGUILLAC

Lui-même... un Athénien du temps de... la reine

Berthe, dont chaque jour je m'efforce d'imiter, de surpasser, si cela est possible, le faste, la largesse et même, le dirai-je, les folles inconséquences, au point que j'ai fait, ce matin, couper la queue de Nicanor, le plus fin de mes limiers; non pas que je lui reprochasse rien, l'estimable animal, mais le baron d'Alcibiadès avait eu cette fantaisie. Et maintenant, baronne, si vous voulez savoir pourquoi je fais revivre en moi cet illustre modèle, pourquoi je m'environne de varlets et de piqueurs, pourquoi par monts et vaux, je sème l'or de mes ancêtres et la queue de mes chiens, c'est à vos pieds, madame, à vos pieds que je dois répondre, en baisant cette main que je brûle d'unir à celle de Florestan Rufin Galaor d'Anguillac... et que je vous demande à genoux, ô Aspasie!

ISABELLE

Aspasie!

ANGUILLAC

C'est le nom que le noble Alcibiadès donnait à la chaste et divine reine de ses pensées; mais Aspasie ou Isabelle, qu'importe!... si vous agréez mon amour.

ISABELLE, *à part*

Serait-ce lui?.. hélas, je n'aurais pas songé à ce Grec... de Guyenne.

ANGUILLAC

Un mot!... un seul mot; ô baronne... ne dût-il être que d'espérance.

ISABELLE

Mais, chevalier, la demande est vraiment un peu brusque, un peu... violente, et, s'il vous plaît... (*Roger entre et annonce :*) Le sire de Montcorbeaux.

SCÈNE VII

Les mêmes, LE SIRE DE MONTCORBEAUX

MONTCORBEAUX *entrant, roide et gourmé; accent du haut Rouergue, à part.*

Mon rival à genoux !... (*Au page.*) Enfant, faites donner un peu de paille d'orge à mon bidet d'allure, qui est à la poterne.

ISABELLE

Que l'on conduise le palefroi du sire de Montcorbeaux dans les écuries de la grand'cour, et qu'on le soigne au mieux.

MONTCORBEAUX

Non, madame, non; rien que le nécessaire; il ne faut pas gâter les chevaux. (*Roger sort.*)

ANGUILLAC, *se relevant; à mi-voix*

Est-il possible, Alcibiadès, qu'un chevalier soit aussi pleutre !

MONTCORBEAUX

Baronne, la position où je trouve Anguillac m'épargne des discours longs. — Madame, je vous aime. — Pour vous mériter mieux j'ai voulu être tôt, sur un modèle parfait, le premier chevalier du temps. Je consultai là-dessus un savant très ferré d'antique, maître Zadoc Gripmann, homme obligeant, mais cher, qui, non pas pour des fèves, m'ayant lu dans la main, dit que, vu ma nature, je ne pouvais mieux choisir que le duc de Léonidas.

ISABELLE

Oui!... de Léonidas; un Grec du temps de Charlemagne?

MONTCORBEAUX

Juste!

ISABELLE

Dont le bon sire de Plutarchès a raconté l'histoire?

MONTCORBEAUX

Sic. — Aujourd'hui je me fais fort, occasion donnée, d'égaler ledit duc, et, laconiquement, je vous dis : Fille de Sparte, je t'aime; qu'en penses-tu? »

ISABELLE

Fille de Sparte?...

MONTCORBEAUX

Une figure. — Fille de Sparte, Isabelle, même chose pour mon amour. (*Il passe devant Anguillac, qui s'était relevé, et s'agenouille aux pieds d'Isabelle.*)

ISABELLE, *à part*

Lui aussi!... — Encore un dont je ne rêvais pas.

ANGUILLAC, *s'agenouillant de l'autre côté*

Ne répondrez-vous pas, ô céleste Aspasie?

MONTCORBEAUX

Je ne demande qu'un oui laconique. (*Musique.*)

ENSEMBLE

ANGUILLAC ET MONTCORBEAUX	ISABELLE, *à part*
Parlez, madame,	Malgré leur flamme
Et sur mon âme	Toujours mon âme
A votre arrêt l'on se rendra	Entre les deux hésitera;
(*A part.*) Douce espérance,	J'ai l'espérance,
Je sais d'avance	J'ai l'assurance
Celui des deux qu'on choisira.	Qu'un autre un jour l'emportera.

ANGUILLAC

Quel est le sort que nous devons attendre ?

MONTCORBEAUX

Parlez, madame.

ISABELLE

Extrême est l'embarras.

ANGUILLAC, *pressant*

Parlez, madame, et faites-vous comprendre.

MONTCORBEAUX, *avantageux*

Je vous comprends si vous ne parlez pas.

ANGUILLAC ET MONTCORBEAUX

Parlez, parlez... d'un amant qui soupire
Et gémit à vos pieds, apaisez les tourments.
Parlez !...

ISABELLE

C'est facile à dire ;
Si vous parlez en même temps
Je ne pourrai vous satisfaire.

MONTCORBEAUX

C'est évident.

ANGUILLAC

Sachons nous taire ;
Nous parlerons de notre amour
A notre tour

MONTCORBEAUX

A notre tour.

ANGUILLAC ET MONTCORBEAUX

En bons amis et tour à tour
Chacun de nous fera sa cour.

ANGUILLAC

C'est entendu.

ANGUILLAC ET MONTCORBEAUX

Faites silence.

MONTCORBEAUX

C'est convenu.

MONTCORBEAUX ET ANGUILLAC

Moi je commence.

ANGUILLAC

Madame...

MONTCORBEAUX

Madame...

ANGUILLAC

Taisez-vous !

MONTCORBEAUX

Taisez-vous !...

ANGUILLAC

Mon âme...

MONTCORBEAUX

Mon âme...

ANGUILLAC

Taisez-vous !...

MONTCORBEAUX

Taisez-vous !

ANGUILLAC ET MONTCORBEAUX, *à Isabelle*

Je suis à vos genoux...

Chacun à l'autre

Taisez-vous... taisez-vous !

MONTCORBEAUX, *se levant*

C'est trop d'impertinence !

ANGUILLAC, *se levant*

C'est assez d'arrogance !

MONTCORBEAUX ET ANGUILLAC

Je parlerai d'abord !

ISABELLE

Pour vous mettre d'accord,
Chevaliers, tirez donc au sort.

MONTCORBEAUX

Au premier pas je dois prétendre
Comme le plus âgé des deux.

ANGUILLAC

Comme de beaucoup le moins vieux.
Je suis un amant bien plus tendre.

MONTCORBEAUX

Et moi bien plus respectueux.

ISABELLE

Je ne sais plus auquel entendre ;
Entendez-vous donc un peu mieux.

REPRISE DE L'ENSEMBLE

ANGUILLAC ET MONTCORBEAUX	ISABELLE
Parlez, madame, etc.	Malgré leur flamme, etc.

ANGUILLAC ET MONTCORBEAUX, *tragiquement*

Que la vie ou la mort par vous soit décidée !

ISABELLE, *à part*

Comment sortir d'embarras ?
Mais, j'y songe... quelle idée !

ANGUILLAC ET MONTCORBEAUX

Quoi !... vous ne répondez pas ?

ISABELLE

Vous voulez que je prononce
Entre vous deux?

ANGUILLAC ET MONTCORBEAUX

Entre nous deux.

ISABELLE

Eh! bien, voici ma réponse :
Entre deux
Je ne veux
Ni moins jeune...

MONTCORBEAUX, *atterré*

Ah!

ISABELLE

Ni moins vieux.

ANGUILLAC, *atterré*

Ah!

ISABELLE

Je veux...
Le plus valeureux.

ANGUILLAC, *respirant*

Ouf!

MONTCORBEAUX, *respirant*

Ouf!

ANGUILLAC ET MONTCORBEAUX

Ah! je me sens renaître.

ISABELLE

Attendez : de certains exploits
L'auteur ne s'est pas fait connaître;
S'il se nommait... c'est lui peut-être
Qui sur mon cœur aurait le plus de droits.

Un ours d'énorme taille
Dévastait ces hauteurs,
A lui livrer bataille
Hésitaient nos chasseurs.
D'un seul... quel?... on l'ignore...
Il tomba sous les coups;
Ce brave du Bigorre,
Est-ce vous?... Est-ce vous?...

ENSEMBLE

ISABELLE,	ANGUILLAC ET MONTCORBEAUX,
à part	*à part*
Je crois que l'ours les embarrasse?	Ce diable d'ours... il m'embarrasse.

ANGUILLAC, *à part*

Que faut-il dire?

ISABELLE

Eh bien? Eh bien?

MONTCORBEAUX, *à part*

Il ne dit rien.

ANGUILLAC, *à part*

Il ne dit rien.

MONTCORBEAUX, *à part*

Tant pis pour les absents!... on se met à leur place.
(*Haut.*) Cet inconnu...

ISABELLE

Parlez.

MONTCORBEAUX

Je le connais. C'est moi.

ISABELLE, *à part*

Lui!

ANGUILLAC

Toi!

MONTCORBEAUX

Moi!

ANGUILLAC

Toi!

MONTCORBEAUX

Moi!

ANGUILLAC

Toi!

MONTCORBEAUX, *à part*

Mon rival trouve son maître.

ANGUILLAC, *à part*

Je démasquerai le traître.

ISABELLE

D'encore plus brillants exploits
L'auteur ne s'est pas fait connaître;
S'il se nommait... c'est lui peut-être
Qui sur mon cœur aurait le plus de droits.

Sous les yeux de la reine,
En combats singuliers,
S'illustrait dans l'arène
La fleur des chevaliers.
Un seul... quel?... on l'ignore,
A triomphé de tous...
Ce héros du Bigorre,
Est-ce vous? Est-ce vous?

ENSEMBLE

ISABELLE,	ANGUILLAC ET MONTCORBEAUX,
à part	*à part*
Ce chevalier les embarrasse.	Ce chevalier?... il m'embarrasse.

MONTCORBEAUX, *à part*

Que faut-il dire?

ISABELLE, *à chacun*

Eh bien? Eh bien?

ANGUILLAC, *à part*

Il ne dit rien.

MONTCORBEAUX, *à part*

Il ne dit rien.

ANGUILLAC, *à part*

Tant pis pour les absents!... on se met à leur place. *(Haut.)* Cet inconnu...

ISABELLE

Parlez.

ANGUILLAC

Je le connais. C'est moi.

ISABELLE, *à part*

Lui!

MONTCORBEAUX

Toi!

ANGUILLAC

Moi!

MONTCORBEAUX

Toi!

ANGUILLAC

Moi!

MONTCORBEAUX

Toi!!!

ANGUILLAC, *à part*

Mon rival trouve son maître.

MONTCORBEAUX, *à part*

Je démasquerai le traître.

ANGUILLAC ET MONTCORBEAUX, *à part*

Tant pis pour lui... chacun pour soi.

ENSEMBLE

ANGUILLAC ET MONTCORBEAUX	ISABELLE
Parlez, madame.	Malgré leur flamme
Et, sur mon âme,	Toujours mon âme
A votre arrêt l'on se rendra.	Entre les deux hésitera.
(*A part.*) Douce espérance,	J'ai l'espérance,
Je sais d'avance	J'ai l'assurance
Celui des deux qu'on choisira.	Qu'un autre un jour l'emportera.

ISABELLE

Doncques, sire de Montcorbeaux, c'est vous qui, seul, et sans le dire, attaquâtes l'ours géant qui enlevait nos troupeaux, y compris les bergers, ce monstre que redoutaient nos plus hardis chasseurs?

MONTCORBEAUX

Moi-même, noble dame, simplement comme Léonidas, qui ne se vanta jamais.

ISABELLE

Et c'est vous, sire d'Anguillac, qui vainquîtes tous vos rivaux au tournoi de Comminges, et cachâtes votre nom?

ANGUILLAC

Je dois l'avouer, baronne; triompher sous le masque, étonner dans le mystère, ainsi l'eût fait Alcibiade, sous les yeux de la beauté.

ISABELLE, *à part*

Hélas! mon pauvre cœur, ce n'est ni l'un ni l'autre que tu rêvais pour ton héros. S'ils me trompaient pourtant?... Oh! des chevaliers, ce serait indigne. Mais le sont-ils vraiment? Je ne les connais point, et l'on voit aujourd'hui d'étranges aventuriers.

Oh! à tout prix je veux une certitude. *(Elle s'approche de la table et frappe sur le timbre; Bertrade paraît, à droite.)* C'est hardi, mais ainsi je saurai. *(A Bertrade.)* Les flambeaux.

ANGUILLAC, *bas à Isabelle*

Ce silence!... Ah! d'honneur, madame... entre nous deux, et sur l'autre sans que je m'expliquasse, se pourrait-il que vous balançassiez?

MONTCORBEAUX, *de même*

Sans m'expliquer sur l'autre, madame, hésiter serait-il possible? *Bertrade entre avec deux flambeaux de cire qu'elle pose sur la table, et se retire.*

ISABELLE, *s'asseyant à la table et prenant une plume*

Hésiter?... Mais assurément. Comment avoir une préférence entre deux chevaliers aussi nobles...

ANGUILLAC, *s'inclinant*

Madame...

ISABELLE

Aussi braves...

MONTCORBEAUX, *de même*

Madame...

ISABELLE

Aussi... antiques l'un que l'autre?

ANGUILLAC ET MONTCORBEAUX

Madame!... Mais alors?...

ISABELLE

Il faudrait que l'un... l'un de mes soupirants offrît quelque avantage, qu'une épreuve entre eux décidât...

ANGUILLAC

Une épreuve?... Ah! qu'elle soit terrible, effroyable!

MONTCORBEAUX, *à Anguillac*
Pas de phrases. *(A Isabelle.)* Parlez.

ISABELLE

Rien qu'une fantaisie : non loin de ce castel, sur les roches ardues qu'on aperçoit d'ici, des aigles ont leur aire. J'ai le vif désir d'élever un aiglon. La cime est haute et la nuit vient, mais avec des fallots... A l'assaut, chevaliers; celui qui, le premier, avec l'aiglon, bien entendu, reparaîtra céans, avant minuit sonné, recevra... ma réponse.

MONTCORBEAUX

Facile.

ANGUILLAC, *agité*

« Entendre : c'est obéir », a dit le Sarrasin. Je pars, je vole.

MONTCORBEAUX, *calme*

Volons.

ISABELLE

Un instant. C'est peut-être moins aisé qu'on ne pense. A la nuit les portes sont fermées; pour parvenir ici, une seule voie permise, l'escalade. Cette baie restera ouverte. Quarante pieds environ la séparent du sol. Les fossés sont profonds, pleins d'eau; pourtant Gaspard, mon fauconnier, aidé d'une longue perche, sait les franchir d'un bond. Les murailles sont à pic, mais elles ont des brèches, et les rameaux noueux du lierre font une échelle fort praticable à des cœurs bien épris. D'ailleurs l'amour donne des ailes. Voilà l'épreuve, voici le chemin; examinez, chevaliers, et consultez votre courage.
(Anguillac et Montcorbeaux s'approchent de la baie.)

ISABELLE. *Elle frappe deux fois sur le timbre. Roger paraît, à gauche. Ecrivant, à part*

Le comte de Bigorre ne connaît pas ma main ; n'importe, déguisons l'écriture.

« Si vous aimez, beau troubadour,
Prenez les ailes de l'amour. »

Pour cachet, cette pierre tout unie. S'il m'aime, il comprendra. Sinon... il n'y comprendra rien et je ne serai pas compromise. (*A Roger, bas.*) Prenez le plus vite des chevaux, allez à fond de train ; soyez masqué, muet, et que le comte de Bigorre tienne cette missive de ses gens sans savoir de quelle part elle vient. (*Elle donne la lettre.*) C'est une mission de confiance, une question... politique où je ne veux pas qu'on me sache mêlée. Je compte sur votre discrétion. (*Roger s'incline et sort.*)

(*Haut.*) Avant minuit, chevaliers. (*Elle sort à droite.*)

SCÈNE VII

ANGUILLAC, MONTCORBEAUX, *puis* ROGER

ANGUILLAC, *à part*

C'est haut... et noir.

MONTCORBEAUX, *à part*

C'est haut... et sombre.

ANGUILLAC, *à part*

Nous sommes seuls. Ne conviendrait-il pas que je plaçasse ce joyau (*il touche son poignard*) entre les côtes de mon rival, et que je l'envoyasse dans l'eau vérifier la profondeur ?

MONTCORBEAUX *à part*

Seuls ! si ?... (*Il fait le geste de poignarder.*) et si ?...
(*de jeter au dehors.*)

ANGUILLAC, *à part*

Oui... mais un animal qui étouffe des ours gigantesques...

MONTCORBEAUX, *à part*

Oui... mais un diable vert qui renverse vingt chevaliers...

ANGUILLAC, *à part*

Est-ce vraiment lui, l'homme à l'ours?

MONTCORBEAUX, *à part*

Est-il bien le héros de Comminges?

ANGUILLAC, *à part*

Je le crois faux comme un Ilote, ce singe de Léonidas.

MONTCORBEAUX, *à part*

Je le pense vantard comme un paon, ce geai d'Alcibiades.

ANGUILLAC, *à part*

Mais en ce cas, qui a tué le monstre?

MONTCORBEAUX, *à part*

Mais alors qui a culbuté?...

ANGUILLAC, *à part*

Hai !... le même peut-être?

MONTCORBEAUX, *à part*

Celui dont parlait la châtelaine?

ANGUILLAC, *à part*

Celui qu'admirait la baronne?

MONTCORBEAUX, *à part*

Le champion du Bigorre?

ANGUILLAC, *à part*

Un rival mystérieux. N'ai-je pas ouï dire que c'est le comte lui-même ? Rival et adversaire.

MONTCORBEAUX, *à part*

N'assure-t-on pas que c'est le comte ? Un ennemi du parti.

ANGUILLAC, *à part*

Mais alors Montcorbeaux ne serait pas un Hercule ?

MONTCORBEAUX, *à part*

Mais alors Anguillac ne serait pas le dieu Mars ? *(Ils s'observent l'un l'autre. Roger, qui était à demi caché par la tenture, s'avance doucement entre eux.)*

ROGER

Chevaliers...

ANGUILLAC

Eh quoi ?...

MONTCORBEAUX

Qu'est-ce ?

ROGER

Prenez garde au comte de Bigorre. *(Il sort en les menaçant du geste.)*

Musique.

SCÈNE VIII

ANGUILLAC, MONTCORBEAUX

ANGUILLAC, *frémissant*

Le comte de Bigorre !...

MONTCORBEAUX, *frémissant*

Le comte de Bigorre !...

ENSEMBLE

Le comte de Bigorre !...
— Pourquoi ce nom haï
Me poursuit-il encore ?...
— Me suis-je donc trahi ?

ANGUILLAC, *regardant Montcorbeaux*

Mais il frissonne... il tremble...

MONTCORBEAUX, *regardant Anguillac*

Il frémit, ce me semble.

ENSEMBLE

Quel poltron, ce vaurien !
Il a peur, et pour rien.

ANGUILLAC, *parlé, à part*

Je ne me parlais qu'à moi-même.

MONTCORBEAUX, *parlé, à part*

Je pensais tout bas ; donc...

ANGUILLAC, *à part*

Nul ne pouvait m'entendre.

MONTCORBEAUX, *à part*

Nul ne pouvait comprendre.

ENSEMBLE

Quel poltron, ce vaurien !
Il a peur... et pour rien.
Ha ! Ha ! Ha ! Ha !... le bon apôtre,
Il n'est pas plus brave qu'un autre ;
Et de cette observation
Je tire une conclusion :

ANGUILLAC, *à part*

Puisqu'aisément intimidée
Son âme de bravoure est si peu possédée,
En un mot s'il est un couard,
Je puis bien revenir à ma première idée.

MONTCORBEAUX, *à part*

Pour agir congrûment il n'est jamais trop tard.

ENSEMBLE

De son artifice
Il faut qu'à l'instant
Ma main le punisse...
Oui, je veux son sang!
Sans peur, par derrière,
Frappons, et livrons
Son corps à la terre,
Son âme aux démons.

Sans se regarder, ils ont tiré chacun à moitié la dague du fourreau, mais, s'apercevant qu'ils ont tous deux la même pensée, ils rengainent brusquement.

ANGUILLAC

Montcorbeaux!...

Il lui tend les mains.

MONTCORBEAUX, *même jeu*

Anguillac!...

ANGUILLAC

L'homme pour qui sur terre
J'ai la plus grande estime assurément, c'est toi.

MONTCORBEAUX, *lui serrant les mains*

Anguillac!...

ANGUILLAC

Montcorbeaux?...

MONTCORBEAUX

Je n'eus jamais de frère,
Mais la tendre amitié me donne un autre moi.

ANGUILLAC

Je t'aime, et, si tu veux m'en croire,
Par notre admirable union

Nous effacerons la mémoire
De Pilade, Oreste et Damon.

MONTCORBEAUX

Parle, je brûle de t'entendre.

ANGUILLAC

Tous les deux pour le même objet
Nous avons même désir tendre...

(Farouche.)

— Mais...

MONTCORBEAUX, *tragique*

Je soupçonne ton projet.

ANGUILLAC

Si nous étions de notre reine
Les seuls amants, en vrais amis
Nous laisserions la châtelaine
Décider... mais...

MONTCORBEAUX

Je t'ai compris.

ENSEMBLE, *sinistres*

Il faut nous délivrer d'un rival qui nous gêne.

MONTCORBEAUX

Le soleil était rouge à son coucher.

ANGUILLAC

Viens-tu ?

MONTCORBEAUX, *hésitant*

Fera-t-il clair de lune ?

ANGUILLAC

Eh !... plus tard. Sur la plaine
Déjà règne la nuit. Sa demeure est prochaine ;
Il faut nous embusquer derrière le gros chêne,
Et quand il passera, nous le.....

DAME ISABELLE

MONTCORBEAUX

C'est entendu.

ANGUILLAC

Puis, avec cette prouesse,
Il faudra bien qu'entre nous
Fasse enfin choix d'un époux
Notre adorable maîtresse.

MONTCORBEAUX

C'est évident.

ANGUILLAC

Mais jusque-là
Soyons deux frères.

MONTCORBEAUX

C'est cela.

ANGUILLAC, *à part*

Quand l'un sera mort, on verra
Comment on se délivrera
De l'autre.

Haut.

Allons.

MONTCORBEAUX, *à part*

Quel scélérat!

ENSEMBLE

L'instant est propice;
Dans la nuit aussi
Que chacun se glisse...
Voici l'ennemi.
Sans peur, par derrière,
Frappons, et livrons
Son corps à la terre,
Son âme aux démons!
— Allons!... courons!

Ils sortent avec des gestes terribles.

SCÈNE X

ISABELLE, puis ROGER

Bertrade, une lampe à la main, soulève la tenture, à droite, pour laisser passer Isabelle, qui lui fait signe de se retirer et s'avance vers la baie.

Que se passe-t-il donc en bas?... Je vois briller des torches et j'entends le pas de plusieurs chevaux? — Ah! bien; ce sont mes deux adorateurs qui s'éloignent ensemble... Ensemble?... c'est singulier.

Roger doit être en ce moment au château de Beaucens; il fait porter ma lettre... on la lit... on devine... on va venir... on vient! — Comme le cœur me bat! Mais, pauvre folle, sais-je seulement s'il a compris... s'il m'aime? Et pourtant ces fleurs mystérieuses, ces vers charmants, brûlants, cet héroïsme discret... Qui donc, si ce n'est lui?... Ces deux chevaliers... étranges? Non; je suis sûre qu'ils me trompent.

Musique.

Lui seul est mon héros, lui seul est mon poète. (*Elle s'approche de nouveau de la baie.*) Ah! que la nuit est sombre! — Et franchir ces fossés, gravir ces murs... hélas!... il n'en croira que son courage, et le moindre faux pas peut le précipiter!...

D'où vient cette terreur subite?...
D'où vient que mon cœur tour à tour
Se glace, frémit et palpite?
Ah! ce tourment qui l'agite,
Puis-je le méconnaître encore, c'est l'amour.

Que le torrent sur la grève
Jette son flot avec bruit,
Que le vent du soir s'élève
Et gémisse dans la nuit...
Mon cœur ne bat plus... j'écoute...
Je crois entendre ses pas...
Il vient!... c'est lui, plus de doute...
— Et pourtant il ne vient pas!

La route, auprès du gave, est difficile et sombre;
Dans les rochers, dans la forêt
S'il s'égarait!
Comment le guider dans l'ombre?
Cette lumière?... oh! non, je n'ose pas... Grand Dieu,
Que faire?... Ah! cette mandoline!
Chantons le virelai de la gente Émeline,
Et que ma voix le guide vers ce lieu.
« De gente Émeline
« Le beau fiancé
« Pour la Palestine
« Partit l'an passé... »
Je n'entends que le vent qui gémit dans les bois.
« Émeline pleure
« Mais voici qu'un jour... »

ROGER, *au dehors*

« Mais voici qu'un jour... »

ISABELLE

Une voix!... — C'est l'écho qui répond à ma voix.
« Près de sa demeure... »

ROGER

« Passe un troubadour... »

ISABELLE

Ah! ce n'est pas l'écho.

ROGER

« La gente Émeline
« Sent battre son cœur... »

ISABELLE

Chantons encore un peu.
« De la Palestine
« Viens-tu, beau chanteur? »

ROGER

« Je viens de la guerre... »

ISABELLE

« Et mon fiancé?...
« Dis-moi, beau trouvère,
« S'il n'est pas blessé. »

ROGER

« Son cœur, je le jure,
« Dit le troubadour,
« Porte la blessure
« Que lui fit l'amour. »

ISABELLE

C'est lui ! — Chantons encor... — mais... écoutons... mon Dieu!..
Des pierres, il me semble, ont roulé dans le gouffre...
Trop dangereux, ces murs!... je frissonne... je souffre...
— Il ne chante plus!

Roger paraît.

Ah!

Elle recouvre vivement les flambeaux de l'éteignoir qui leur est appendu. — La lune se lève.

ROGER, *masqué, en manteau. Il chante le dernier couplet un genou sur le bord de la baie.*

« Et bientôt lui-même
« Sera devant toi,
« Car celui qui t'aime,
« Ma belle, c'est moi! »

Roger entre et fait quelques pas dans la salle, hésitant et tremblant; Isabelle, qui a reculé jusque vers la table, s'y appuye, presque défaillante.

ENSEMBLE

ROGER	ISABELLE
Elle est là... joie extrême,	Il est là... c'est lui-même,
Et tourment... tout mon cœur	A lui va tout mon cœur;
Veut crier que je l'aime...	Et mon trouble est extrême...
Et parler me fait peur.	Le bonheur me fait peur.

ROGER

Il faudrait de l'assurance
Et d'effroi je crois mourir.

ISABELLE

Je l'attendais... sa présence
D'émoi me fait défaillir.

ROGER

Vous avez fui de ma mémoire,
Discours brûlants que préparait mon cœur.

ISABELLE

Heureusement la nuit est noire;
Cachons-lui bien mon trouble et ma rougeur.

REPRISE DE L'ENSEMBLE

ROGER	ISABELLE
Elle est là... etc.	Il est là... etc.

ROGER

Comme un enfant je tremble...
Haut le cœur!... je le veux!

ISABELLE

Çà, beau comte, il me semble
Que nous tremblons tous deux.

ROGER

Courage!... il faut parler; cet instant est suprême.

Haut.

Madame...

ISABELLE

Chevalier?...

ROGER

Madame... je vous aime!
Ah! répondez-moi sans courroux...
Je vous aime... le voulez-vous?

ISABELLE

Je ne puis pas vous le défendre...
Mais si vite accepter l'aveu...
Un chevalier doit le comprendre,
C'est vraiment me presser un peu.

ROGER

Ne craignez rien de mon délire;
Un esclave est à vos genoux;
Ce que l'amant pourrait vous dire
On peut l'entendre de l'époux.

ISABELLE, *à part*

Lui, mon époux!... je suis comtesse.

ROGER

Vous ne répondez pas?... pardon!
Trop grande était ma hardiesse...
Adieu...

ISABELLE

Mais... je n'ai pas dit non.

ROGER

Qu'ai-je entendu? céleste joie!...
Mais...

ISABELLE

Mais?... parlez.

ROGER

A ce bonheur
S'il est possible que je croie,

Permettrez-vous qu'une faveur
Rassure un peu mon pauvre cœur ?

ISABELLE, *à part*

Ferait-il renaître ma peur ?

ROGER

Si vraiment votre foi s'engage
Aux douces chaînes de l'hymen,
Madame, accordez-moi pour gage...

ISABELLE

Eh ! quoi ?

ROGER

L'anneau de votre main.

ISABELLE, *à part*

La bague au cachet... je respire ;
Il n'est pas exigeant.

ROGER

Hélas !...
Vous refusez ?...

ISABELLE, *à part*

Comme il soupire !...

Haut.

Allons, ne vous désolez pas.
Elle lui donne l'anneau

ROGER

Madame !...

ISABELLE

Chevalier ?...

ROGER

Madame... je vous aime !...
Ah ! répondez-moi sans courroux...
Je vous aime... m'aimerez-vous ?

ISABELLE

En vérité mon cœur l'ignore,
Et pour vous faire un tel aveu
Il a besoin d'attendre encore ;
Souffrez qu'il se consulte un peu.

ROGER

Ayez pitié de mon martyre ;
Un esclave est à vos genoux ;
A l'amant ce qu'on n'ose dire,
On peut le dire à son époux.

ISABELLE, *à part*

Mon époux !... O douce pensée !...

ROGER

Vous ne répondez rien ?... Pardon !...
Ma demande était insensée...
Adieu !...

ISABELLE

Mais... je n'ai pas dit non.

ROGER

Qu'ai-je entendu !... Suprême joie !...
Mais...

ISABELLE

Mais ?... parlez.

ROGER

    A ce bonheur
S'il est possible que je croie,
Ah ! permettez qu'une faveur
Rassure encore mon pauvre cœur !

ISABELLE, *à part*

De nouveau je ressens la peur.

ROGER

S'il est un espoir pour mon âme,
Si je puis être aimé... demain...

ISABELLE

Eh! bien?...

ROGER

Accordez-moi, madame,
Un seul baiser sur votre main.

ISABELLE, *à part*

Un seul baiser... Ah! je respire...
Il n'est pas exigeant.

ROGER

Hélas!...
Vous refusez!

ISABELLE, *à part*

Comme il soupire!...

Haut.

Allons, ne vous désolez pas.

Elle lui tend la main que Roger couvre de baisers.

ENSEMBLE

ROGER, *à part*	ISABELLE, *à part*
Si vous saviez qu'un page	En demandant ce gage
Soupire à vos genoux,	A lui donner si doux,
Je n'aurai ni ce gage	Il tremble comme un page
Ni ce baiser si doux.	Au premier rendez-vous.
Téméraire mensonge,	Ah! si je fais un songe
Laisse-moi t'oublier;	Près de mon chevalier,
Quand on fait un beau songe,	O nuit, qu'il se prolonge...
Faut-il se réveiller?	J'ai peur de m'éveiller.

Roger est aux pieds d'Isabelle... Silence. On entend au dehors un bruit de pierres qui croulent. La lune s'est levée.

ISABELLE, *à part*

Ce bruit de pierres?... ah! j'oubliais!... C'est l'un de mes deux poursuivants; il arrive à propos! — Que faire?

ROGER, *qui s'est approché de la baie*

Un homme cherche à gravir la muraille.

ISABELLE, *à part*

Je ne sais que lui dire.

ROGER, *à part*

La lune l'éclaire; c'est d'Anguillac, l'un des bandits qui, tout à l'heure, m'ont assailli au pont du gave. Ah! nous allons compter!

ISABELLE, *à part*

Le temps presse... il vaut mieux tout avouer. (*Haut.*) Chevalier...

ROGER

Madame?

ISABELLE

Vous avez deux rivaux... prétendants ridicules, que je n'ai laissés tenter cette difficile épreuve que pour... pour vous donner le temps de les prévenir.

ROGER

Et le droit de vous en délivrer?...

ISABELLE

Le droit?... Vous en avez, ce me semble, un gage... et même deux.

ROGER

Ah! maintenant, madame, qu'importent cent rivaux! — Permettez que je reçoive celui-ci de manière...

ISABELLE

Non, comte, point d'esclandre. Donnez-moi votre main; venez là, dans la galerie; cachez-vous derrière la tenture et ne vous montrez qu'à mon appel. (*Roger baise encore la main d'Isabelle, qui traverse la scène au* moment où *Anguillac se montre dans la baie et sort doucement à droite.*)

SCÈNE XI

ANGUILLAC, *puis* MONTCORBEAUX ; ROGER, *caché*.

ANGUILLAC, *s'accrochant à un des meneaux*

Corne du diable !... Houh !... Il était temps que j'arrivasse... je pensais me rompre le col. (*Il enjambe rapidement la baie et s'avance, en tâtonnant, vers le devant de la scène, à droite.*) Les jambes me flageolaient... ces lierres entortillants... c'était comme des mains... comme si l'autre... le défunt... il m'eût saisi le pied ! (*Il se heurte à un escabeau.*) Eh !... qu'est cela ? Un siège. (*Il s'y laisse tomber.*) Le comte... le malheureux !... Il venait seul, grand train. Je portai le premier coup... il nous fit résistance... mais, par derrière, Montcorbeaux frappait terriblement... J'ai fui... l'horrible fin.

MONTCORBEAUX, *même entrée*

Harnibieu !... c'était temps... je sentais le vertige... (*Il entre et s'avance vers la gauche de la scène.*) Les jambes me manquaient... il me semblait que... la victime... me mordait les talons. (*Il se heurte.*) Qu'est-ce que c'est ?... Un siège. (*Il s'y laisse tomber.*) L'infortuné... il passait, seul... je l'attaque... il riposte ; Anguillac, par derrière, frappait le coup de grâce... je me suis... détourné.

ANGUILLAC

La chose est faite, baste !

MONTCORBEAUX

C'est fait... prrrt !

ANGUILLAC

On soupire ?

MONTCORBEAUX

Un léger souffle ? C'est elle !

ANGUILLAC

C'est elle !... Je subodore le doux parfum qu'elle répand.

MONTCORBEAUX

Approchons.

ANGUILLAC, *mi-voix*

Est-ce vous ?

MONTCORBEAUX, *mi-voix*

Est-ce vous ?

ANGUILLAC

C'est moi-même.

MONTCORBEAUX

C'est bien moi.

ANGUILLAC, *à part*

Je l'eusse estimée plus farouche.

MONTCORBEAUX, *à part*

Je la supposais plus sévère.

ANGUILLAC, *à mi-voix*

Où êtes vous, rêve de ma jeunesse ?

MONTCORBEAUX *à part*

Rêve de ma jeunesse !... Elle se donne, cette femme. (*Haut.*) Ici, songe de mon existence.

ANGUILLAC, *à part*

Songe de mon existence !... La pauvrette ne se connaît plus. (*Leurs mains se rencontrent.*)

MONTCORBEAUX

Ha!...

ANGUILLAC

Ha!... *(A part.)* Elle est subjuguée.

MONTCORBEAUX, *à part*

Fascinée.

ANGUILLAC

Laissez-moi presser cette main.

MONTCORBEAUX

Pressez, ange, pressez! *(A part.)* Elle dépouille toute décence.

ANGUILLAC

Souffrez que j'étreigne cette taille...

MONTCORBEAUX

Étreignez, chère. *(A part.)* Elle foule aux pieds toute pudeur.

ANGUILLAC, *à part*

L'instant me semble venu de tomber à ses pieds.

ENSEMBLE

Je t'aime, ô Isabelle, et c'est à tes genoux... *(Ils s'agenouillent l'un devant l'autre.)*

SCÈNE XII

Les mêmes, ISABELLE

Les tentures de la porte de droite, au fond, sont soulevées par deux pages; deux autres, portant des candélabres, entrent et se rangent de chaque côté de la porte. Isabelle entre, suivie de Bertrade.

ANGUILLAC

Montcorbeaux!

MONTCORBEAUX

Anguillac! *(Ils se relèvent. Les candélabres sont posés sur la table, et les pages se retirent ainsi que Bertrade.)*

ISABELLE

Ah! chevaliers, le touchant tableau! Je craignais de retrouver deux rivaux pleins de haine, et je vois deux amis se pardonnant leurs torts et se prodiguant l'un à l'autre les plus tendres embrassements.

ANGUILLAC

Ce badinage, madame, ce cruel badinage est-il vraiment de saison?

MONTCORBEAUX

Est-il de circonstance?

ISABELLE

Mais plus peut-être que vous ne pensez. L'amitié console de l'amour.

ANGUILLAC

Je n'ose comprendre...

MONTCORBEAUX

Je ne saisis point.

ANGUILLAC

Votre promesse?

MONTCORBEAUX

D'une réponse?

ISABELLE

Je n'oublie rien; mais, pour que je réponde, il faudrait que l'un ou l'autre eût accompli l'épreuve. L'aiglon, d'abord?... Je ne le vois pas.

ANGUILLAC, *à part*

Pas si fol, ouais!... que je grimpasse!... (*Haut.*) Point de ma faute... Le nid, hélas!... il était vide. Mais voici une plume... (*A part.*) prise à la toque de mon piqueux.

MONTCORBEAUX

Les aiglons?... envolés! Mais voici les coquilles. (*A part.*) C'est de canard... ça se ressemble.

ISABELLE

Je vois qu'en cela chacun de vous a fait aussi bien que l'autre; il y a égalité, doncques pas de vainqueur. Laissons l'aiglon. Mais l'autre point, le principal?... Je ne dois une réponse qu'au premier arrivant.

ANGUILLAC

Hai!... le premier, c'est moi.

ISABELLE

De vous deux, c'est possible, mais non des trois.

ANGUILLAC ET MONTCORBEAUX

Des trois!...

ISABELLE

Vous aviez un rival.

ANGUILLAC, *à part*

Bon!... Nous le devinâmes.

MONTCORBEAUX, *à part*

Nous le supposions bien.

ANGUILLAC

Et ce rival, soumis à une même épreuve, nous précéda céans?

ISABELLE

Il paraît.

MONTCORBEAUX

A vos yeux il se montra, madame?

ISABELLE

Sans doute.

ANGUILLAC ET MONTCORBEAUX, *à part*

Mais alors... il y en a donc encore un autre?

ANGUILLAC

Et ce rival heureux, il serait indiscret certainement, madame, d'en demander le nom?

ISABELLE

Nullement. Ce nom bientôt ne sera un mystère pour personne; c'est... le comte de Bigorre. (*Roger soulève la tenture et se montre, toujours masqué; drapé dans son manteau. Anguillac et Montcorbeaux, qui lui tournent le dos, à gauche, ne le voient pas d'abord.*)

ANGUILLAC ET MONTCORBEAUX

Le?... le comte de Bi... de Bi...Bi...

ANGUILLAC

Du ca...alme, Mont...Mont...corbeaux.

MONTCORBEAUX

Du sang...froid... Anguill...ac.

ISABELLE

Quoi donc, chevaliers? Le nom du comte vous trouble étrangement.

ANGUILLAC

Aucunement, madame, ce nom, si haut soit-il, ne nous arrête pas.

MONTCORBEAUX

Il ne nous fait point renoncer.

ISABELLE

Et peut-on savoir, s'il vous plaît, le pourquoi d'une si belle confiance ?

ANGUILLAC ET MONTCORBEAUX, *se regardant*

Le pourquoi ?

ROGER, *s'avançant*

Le pourquoi !

ANGUILLAC ET MONTCORBEAUX, *se retournant.*

Hein ?... Ah !... quoi ?... lui... c'est lui !

ROGER

Le pourquoi, sachez-le, madame, est que ces misérables ont cru tantôt m'assassiner. Aveuglés par la peur, ils n'ont frappé que mon manteau et fui lâchement sous ma cravache. Or çà, couards et félons, je suis vivant pour vous répondre, et prêt, si madame le permet, à vous faire sauter dehors.

ANGUILLAC, *qui a examiné Roger attentivement*

Oui, bon jeune homme... oui !... si madame le désire, nous causerons sur l'heure. Mais expliquez au préalable comment le comte de Bigorre, si bien caché sous ce masque, a, du jour au lendemain, diminué de trois pouces.

MONTCORBEAUX

Et maigri de cinquante livres ?

ANGUILLAC

Comment ses cheveux châtains sont devenus blond clair ?

MONTCORBEAUX

Et claire aussi la barbe ?... — Ce n'est rien là qu'un imposteur.

ANGUILLAC

Et ses accusations sont simplement risibles. Nous, le tuer, cordious!... sommes-nous des spadassins?— On ne voulait, le pauvre, que l'effrayer un peu... et quant à fuir... quelle apparence?... Des chevaliers, morbleu!... qui, sans fanfaronnade, ont fait cent fois leurs preuves, reculer sous une badine!...

ANGUILLAC ET MONTCORBEAUX

Expliquez ça, jeune homme.

ISABELLE, *à part*

Que dois-je penser?

ROGER, *à part*

Adieu, beau rêve; voici le triste réveil. (*Il fait un pas vers Isabelle.*)

ISABELLE.

Comte,... ou qui que vous soyez, on parle devant une femme à visage découvert. Démasquez-vous. (*Roger, d'un geste, détache son manteau, enlève son masque, le jette à la face des deux sires, et, se croisant les bras, tête haute, les yeux baissés, reste fièrement devant Isabelle.*) Roger!

ANGUILLAC ET MONTCORBEAUX

Le jeune page!... ah! ah!

ANGUILLAC

J'en étais sûr... ah! ah!

MONTCORBEAUX

Ah! ah! ah!... je m'en tords. (*Roger les calme d'un regard.*)

ANGUILLAC.

Nous comprenons, madame; c'était un divertissement ; cet excellent jeune homme a fort bien joué son rôle. Ah ! ah !...

MONTCORBEAUX

Eh ! eh !... (*Roger les calme de nouveau.*)

ANGUILLAC

Mais nous voici, je pense, au terme de nos épreuves, et vos fidèles serviteurs réclament ardemment...

MONTCORBEAUX

Souhaitent passionnément...

ENSEMBLE

Une décision.

ISABELLE

Une décision ?... Oui, en effet, il est grand temps que je me décide.

ANGUILLAC ET MONTCORBEAUX

Enfin !

ISABELLE

Que je choisisse le protecteur, l'époux qui me délivrera d'insolentes prétentions ! Mais vos mérites sont égaux, il faut une autre épreuve ; mon cœur veut un vaillant... et sera au plus vaillant. (*Elle frappe deux fois le timbre ; deux hommes d'armes paraissent.*) Christian, guidez le sire d'Anguillac par la galerie du nord, et vous, Junca, guidez le sire de Montcorbeaux par la galerie du sud, de sorte que ces chevaliers se rencontrent face à face sur l'esplanade du château. Là, mes maîtres, vous aurez mes hommes d'armes pour témoins, vos bonnes épées pour juges. Un seul de vous doit revenir, et, s'il revient, c'est celui-là... qui aura ma réponse. Dieu garde les braves !... Allez.

Anguillac et Montcorbeaux hésitent, se regardent, et enfin, se jetant un geste de défi, sortent, l'un à droite, l'autre à gauche, suivis des hommes d'armes.

SCÈNE XIII

ISABELLE, ROGER

Isabelle, sans paraître s'occuper de Roger, s'assied, songeuse, près de la table. Douce musique, en sourdine.

ROGER

Il s'avance avec dignité vers Isabelle, s'agenouille lentement, retire l'anneau et le donne.

Pardonnez-moi, madame... je pars. (*Soudain, secoué d'un sanglot, il se cache le visage dans les mains.*)

ISABELLE

Relevez-vous; un homme ne doit jamais pleurer. (*Brusquement elle tire de son corsage le parchemin où est écrit le virelai, le déploie et le montre à Roger.*) Ainsi, c'était vous?

ROGER

Oui.

ISABELLE, *jetant le parchemin sur la table*

Et depuis quand, cette folie?

ROGER

Je ne sais, madame... depuis toujours.

ISABELLE

Quoi! même avant que je fusse mariée?

ROGER

J'avais douze ans; mon père, pour les fêtes de

Pâques, m'avait emmené avec lui à Comminges. Je vous vis à l'église, et ce que je ressentis... ne devait plus s'effacer.

ISABELLE

Alors... tout ce que vous m'avez dit... votre désir d'entrer ici... le caprice du comte pour... Nicole... l'indifférence que vous juriez à propos d'Isoline... tout est vrai ?

ROGER

Tout est vrai.

ISABELLE, *moins sévère*

Et le chasseur qui tua l'ours ? (*Roger sourit et baisse la tête.*) C'était vous ?

ROGER

Oui ; mais non pas seul ; avec Junca, qui m'en gardait le secret.

ISABELLE

Et le chevalier vainqueur au tournoi de Comminges ?... vous encore ?

ROGER

Oui, madame ; sous l'armure que Jacquelin de Luz m'avait forgée pour combattre l'Anglais.

SCÈNE XIV

Les mêmes, puis ANGUILLAC, puis MONTCORBEAUX, puis LES HOMMES D'ARMES, LES PAGES, BERTRADE, ISOLINE, LES SUIVANTES

Anguillac *à reculons, entrant par le fond à droite, l'épée en main, pâle et défait, comme poursuivi par un fantôme*

Musique.

Il a vécu!... destin horrible,...
Malgré moi mon cœur a frémi
Quand j'ai, de ce glaive terrible,
Percé le sein de mon ami!

A Isabelle.

Pour obtenir votre conquête
J'ai fait ce que vous commandiez;
D'un rival il fallait la tête...
On peut l'apporter à vos pieds

ROGER, *à part*

Un Anguillac!

ISABELLE, *à part*

Serait-il un vrai brave?
Me faudra-t-il, de ma parole esclave,
Répondre encore à l'un de ces rivaux?

ENSEMBLE

ANGUILLAC

Un Anguillac écrase qui le brave!
A son amour désormais point d'entrave,
Car Anguillac a tué Montcorbeaux!

ROGER, *à part*

Un Anguillac pourrait-il être brave?
Faudra-t-il voir triompher sans entrave
Un Anguillac vainqueur d'un Montcorbeaux!

ISABELLE, *à part*

Un Anguillac serait-il un vrai brave?
Faut-il subir, de ma parole esclave,
Un Anguillac vainqueur d'un Montcorbeaux!

Montcorbeaux entre par le fond, à gauche, pâle et défait. Anguillac, qui lui tourne le dos, ne l'aperçoit pas d'abord, et, quand il le voit, reste pétrifié. Les hommes d'armes entrent peu après Montcorbeaux, et se rangent au fond.

MONTCORBEAUX.

Il a vécu!... destin horrible...
Malgré moi mon cœur a frémi
Quand j'ai, de ce glaive terrible,
Percé le sein de mon ami!

A Isabelle.

Pour m'assurer votre conquête
J'ai fait ce que vous désiriez;
D'un rival il fallait la tête...
On peut l'apporter à vos pieds!

ROGER, *à part*

Tous deux vainqueurs!...

LES HOMMES D'ARMES, *en sourdine, se moquant*

Oh! oh! oh!...

ISABELLE, *à part*

Non moins brave!
— Comment sortir d'une affaire aussi grave?
Comment choisir entre de tels rivaux?

ENSEMBLE

MONTCORBEAUX

Un Montcorbeaux écrase qui le brave!
A son amour désormais point d'entrave,
Sur Anguillac triomphe Montcorbeaux!

ROGER

Tel Anguillac Montcorbeaux est un brave!
A chacun d'eux leur valeur fait entrave...
Un Anguillac égale un Montcorbeaux.

ANGUILLAC, *terrifié*

J'en périrais... si je n'étais pas brave.
Voir mon rival, sans que la mort l'entrave,...
Voir devant moi l'ombre de Montcorbeaux!

ISABELLE

Tel Anguillac Montcorbeaux est un brave.
Je ne suis plus de ma parole esclave...
Un Anguillac égale un Montcorbeaux.

LES HOMMES D'ARMES

Oh! oh! — Oh! oh!... lequel est le plus brave?
Tomber de peur!... la blessure est très grave...
Oh! oh! — Oh! oh!... vivent les francs ribauds!

Isabelle, pendant l'ensemble, a frappé trois fois le timbre, puis a gravi les degrés de la grand'chaire. — Les pages entrent par la première porte, à droite, et, derrière eux, Bertrade et les suivantes. Les pages portent sur des coussins la couronne baronnale, l'épée, les gants; le dernier tient la bannière aux armes. Bertrade porte le manteau de cérémonie qu'elle place sur les épaules d'Isabelle; les pages présentent la couronne, qu'elle met sur sa tête, puis les gants et l'épée. Ils se rangent autour de la chaire.

MONTCORBEAUX.

Voilà, noble et cruelle dame,
Cette main qui, pour vous, immola son plus cher...

Il aperçoit Anguillac.

Ah! regardez... son âme.
Pour venger son trépas sort déjà de l'enfer!

ANGUILLAC

C'est un esprit du noir royaume...
Il sent le soufre à faire peur!

MONTCORBEAUX

Ne parlez pas à son fantôme...
On dit que ça porte malheur!...

ISABELLE, *à Anguillac*

Un spectre?...

DAME ISABELLE

ANGUILLAC ET MONTCORBEAUX

Voyez sa pâleur !

ISABELLE, *à Montcorbeaux*

Un spectre ?

ANGUILLAC ET MONTCORBEAUX

Une ombre... une vapeur !...

ISABELLE, *à part*

De leurs vœux effrontés leur lâcheté me venge !

Haut.

Certes l'aventure est étrange,
Mais un chevalier bon chrétien
Ne peut jamais tromper en rien.
　　Pour votre gloire
　　On doit vous croire :
En ce combat si hasardeux
Vous êtes morts vraiment tous deux.

LES PAGES ET LES SUIVANTES

Ah ! ah !

LES HOMMES D'ARMES

Oh ! oh !...

PAGES, SUIVANTES ET HOMMES D'ARMES

Il faut les croire !

ENSEMBLE

ISABELLE

Pour votre gloire
On doit vous croire
Morts tous les deux... corps sans valeur,
Vous n'êtes plus qu'une vapeur.

ANGUILLAC ET MONTCORBEAUX

Pour notre gloire
Faut-il les croire ?

Serais-je mort?... j'en ai grand'peur...
Je sens mon corps fondre en vapeur.

ROGER

Tout à leur gloire
On peut les croire :
Morts ou vivants, même valeur...
Ils ne sont plus qu'une vapeur.

PAGES, SUIVANTES, HOMMES D'ARMES

Oui, pour leur gloire
Il faut les croire ;
Tous deux sont morts... trop de valeur...
Ils ne sont plus qu'une vapeur.

ISABELLE, *parlé, sur accompagnement de l'orchestre : à Anguillac et Montcorbeaux*

Fantômes, approchez. — Comme seigneur et maître,
Ayant droit de justice et vous jugeant, oyez !
Fantômes, d'ici-bas vous devez disparaître ;
Mais vu qu'en apparence... il peut sembler... peut-être...
Que vivants, très vivants encore vous soyez,
J'ordonne ce qui suit : Je ne veux point connaître,
Venus en ce pays, quels étaient vos desseins,
Ni... de qui vous savez... livrer les assassins.
Mais demain, sous escorte, et partant dès l'aurore,
Vous irez à Beaucens, au comte de Bigorre,
Et là, devant les miens, vous requerrez l'octroi
De vous joindre à mes gens, qui vont servir le roi.
— J'ai dit.

LES HOMMES D'ARMES, *pages et suivantes*

Bonne justice !...

ENSEMBLE

ISABELLE	ROGER
C'est ma justice,	Noble justice!
Rendre un méchant meilleur!	Rendre un méchant meilleur!
— Devant notre milice	— Devant notre milice
S'ils retrouvent du cœur,	S'ils retrouvent du cœur
Ils peuvent au service	Ils peuvent au service
Reconquérir l'honneur...	Reconquérir l'honneur...
— Veuille ainsi le Seigneur!	— Vive notre seigneur!

ANGUILLAC ET MONTCORBEAUX,	HOMMES D'ARMES,
arrogants	LES PAGES, *etc.*
Bonne justice !...	Bonne justice !..,
Est-il un sort meilleur !	Vive notre seigneur !
Au front de la milice	Ils sont dans la milice...
On verra notre cœur...	Qu'on ait peur ou pas peur,
Exemples du service,	Quand on est au service
Nous en serons l'honneur...	Il faut montrer du cœur...
— Vive notre seigneur !	— Vive notre seigneur !

Anguillac et Montcorbeaux se retirent au fond, entre les hommes d'armes.

ISABELLE

Un autre jugement me reste à rendre encore.
       Junca, sortez du rang,
Et devant tous nommez ce chasseur qu'on ignore,
Celui qui, dans nos bois, frappa cet ours si grand.

JUNCA

    C'est le plus vaillant du Bigorre.
Au péril de ses jours, me sauvant du danger,
Il frappa l'ours au cœur. C'est messire Roger.

TOUS

Roger !... Vive Roger !

ISABELLE

Bien.

Junca reprend son rang.

Jacquelin de Luz !

Jacquelin s'avance d'un pas.

            La blanche et simple armure
Que, pour un inconnu, l'on vous a vu forger,
Qui la devait porter ?

JACQUELIN

      Un vaillant, je l'assure ;
Le vainqueur du tournoi, mon élève... Roger.

TOUS

Roger!... Vive Roger!

ISABELLE

Roger, baron de Luz, approchez. — Votre père
Commandait nos soldats... — toujours dure la guerre,
Sur la France toujours prétend régner l'Anglais...

TOUS

Hors de France, l'Anglais,
Hors de France à jamais!

ISABELLE

Autour de notre roi sont les fils d'Argelès ;
En son féal Bigorre
Ceux qui restent encore
Partiront dès demain.

LES HOMMES D'ARMES, LES PAGES

Partons!... sus à l'Anglais!

ISABELLE

Roger, soyez leur chef.

LES HOMMES D'ARMES

Vive le capitaine!

TOUS

Vive le capitaine!...
D'Argelès champion,
Notre jeune lion
Chassera d'Aquitaine
Le renard d'Albion.

ISABELLE, *élevant l'épée et la présentant comme une croix*

Le serment.

A Roger.

Approchez. Par-devant nous, baronne,
Représentant ici le baron mon époux,
Qui donna tout son sang pour sauver la couronne,

Sur la croix, sur son glaive hautement jurez-vous
D'être fidèle à Dieu ?

ROGER

Je le jure.

ISABELLE

A la France ?

ROGER

Je le jure.

ISABELLE

A l'honneur ?

ROGER

Je le jure.

ISABELLE

A genoux.

Roger s'incline et met un genou sur la première marche de la chaire. — Isabelle, posant le plat de l'épée sur l'épaule droite de Roger :

Roger, baron de Luz, d'Argelès espérance,
Par un ordre où le roi sera mon chancelier,
Au nom d'un chevalier, je te fais chevalier.

TOUS

Vive le chevalier !

ROGER, *toujours désespéré, à mi-voix*

Ah ! madame, madame...
C'est m'accabler de trop d'honneur !
Pour moi ni gloire ni bonheur...
Ne lisez-vous pas dans mon âme ?...
Si vous ne me pardonnez pas,
Percez plutôt de cette lame
Un cœur qui cherche le trépas.

ISABELLE, *à mi-voix*

Avant de songer au trépas,
D'être fidèle à votre dame
Vous n'avez pas encor juré.

ROGER

Ah!... je le jure!...

ISABELLE, *lui tendant la main où est l'anneau.*

Bien; gardez-lui votre flamme;
Et cet anneau, gage sacré,
Cet anneau qu'un amant réclamait de... sa femme...

ROGER

Si c'est un rêve, j'en mourrai!...

ISABELLE

Quand vous reviendrez de la guerre,
Victorieux, comme j'espère,
Cet anneau... je vous le rendrai.

ROGER *baise la main d'Isabelle, se relève et, tirant son épée*

Victorieux je reviendrai!

Les sergents d'armes tirent l'épée, les hommes présentent les armes; la bannière s'incline et s'agite.

ROGER

Vive le roi, vive la France!

ENSEMBLE

ROGER	ISABELLE
Vive le Roi, vive la France!	Vive le Roi, vive la France!...
Mon cœur est fier, mon cœur est fort;	Mon cœur se fie en un cœur fort;
Sus à l'Anglais... nargue la mort...	Qu'il soit par Dieu gardé de mort,
Avec l'amour j'ai l'espérance,	Qu'il triomphe par l'espérance,
J'ai le courage et j'ai la foi...	Par le courage et par la foi...
Vive la France,	Vive la France,
Vive le Roi!	Vive le Roi!

ANGUILLAC ET MONTCORBEAUX	HOMMES D'ARMES, PAGES, SUIVANTES
Vive le Roi, vive la France !	Vive le roi, vive la France
Le bon parti c'est le plus fort.	Sous un bon chef le cœur est fort ;
Suivons toujours la loi du sort,	C'est le bon droit qui fait le sort.
La force est tout, c'est l'espérance,	Bénisse Dieu notre espérance,
C'est la fortune et c'est le droit...	Notre courage et notre foi...
Vive la France,	Vive la France,
Vive le roi.	Vive le Roi !

Rideau.

JOAN LE FOL

ARGUMENT

On sait à quel propos Pantagruel cite à Panurge le mirifique jugement rendu par Seigni Joan, joyeux du roi Louis XI : Panurge a dessein de se marier ; il se conseille à Pantagruel, qui répond à ses doutes par la fameuse alternative (chap. ix du livre troisième) « — Mariez-vous donques... — Point doncques ne vous mariez. »

Panurge, toujours incertain, consulte successivement les sorts, les songes, une sibylle de Panzoust, les signes de Nazdecabre, le vieux poète français nommé Raminagrobis, Her Trippa l'astrologue, frère Jean des Entommeures, un théologien, un médecin, un légiste, Trouillogan, philosophe éphectique et pyrrhonien, etc., etc.

Rien ne le satisfaisant, Pantagruel persuade à Panurge prendre conseil de quelque fol et, à l'appui, rappelle « ce que dict Barbatias sur les Pandectes, et récentement Jason en ses conseils, de Seigni Joan, fol insigne de Paris, bisaïeul de Caillette. Le cas est tel. »

« A Paris, en la rostisserie du petit Chastelet, au devant de l'ouvroir d'un rostisseur, un faquin mangeoit son pain à la fumée du rost, et le trouvoit, ainsi parfumé, grandement savoureux. Le rostisseur le laissoit faire. Enfin, quand tout le pain fut baufré, le rostisseur happe le faquin au collet, et vouloit qu'il lui payast la fumée de son rost. Le faquin disoit n'avoir en rien ses viandes endommagé, rien n'avoir du sien prins, en rien lui estre débiteur. La fumée dont estoit question évaporoit par dehors : ainsi comme ainsi se perdoit-elle ; jamais n'avoit été ouï que, dans Paris, on eust vendu fumée de rost en rue. Le rostisseur répliquoit, que de fumée de son rost n'estoit tenu de nourrir les faquins, et renioit, en cas qu'il ne le payast, qu'il lui osteroit ses crochets. Le faquin tire son tribart, et se mettoit en deffense. »

« L'altercation fut grande : le badault peuple de Paris accourut au débat de toutes parts. Là se trouva à propos Seigni Joan, le fol, citadin de Paris. L'ayant apperceu le rostisseur demanda au faquin : « Veulx-tu sus notre dif-
« férent croire ce noble Seigni Joan ? — Oui, par le sam-
« bregoi, respondit le faquin. A doncques... » Joan demande au faquin une pièce d'argent ; le faquin lui met en main un tournois philippus ; Joan la pèse, la mire, la fait sonner sur l'ouvroir par plusieurs fois... « Puis, en majesté présidentale, tenant sa marotte au poing, comme si fust un sceptre, et affublant en teste son chaperon de martres singesses à aureilles de papier fraisé à poincts d'orgues, toussant préallablement deux ou trois bonnes fois, dist à haulte voix : « La court vous dict, que « le faquin qui ha
« son pain mangé à la fumée du rost, civilement a payé
« le rostisseur au son de son argent. Ordonne la dicte
« court, que chascun se retire en sa chascunière, sans
« despens, et pour cause. »

« Cette sentence du fol parisien tant ha semblé équitable, voire admirable, aux docteurs susdits, qu'ils font doubte, en cas que la matière eust esté au parlement du dict lieu, voire certes entre les aréopagistes, décidée, si plus juridiquement eust été par eulx sententié. »

Rabelais, le maître ironiste, ne conte pas seulement pour conter ; de tous ces dicts il faut extraire le sens caché, intime, « sugcer la moelle de l'os » ; en vantant certains jugements de fous, et, dans ce cas, celui de Joan, ce qu'il y admire c'est l'équité naturelle, c'est l'esprit de la loi — Montesquieu après lui écrira là-dessus trois volumes, — esprit plus légal que la loi.

La loi humaine, les codes n'ont pas pu tout prévoir. L'application pure et simple du texte, et même son interprétation rigoureuse, judaïque, serait souvent le comble de l'injustice, *summum jus summa injuria;* le magistrat, jugeant ainsi, ne serait plus qu'une sorte de machine, un rouage inutile, ou même dangereux ; tel article, telle peine... un greffier suffirait.

Dans le cas présent, suivant la stricte loi, c'est le rôtisseur qui a raison : la fumée de son rôt est à lui ; le faquin l'a prise, absorbée et il ne le nie pas ; ce qu'on prend et consomme, il faut le payer à sa valeur. Mais quelle est cette valeur ! Ici commence l'embarras ; la fumée du rôti n'est pas une denrée commerciale ; on n'a jamais ouï dire qu'elle eût été vendue. Le rôtisseur sait bien que là gît le lièvre, c'est-à-dire la difficulté ; s'il cite le faquin en justice, de trois choses l'une : ou le tribunal jugera la requête dérisoire, et la repoussera aux dépens de l'appelant ; ou bien, le cas étant nouveau, le juge se retranchera derrière l'incompétence ; ou bien encore, si la cour se règle sur l'usage, il devra décider que la fumée est sans valeur, et déboutera le rôtisseur qui là encore ne touchera rien, et paiera les frais du procès. Or il tient à être payé, et il doit l'être en droit, car, quoi qu'on lui oppose, on lui a pris son bien. C'est pourquoi il réclame un juge extra-légal ; il propose Joan « fol insigne », et le faquin accepte.

Un fou, oui ; mais quel fou ? Non pas, on le comprend de reste, le fou vulgaire, le dément, l'« infirme de cervelle » ; ce serait — c'est le mot — sans raison. Il s'agit ici d'un « joyeux », comme on disait alors, d'un fou de cour, le fol du roi, et de quel roi ?... Louis XI ; forte tête, peu commode, qui, dans le choix d'un bouffon, ne devait pas être plus facile que pour mainte autre chose.

Qu'était-ce que le bouffon du roi? D'ordinaire c'est un fils du peuple, parfois de la plus basse extraction, le plus souvent disgracié de nature, difforme, nain ou contrefait, d'une laideur grotesque, provoquant à elle seule le rire; mais, sous cette enveloppe ridicule, doué, comme l'antique Esope, le génial bossu, d'un esprit vif, malin, profond; de cet esprit gaulois — pour ne parler que de chez nous, car le bouffon de cour fut de tout temps et de tout pays, — franc, libre, original, fait de saillies piquantes et de bon sens pratique, philosophe de la farce, comique, acerbe et saisissant, contenant la leçon dans la critique, comme la châtaigne dans sa cosse.

C'est, même vieilli, l'enfant terrible, en possession de tout dire, gardant les goûts du peuple dans le raffinement des cours, le souvenir de ses misères devant le luxe des grands, de ses besoins, de ses vertus devant les abus et les vices; comparant, jugeant tout d'un œil tors et perçant, sabrant tout d'un coup de sa marotte. Applaudi de sa verve cinglante, ou la payant parfois chèrement; flatté comme un mignon ou fouetté comme un chien; passant des dragées des belles dames aux étrivières des pages, mais toujours sauvé par le roi, qui l'aime et le défend... par les rois qui, en France — quoi que l'on puisse dire et sauf erreurs ou fautes humaines — furent surtout rois du peuple, et qui, en maintenant, en protégeant toujours cette charge singulière, mais quasi officielle, du fou semblent avoir ou réellement ont constamment voulu, qu'une voix sincère et franche s'élevât sans cesse près d'eux entre la nation et le pouvoir.

Le fou de cour est un personnage. On ferait une curieuse étude de leur influence sur les mœurs, de leur rôle social et même politique.

Pour ne citer que les plus connus, c'est le bouffon de Philippe VI appréciant la défaite de la flotte à l'Ecluse :

« Les Anglais sont des poltrons. — Pourquoi? dit le roi. — Parce qu'ils n'ont pas eu le courage de sauter dans la mer comme les Français et les Normands. » Et Philippe, avec plus d'ardeur, reprend l'offensive contre l'Anglais.

C'est Caillette, mentionné dans *la Nef des folz*, et cité par Marot, Érasme, Rabelais.

Triboulet, qu'il suffit de nommer; ses mots sont légendaires : Charles-Quint demandait à traverser la France pour aller réduire les Gantois; François Ier y consentait, et Triboulet, sur ses tablettes, dites « le journal des fous », écrivait le nom de Charles-Quint, plus fou que moi, disait-il, s'il passe par la France. « Que dirais-tu si je le laissais passer? lui dit le roi. — J'effacerais son nom et je mettrais le vôtre à sa place. » C'était le cri prudent de l'intérêt national; mais le roi chevalier, au-dessus de la prudence mettait la générosité.

Chicot, gentilhomme gascon, auquel Alexandre Dumas prête — on ne prête qu'aux riches — tant de malice, de courage et d'esprit; Chicot, plutôt conseiller que fou, auteur, dit-on, pendant la ligue, de rudes pamphlets contre le roi.

L'Angely, « joyeux » un peu sombre du mélancolique Louis XIII, puis fou du grand Condé, et enfin de Louis XIV. « Il n'épargnait personne dans ses bouffonneries, et il amassa des sommes considérables par la crainte que ses railleries inspiraient aux courtisans. « (BOUILLET.) L'Angely que, dans ses satires, immortalise le sage Boileau.

En somme, ce qui fit la renommée des fous, ce qui leur donna leur pouvoir, étrange, mais réel, c'est, sous le masque de la raillerie, sous les grelots bizarres du rire, le sens commun, le simple bon sens. C'est cette clairvoyance, cette finesse de nature, troublées souvent par la chicane chez le professionnel, ou bridées par la forme, qui, dans les cas rares, singuliers, en dehors de tout code, pénètrent le cœur humain, y devinent la ruse, la pèsent et la jugent ce qu'elle vaut. C'est le bon sens qui fit le mérite des jugements de Salomon et de Sancho Pança, des « fous » en général, et, en particulier, de l'arrêt de Joan, fol insigne de Paris.

La pièce, pour être de son époque, aurait dû être écrite dans le « languange » du quinzième siècle ; mais ce pastiche, qui a son intérêt et peut plaire dans un livre, à condition toutefois d'être fait par un Balzac — car c'est un tour de force — ne pourrait convenir à la scène ; il ôterait la clarté nécessaire au débit ; trop de termes excellents, plus français que les nôtres, c'est-à-dire plus près dans leur forme de leur sens étymologique, ont vieilli ou sont délaissés, au grand détriment de la richesse et de la justesse de la langue. L'archaïsme, malheureusement, déconcerterait l'oreille moderne.

Toutefois, pour que l'action garde un peu de couleur locale, nous avons cru pouvoir y semer çà et là quelques expressions du temps, pittoresques mais claires ; et, conservant parfois l'orthographe, évitant les néologismes, nous nous sommes efforcé de n'employer que des mots, qui, même dans leur allure actuelle, eussent été compris sous Louis XI.

Un de nos personnages, l'adversaire victorieux du « rostisseur », est simplement nommé « le faquin » dans le récit de Pantagruel. Mais quel genre de faquin ? Faquin est un terme élastique. Il y a eu et, de tout temps, il y a faquin et faquin. Ce sont gens de valeur diverse, propres souvent à tous métiers ou, si l'on veut, bons à tout faire : on compte d'illustres faquins. Le nôtre, pour l'intellect, semble être mieux qu'un portefaix, ou ne l'être qu'en passant, par besoin. Un homme qui plonge son pain dans la fumée du rôt, et le trouve « grandement savoureux », ne paraît pas un être vulgaire, mais bien un de ces beaux fils, falots, gueusards et fiers

...chevaliers de fortune,
Ayant pied dans la crotte et tête dans la lune...

batteurs de grands chemins, chevauchant la coquecigrue, dorant leur cape effiloquée d'un rayon de soleil, se repaissant de chimères et rassasiant leur malefaim aux parfums de l'idéal ; en un mot, un poëte du type de son contemporain François Villon, faquin de lettres, « pauvre, oisif et vicieux », habitué de la prison, condamné par le Parlement, presque pendu, banni... gracié par un roi, qui dans le ribaud prise l'artiste, et, plus tard, célébré par l'auteur de l'*Art poétique*, comme un ancêtre de Marot.

Nous avons donc jugé le sire plus haut que ses crochets, changé le tribart en flamberge, et fait de notre faquin le troubadour goguenard Polydore d'Escarbilles, aimé des belles sur sa bonne mine et pour ses belles chansons, sauvé de la corde par Joan le fol et de la misère par Gisquette, la fille... généreuse de l'âpre « rostisseur »

JOAN LE FOL

OPÉRETTE

TIRÉE DE RABELAIS

PERSONNAGES

D'ESCARBILLES, poète, chevalier de fortune, vingt-cinq ans
MAISTRE RUFÈS MATHIEU, aubergiste-rostisseur, quarante-cinq ans
PANCRASSUS OURSENJOYE, sénéchal, amoureux de Gisquette, soixante ans
GISQUETTE, fille de Mathieu, dix-huit ans.
JOAN LE FOL, joyeux du roi, personnage muet

UN GARÇON D'AUBERGE, PEUPLE, EXEMPTS, GREFFIER, TAMBOUR...

La scène se passe au quinzième siècle, à Paris, devant la rostisserie du Petit Chastelet.

Le théâtre représente : au fond le Petit Chastelet; à gauche l'auberge de Mathieu; à droite la maison du sénéchal et celle de Joan. Devant l'auberge, une table, des bancs et une potence portant l'enseigne sur laquelle on lit : *Maistre Rufès Mathieu loge à pied et à cheval. A l'enfant prodigue.* L'ouvroir de la rostisserie, donnant sur la place, laisse voir un grand feu devant lequel tourne une broche chargée de viandes et de volailles.

SCÈNE PREMIÈRE

LE SÉNÉCHAL, MATHIEU, GISQUETTE, GREFFIER, TAMBOUR, DEUX EXEMPTS, PEUPLE, ETC., *puis* D'ESCARBILLES

Au lever du rideau, le sénéchal est debout sur un escabeau au seuil de la maison; il tient en main un édit du

roi qu'il s'apprête à lire ; devant lui, un greffier et un tambour ; deux exempts font ranger le peuple. Mathieu et Gisquette sont devant la rostisserie. Pendant que le rideau se lève, le tambour bat un long roulement, qui doit se prolonger jusqu'au moment où le sénéchal fait signe de l'interrompre.

LE SÉNÉCHAL, *s'adressant au tambour et criant très fort en levant sa canne :*

Paix ! *(Le tambour cesse de battre.)*

LE GREFFIER, *fort et d'une voix aigre :*

Silence !

MATHIEU *au peuple, se donnant des airs d'importance*

Monsieur le sénéchal, messire Onésiphore Pancrassus Oursenjoye, juge royal, conseiller du Privé, et mon gendre prochain... va parler. Écoutez !...

LE SÉNÉCHAL

Gens de Paris... ou gens de passage, manants, rustres...

LE PEUPLE, *murmurant*

Hou !...

LE GREFFIER

Silence !...

LE SÉNÉCHAL, *gracieux*

Ou vilains...

LE PEUPLE, *satisfait*

Ah !...

LE GREFFIER

Silence ! *(Grande attention.)*

LE SÉNÉCHAL

Paix donc !... Oyez l'édit du Roi *(Il lit.)* « Vu que

notre bonne ville de Paris est remplie et infectée depuis un certain temps de gueux, malingreux, marmiteux, bohémiens, tire-laine et autres malandrins en nombre plus grand qu'il n'est raisonnable, nous Louis le onzième, avons ordonné et ordonnons ce qui suit : Tout fripon, friponnier, juppin, larron, traîne-filoches, filous et autres mal-faisants, pris la main dans le sac, sera attaché par le cou et pendu haut et court jusqu'à ce que mort s'en suive. » (*Le sénéchal lève sa canne, le tambour bat un ban.*)

Vive le roi Louis !

TOUS

Vive le roi ! Vive le roi !

Entre d'Escarbille.

LE SÉNÉCHAL

Paix !

LE GREFFIER

Silen...ce !

LE SÉNÉCHAL

Gens de Paris... et autres... vous nous avez ouï... allez !.. (*Il descend péniblement de son escabeau. Pendant ce temps le greffier, qui est de fort petite taille, cherche en vain à suspendre l'édit à la potence de l'auberge ; d'Escarbilles s'empresse poliment de l'aider, puis il lit l'ordonnance et demeure plongé dans de sombres réflexions. Le peuple, les exempts, le greffier, le tambour sortent.*)

SCÈNE II

D'ESCARBILLES au fond, LE SÉNÉCHAL, MATHIEU, GISQUETTE

MATHIEU

Superbe édit!

LE SÉNÉCHAL

Oui... *(Flairant la broche.)* et superbes volailles! Je vois avec plaisir, mon cher prochain beau-père, que le repas des fiançailles pour ce jourd'hui, par Cupido!... deux heures de relevée... s'apprête dignement. Gisquette *(Il lui baise la main.)*, votre adorable fille *(Même jeu.)* a certes des appas dont ma sénéchalerie est congrûment touchée; mais songez, bon papa, à l'honneur que vous fait Pancrassus Oursenjoye, juge criminel du Roi *(Il salue.)*, conseiller du Privé, vous l'avez fort bien dit, etc., etc. — Ergò, vous, le prud'homme de la rostisserie, le riche Rufès Mathieu, vous mettrez, s'il vous plaît, comme on dit à la cour, les petits pots dans les grands. Il faut que les coulis soient?...

MATHIEU

Fins.

LE SÉNÉCHAL

Les rosts?...

MATHIEU

Dorés.

LE SÉNÉCHAL

Les pâtes?...

MATHIEU

Croustillantes.

LE SÉNÉCHAL

Le chevrel ?...

MATHIEU

Aux grenades.

LE SÉNÉCHAL

Les pourcelets ?...

MATHIEU

De lait.

LE SÉNÉCHAL

Et les tripes ?...

MATHIEU

De Caen.

LE SÉNÉCHAL

Enfin les vins ?

MATHIEU

Divins.

LE SÉNÉCHAL

Très bien ! Ah !... à propos, n'oubliez pas les musiciens, la vielle *(Il danse.)*, et dzim et dzim, et le basson, fron-fron, fron-fron. Je veux danser, je suis en verve, et l'on n'est pas d'un âge à faire des économies. Mais ma barbe est à faire et le Roi va m'attendre !... Beau-père !...

MATHIEU

Monseigneur ! *(Il s'incline.)*

Il fait rentrer Gisquette et rentre avec elle.

LE SÉNÉCHAL, *apercevant Tripledrille*

Houh !... Gibier de potence ! *(Il rentre chez lui.)*

SCÈNE III

D'ESCARBILLES, seul

Il déclame.

Chevalier, il est temps de changer d'air; Paris
Est un séjour malsain pour les gens incompris.
L'homme d'esprit, ainsi que vous, n'a pas coutume
De jeuner; le pain noir l'étrangle et l'eau l'enrhume;
Je ne l'en blâme pas; et tant qu'il nous suffit
D'allonger les cinq doigts pour souper à crédit,
Paris nous convenait; mais, comme vous, je pense
Que le meilleur repas est mauvais si la panse
Le digère mal. Or, puisque l'intention.....

Il montre l'édit

Des gens est de troubler notre digestion,
D'Escarbilles, mon fils, bouclons notre sacoche...
Et filons; j'ai cinq sous, je puis prendre le coche,

Chantant

   D'Escarbilles,
    Roi des drilles,
Chante du soir au matin :
   Vive le vin !

Et buveur insatiable,
Bordeaux, d'Arbois ou Mâcon,
Il avalerait le diable
Si le diable était flacon !

Mais pour boire comme il faut,
Je suis gueux... c'est un défaut.
Bah !... que m'importe l'édit
Si Bacchus me fait crédit !
Partout on trouve au soleil
Un raisin aussi vermeil;
Partout un gentil garçon
Se paye à boire en chanson...
   Vive la chanson !

   D'Escarbilles,
    Roi des drilles,
Chante la nuit et le jour
   Vive l'amour !

Amoureux insatiable,
Bourgeoise, altesse ou tendron,
Il épouserait le diable
Si Satan portait jupon.
Mais pour aimer comme il faut,
Je suis gueux... c'est un défaut.
Bah !... que m'importe l'édit
Si Vénus me fait crédit !
Partout la doulce beauté
Aura la même bonté,
Partout un gentil garçon
Paiera l'amour en chanson...
Vive la chanson !

Allons chercher fortune... immense est l'univers...
Ce n'est pas qu'à Paris

(Il se rengorge.)

qu'on goûte les beaux vers.
Oui ; mais le beau vers creuse, et le sort ironique
Vient d'aiguiser encor mon appétit chronique :
Ce butor d'Oursenjoye avec son repas fin
M'a fait quasi mourir... bourreau !... de malefaim.
Prenons donc quelque force

(Il va vers l'auberge.)

Avant de... — Mais... la peste !...
Un juge !

Joan le Fol, revêtu, par-dessus son costume de bouffon, d'une robe ouverte de juge, toque en tête, dossier sous le bras, entre à gauche, passe et entre dans sa demeure.

Oh ! celui-là ne peut m'être funeste :
C'est un juge pour rire, un être curieux,
Joan, le fou du Roi ; bouffon mystérieux,
Sage ayant plus de sens, dit-on, en sa marotte,
Que les douze docteurs du tribunal de Rote.
Lorsque sur un procès neuf, bizarre, incertain,
Tous les juges de cour ont perdu leur latin,
Le Roi soumet la cause au bouffon philosophe :
D'un vrai juge en ce cas le fou revêt l'étoffe,
Robe et toque, et, dessous, l'infaillible démon
Tranche le différend comme feu Salomon.

SCÈNE IV

D'ESCARBILLES, un GARÇON, puis MATHIEU, caché

D'ESCARBILLES

Il s'approche de la table qui est devant l'ouvroir de la rostisserie et frappe du pommeau de sa rapière.

Holà !... Quelqu'un ?

LE GARÇON

Voilà. — Tiens !... le beau chevalier... sans cheval.

D'ESCARBILLES, *se redressant*

Vous dites ?... Plume-oyson, Rince-pots, Torche-écuelles !

LE GARÇON, *écrasé*

Excusez, monseigneur.

D'ESCARBILLES

Sachez le monde, faquin !

LE GARÇON, *furieux*

Faq !... (*Se calmant sous l'œil de d'Escarbilles.*) Monseigneur désire ?...

D'ESCARBILLES, *s'attablant*

Donne-moi... oui... non... oui, mais qu'il soit cuit à point... doré... j'aime à bien vivre... un...

LE GARÇON

Un chapon ?

D'ESCARBILLES

Nenny. Deux...

LE GARÇON

Deux perdreaux ?

D'ESCARBILLES

Non. Trois...

LE GARÇON

Trois bécasseaux.

D'ESCARBILLES

Bécasseau vous-même. Non, trois pains frais et mollets... trois pains ronds d'une livre.

LE GARÇON

Trois pains ?...

D'ESCARBILLES

Oui, trois..... et puis.....

LE GARÇON

Ah !

D'ESCARBILLES

Mais pleine jusqu'au bord... une cruche...

LE GARÇON

De beaune ?...

D'ESCARBILLES

Non ; une cruche d'eau.

LE GARÇON

Et puis ?...

D'ESCARBILLES

Et puis c'est tout..... allez.

LE GARÇON, *pirouettant*

Chère de gueux !

Il rentre dans l'auberge. Maistre Mathieu épie de la porte.

D'ESCARBILLES, *déclamant*

Oui-dà !... pour de vulgaires gens ;
Mais nous, limon plus pur, corps plus intelligents,
Poètes, qui cherchons — moins des sens que de l'âme —
Le parfum dans la fleur, et l'amour dans la femme...

Le garçon lui apporte les pains et l'eau; il s'apprête à manger tout en continuant son ode.

>Hormis l'eau de la source et le grain du froment,
>Nous nous rassasions d'un subtil aliment.

Il embroche son pain au bout de sa flamberge et le promène devant la broche. Mathieu le regarde faire avec intérêt.

>Ces rôtis sont grossiers, mais leur fumet embaume!
>C'est l'âme de la chair... aussi dans cet arome
>Je consens à plonger les morceaux de mon pain,
>Et sans en avoir l'air je me donne un festin...
>De poète...

MATHIEU, *qui vient d'avoir une idée, à part*

Oui dà, oui, fais ripaille. Ton festin de poète, tu vas me le payer, espèce d'engoulevent : l'occasion est belle de me délivrer de toi en te faisant gober les mouches lunatiques (*Il montre l'édit.*) à quinze pieds de terre.

SCÈNE V

D'ESCARBILLES, GISQUETTE

Elle guettait. Aussitôt que son père s'est éloigné, elle se montre à d'Escarbilles...

D'ESCARBILLES, *à part*

Gisquette!... Ah! triple ingrat!... je pars... et mes amours?...
Ai-je en vain, tout un mois, juré d'aimer toujours!

(*Haut, lui tendant les bras.*)

Gisquette!...

GISQUETTE

D'Escarbilles!... (*Ils s'enlacent ardemment.*)

D'ESCARBILLES, *à part*

Foin de l'édit! je reste. (*Haut, les yeux dans les yeux.*) Oh! soif de ma pensée!...

GISQUETTE

Ah!... tourtereau volage!...

D'ESCARBILLES

Colombe roucoulante!

Longue extase affectée, suivie d'un éclat de rire mutuel.

Ah! ah!... ceci vaut mieux...

  Vrai Jeannot qui soupire!...
  Causer est bien meilleur...
  J'ai tant de choses à te dire...
  Causons, ma caillette.

GISQUETTE, *baissant les yeux*

    Enjôleur!

Musique.

D'ESCARBILLES

  L'amour avait fait Gisquette...
   Est-ce bien ça?...
  Jolie, aimable et coquette...

GISQUETTE

  C'est un peu ça.

D'ESCARBILLES

  Mais un jour passa par là
  Un beau garçon qui l'aima
   Et l'embrassa.
   Est-ce bien ça?

GISQUETTE

Oui, c'est bien ça.

D'ESCARBILLES

Et la belle l'épousa.

GISQUETTE

Ah! ah! ah!
Ce n'est plus ça.

ENSEMBLE

D'ESCARBILLES	D'ESCARBILLES
Mais si, si, si.	Comment cela?
GISQUETTE	GISQUETTE.
Mais non, non, non.	Ce n'est plus ça...

GISQUETTE

Chez un père un peu barbare..,
C'est comme ça...
Un vieux sénéchal avare...
Vint...

D'ESCARBILLES

Je sais ça.

GISQUETTE

Le sénéchal demanda
La fillette à son papa.
Elle pleura;
C'est comme ça!

D'ESCARBILLES

C'est très bien ça.

GISQUETTE

Mais le père l'accorda.

D'ESCARBILLES

Ah! ah! ah!
Ce n'est plus ça!

REPRISE ENSEMBLE

D'ESCARBILLES

Mais non, non, non...

GISQUETTE

Mais si, si, si... etc, etc...

D'ESCARBILLES

Non, le vieil Oursenjoye, ou que l'Amour me joue!
Ne te cueillera pas, chaste oranger en fleur;
J'en puis faire serment.

GISQUETTE

Sur quoi?... Sur votre honneur?

D'ESCARBILLES

Mieux encor... sur ta joue.

SCÈNE VI

GISQUETTE, D'ESCARBILLES, MATHIEU

Il s'est rapproché doucement, une longue note à la main, une trique sous le bras, et reçoit le baiser destiné à sa fille.

MATHIEU, *courtois*

Merci.

D'ESCARBILLES

De rien, papa.

MATHIEU, *obséquieux*

Chevalier... (*Ils se saluent cérémonieusement.*) Un seul mot, s'il vous plaît. (*Nouveaux saluts.*) Ma fille, ici présente — avec icelle on s'expliquera à part — n'est pas faite, s'il faut vous l'apprendre, pour les grippeminauds — je ne dis pas ça pour vous — grands dépendeurs d'andouilles et autres de même farine.

Elle est promise, pour que nul n'en ignore, à M. le sénéchal...

D'ESCARBILLES

Messire Onésiphore Pancrassus Oursenjoye.

MATHIEU

Vous le savez fort bien ; duquel voici la demeure. Veuillez donc me faire l'extrême grâce de payer votre écot, et *subito*, de déguerpir ; sinon nous demanderons à M. le sénéchal s'il lui plaît qu'à son nez...

D'ESCARBILLES

Siphore...

MATHIEU

Et à sa barbe, qu'il fait en ce moment pour se rendre au Privé...

D'ESCARBILLES

Voilons!...

MATHIEU

S'il lui chausse, disais-je, que sous sa propre fenestre, on friponne son bien en chiffonnant sa femme...

D'ESCARBILLES

Sa femme putative...

MATHIEU

Ergo, l'écot, *presto!*... sinon, *caro mio*...

Musique.

D'ESCARBILLES, *tragique*

Eh bien! destin cruel!... puisqu'un père barbare
Malgré tous nos serments, Gisquette, nous sépare,
Puisqu'il faut l'Oursenjoye à ce Rufès Mathieu...
Adieu! Le fleuve est là!!...

GISQUETTE

Ciel!... Polydore!...

JOAN LE FOL

D'ESCARBILLES

Adieu !

Il s'élance pour sortir; Mathieu le retient par sa cape.

Un instant ! Ma chère fille,
Rentrez vite, ou... casse-cou ;
Quant à vous, le maître drille,
Payez vite, ou...

(Montrant l'édit.)

le licou.

ENSEMBLE

MATHIEU

Entrer dans notre famille
M'honorait certes beaucoup,
Mais payez d'abord, beau drille,
Ou payez de votre cou.

D'ESCARBILLES

En entrant dans la famille
Je paierais tout d'un seul coup ;
Pendez-moi, si votre fille,
Cher beau-père, est le licou.

GISQUETTE

Entrer dans notre famille,
Pour mon père, c'est un coup ;
Mais laissez faire à sa fille,
L'hymen sera le licou.

MATHIEU, *à Gisquette*

Rentrez !

GISQUETTE, *faisant mine de pleurer*

Hélas ! quel dommage...
Un amoureux si bien fait !

MATHIEU, *à d'Escarbilles*

Payez !

D'ESCARBILLES

Hé! moins de tapage!

MATHIEU

Payez! payez! s'il vous plaît.

D'ESCARBILLES

Le compte est facile à faire :
Pain : deux sols; plus un grand pot....

MATHIEU

Payez, payez!

D'ESCARBILLES

Plein d'eau claire,
Total : trois sols pour l'écot.

MATHIEU

Trois sols?

D'ESCARBILLES

Voilà votre affaire.

MATHIEU

Trois sols! nenny!

(*Il lui montre la note.*)

D'ESCARBILLES

Trois écus!...
Pour du pain et de l'eau claire?...

MATHIEU

Et quelque chose de plus.

ENSEMBLE

D'ESCARBILLES	MATHIEU	GISQUETTE
Trois écus!	Trois écus!	Trois écus,
Par Plutus!	Trois écus!	Trois écus?...
C'est trop peu,	Sarpejeu!	Pour si peu!
Sangrebleu!	Ou dans peu	Saint Mathieu,
Moi, j'accorde	Je t'accorde,	Viens, accorde
Et pour rien	O vaurien!...	Ton soutien,
Une corde	Une corde	La concorde
A ce chien	Et pour rien.	Au chrétien.

MATHIEU

Je veux mes trois écus. Voici le petit compte. Savez-vous lire, beau sire ?

D'ESCARBILLES, *saisissant la note*

Sans besicles, brave homme. « Repas du chevalier Polydore d'Escarbilles, 3 livres de pain à 8 deniers la livre, 2 sols. » D'accord. — Après ?... (*Mathieu fait signe de lire.*) « Plus une belle cruche d'eau claire, à 3 deniers la pinte, 1 sol et 6 deniers. » Parfait !... Après ?

MATHIEU

Lisez.

D'ESCARBILLES

« Plus : Extrait superfin d'âme de chair rostie et d'esprit de volatile, 2 écus 16 sols 6 deniers. Au total : 3 écus. » — Quel extrait ? quel esprit ? O gargotier subtil !

MATHIEU

Oubliez-vous si tôt, troubadour affamé, vos exquis sentiments sur l'ordinaire des poètes, et la plus succulente pièce de votre festin ?... Un fumet de chapons gras, bardés... et du Mans !

GISQUETTE ET D'ESCARBILLES, *riant aux éclats*

Le fumet ?... Ah ! ah ! ah ! ah !...

D'ESCARBILLES

Ah ! père Mathieu, que je vous baise !... Vous entendez la farce comme Harlequin en foire... et, pour faire rire des gens,

> Vous avez, cornebœuf, un esprit qui vous larde
> Mieux que votre lardoir ne trousse une poularde.

MATHIEU

Point de raillerie ici, trousseur de coquecigrues. L'argent ou le sénéchal; choisissez.

D'ESCARBILLES

J'ai choisi. (*Fouillant dans son escarcelle.*) 3 sols francs, ou bonsoir.

MATHIEU

Trois écus, franc fileur.

D'ESCARBILLES

Trois pets de loup, escorcheur.

GISQUETTE

A l'aide!... Ils vont se détruire!

MATHIEU, *montrant son bâton*

Paye, ou je tape, chevalier de singes.

D'ESCARBILLES, *tirant sa rapière*

Place!... ou j'embroche!... embrocheur d'oyes.

GISQUETTE

Au secours!... au secours!...

MATHIEU

Au guet!... Holà, au guet!... on m'égorge! on me tue!

SCÈNE VII

Les mêmes, LES ARCHERS, LE PEUPLE, *puis* LE SÉNÉCHAL

D'ESCARBILLES

Le guet!... diantre! changeons d'air.

MATHIEU

Arrêtez l'assassin.

D'ESCARBILLES, *à part*

Trop tard! (*Haut.*) Arrêtez le voleur.

LE SÉNÉCHAL, *accourant*

Arrêtez tout le monde!

MATHIEU

Ah! monsieur le sénéchal!...

LE SÉNÉCHAL

Plus tard.

MATHIEU

Mais...

LE SÉNÉCHAL

Je n'ai pas le temps, le roi m'espère... En prison... en prison!...

MATHIEU, *bas*

Et le dîner?... Qui le surveillera si je vais en prison?

LE SÉNÉCHAL

Ah!... parlez vitement.

MATHIEU

Le drôle que voilà...

LE SÉNÉCHAL

Ça suffit!... en prison!

MATHIEU

M'a dérobé...

LE SÉNÉCHAL

Parfait!... qu'on le pende!... C'est tout?

MATHIEU

Je n'en demande pas davantage.

D'ESCARBILLES

Et moi je demande ce que j'ai pris.

LE SÉNÉCHAL

Ah! c'est juste!... parlez.

GISQUETTE

Monseigneur...

LE SÉNÉCHAL

Qu'est-ce à dire? Serait-ce à ma fiancée que ce maroufle?...

GISQUETTE

A moi?... rien. Ce n'est qu'à ces volailles...

LE SÉNÉCHAL

Il a pris mes volailles?...

GISQUETTE

Non; leur fumée seulement.

LE SÉNÉCHAL

Leur fumée?... Que signifie?...

GISQUETTE

La fumée du rosti, qui s'échappe de l'ouvroir, et dans laquelle, en dînant à cette table... oh! sans malice aucune, par fantaisie de poète...

MATHIEU, *à part*

Traîtresse!...

GISQUETTE

Monsieur le chevalier Polydore d'Escarbilles...

LE SÉNÉCHAL

Chevalier!... ce traîne-galoches?...

GISQUETTE

... Dans laquelle... ce... jeune homme, ancien client de l'Enfant Prodigue...

MATHIEU, *bas*

Coquine!

GISQUETTE

... plongeait, comme pour les parfumer, les morceaux de son pain. Et c'est là le régal dont maître Mathieu, mon père...

MATHIEU, *bas*

Gueusarde !

GISQUETTE

... mon bon père, par joyeuseté pour sûr, lui demande trois écus.

LE PEUPLE

Hou !...

LE SÉNÉCHAL

Assez ! — Trois écus !... la fumée ? Se moque-t-on ?

MATHIEU

Dame, monsieur le sénéchal, ma fumée est à moi ; le galant avoue qu'il l'a prise ; or s'il l'a prise, il me la doit.

LE SÉNÉCHAL

Hum !... Hum !

MATHIEU

Et s'il la doit, il faut qu'il me la paye.

LE SÉNÉCHAL

Haï !

MATHIEU

Et s'il ne la paye pas, c'est un fripon.

LE SÉNÉCHAL

Logique.

MATHIEU

Et si c'est un fripon, pris la main dans le sac (*Il montre l'édit.*), il doit être pendu.

LE SÉNÉCHAL

C'est juste. Qu'on le pende! Minute, dépendez-le; le crime est patent, mais nouveau; la cause est claire, mais... imprévue par la loi; je vais la soumettre au conseil. Archers, vous répondez du prévenu sur vos têtes!... Assez! Le roi me désire, place au conseil du roi! (*A Mathieu.*) Faites servir, je reviens. (*Il sort. D'Escarbilles est emmené par les archers; le peuple suit.*)

SCÈNE VIII

MATHIEU, GISQUETTE

MATHIEU, *avec une tendresse feinte*

Gisquette!

GISQUETTE, *tremblante*

Mon père!

MATHIEU

Approchez un peu.

GISQUETTE

Il est en colère!
Évitons le feu.

Elle veut sortir, Mathieu s'y oppose.

ENSEMBLE

MATHIEU	GISQUETTE
Elle a peur;	J'ai grand'peur;
Feignons la douceur.	Fuyons sa rigueur.

MATHIEU

Viens, chère enfant, je te pardonne!

GISQUETTE

Vous n'êtes plus fâché, papa?

MATHIEU

Ton défaut c'est... d'être trop bonne,
Le cœur t'égare. Allons, viens là.

GISQUETTE

O cher papa, que je vous aime!

MATHIEU

Plus près...

GISQUETTE

On ne le pendra pas?

MATHIEU

Eh non!

GISQUETTE

Ah! ma joie est extrême!
Car sa mort serait mon trépas.
Je l'aime!
Et mon vœu suprême
C'est... je l'implore à genoux,
C'est d'avoir...

MATHIEU

La main me grille.

GISQUETTE

D'Escarbilles pour époux!

ENSEMBLE

MATHIEU	GISQUETTE
En attendant	Ho! la! la! la!
Chère enfant,	Cher papa,
Prends ce houx	Votre houx
Pour époux!	N'est pas doux!

(Il la bat.)

Gisquette s'enfuit poursuivie par son père, mais pendant la scène suivante elle écoute par l'ouvroir.

SCÈNE IX

LE SÉNÉCHAL, MATHIEU, *puis* GISQUETTE

MATHIEU

Ah! drôlesse, voilà pour tes amours de contrebande!... et quant à ce chat maigre, il faut... (*Au sénéchal qui arrive en se tenant les côtes.*) Ah! sénéchal, il faut, et sans tarder, qu'il danse au bout de la corde.

LE SÉNÉCHAL, *distrait par sa gaieté*

Qui sait?... un fou!... oh! oh!

MATHIEU

Quel fou?

LE SÉNÉCHAL

Pour juge!... ah! ah!...

MATHIEU

Je vous parle du claquedent qui m'a volé...

LE SÉNÉCHAL

Vraiment!... oh!...

MATHIEU.

Et qui ose, le paillard, tournailler autour de Gisquette...

LE SÉNÉCHAL

Pas possible!... Oh!

MATHIEU

... et que Gisquette...

LE SÉNÉCHAL, *subitement sérieux*

Gisquette?...

MATHIEU

Oh! rien de grave.

LE SÉNÉCHAL

Ah! bon. (*Riant.*) Oh! oh! ah! ah!

MATHIEU

Oh! oh! ah! ah! Etes-vous sourd? Ce n'est pas le moment de rire. Il est pressant, urgent, vous dis-je, faut-il vous le corner?... que le ribaud soit... couic!

LE SÉNÉCHAL

J'entends bien... mais... Oh!

MATHIEU, *le contrefaisant*

Oh! (*A part.*) Vieux coquemar! (*Haut.*) Mais qu'est-ce?

LE SÉNÉCHAL

Je n'y puis rien... Oh! là!...

MATHIEU

Vous n'y?...

LE SÉNÉCHAL

Eh! non, ça... oh!... ne me regarde plus. Oh!... Ouff!...

MATHIEU

Et qui donc?... Il est fou.

LE SÉNÉCHAL

Oui.

MATHIEU

Comment : oui?

LE SÉNÉCHAL

C'est le fou.

MATHIEU

Quel fou?...

LE SÉNÉCHAL

Joan... Joan le Fol, mon voisin.

GISQUETTE, *à part*

Mon parrain!

MATHIEU

Mon cousin!... Joan, le ioyeux du roi? Qu'a-t-il à faire ici?

LE SÉNÉCHAL

Hé! vous juger en mon lieu et place.

GISQUETTE, *à part*

Qu'entends-je?...

MATHIEU

Quoi! nous juger!... Joan?

LE SÉNÉCHAL

« A procès fou, jugement de fou. » C'est l'ordre du roi.

GISQUETTE, *à part*

Nous sommes sauvés. (*Elle entre chez Jean.*)

LE SÉNÉCHAL

 Le roi Louis est un terrible sire,
 Mais quand il est en train de rire,
 Ah! qu'il est drôle, ah! qu'il est...
  (*Tout bas*)... laid!

  J'expose la cause,
  Et je dis : Je n'ose
  Vous dire la chose...
  — Parlez, dit le roi.

  J'ose alors tout dire,
  Mais voilà messire
  Qui se met à rire
  Comme vous et moi.

 Le roi Louis... etc.....

  Tristan, qu'il envoie
  Chercher dans sa joie,
  A tous deux octroie
  Le même licou,

Mais le roi qui pâme
Dit : par Notre-Dame !...
Procès fou réclame
Jugement de fou !

Le roi Louis... etc.

MATHIEU, *solennel*

Monsieur le sénéchal, puisqu'il en est ainsi, je vous dois l'entière vérité. S'il n'y avait que les allures de ce gratte-guitare, de ce croque-la-lune, de ce mignon de ruelles qui rôde à l'entour de Gisquette comme le coq autour d'une poularde, ça ne serait rien, j'ai ma fille sous l'œil... elle ne quitte pas la broche ; mais le chiendent, c'est que Gisquette se laisse emboheliner par les coquericos de ce cochet hardi, quoique dépenaillé — les femmes ont d'estranges gousts — et, pas plus tard que tout à l'heure je n'ai pu méconnaître que l'innocente poulette a du penchant pour le pendard.

LE SÉNÉCHAL, *perplexe*

C'est pour cela qu'elle le défendait ?

MATHIEU

Oui. *Ergo*, si vous tenez, comme cela est naturel, à épouser une fille sage, il faut, et sur-le-champ... fritt... Vous m'avez compris.

LE SÉNÉCHAL

Mais que faire ?... L'ordre du roi, pour si narquois qu'il soit, est toutefois formel : c'est Joan seul qui doit juger la cause ; et, par Thémis !... avec un fou, on ne peut compter sur rien.

MATHIEU

Joan est mon cousin, par les femmes...

LE SÉNÉCHAL

Bon ça !

MATHIEU

Mais il est plus cousin encore de deux choses : les genovines bien sonnantes et les vieux flacons bien choisis.

LE SÉNÉCHAL

Saisi !

MATHIEU

Le vin, c'est mon affaire; la vôtre, les philippus. (*Grimace du sénéchal.*) Ah ! je ne peux pas tout faire ! Et quand Joan aura la bourse et l'estomac garnis, sa conscience pendra... le roi si nous voulons.

LE SÉNÉCHAL

Je le voudrais..... Ce serait plaisant. (*Avec effroi.*) Qu'est-ce que vous me faites dire ?...

MATHIEU

Frappez à son logis. Je descends à la cave quérir mes avocats; préparez les doublons. (*Il sort.*)

SCÈNE X

LE SÉNECHAL, puis GISQUETTE *habillée en juge, comme Joan le Fol*, puis MATHIEU

Le sénechal frappe à la porte de Joan. Gisquette sort. Ils se saluent profondément; Mathieu arrive portant un panier de bouteilles couvertes de toiles d'araignées et des gobelets, qu'il pose sur la table. Nouveaux saluts.

LE SÉNÉCHAL

Seigneur Joan...

MATHIEU

Mon cher cousin...

GISQUETTE

Messieurs!...

LE SÉNÉCHAL

Comment se porte notre grand juge?...

GISQUETTE

Comme la lune, mon bon Oursenjoye; je change de quartier chaque semaine; je montre une face aux hommes et l'autre aux étoiles; je m'enveloppe quelquefois de nuages, et j'ai tous les mois de nouvelles cornes en l'honneur des nouveaux...

LE SÉNÉCHAL

Conjoints!... Charmant! charmant. Ne vous donnerez-vous pas la peine de vous asseoir?

GISQUETTE

Je n'en ferai rien. (*Elle s'assied.*)

LE SÉNÉCHAL

Je vous en prie... (*Mathieu a débouché une bouteille, rempli et présenté les gobelets.*) A la santé de Sa Hautesse, le joyeux prince de la folie!

GISQUETTE, *tenant son gobelet, mais sans boire*

A la vôtre, mon premier ministre.

LE SÉNÉCHAL

C'est me combler. Avant toute chose, monsieur le président, nous aurions à vous dire... (*Gisquette se lève et lui tourne le dos.*)

MATHIEU

Très cher cousin, veuillez entendre...

GISQUETTE, *l'interrompant*

Inutile d'exposer l'affaire, je la connais. Ignorez-vous que nous avons, nous autres lanternes folles, des lumières supernaturelles (*A part.*) et des fenêtres sur la rue. — De par la volonté de mon oncle Louis, les débats sont ouverts. Appelez le prisonnier. (*Elle se promène à grands pas; le sénéchal et Mathieu la suivent.*)

MATHIEU.

Nous avons de notre côté (*montrant les bouteilles*) des raisons fort limpides.....

GISQUETTE

Je n'ai pas mes lunettes.

LE SÉNÉCHAL, *tirant sa bourse et la faisant sonner*
Et des arguments de poids.

GISQUETTE

Je suis sourd. A l'audience!

Musique.

Maint juge, dont on glose
Mesure sans pudeur,
La bonté de la cause
Aux bontés du plaideur.

Croisant les bras et marchant sur Mathieu et le sénéchal, qui reculent ébaubis.

O gens sans conscience!
Si vous m'offrez encor
Vin, régal ou trésor,
Je vous donnerai tort.

(*Elle danse.*)

Ce n'est pas moi qui danse,
Danse autour du veau d'or.

Elle boit et jette son gobelet.

ENSEMBLE

MATHIEU ET LE SÉNÉCHAL	GISQUETTE
Ce n'est pas lui qui danse	Ce n'est pas moi qui danse
Etc., etc.	Etc., etc.

GISQUETTE

Maint juge qu'on renomme
N'y met pas de façon
Et voit d'après la somme
A qui donner raison.

(*Même jeu.*)

O gens sans conscience
Etc., etc.

Elle prend la bourse du sénéchal et la met dans sa poche.

LE SÉNÉCHAL, *bas à Mathieu*

Il a bu votre vin, j'ai bon espoir.

MATHIEU

Et gardé vos écus... je le crois bien disposé.

GISQUETTE

Pas de conciliabule ! L'audience est ouverte.

LE SÉNÉCHAL, *ordonnant à un exempt*

Qu'on amène l'accusé.

SCÈNE XI

Les mêmes, d'ESCARBILLES *amené par les gardes*

Gisquette s'assied au milieu de la scène; le sénéchal est à sa droite, le greffier à sa gauche; Mathieu est à côté du sénéchal, d'Escarbilles à côté du greffier; peuple.

Musique.

GISQUETTE, *à d'Escarbilles*

Jeune homme, l'on vous accuse,
Au sieur Mathieu, que voicy,
D'avoir dérobé par ruse
Le fumet d'un coq rosti.

LE SÉNÉCHAL

Accusé, l'on vous accuse,
Au sieur Mathieu, que voicy,
D'avoir dérobé par ruse
Le fumet d'un coq rosti.

LE GREFFIER

Avoir dérobé par ruse
Le fumet d'un coq rosti !...
Point n'ai vu — je ne m'abuse —
Procès tel que cestuy-cy.

MATHIEU

Ce pendard, oui, je l'accuse,
A la broche que voicy
D'avoir dérobé par ruse
Le fumet d'un coq rosti.

GISQUETTE, *à part*

Avoir dérobé par ruse
Le fumet d'un coq rosti !...
— Un fou seul — Thémis m'excuse
Peut juger ce procès-cy.

D'ESCARBILLES

Franchement je m'en accuse :
A la broche que voicy,
J'ai savouré, non par ruse,
Le fumet d'un coq rosti.

L'ASSISTANCE

Avoir derobé par ruse
Le fumet d'un coq rosti !...
Un fou seul — qu'on ne s'abuse —
Peut juger ce procès-cy.

Pendant cet ensemble, Gisquette se fait reconnaître par d'Escarbilles, à l'insu des autres personnages.

GISQUETTE, *à d'Escarbilles, qui est debout*
Levez-vous. Bien !... belle taille !... Vos nom, prénoms, surnoms ?...

D'ESCARBILLES

D'Escarbilles Jehan, dit...

GISQUETTE

Polydore... je sais. Ne prêtez pas serment; la Cour les craint; une simple affirmation. Reconnaissez-vous avoir par une ruse habile, c'est-à-dire en l'accaparant, condensant et retenant dans la substance spongieuse de votre pain, détourné la fumée, autrement dit : l'arome, le parfum ou fumet dudit chapon du Mans, tel que le prétend et affirme mon susdit sieur Mathieu?

D'ESCARBILLES

Je le reconnais, mon juge, mais je croyais que c'était une oye.

MATHIEU

Oye, pourceau et chapon, il y a de tout ça.

GISQUETTE

Pas de complication!... Et vous, maître Mathieu, combien réclamez-vous dudit sieur d'Escarbilles pour le fumet dudit chapon?

MATHIEU

Trois écus parisis, trois pauvres petits écus.

GISQUETTE

Et pour le chapon?

MATHIEU

Rien!... Oh! je suis honnête homme. Un mirifique chapon, de plus de trois écus!... mais il n'a pris que la fumée.

GISQUETTE

Une partie de la fumée ou toute la fumée?

MATHIEU, *embarrassé*

Dame!... je... mais... oui, sans doute quasi toute la fumée.

GISQUETTE, *avec emphase*

Doncques le chapon n'a plus de fumet? Or, qu'est-ce qu'un chapon qui n'a plus de fumet? C'est un triste chapon; un chapon sans attrait; un chapon bon à jeter aux chiens!... Donc en gobant le fumet, c'est comme s'il avait absorbé le chapon!... *Ergo*, ce n'est pas seulement trois écus de fumée, mais aussi trois écus de chapon, autrement dit, et l'un dans l'autre, six écus de fumée dont il vous fait tort.

MATHIEU

Oui!... je n'y songeais pas... Quel juge!

LE SÉNÉCHAL

Je ne ferais pas mieux.

GISQUETTE

La cause est entendue. — Approchez, Polydore. Donnez-moi six écus.

D'ESCARBILLES

Que je donne six écus!

GISQUETTE

Préférez-vous être pendu?... A votre aise... six écus, ou... (*Elle tend sans être vue la bourse du sénéchal à d'Escarbilles.*)

LE SÉNÉCHAL, *bas à Mathieu*

Six écus!... il n'a pas six deniers; c'est un homme mort.

MATHIEU

Oui!... qu'on le pende!...

LE SÉNÉCHAL

De par l'Édit...

D'ESCARBILLES

Eh!... un moment. Voici ma bourse. Qu'on se paye!... (*Il tend la bourse à Gisquette, qui la prend.*)

LE SÉNÉCHAL

Comment!... il...

MATHIEU

Ah! tant mieux!

LE SÉNÉCHAL

Comment tant mieux!... Et moi?... J'aimerais mieux le voir pendu.

MATHIEU

Je comprends ça, mais sa peau ne vaut pas mes six écus. (*Au son de la musique, Gisquette fait sonner la bourse aux oreilles de Mathieu.*)

GISQUETTE

Quand une bourse bien garnie
Murmure son joyeux refrain,
N'aimez-vous pas cette harmonie :
Drelin, din, drin, drelin, din, drin ?

MATHIEU

Ah! mon oreille en est charmée
C'est si doux le son des écus!

Il cherche à prendre la bourse des mains de Gisquette qui la détourne en l'agitant.

GISQUETTE

Oui, mais le son vaut la fumée
Si le chapon vaut les écus.

TOUS

Oui dà, le son vaut la fumée
Si le chapon vaut les écus.

ENSEMBLE

MATHIEU	LE SÉNÉCHAL
Le drôle a volé ma fumée	Mais si le son vaut la fumée
Il doit me payer six écus.	Rendez-moi du moins les écus.

GISQUETTE, *parlé*

Doncques, et attendu que si d'Escarbilles a respiré l'odeur du rost de Mathieu, Mathieu a entendu le son des écus de d'Escarbilles; — attendu que le son vaut la fumée et que le plaisir de l'oreille de l'un égale la satisfaction du nez de l'autre, la cour... la cour déboute Rufés Mathieu de sa plainte et le condamne aux dépens.

LA FOULE

Ah! ah! ah!... bon jugement!... Vivent les fous!

MATHIEU

Par exemple!...

GISQUETTE

Et de plus, sachant... par les étoiles, que leurs cœurs sont faits l'un pour l'autre, voulons et ordonnons que d'Escarbilles épouse Gisquette.

Elle se dépouille de sa robe de juge; d'Escarbilles tombe à ses genoux.

MATHIEU

Gisquette!

LE SÉNÉCHAL

Ma fiancée!... le jugement n'est qu'une farce. — J'en appelle!

GISQUETTE

A qui doncques?... (*Montrant Joan qui, de sa fenestre, opine du bonnet.*) Telle est la volonté du grand juge du roi, mon parrain, Joan le Fol.

LA FOULE

Vive Joan le Fol!

ENSEMBLE

D'ESCARBILLES

[ie]ux qu'Ixion, qui de l'aimée
[n]e saisissait que la vapeur,
[Je] poursuivais une fumée
[E]t j'ai trouvé femme et bonheur.

GISQUETTE

[D']un troubadour trop enflammée
[Je] le savais pauvre et trompeur ;
[L']amour à jeun n'est que fumée ;
[U]n bon foyer fait le bonheur.

MATHIEU

J'étais très fier de mon idée :
Vendre du rost jusqu'à l'odeur ;
Et tout à coup part en fumée
L'invention de la vapeur.

LE SÉNÉCHAL

J'ai perdu dot et fiancée
Mais il vaut mieux, dans mon malheur
Voir s'envoler tout en fumée
Qu'être enfumé par ce farceur.

LA FOULE

Grand Salomon, ta renommée
Devant un fou cède l'honneur :
Donner le son pour la fumée,
Fut-il jamais juge meilleur?

(Rideau.)

ADAM ET ÈVE

ARGUMENT

Question sociale ?... Un gros sous-titre pour un petit acte de salon !

C'est vrai, monsieur; et cependant c'est, jugez-en vous-même, un grave problème de société qui est ici en scène. Que deviennent les préjugés... pardon, je veux dire les convenances de nom, de titre, de naissance, de situation, de fortune entre deux êtres mis par hasard, et pour toujours probablement, seuls, en face l'un de l'autre, à l'état de nature (sauf l'habillement, s'entend), ainsi qu'Adam et Ève dans le désert du paradis ?

Maxime Adam, simple bourgeois, fils de bourgeois de Touraine, partant pour l'Amérique, a été jeté par la tempête sur un îlot perdu au milieu de l'océan, hors de la route des vaisseaux. Depuis un an et quelques jours, Maxime y vit en Robinson. A ce moment, autre tempête jetant au même îlot Mlle de Fiermont, une fille de haute noblesse. Les voilà en présence, n'ayant à compter que sur eux-mêmes; personne entre eux... que penseront-ils ?... que vont-ils faire ?... C'est là ce que nous essayons de dire.

On objectera que le cas est extraordinaire; tellement rare, s'il s'est produit, qu'il en est presque invraisemblable.

Rare, d'accord; mais non impossible; et, s'il peut se

produire, on peut le supposer vrai et en déduire les conséquences.

On nous reprochera aussi les moyens scéniques employés, disons le mot, les ficelles. Nous avouons qu'elles sont un peu fortes; mais on reconnaîtra, nous l'espérons du moins, qu'il les fallait de taille pour nouer et dénouer dans le même jour une situation inextricable. D'ailleurs si les péripéties sont un peu fantaisistes, le coup de théâtre sauveur est d'un réalisme complet, c'est le coup de canon d'une frégate.

ADAM ET ÈVE

QUESTION SOCIALE

PERSONNAGES

ÈVE DE FIERMONT, dix-neuf ans   MAXIME ADAM, vingt-huit ans

La scène se passe en 1864, dans une île déserte, entre l'Afrique et l'Amérique.

Au bord de la mer. A gauche les premiers arbres d'un bois de gommiers; au fond, des rochers, la plage; à droite, au milieu d'aloès, d'euphorbes, d'amarantes et de citronniers, la cabane de Maxime, et, pendus ou jetés çà et là, un filet d'écorce, des corbeilles de jonc marin, tout un ménage de Robinson.

SCÈNE PREMIÈRE

MAXIME seul

Il est assis sur une épave et compte des petits cailloux.

363-364-365... et 366... l'année est bissextile; un an; 1-2-3, un an et trois jours. Ainsi, aujourd'hui, 26 avril 1864, il y a un an et trois jours que le *Léviathan*, navire insubmersible de la compagnie Trans... — ne la trahissons pas, je suis actionnaire, — que le *Léviathan*, assailli par une terrible brise nord nord-est à la hauteur des Açores, est arrivé jusqu'au tropique, s'est brisé corps et biens sur ce corail inconnu, et m'a réduit, moi, Maxime Adam, propriétaire en Touraine, maire de ma commune, membre du conseil général et aspirant député pour 1869, à jouer sur ce madrépore le rôle du dernier Robinson... Robinson !... moi !... Maxime, au siècle de la vapeur, des télégraphes sous-marins, de la navigation aérienne !... (*Il se lève.*) Non, vrai, c'est absurde !... (*Il donne un coup de pied dans une corbeille.*) Penser qu'en ce moment des millions d'hommes déjeunent... et trouvent ça tout simple... et qu'ici, depuis l'aurore, barbotant sur la plage comme un pélican, j'ai ramassé quinze huîtres... et un tourteau ! La première semaine j'étais anéanti ; la seconde, furieux ; la troisième, malade ; la quatrième, n'ayant ni médecins ni médecines, j'ai dû me guérir seul, et maintenant... c'est prodigieux !... je m'habitue. Comme l'enfant qu'une nouvelle nourrice épouvante et qui sourit quand il a bu son lait, je n'ai plus peur de cette nature qui me fait vivre. J'en admire les sévères beautés, j'en ressens dans mes veines la sauvage énergie, je l'aime !... et quand le soir empourpré me marque un jour de plus, je bénis dans ses splendeurs le Dieu qui m'épargna, je songe à ces jours bibliques où, sur une terre neuve, le patriarche s'endormait au milieu de ses enfants et de ses troupeaux, et je me prends à croire que je suis Jacob et que je colonise... Imbécile !... et Rachel ?... je n'ai pas même Vendredi !... Oh !... ma Touraine, mes champs !... Non, il est impossible qu'un jour quelque vaisseau ne m'arrache pas à cette vie de coquillage! Cette nuit je l'espérais; le vent soufflait du nord; la mer était terrible; il me semblait entendre le canon d'un navire en détresse... Il passera près d'ici, me disais-je, il échouera peut-être... Oui, j'allais jusqu'à le faire échouer pour revoir des hommes... et ce matin, rien!... la mer est calmée et le flot n'apporte à la côte ni barque, ni radeau, ni... que vois-je? (*Il aperçoit un coffre dans les vagues.*) Qu'est-ce qui flotte là-bas? Un corps?... une épave?... Mon cœur bat à se rompre!... Le vent l'amène... courons!... Un coffre!... c'est un coffre... et le navire?... parti!... sombré, peut-être; que d'espoirs j'ai perdus ainsi! N'importe, ce coffre, c'est quelque chose d'humain, c'est un ami; que va-t-il m'apprendre? Ah! vite, ouvrons. (*Il fait sauter la serrure avec une hache et retire du coffre les objets qu'il contient.*) Des vêtements!... Dieu merci, il était temps. Un costume Louis XV, une peau d'ours, un déguisement de sauvage!... C'est le bagage d'un comédien. Ciel! un fusil! des cartouches... elles ne sont pas mouillées... Ce soir, Maxime, vous aurez un rôti, un rôti de singe ou de perroquet. Mais ce coffre annonce un naufrage, ou du moins un grand péril pour le navire... S'il était là, derrière la côte, si derrière ces rochers j'apercevais... (*Il va vers la gauche.*) Grand Dieu, là... sur le sable, une femme!... morte, peut-être?... Ah! Dieu puissant, faites qu'elle vive encore! (*Il court derrière les rochers et rapporte entre ses bras Ève de Fiermont.*)

SCÈNE II

MAXIME, ÈVE

MAXIME

(*Il la place près de la cabane et pose la main sur son cœur.*) Elle vit!... elle vit!... Oh! que la joie ne me rende pas fou! Que faire pour la ranimer? Ah! ce suc de palmier. (*Il prend une calebasse et verse quelques gouttes sur les lèvres d'Ève.*) La chaleur revient, le cœur bat plus fort, les couleurs reparaissent! Qu'elle est belle! C'est étrange, je la connais, je l'ai vue! Ah! je me souviens : au dernier bal de la légation du Mexique... cette jeune fille si fière, si entourée, Mlle Ève de Fiermont, qui refusait une contredanse à M. Maxime Adam... C'est elle! Ève de Fiermont... Maxime Adam... Ève... Adam... quel jeu du sort!... séparés par l'abîme des préjugés, et maintenant, réunis dans une île, seuls, comme Adam et Ève. (*Il lui glisse sous la tête une botte d'herbes marines, la garantit du soleil et l'évente avec une large feuille.*) Elle se ranime... ses yeux s'entr'ouvrent... Ah! que son premier regard ne tombe pas sur ces haillons! Courons sur la plage, cherchons si la mer ne m'apporte pas encore un frère à sauver... et revenons bien vite aux pieds de... de ma sœur. (*Il sort à gauche en entraînant le coffre.*)

SCÈNE III

ÈVE, *seule*

Ah! je suis sauvée! mes forces m'ont trahie en touchant la côte. Pauvre Hortense! pauvre M. Michel! pauvre Domingo!... Je les ai vus périr sous la barque renversée... j'entends encore leurs cris... ils m'appelaient... c'est pour moi qu'ils tremblaient en mourant... et je ne pouvais rien pour eux... C'est horrible! Qui m'a portée ici? Sans doute quelque pêcheur, dont voici la cabane; pourquoi me laisse-t-on seule?... quelle est cette île? Saint-Paul ou l'Ascension?... La frégate a-t-elle péri?... Ah! j'espère que non, mais quel désespoir pour mon père quand le navire arrivera sans moi! On vient. Je dois être dans un désordre affreux. (*Elle voit une glace brisée dans la cabane.*) Ah! ce fragment de miroir... (*Elle se rajuste et aperçoit Maxime.*) Que vois-je? un habit Louis XV! On est en retard d'un siècle ici; je croyais l'île aux Anglais; c'est évidemment un Français, un grand seigneur... de Trianon.

SCÈNE V

ÈVE, MAXIME

MAXIME

Madame..

ÈVE, *à part*

C'est un Français. (*Haut.*) Monsieur le gouverneur, sans doute ?

MAXIME

Le...? Oui, madame, le gouverneur... le seul gouverneur.

ÈVE

L'océan, monsieur, est un méchant maître de cérémonies : il me force à me présenter moi-même... Je vous dois mon histoire... en quelques mots. (*Mouvement de Maxime.*) Permettez, les circonstances l'exigent. Mon arrière-grand-père, fuyant les horreurs de 93,— vous n'êtes pas démocrate, je suppose, monsieur — partit pour l'Amérique où il avait quelques biens. Il pensait n'y passer que peu de jours... il s'y fixa; c'est là que je suis née. Lorsque j'eus quinze ans, ma mère, pour achever mon éducation, me conduisit à Paris; pendant ce temps la guerre d'Amérique éclata; naturellement nous prîmes parti pour le sud; — vous n'êtes pas fédéral, je suppose. monsieur, — et le général de Fiermont, mon père, commande aujourd'hui l'un des principaux corps des confédérés... Ses dangers nous rappelaient; ma mère, trop souffrante pour supporter le voyage, me confia à notre cousin, le capitaine de frégate, M. le baron d'Artime, et je partis de Brest avec mes gens. A la hauteur des Açores un coup de mer nous entraîna vers le sud; le vaisseau démâté, ouvert de toutes parts, courait le plus grand péril; une terre, — cette île sans doute, — est signalée; on met une barque à la mer; j'y descends avec vingt passagers; une vague terrible nous sépare du navire;

nous passons la nuit au hasard, au milieu de mille morts... Au jour, la barque, brisée par un rescif, chavire... je vois périr mes serviteurs, hélas!... sans pouvoir les sauver ! Je sais nager, j'ai du courage... la terre est proche... en y touchant je m'évanouis. Le reste m'échappe; je présume que ceux qui m'ont recueillie auront été vous prévenir; et maintenant, monsieur le gouverneur, ai-je besoin de vous dire ce que Mlle de Fiermont attend de votre courtoisie : que le navire qui me portait périsse ou qu'il arrive au port, un doute affreux, une angoisse pire que la certitude est réservée à ma famille; ah! monsieur, qu'elle n'attende pas un jour, pas une heure... donnez-moi sur-le-champ les moyens de partir... A vos matelots notre reconnaissance, à vous, monsieur, à vous... notre éternelle amitié. (*Elle lui tend la main.*)

MAXIME, *baisant sa main*

Mademoiselle...

ÈVE

Allons, monsieur, allons!...

MAXIME

Hélas !...

ÈVE

Eh quoi, monsieur, vous hésitez?...

MAXIME

Oui, mademoiselle, j'hésite... j'hésite à briser une illusion...

ÈVE

Parlez, monsieur; après ce qui m'arrive, je puis tout supporter; voyons, je crois deviner : l'île n'est pas riche en vaisseaux... ils sont absents, peut-être...

il faudra que j'attende un jour... quelques jours... un mois?... Eh bien, monsieur, j'attendrai; vous voyez, je suis forte, et vous pouvez tout dire.

MAXIME

Mademoiselle, il y a aujourd'hui un an et trois jours qu'un accident semblable au vôtre m'a jeté dans cette île... un an que j'attends ma délivrance et que je ne l'obtiens pas.

ÈVE

Vous êtes prisonnier! Chez quel peuple sommes-nous donc?

MAXIME

Chez moi, mademoiselle.

ÈVE, *à part*

Cet homme est fou.

MAXIME

Chez moi, seul habitant de ce rocher, perdu à cinq cents lieues des côtes, et connu seulement de nous, des alcyons et de Dieu.

ÈVE

Est-ce moi qui deviens folle? Est-ce un rêve que je fais? — Je suis seule, monsieur, brisée par la douleur et la fatigue, vous prenez mal votre temps pour plaisanter.

MAXIME

Plaisanter!...

ÈVE

Vous oubliez que votre habit dément votre conte. Allons, monsieur, cessez un rôle indigne d'un galant homme, et...

MAXIME

Gravissons cette colline, de là vous embrasserez d'un coup d'œil toute l'étendue de votre empire, et alors vous comprendrez que je ne suis pas un fou, que je ne plaisante pas avec une femme et avec le malheur, que cet habit m'a été jeté par une des vagues qui vous portaient ici, que cette cabane est le seul palais de cette île, que vous en êtes la reine, et que votre peuple est à vos pieds.

ÈVE.

Grand Dieu !... (*Elle tombe anéantie sur l'épave.*)

MAXIME

Permettez-moi de me présenter moi-même à mon tour, car je vois que vous ne me reconnaissez pas. J'ai eu l'honneur de vous rencontrer dans le monde, le monde officiel, le vôtre m'était fermé; je m'appelle Maxime Adam... Vous paraissez vous souvenir. Je vous dois mon histoire aussi; oh! la plus simple du monde : mes premières années libres et joyeuses dans notre belle Touraine, puis le collège, Paris; Paris... le seul point du monde où je croyais que l'on pût vivre, et dont je me lassai pourtant; un ennui sans nom m'y dévorait; je résistais, j'avais horreur de la province et cependant, de plus en plus, je songeais à ce toit de famille élevé par mon père, à ces champs qui faisaient son orgueil, à ces arbres qu'il avait plantés. Je revins; tout salua l'enfant de la maison, et je restai; je suis né laboureur... Adam l'était aussi; j'aime la terre humide fumant sous la charrue, l'agneau bondissant dans les prés, les grands bœufs passant leur front sur la haie d'aubépine et vous suivant d'un œil ami... Un jour pourtant je quittai tout cela ; l'ambition m'entraînait, l'Amérique m'empêchait de dormir ; non pas ses canons, mais ses journaux, et quels journaux !... Pardonnez-moi si je le dis sans rougir, ses journaux agricoles ; je trouvais là des idées de culture, des races supérieures aux nôtres ; je voulus les voir de près... je partis !... et, depuis un an, comme le berger de la fable, je maudissais Amphytrite et l'ambition, depuis un an j'attendais chaque jour une voile qui ne paraissait pas, j'accusais le sort !... Depuis une heure je ne l'accuse plus.

ÈVE, *se levant.*

Que prétendez-vous donc, monsieur ?

MAXIME.

Ce que je prétends, moi ?... Je ne prétends rien ! je pense seulement qu'après le monde du faubourg Saint-Germain, après le monde officiel et après les autres, il y en a un autre, le monde... de tout le monde, le monde de la nature et du bon Dieu ; que par un fait étrange, inouï sans doute, mais fatal, nous y sommes seuls, pour toujours peut-être, comme à cette heure solennelle où le premier homme et la première femme se saluaient dans les solitudes de l'Éden ; que devant un pareil fait l'éternelle et sainte loi de la nature efface six mille ans de préjugés, qu'il n'y a plus ici de fictions sociales, mais deux infortunés que le cœur doit unir, plus d'Ève de Fiermont ni de Maxime Adam, mais un frère et une sœur. (*Il lui tend la main.*)

ÈVE, *passant devant lui sans prendre sa main*

Vos théories m'échappent, monsieur ; cependant votre langage annonce de l'éducation ; vos manières sont d'un honnête homme; j'espère donc que vous respecterez la convention que les circonstances nous imposent. Vous avez choisi pour votre établissement ce côté de l'île, l'est, je crois ; je choisis l'ouest pour le mien. (*Mouvement de Maxime.*) Oh! ne vous inquiétez pas de moi; je suis Américaine; mon père, qui regrettait de n'avoir pas un fils, s'en consolait en me donnant une éducation virile; habituée à suivre les chasses, à dormir sous le wigham de l'Indien, ou même dans un manteau sous un palmier, je ne crains que les méchants et les sots; je n'ai donc rien à redouter ici. Je vous demanderai seulement cette hache, ce paquet de corde, quelques clous, cette ligne, et...

MAXIME, *qui a chargé les objets désignés sur son épaule*

Et le reste est à vous. Voici votre part. (*Montrant l'ouest.*) Voilà la mienne. (*Mouvement d'Ève.*) Pardon, je suis le maître de mon île et j'ai le droit d'en disposer à mon gré; d'ailleurs j'ai peut-être un peu plus d'habitude que vous de cette vie primitive; j'ai su m'en tirer assez bien, je m'en tirerai mieux encore; mais les commencements sont durs; croyez-moi, ils vous coûteraient. (*Il fait un pas et revient.*) Vous êtes chez vous; je serai chez moi. (*Même jeu.*) Si, par hasard, il vous arrivait d'avoir besoin d'un secours ou d'une aide, nous n'avons point de courrier, mais un simple appel retentirait de votre empire au mien. Dieu vous garde, mademoiselle.

ÈVE

Adieu, monsieur.

MAXIME, *à part*

Adieu! — Ah! je jure que non. (*Haut*). Mademoiselle...

ÈVE

Adieu. (*Maxime sort à gauche.*)

SCÈNE V

ÈVE, *seule*

C'est un socialiste. Il a du bon pourtant; j'avoue que, sans son offre, la situation... A-t-on jamais vu rien de pareil, mon Dieu! Voyons, voyons, n'exagérons rien; il ne sera pas dit qu'Ève de Fiermont aura tremblé. Réfléchissons : Si le navire avait péri, le vent, toujours du Nord, apporterait des débris, un radeau, quelque chose, et, si loin que se portent mes yeux, des flots, rien que des flots. M. d'Artime existe, il me cherche, il me retrouvera... ce soir, demain peut-être; qu'est-ce qu'un jour à passer ici? J'ai eu tort d'accepter les dons de ce monsieur; que penserait-on de me trouver chez lui? Il ne peut être loin; je vais l'appeler, lui rendre ses aumônes, et là-bas, au bout de l'île, seule sur la plage, déserte, attendre... Qu'ai-je donc?... ma vue se trouble, les forces me manquent... Ce que j'ai?... Ah! *povera*... j'ai faim! Eh bien, les rochers ont partout des algues, des coquilles... (*Elle aperçoit le panier plein de coquillages.*) Ah! voilà... voilà celles qu'il avait pêchées... pour lui... et là, dans sa cabane, des fruits... des limons... La soif me dévore! (*Elle va jusqu'au seuil et recule.*)

Allons, pas de faiblesse; je n'entrerai pas sous ce toit, je ne toucherai pas à ces... (*Elle aperçoit à gauche un ours.*) Ciel!

SCÈNE VI

ÈVE, L'OURS

L'ours est entré doucement entre les gommiers et se dresse contre un arbre.

ÈVE, *appelant Maxime.*

Monsieur!... Oh! lâche-cœur!... (*Elle se saisit du fusil.*) je tremble, j'appelle... et j'ai des armes!... (*Elle cherche à armer le fusil.*) Oh! ces mains raidies qui n'obéissent plus! (*Frappant du pied.*) Tu ne trembleras pas! je ne veux pas que tu trembles!... Tremblais-tu quand Domingo tuait cette panthère à dix pas de toi?... Une balle au cœur et tout est dit. (*Elle ajuste l'ours; le fusil rate; l'ours s'avance vers elle.*) Dieu, je suis perdue. (*Elle laisse tomber le fusil.*) Ah! la cabane!... (*Elle se précipite et s'enferme dans la cabane.*)

SCÈNE VII

MAXIME

(*Il dépouille son costume d'ours.*) Il s'agit maintenant de tuer l'ours. (*Il remplit d'herbes la peau et la couche dans les buissons.*) J'avais heureusement emporté les cartouches. (*Il charge le fusil.*) Ah! fille d'Ève, il faudra donc toujours que le serpent s'en mêle; il s'en mêle, il est à l'œuvre, il dore la pomme, et vous y mordrez, chère Ève, par Lucifer, vous y mordrez! (*Il tire l'ours; à la détonation, Ève ouvre lentement la porte.*)

SCÈNE VIII

MAXIME, ÈVE

MAXIME, *montrant l'ours*

Il est mort, je me retire; je n'étais venu qu'à votre voix.

ÈVE

En effet, monsieur, la vue de cette bête m'a fait jeter, je crois, un cri... d'étonnement. — Vous m'aviez dit que l'île était déserte.

MAXIME

Permettez, mademoiselle; elle manque d'êtres humains, mais d'animaux, oh! non.

ÈVE

Ah! Elle a beaucoup d'animaux?

MAXIME

Beaucoup.

ÈVE

Et... quels animaux?

MAXIME

Mais... les lapins, par exemple; ils fourmillent.

ÈVE

Tant mieux; c'est une chasse fort amusante.

MAXIME

Les perroquets... les singes.

ÈVE

Des singes ?...

MAXIME

Oh! des amours de singes... des singes verts, grands comme ça. *(Il montre sa main.)* Sur la plage, le goéland, l'albatros, la tortue, les coquillages... dans les broussailles, l'agouti; dans les hautes herbes, le kangourou; enfin, dans les rochers, quelques serpents.

ÈVE

Des serpents !... il y a des serpents ?... de petits serpents ?

MAXIME

Eh ! il y en a de grands comme ça. *(Il montre sa hauteur.)*

ÈVE

Vous en avez vu ?

MAXIME.

Comme vous me voyez, mademoiselle.

ÈVE

Et... les bêtes fauves ?...

MAXIME

Oh! elles sont très rares; excepté les chacals, quelques chats de montagne, et cet ours... que je vois pour la première fois...

ÈVE

Mais, monsieur, comment se fait-il qu'un rocher seul, à cinq cents lieues des côtes, ait ainsi son peuple d'animaux ? Comment expliquez-vous qu'il renferme à la fois le lapin d'Europe, le singe de Guinée, l'agouti des Antilles et l'ours américain ?

MAXIME

Je ne l'explique pas, mademoiselle ; les savants s'accordent à dire... que la question est embarrassante ; ils diffèrent sur l'explication. L'opinion la plus vraisemblable est que ces animaux, entraînés sur des radeaux naturels par les grands fleuves des continents, sont transportés par les courants marins jusqu'aux îles les plus éloignées.

ÈVE

Ainsi ces radeaux naturels pourraient nous apporter quelque jour des lions, des tigres, des éléphants, des hommes même... — Cette opinion est épouvantable, monsieur !...

MAXIME

Il y en a une autre, qui fait pousser les animaux sur place, comme des champignons ; mais rassurez-vous, mademoiselle ; les tigres et les lions sont rares, même ici. — La nuit ne tardera pas à venir ; reposez en paix, je veille, et, pour commencer, je vais tuer la femelle.

ÈVE

La femelle !... quelle femelle ?

MAXIME

La femelle de l'ours.

ÈVE

Vous l'avez vue ?

MAXIME

Non, mademoiselle, mais je suis sûr qu'elle est ici ; les animaux ne sont jamais seuls ; ils ont toujours une compagne... Elle cherche son ami... pauvre bête...

elle doit bien souffrir!... je vais la tuer. (*Il va pour sortir.*)

ÈVE

Pardon, monsieur. (*Maxime se rapproche vivement.*) Vous croyez qu'elle cherche son compagnon?

MAXIME

Certainement.

ÈVE

Eh! bien, il est probable que son instinct la conduira ici.

MAXIME

Ah! vous avez raison; c'est ici que je dois l'attendre.

ÈVE

Vous? Pardon, monsieur; vous aviez par mégarde emporté mes cartouches; auriez-vous l'obligeance de me les rendre.

MAXIME

Ah! vos... vos cartouches. Voilà, mademoiselle, voilà.

ÈVE

Merci, monsieur, (*Elle lui tend la main.*) et maintenant, adieu, voisin; et bonne nuit.

MAXIME.

Mais...

ÈVE

Partez, partez!... vous empêcheriez la femelle de venir.

MAXIME

Ah! vous pensez que j'empêcherais?... Je pars,

mademoiselle, je pars. Prenez garde aux serpents. (*Il sort à gauche.*)

SCÈNE IX

ÈVE, *seule*

Prenez garde aux serpents!... — Je fais la brave et je frissonne!... Des serpents!... horribles bêtes dont le nom seul me glace! Le jour, passe encore, mais la nuit!... elle doit tomber presque subitement sous ces latitudes... Que le soleil est bas!... c'est l'heure où nous sortions des bois, les soirs de chasse; les chevaux fatigués arrachaient en passant l'herbe de la savane; l'oiseau-moqueur jetait sa note aiguë, les hurlements des fauves lui répondaient; mais alors j'ignorais l'effroi : le son du cor, la voix des chiens peuplaient les solitudes, et le sentier, perdu dans les déserts, était l'ami qui me disait : retour!... retour à ce foyer de famille dont la pensée nous suit à notre insu, fait tout notre courage et souffle à notre orgueil qu'il est le roi du monde!... O nature, que tu es grande et que nous sommes petits!... Je ne le sentais pas dans ces belles nuits des tropiques, où, sous la voûte des branches, près du feu de sapins, gardée par vingt esclaves, je m'endormais en souriant à mon père; mais seule... seule dans cette nuit!... oh! quelle sera ma nuit?... Prêter l'oreille aux grincements du sable, aux frissonnements des branches, aux froissements des herbes!... et n'avoir pour abri qu'une écorce disjointe, où ces reptiles... Dieu!... tout à

coup dans l'ombre, entendre des écailles, voir luire
des yeux... être touchée, saisie!... (*Elle tombe à
genoux.*) Oh! j'ai peur!... mon Dieu, protégez-moi,
j'ai peur. (*Un noir mandingue paraît à gauche, au fond,
longe le rivage sur la pointe du pied et disparaît derrière
la cabane.*)

(*Ève se relevant brusquement.*) On marche par ici!...
Folle!... qui pourrait marcher?... M. Adam seul!...
il est loin; mon orgueil a chassé le seul ami... Mon
Dieu!... mais si quelques troncs d'arbre, assemblés
par hasard, ont pu jeter ici des animaux féroces,
des pirogues peuvent y conduire des hommes, et
quels hommes?... Ces horribles noirs d'Afrique! On
marche!... j'en suis sûre!... Ah!... Dieu soit loué,
je sais!... c'est l'ourse, la femelle de celui que
M. Maxime... Cette fois l'arme est chargée et je n'appellerai pas. Le feuillage a remué; elle approche;
allons, c'est bien, mon cœur est calme, et je rougis...
(*Le mandingue passe la tête entre les citronniers.*)

SCÈNE X

ÈVE, LE MANDINGUE

ÈVE

Ah!... (*Elle s'évanouit.*)

MAXIME

(*Se précipitant vers elle et arrachant son costume
de sauvage.*)

Qu'ai-je fait?... Pauvre enfant, je l'ai trop effrayée...
Ah! fou que je suis! (*Il jette son costume dans les brous-*

sailles). Mademoiselle... Ève!... c'est moi, Maxime. Elle revient à elle; ses pauvres mains tremblent; elle pleure!... O larmes bénies, ont-elles brisé ce cœur farouche?... Est-ce une femme qui s'éveille?

ÈVE

Ah!... mon ami... monsieur!...

MAXIME

Ne vous reprenez pas.

ÈVE

Et le... le?...

MAXIME

Les sauvages?...

ÈVE

Oui.

MAXIME

J'avais vu leur barque s'approcher; j'ai tué le premier; son corps est là; les autres sont partis.

ÈVE

Ils étaient plusieurs?

MAXIME

Quatre.

ÈVE

Nous sommes perdus... ils reviendront.

MAXIME

Qu'importe... si je suis là.

ÈVE

Oui... là. (*Elle lui abandonne sa main; ses yeux se fixent sur la mer.*)

MAXIME

N'est-ce pas que la solitude est horrible, et qu'il est bon de sentir un cœur auprès du sien? Pourquoi me chassiez-vous? Que craignez-vous de moi? Ce qui défend une femme, c'est le respect qu'elle inspire; dans les salons de votre mère en éprouverais-je plus qu'ici? Cette nuit je veillerai près de cette cabane; demain je construirai la vôtre, et j'en veux faire un palais; nous travaillerons, nous chasserons ensemble... Si quelque jour un vaisseau nous retrouve, vous me présenterez à votre famille en lui disant : c'est notre ami. Jusque-là, chaque soir, assis au bord des flots, nous bénirons le ciel, qui, dans notre malheur, nous a permis de le souffrir à deux.

ÈVE

(*Se levant brusquement et montrant la mer.*) Là-bas!... là-bas!...

MAXIME

Quoi donc?

ÈVE

Une voile... un navire!

MAXIME

Une voile!... Ah! voilà donc pourquoi vous m'écoutiez. Regardez... c'est bien une voile... elle approche, elle grandit... c'est la délivrance!... un an, un siècle, elle fut la fièvre de mes jours, l'angoisse de mes nuits, et maintenant, grâce à vous, je la repousse, je la maudis!... Sachez tout; vous n'avez pas longtemps à me subir : je vous ai vue trois fois; la première, à Paris, près du lac; vous passiez rapide, éblouissante... je n'eus que le temps de m'écrier « Qu'elle est belle!... » et mon cœur emporta votre image sans savoir qu'il ne l'oublierait plus. La seconde fois dans un bal; j'eus de la peine à percer votre cour; enfin j'obtins une contredanse; en inscrivant mon nom, vous me regardâtes avec ce sourire glacé que vous avez encore et, quand j'allai prendre votre main : « Ma mère est fatiguée, excusez-moi, monsieur, nous partons. » Voilà, pensai-je, une belle statue de l'Orgueil et je jurai de vous haïr. Enfin je vous retrouve, où?... Sur une plage déserte, au bord du flot qui veut vous remporter; mon cœur éclate de joie... Dieu m'envoyait une sœur!... Insensé!... l'Orgueil a-t-il un frère?... Mademoiselle de Fiermont n'a pas besoin de moi. Qu'entends-je?... elle m'appelle... elle a dit : mon ami!... elle tressaille... elle pleure, elle m'abandonne sa main... son cœur a donc battu?... Sans doute, elle va partir! Je vous connais... Adieu.

ÈVE

Vous me connaissez mal; je ne suis pas ingrate; celui qui m'a sauvé la vie trois fois a le droit que je la lui consacre.

MAXIME

Le droit!... Oui, n'est-ce pas? C'est mon droit et c'est votre devoir. Dites tout, mademoiselle; vous sauver c'était une offense; vivre avec vous un jour, seuls sur ce rocher, c'était un outrage!... je vous ai compromise, et votre orgueil s'abaisse à la réparation! Gardez votre reconnaissance; le vaisseau peut venir; je me cacherai si bien que nul ne soupçonnera ma présence, et vous partirez libre. Adieu.

ÈVE, *regardant la mer*

Ciel!... plus rien!... c'est impossible... il était là,

tout à l'heure, à l'instant; et maintenant... rien... parti!... disparu.

MAXIME

Disparu... Ce malheur-là m'est arrivé cent fois; vous avez pris un goéland pour une voile. Adieu, mademoiselle.

ÈVE

Quoi! vous m'abandonnez!... lorsque le désespoir me brise... lorsque la nuit descend... lorsque mille dangers nous environnent!...

MAXIME

Des dangers?... Aucun. Ce roc n'a ni serpents ni bêtes fauves, ni sauvages; j'ai voulu vous connaître et j'ai joué tout cela.

ÈVE

Ah!

MAXIME

Le seul danger que vous courriez ici, c'est de souffrir de la faim; j'y veillerai... Adieu.

LA FRÉGATE, *tirant un coup de canon*

Boum!

ÈVE

Un coup de canon!... Dieu!... c'est la frégate! Elle avait disparu derrière les rochers. Ah! qu'elle nous entende... qu'elle nous voie!... (*Elle prend le fusil et tire.*)

LA FRÉGATE

Boum!

ÈVE

Elle nous entend!... La voilà. (*Elle agite son mouchoir.*)

LA FRÉGATE.

Boum!

ÈVE.

Elle nous voit!... elle nous voit!...

MAXIME.

Adieu, mademoiselle.

ÈVE, *lui tendant les mains*

Restez, Maxime.

MAXIME

Ah!... (*Il tombe à genoux devant elle.*)

LA FRÉGATE.

Boum!

(*Rideau.*)

BOULE DE NEIGE

ou

L'ÂME NATURE

ARGUMENT

Un conte bleu ne s'analyse pas. En exposer sèchement le sujet — exposer est le mot — avec l'espoir, en quatre lignes, d'en exprimer la fantaisie, c'est comme tenter de faire saisir, à qui ne l'aurait jamais vu, le vol capricieux et fou d'un papillon en montrant le pauvre insecte cloué sur son bouchon par l'épingle du naturaliste. Montrons toutefois l'insecte; si l'on veut en connaître le vol, on sera forcé de lire la pièce.

L'insecte ici est une toquade : miss Électra Tick-Tack, auteur américain, jeune et charmante, — les a'uthoress... j'allais dire : les bas bleus, sont toutes ainsi... en Amérique, — rêve d'être aimée uniquement pour les qualités de l'âme, pour « l'âme nature », suivant son expression, c'est-à-dire indépendamment; bien plus : dans l'ignorance de ses avantages matériels, physiques ou sociaux, jeunesse, beauté, fortune, etc. Masquée d'un voile vert et de lunettes azur, un tour sans âge sur ses cheveux blonds, elle court le monde, cherchant un homme... un homme ayant le même rêve; et, dans chaque pays, près des mieux renseignés, médecins, philosophes, marabouts ou lamas, elle s'informe, questionne : « Connaissez-vous un homme?... » Jusqu'ici, rien; mais, non découragée, miss Électra, toujours allant, tombe à Pondichéry, chez le docteur Jacques, Français et chirurgien de marine. « Connaissez-vous un homme, docteur? » — « Peut-être, miss! » Et en effet, le docteur Jacques connaît le pendant d'Électra, une âme nature mâle, lord Jérémias Pélican, gouverneur de Seringapatam, un Anglais archimillionnaire, ce qui n'est pas très rare, mais, de plus, ultra-sentimental, ce qui est exceptionnel.

Lord Pélican a lu les livres d'Électra; c'est la femme qu'il cherche; il va partir pour l'Amérique; et, afin d'être sûr d'être aimé pour lui-même, pour son âme nature, il se nommera Boule de Neige et se présentera sous le costume et la couleur d'un vulgaire coolie. Le docteur Jacques, lié par le secret que demande Jérémias, lui garde l'incognito vis-à-vis d'Électra, mais leur ménage une rencontre.

On comprend de reste qu'en se voyant, le noir et la bonne dame se font réciproquement horreur... et se tournent le dos. A ce point que Pélican s'engage avec Almédorine, cuisinière normande du docteur, qui lui semble être son idéal, et qu'Électra promet sa foi à Isidore Cabinet, le famulus de Jacques, qui lui paraît le phénix rêvé. N'ayant plus à dissimuler leurs charmes extérieurs, sir Jérémias reprend sa couleur britannique et son costume de nabab; Électra dépouille la tenue de voyage, le voile, le tour et les bésicles, et reparaît, délicieuse, en blanche toilette de mariée. Ils se revoient, sans se reconnaître, se trouvent adorables, et déplorent de s'être enchaînés. Heureusement le docteur, *deus ex machiná*, remet les choses au point; les deux âmes nature peuvent s'unir.

Jacques épousera Almédorine, qui est une fée, ou peu s'en faut.

Cabinet seul reste garçon, mais c'est une nature d'âme qui se consolera... avec le tafia du docteur.

PROLOGUE

Mesdames et Messieurs,

Ou plutôt : chers amis, si vous voulez permettre,
Par les trous du rideau, ces trous mystérieux
Où vient, sur un doigt rose, un œil malin se mettre,
Nous vous apercevons si gais, si curieux
Qu'une terreur nous prend ; je viens vous la soumettre
Pour que votre amitié nous aide à nous remettre :
C'est que nos spectateurs n'aient pris au sérieux
Le mot de *Comédie* écrit dans notre lettre.
 Vous vous seriez bercés d'un espoir décevant ;
Notre théâtre est fait d'un peu de brocatelle,
Il serait renversé par la main d'un enfant,
Et le scénario n'est qu'une bagatelle,
Un rêve plus léger que la folle étincelle
Que dans le feu d'hiver on voit fuir en rêvant,
Un conte bleu sans queue et sans tête, un vrai souffle
Que le soir de Noël, par la pluie ou le vent,
Il faudrait écouter le pied dans la pantoufle,
Et qu'il faut chuchoter derrière un paravent.

L'Imagination, la vôtre, est donc la Muse
Qui devra sabler d'or ce rêve à peine écrit;
Pour que la pièce existe et qu'elle vous amuse,
C'est à vous de l'entendre à travers votre esprit.
Tout, jusqu'à nos décors, vous avez tout à faire;
Ce salon, qui ce soir est si parisien,
Vous le transporterez dans l'océan Indien;
Vous supposerez là le cabinet sévère
De monsieur le docteur; deux portes dans le fond;
Au lieu des horizons de la place Saint-Georges,
Le docteur, sous un ciel d'un bleu sombre et profond,
Plonge, de la fenêtre à droite, sur des gorges
Où les tigres à jeun veillent sous l'oranger;
Et, de la gauche, au lieu de la salle à manger,
Il voit, tableau qu'au monde aucun autre n'égale,
Sur le saphir en feu du golfe de Bengale
Les barques d'acajou s'enfuir d'un vol léger.
Voilà pour le décor; quant à la mise en scène,
Au sujet de la pièce... Ah! vous serez surpris!
Le monde où je vous mène est si loin de Paris
Que toutes les splendeurs de la nouvelle Athène,
Les trésors et les arts naissant de ses débris,
Tous nos progrès enfin!... ce coin n'a rien appris,
Rien!... pas même le nom du pacha de la Seine,
Ce babylonien de son siècle incompris.

Vous n'entendrez donc pas une piquante histoire;
Notre sujet n'a rien des fièvres d'aujourd'hui;
Le champignon tiré d'une vieille écritoire
Par une plume d'oie, est plus brûlant que lui.

Aussi, je vous en fais la confidence intime,
Nous destinons la pièce au Théâtre-Français;

Dans ce temple, où l'art pur a toujours du succès,
Nous avons pour notre œuvre un espoir légitime,
Grâce à certain détail classique... l'ornement,
Le bouquet de la pièce... un certain instrument...
L'expression technique est un peu familière ;
Pourtant Louis Quatorze en riait ; ô Molière !...
Je ne sais pas pourquoi je tourne autour du pot ;
Je parle de ce tube, humide chassepot,
Dont Got, dans Pourceaugnac, est visé par derrière ;
Le Théâtre-Français, pour assassiner Got,
De ces merveilles-là lève une armée entière,
Et nous n'en montrons qu'une...ainsi ! Plus qu'un seul mot :
   Bienveillants spectateurs, charmantes spectatrices,
Plus une pièce est courte, et plus elle a d'auteurs ;
La nôtre a, bien comptés, six collaborateurs ;
Un peu les trois acteurs, beaucoup les deux actrices,
Et puis, surtout, la fleur des collaboratrices,
Une adorable fée, assise parmi vous,
Que chacun dans son cœur nous apporte, je pense,
Avez-vous deviné ? cette fée aux yeux doux
C'est votre aimable sœur, mesdames : l'Indulgence.

BOULE DE NEIGE

OU

L'ÂME NATURE

CONTE BLEU

PERSONNAGES

MISS ÉLECTRA TICK-TACK, auteur américain

ALMÉDORINE POMMIER, jeune Normande

LORD JÉRÉMIAS PÉLICAN, gouverneur de Seringapatam

LE DOCTEUR JACQUES, chirurgien de marine

CABINET, famulus du docteur.

A Pondichéry, chez le docteur

SCÈNE PREMIÈRE

Le docteur, assis devant une petite table où le couvert est mis, regarde attentivement un bocal.

LE DOCTEUR.

Il est positif que ce bocal de goyaves au taffia diminue avec une rapidité invraisemblable; or, comme il n'y a dans la maison que maître Cabinet et moi... j'en aurai le cœur net. (*Appelant.*) Cabinet!... Cabinet!...

CABINET, *au dehors*

Monsieur ?

LE DOCTEUR

Eh bien, ce déjeuner ?

CABINET, *de même*

Voilà, monsieur, voilà.

LE DOCTEUR, *regardant sa montre*

Onze heures quinze : — trois heures d'hôpital, cinq visites aux Bambous, dix à la côte des Perles... j'ai ce matin un appétit de crocodile. Ah ! le journal; voyons un peu les nouvelles de Pondichéry : « Le *Calypso*, de Cherbourg, retenu hier soir en haute mer par un raz de marée, entrera aujourd'hui en rade à onze heures et demie. » Un bâtiment français, dans un quart d'heure ! diantre, dépêchons-nous, je veux être là ! (*Il sonne.*) « A midi, départ de l'*Inexplosible* de New-York... inexplosible... un américain ?... enfin !... pour la Nouvelle-Orléans. » (*Il sonne.*) Cabinet !... Cabinet !... Ce Berrichon devient impossible !... Ca-bi-net !

SCÈNE II

LE DOCTEUR, CABINET

CABINET, *très tranquille, un plateau dans les mains*

Monsieur ?

LE DOCTEUR

C'est heureux.

CABINET

Dame ! monsieur sonne.

LE DOCTEUR

Eh bien ?

CABINET

J'ai cru que c'était à la porte.

LE DOCTEUR, *déjeunant*

Là !... toujours la même chose !... c'est donc bien difficile de faire des œufs à la coque ?

CABINET

Oh ! non, monsieur.

LE DOCTEUR

Eh bien, ils sont durs.

CABINET

Dame, monsieur, le pays est si chaud !...

LE DOCTEUR

Et ces côtelettes !... brûlées... carbonisées !...

CABINET

Saisies, monsieur, saisies !

LE DOCTEUR

Et ce café... plein de moustiques !

CABINET

Il y en a tant !...

LE DOCTEUR, *jetant sa serviette*

Ah ! c'est trop fort ! paresseux, bavard, menteur, etc... voilà dix ans que je vous supporte, mais gourmand et insolent, c'en est trop !

CABINET, *qui vient de dérober du sucre*

Gourmand, moi !

LE DOCTEUR

Regardez ce bocal.

CABINET

Monsieur, je ne prends jamais rien entre mes

repas; ma conscience me le permettrait que mon estomac s'y refuse.

LE DOCTEUR, *se levant*

Cherchez une place; je vous donne... six mois.

CABINET

Une place!... (*Il pleure.*) Ah! c'était bien la peine de m'enlever à ma patrie... de me donner trois mille lieues de mal de mer... Ah! ah! qu'est-ce que va dire mon oncle?

LE DOCTEUR

Allons, tais-toi, braillard, je te garde; seulement, comme, comme je tiens à déjeuner... quelquefois, je prendrai une cuisinière.

CABINET

Ah!... et alors, qu'est-ce que je ferai?

LE DOCTEUR

Tu ne feras rien; j'aime mieux ça.

CABINET

Ma dignité d'homme s'y oppose; d'ailleurs monsieur me soupçonne, monsieur me croit capable de détourner ses goyaves... (*Pleurant.*) J'aime mieux revoir mon oncle.

LE DOCTEUR

A ton aise. (*On sonne.*) Mais, en attendant, va ouvrir. (*Cabinet sort.*) Ah! mon gaillard, tu ne détournes pas mes goyaves!... nous allons bien voir. (*Il va vers une étagère où sont plusieurs fioles.*) Rhubarbe... scammonée... jalap?... voilà mon affaire. (*Il verse une poudre dans le bocal.*) Mystère et cathartique!...

SCÈNE III

LE DOCTEUR, CABINET, puis ALMÉDORINE

CABINET

Ah! monsieur, un ange, monsieur!... une houri, monsieur!... une bayadère, monsieur!...

LE DOCTEUR

Il est fou! Les goyaves lui feront du bien. (*A Almédorine.*) Entrez, mon enfant.

ALMÉDORINE

Almédorine Pommier, monsieur, pour vous servir; et la santé!... et tout ce qui vous appartient!... et moi aussi merci.

LE DOCTEUR

Une Normande de Pondichéry!... c'est prodigieux! d'où tombez-vous, ma mignonne, et que voulez-vous du médecin?

ALMÉDORINE

Oh! du médecin, rin de rin. Jarnidié, de mère en fille on est solide chez nous, et sauf not'vache qu'a parfois la colique, les rebouteux n'auriont point not' argent. V'là ce que c'est : — J'ons entendu lire dans les papiers du pays, à Champâteux-les-Choux, que vous aviez besoin d'une cuisinière; j'ons mis mes sabots sur mon cou, j'ons couru du côté de l'eau salée, j'ons monté sur une grande machine qui fume, et bali baloc, et cahin caha...

Almédorine Pommier, monsieur, pour vous servir.

LE DOCTEUR

A Champâteux-les-Choux vous avez su que moi, le docteur Jacques, chirurgien de marine à Pondichéry, j'avais besoin d'une cuisinière!... J'en ai besoin, c'est vrai; mais si je ne perds pas la tête, c'est là, tout à l'heure, il y a cinq minutes, que je l'ai dit pour la première fois à Cabinet, et, à moins que vous ne soyez sorcière ou fée...

ALMÉDORINE

Y a pas de sorciers chez les Pommier. Almédorine, fille d'Isidore, dix-neuf ans aux colzas, tous ses cheveux, fait les crêpes, tartes, beignets, gorenflots... pas de crinoline et pas d'amoureux... et tout ça pour cinquante pistoles. Si ça vous va, y faudrait le dire.

CABINET

Si ça nous va!...

LE DOCTEUR

Cabinet! — Si votre cuisine, ma belle Normande, a aussi bonne mine que vous, je serais enchanté de l'heureux hasard qui vous amène; mais voilà Cabinet, mon cocher, mon valet de chambre, mon maître d'hôtel, mon jardinier... et mon apothicaire, qui ne veut pas que je prenne de cuisinière.

CABINET

Ah! monsieur, permettez; il y a cuisinière et cuisinière; ces grandes maigres, jaunes, sèches... que voulez-vous, moi je ne peux pas les souffrir; c'est une antipathie qui est dans le sang... ça me vient de mon oncle. Mais Almédorine, ah! c'est autre chose, et je crois que nous pourrions nous entendre.

ALMÉDORINE

Oui dà, oui ; vous avez une bonne grosse figure bête qui me rappelle un pauvre petit mouton frisé que j'aimais... ah! jarnidié, le pauv' animal, je l'aimais-t'y!

CABINET

Et vous, mademoiselle, vous me rappelez... mes rêves.

LE DOCTEUR

Allons! mes enfants, voilà qui va bien. Tâchez de vous entendre toujours ; j'aime le calme, et je ne déteste pas le moins du monde un bon petit repas bien apprêté. Cabinet va vous montrer le chemin de la cuisine, je vais faire un tour sur le port, et, comme je n'ai pas encore déjeuné, dans une demi-heure, Almédorine, vous me donnerez un échantillon de vos talents : deux œufs à la coque et une côtelette ; aurez-vous le temps?

ALMÉDORINE, *riant*

Le temps, pour deux œufs et une!...

LE DOCTEUR

Eh bien?

ALMÉDORINE

Oh! oui dà, monsieur, oui. — Tenez, voulez-vous que je vous dise, vous avez l'air d'un bon homme, et quoiqu'y ait un brave ruban de queue d'ici à Champâteux-les-Choux, je suis contente de mon idée.

LE DOCTEUR

Et moi aussi, mon enfant.

CABINET

Et moi donc! (*On sonne.*) Monsieur a sonné?

LE DOCTEUR

Mais non, c'est à la porte.

CABINET

On ne peut donc pas être une heure tranquille!

LE DOCTEUR

Allons, va ouvrir. (*Cabinet sort.*) Et vous, Almédorine, la première porte à gauche, et tout droit devant vous. (*Almédorine sort.*)

Elle a dû arriver par ce bâtiment français. Venir seule, à dix-neuf ans, de Normandie aux Indes, c'est étrange. Je l'ai peut-être arrêtée un peu vite; mais il y a des figures qui se recommandent d'elles-mêmes, et je me tromperais bien si celle-là... c'est égal, c'est drôle.

CABINET, *rentrant*

Monsieur, c'est un homme de couleur, qui demande à parler à monsieur.

LE DOCTEUR, *préoccupé*

De quelle couleur?

CABINET

Couleur de bottes, monsieur.

LE DOCTEUR

Ah! un naturel, un Indien?

CABINET

Oui, monsieur.

LE DOCTEUR

Eh bien, qu'il entre. (*Cabinet fait entrer lord Pélican déguisé en coolie, puis sort en emportant le plateau.*)

SCÈNE IV

LE DOCTEUR, LORD PÉLICAN

LE DOCTEUR

Que désirez-vous, mon ami ?

LORD PÉLICAN

Good morning, sir Jacques.

LE DOCTEUR

Cette voix... ces traits !... Comment, lord Jérémias Pélican, c'est vous !

LORD PÉLICAN

Oh ! yes.

LE DOCTEUR

Quoi, vous !... le gouverneur de Seringapatam, le plus riche, le plus puissant nabab de l'Inde sous le costume et la couleur d'un coolie !...

LORD PÉLICAN

Oh ! yes.

LE DOCTEUR

Que signifie ?

LORD PÉLICAN

Quand vous aurez pris, pour vous étonner, tout le temps qu'il vous conviendra, je parlerai, et alors vous pourrez comprendre.

LE DOCTEUR

C'est juste, excusez-moi. Voici un fauteuil et des cigares ; veuillez parler, je suis muet.

LORD PÉLICAN, *après un silence*

Vous êtes toujours décidé, mon ami, à vivre et à mourir garçon ?

LE DOCTEUR

Oh! oui, certes, mais quel rapport?...

LORD PÉLICAN

Simplement oui ou non, je vous prie; je n'ai que quatorze minutes.

LE DOCTEUR

Oui.

LORD PÉLICAN

Vous croyez toujours qu'il n'existe pas dans ce monde une femme capable d'aimer un homme absolument pour lui-même, c'est-à-dire indépendamment de tout avantage de nature, de fortune ou de situation?

LE DOCTEUR

Permettez; c'est-à-dire que jusqu'ici...

LORD PÉLICAN

Treize minutes....

LE DOCTEUR

Ah! pardon. Eh bien, oui, diable d'homme!

LORD PÉLICAN

J'avais la même conviction que vous, et, comme cette situation m'était pénible, j'étais décidé à en sortir, et je voulais vous demander, à vous, mon ami, un moyen agréable, mais certain, d'aller comparer, sous ce rapport, les autres planètes avec la nôtre.

LE DOCTEUR, *bondissant*

Un suicide!

LORD PÉLICAN

Yes.

LE DOCTEUR

Et c'est sur moi que vous comptiez pour...

LORD PÉLICAN

Douze minutes. Je venais; lorsqu'un livre, tombé par hasard entre mes mains, changea provisoirement cette résolution.

LE DOCTEUR

Un livre ?

LORD PÉLICAN

Oui, mon ami.

LE DOCTEUR

Et oserais-je vous demander quel était ce livre ?

LORD PÉLICAN

J'allais vous le dire.

LE DOCTEUR

Pardon.

LORD PÉLICAN

Ce livre était tout simplement intitulé : *La femme*, et était le premier ouvrage, en dix volumes, de miss... (*Se levant et avec solennité*) : de miss Beth Éthéréa Kate Électra Tick-Tack. Vous connaissez ?

LE DOCTEUR

Pas du tout.

LORD PÉLICAN

Tant pis. Miss Électra Tick-Tack, quoique née Américaine, est, à mon avis, le plus grand des écrivains passés, présents...

LE DOCTEUR

Et futurs.

LORD PÉLICAN

J'allais le dire.

LE DOCTEUR

Pardon.

LORD PÉLICAN

Cet ouvrage me donna envie de connaître les autres. J'en lus cent soixante-douze, et, si je m'arrêtai, c'est que miss Électra Tick-Tack n'en avait pas écrit davantage. Mais cela m'avait suffi; j'avais trouvé une femme.

LE DOCTEUR

Ah!

LORD PÉLICAN

Sept minutes. La doctrine de miss Électra est absolument semblable à la mienne; elle ne s'arrête pas à notre enveloppe charnelle et périssable; l'âge, la beauté, la fortune, les honneurs ne sont pour elle que de vains masques qu'elle foule avec mépris; elle cherche l'âme, l'âme nature, suivant son expression sublime, et prétend que l'âme seule est véritablement digne d'amour. Avant donc d'aller chercher dans une planète supérieure la femme que j'ai rêvée, je veux éprouver celle-là; je veux me présenter à ses yeux sous la forme généralement considérée comme la plus vile, et si, malgré cette enveloppe misérable, miss Électra daigne m'entendre, c'est-à-dire me comprendre, cette femme sera la mienne. Adieu.

LE DOCTEUR

Où allez-vous?

LORD PÉLICAN

En Amérique. Je pars dans cinq minutes, sous le

nom de Boule de Neige, par l'*Inexplosible* de New-York.

LE DOCTEUR

Voulez-vous un conseil ?

LORD PÉLICAN

Court.

LE DOCTEUR

Je ne doute pas de votre succès, mais cependant je le croirais encore plus certain si vous vous présentiez à miss Électra sous votre enveloppe charnelle ordinaire.

LORD PÉLICAN

Alors miss Électra serait une femme comme les autres, et mon départ serait absurde.

LE DOCTEUR

C'est juste.

LORD PÉLICAN

Good morning.

LE DOCTEUR

Au revoir, et bonne chance. (*Lord Pélican sort.*)

SCÈNE V

LE DOCTEUR, puis CABINET, puis ALMÉDORINE

LE DOCTEUR.

Ouf! voilà un original! mais, en attendant, mon enveloppe charnelle, à moi, meurt de faim. Cabinet !

CABINET, *entrant*

Monsieur ?

LE DOCTEUR

Le déjeuner.

ALMÉDORINE, *entrant avec un plateau*

Voilà, monsieur.

LE DOCTEUR, *à table*

Comment! des œufs d'outarde, un faisan doré, une salade d'ananas, et tout cela en vingt minutes!... (*A part.*) Décidément c'est une fée sous la forme d'une Cauchoise. (*Haut.*) Mais tu vas me ruiner, mon enfant.

ALMÉDORINE

Oh! que nenni, avec de l'ordre.

CABINET

Ah! monsieur, quelle femme!

LE DOCTEUR, *déjeunant*

Et quel parfum! (*On sonne.*) Tiens! est-ce que milord Pélican aurait changé d'idée? (*A Cabinet.*) Eh bien, va donc ouvrir.

CABINET

Monsieur ne veut donc pas déjeuner aujourd'hui?

LE DOCTEUR

Je déjeunerai en causant. Va donc! (*Cabinet sort.*)

ALMÉDORINE

Monsieur est content?

LE DOCTEUR

Content! (*A lui-même.*) C'est-à-dire que je serais tenté de m'écrier, comme l'honorable sir Jérémias : « Et moi aussi j'ai trouvé une femme!... » si je ne m'étais pas bien juré...

CABINET, *rentrant avec une carte énorme*

Ah! monsieur, la belle femme!

LE DOCTEUR

Qui ça ! Almédorine ?

CABINET

Non, monsieur, sur ce petit papier.

LE DOCTEUR

Une carte ! donne donc. (*Se levant.*) Miss Électra Tick-Tack, ici !... Ah ! par exemple !... elle arrive par le *Calypso*, et lord Pélican part par l'*Inexplosible !* (*On entend le canon.*) Que dis-je ? il est parti, voilà le signal !... impossible maintenant de le retenir ! Allons, Cabinet, fais entrer cette dame.

ALMÉDORINE

Et mon déjeuner ?

LE DOCTEUR

Plus tard, mon enfant, plus tard.

ALMÉDORINE

Ah ! c'était bien la peine ! La v'là, vot' dame. Vous savez, monsieur, si vous avez des mogniaux sur vos cerisiers, vous pourrez bien la garder pour leur faire peur ! (*En sortant.*) Ouh !

CABINET, *regardant entrer miss Électra*

Elle est superbe !

(*Cabinet et Almédorine sortent.*)

SCÈNE VI

LE DOCTEUR, MISS ÉLECTRA

LE DOCTEUR

Mademoiselle.

MISS ÉLECTRA

Docteur, deux mots seulement ; je prends dans onze minutes l'express de Calcutta.

LE DOCTEUR

Allons, bon !

MISS ÉLECTRA

On vous a remis ma carte, vous savez mon nom ; je n'ai pas besoin de vous en dire davantage. Vous devez avoir lu mes œuvres ; si, par malheur, vous ne les avez pas lues, vous avez entendu parler de ma doctrine ; vous savez que tous les hommes, physiquement parlant, sont semblables à mes yeux ; blancs, rouges, noirs, jaunes, gris, verts ou bariolés, jeunes ou vieux, riches ou pauvres, empereurs ou parias, tous pour moi ne sont que des enveloppes variables d'une âme... mais de quelle âme ? Après Hamlet j'oserais dire : voilà la question, et j'ajouterai : voilà la seule question. J'ai consacré ma vie à cette étude et, nouveau Diogène, ma lanterne à la main, je cherche un homme... Un verre d'eau, s'il vous plaît. Mais quel homme, me direz-vous ? un homme qui ne demande à la femme qu'une âme, mais une âme nature, et... Merci bien, docteur ! voilà pourquoi je suis chez vous.

LE DOCTEUR

Mademoiselle, un tel honneur...

MISS ÉLECTRA

Est tout naturel. Dans toutes les villes où je passe, je m'informe du savant le plus en renom ; je vais à lui et je lui dis : Docteur, connaissez-vous un homme ? S'il me dit non, je passe ; s'il me dit oui, je reste et j'étudie. Mais jusqu'à présent, je dois le dire, le résultat de mes études est pitoyable; pas un homme aimant la femme pour elle-même!... pas une âme nature!... j'ai poussé jusqu'à l'Inde, je pousserai jusqu'en Chine!

Docteur, connaissez-vous quelqu'un? Non, n'est-ce pas? Adieu.

LE DOCTEUR

Peut-être.

MISS ÉLECTRA

Qu'a-t-il dit?

LE DOCTEUR

J'ai dit peut-être.

MISS ÉLECTRA

Ciel!... son nom, son rang, son âge, sa fortune, enfin tout!... parlez, mais parlez donc!... vous me faites mourir!...

LE DOCTEUR

Son rang?... sa fortune? Comment! je croyais que ces détails?

MISS ÉLECTRA

Sont superflus, mais utiles pour pénétrer l'âme nature.

LE DOCTEUR

Hélas! mademoiselle, il m'est impossible de rien dire; mon ami, qui veut être aimé uniquement pour lui-même, ne me pardonnerait pas si je parlais d'autre chose que de son âme.

MISS ÉLECTRA

Elle serait digne de moi!

LE DOCTEUR

C'est la sœur de la vôtre.

MISS ÉLECTRA

Ah! je me meurs!... son nom?

LE DOCTEUR

Boule de Neige!

MISS ÉLECTRA

Boule de Neige!... ravissant! quelque prince de l'Inde. Où est-il?

LE DOCTEUR

A l'instant je vais vous le dire, mais permettez-moi un conseil.

MISS ÉLECTRA

Bref.

LE DOCTEUR

Je ne doute pas de votre succès, mais, si mes yeux de médecin ne me trompent pas, vous êtes plus jeune et plus charmante que vous ne le laissez paraître, et je croirais votre triomphe plus assuré si vous apparaissiez à... Boule de Neige, sous votre enveloppe charnelle ordinaire.

MISS ÉLECTRA

Alors Boule de Neige serait un homme comme les autres, et mes recherches n'auraient plus le sens commun.

LE DOCTEUR

C'est juste.

MISS ÉLECTRA

Où le trouver?

LE DOCTEUR

Sur le paquebot l'*Inexplosible,* parti depuis vingt-cinq minutes pour la Nouvelle-Orléans.

MISS ÉLECTRA

Parti! Docteur, est-ce une mystification?

LE DOCTEUR

Oh! non, mademoiselle. A votre arrivée le navire était déjà hors de la rade, et personne ne fût arrivé à temps.

MISS ÉLECTRA

Personne, excepté moi! Courons, et si l'or est une puissance, nous allons bien le voir!... allons.

LE DOCTEUR

Mais je croyais que la fortune...

MISS ÉLECTRA

All rigth, docteur, all right! (*Elle l'entraîne.*)

SCÈNE VII

CABINET, *qui a écouté, puis* ALMÉDORINE

CABINET

Une grande dame pour laquelle tous les hommes seraient les mêmes!... Oh! mes rêves!... (*Il s'assied à la table et mange.*)

ALMÉDORINE

Eh ben, monsieur Cabinet, vous ne vous gênez point!

CABINET

Je remplis, jeune fille, un de mes devoirs les plus sérieux; celui de m'assurer par moi-même si la nourriture préparée pour mon maître est digne de lui.

ALMÉDORINE

Ah ! c'est ben, ça ; c'est d'un bon cœur ; et, quand nous serons mariés, je suis sûre que je serai ben heureuse avec vous.

CABINET

Mariés ! qui est-ce qui a dit ça ?

ALMÉDORINE

Eh ! mais, vous donc, tout à l'heure, en pluchant mes ananas ; vous l'avez déjà oublié ?

CABINET

Non, naïve Cauchoise, non ; mais je suis encore bien jeune pour songer sérieusement au mariage, et, dans quelque dix ans...

ALMÉDORINE

De quoi, dix ans ! oh ! mais il faut nous expliquer plus catégoriquement que ça !

CABINET

Silence !... voilà monsieur.

ALMÉDORINE

Arrive à la cuisine, qu'on cause.

CABINET.

Eh mais !...

ALMÉDORINE

Plus vite que ça. (*Ils sortent.*)

SCÈNE VIII

LE DOCTEUR, MISS ÉLECTRA, *puis* LORD PÉLICAN

MISS ÉLECTRA

Parti !... j'ai vu la fumée !... et pas un navire, pas

une barque pour voler après lui! oh! les hommes!
Ah! des sels!... (*On sonne.*) Ciel!... cette sonnette
m'a retenti dans le cœur!... Docteur, c'est absurde,
c'est fou, mais, j'en suis sûre, c'est lui! Ah! je vous
en supplie, allez vous-même, allez! (*Elle tombe dans un
fauteuil; le docteur sort et rentre aussitôt.*) Eh bien!

LE DOCTEUR

C'est lui!

MISS ÉLECTRA

Ah! (*Elle se cache dans le fauteuil, tournant le dos à la
porte.*)

LORD PÉLICAN, *entrant comme la foudre*

Elle est ici?

LE DOCTEUR

Oui.

LORD PÉLICAN

Où?

LE DOCTEUR

A l'instant elle va paraître, mais comment se fait-
il?...

LORD PÉLICAN

J'ai manqué l'*Inexplosible*, j'ai lu la liste des
étrangers arrivés par le *Calypso*... mais qu'importent
ces détails? où est-elle?

LE DOCTEUR

Eh bien, là.

LORD PÉLICAN

Ah! docteur... (*Il chancelle.*)

LE DOCTEUR

Allons! allons! eh bien? qu'est-ce que c'est?
Voyons, soyons homme.

LORD PÉLICAN

Je le serai.

LE DOCTEUR

Soyons homme ! (*Il sort.*)

SCÈNE IX

MISS ÉLECTRA, LORD PÉLICAN

LORD PÉLICAN, *poussant un énorme soupir*

Ah !

MISS ELECTRA

Ah !

LORD PÉLICAN

Ah ! miss... cette réponse m'encourage ; elle me dit que nos âmes se cherchaient ; et maintenant, sûr d'être écouté, certain d'être compris sous quelque forme que je me présente à vos yeux, je me précipite à vos genoux et j'attends le regard qui doit me dire : relève-toi !

Électra, qui s'était voilé la figure de ses mains, écarte peu à peu les doigts, et, tout à coup, se dressant épouvantée.

MISS ÉLECTRA

Horreur !... quoi ! c'est ce monstre !...

LORD PÉLICAN

Quoi !... cette caricature !

MISS ÉLECTRA

Un nègre à mes genoux !...

LORD PÉLICAN

Moi, aux pieds d'un magot !

MISS ÉLECTRA

Magot vous-même, horrible singe !

LORD PÉLICAN

Adieu, prêtresse de l'âme !...

MISS ÉLECTRA

Arrière, orang-outang !...

LORD PÉLICAN

Oh !... (*Il se précipite dehors.*)

MISS ÉLECTRA

Ah !... (*Elle retombe dans le fauteuil.*)

SCÈNE X.

MISS ÉLECTRA, CABINET

CABINET, *courant vers la porte, un plumeau à la main*

Arrière, macaque ; arrière, gorille !... insulter cet ange de beauté. Ah ! seigneur, elle a ses nerfs !... ses pauvres petites menottes sont glacées ; vite l'ammoniaque !... respirez, ange, respirez ; si vous éternuez, vous êtes sauvée !... Elle n'éternue pas ! que faire ? Les grands moyens ! (*Il décroche une énorme seringue et revient vers Électra, qui entr'ouvre les yeux ; il tombe à genoux, son instrument entre les bras.*)

MISS ÉLECTRA

Un flacon !...

CABINET

Voilà ! — Elle ouvre un œil, elle respire !... O mon oncle, soyez béni !

MISS ÉLECTRA

Qui êtes-vous, vous dont la voix rappelle mon

âme des sombres bords, et la force à errer malgré elle sur cette planète empoisonnée ?

CABINET

Je suis un ver de terre amoureux d'une étoile.

MISS ÉLECTRA

Vous m'aimeriez ?

CABINET

Depuis ma naissance.

MISS ÉLECTRA

Vous m'aimeriez malgré mon âge, mon voile vert et mes lunettes bleues ?

CABINET

Ton âge !... eh ! que m'importe ? Si tu es vieille, il y a plus longtemps que tu es belle !... Si ton voile est vert, c'est la couleur de l'espérance, et si tes lunettes sont bleues, elles me rappellent celles que mon oncle penchait en souriant sur mon berceau !

MISS ÉLECTRA

Une âme !... une âme nature !... elle existait, je l'ai trouvée !... O Diogène, éteins ta lanterne, et toi, Phénix rêvé...

CABINET

Félix ?... non, Isidore ; Isidore Cabinet.

MISS ÉLECTRA

Cabinet ?... que m'importe ?... la flamme purifie tout ! attends-moi. Cabinet ; tu te crois heureux, et tu ne sais rien de ton bonheur ; silence et amour ! le temps de défaire mes malles et d'y prendre ma couronne d'oranger, et pour jamais à toi !... à toi !...
(*Elle sort en lui envoyant des baisers.*)

SCÈNE XI

CABINET, *la visant avec la seringue*

Elle en a dans l'aile. Tra! la! (*Il danse.*) Sapristi, que j'ai soif! (*Il prend le bocal de goyaves, boit, puis regarde.*) Diable! j'ai été trop loin, ça se voit. Qu'est-ce que ça me fait? Une fois marié, est-ce que je ne serai pas mon maître, est-ce que je ne me moquerai pas de monsieur? Tiens, c'est drôle : ces goyaves n'ont pas leur goût ordinaire; qu'est-ce que j'ai donc? Ça me monte... et puis ça me descend... j'ai des froids, et des chauds... brrrr! Allons, c'est le bonheur, la joie... dansons!... Non, je ne me sens pas bien.

SCÈNE XII

CABINET, ALMÉDORINE

ALMÉDORINE

Ah! vous voilà, brigand; c'est comme ça que vous venez m'aider à plumer mes bengalis! Oh! mais, ça ne peut pas durer.

CABINET

Non... ça ne durera pas!

ALMÉDORINE

Il faut savoir où nous allons.

CABINET

Oh! je m'en doute. (*Il veut sortir.*)

ALMÉDORINE

Tu ne sortiras point!...

CABINET

Oh! si, oh! si, oh! si... (*Il sort en courant.*)

ALMÉDORINE

Cabinet!... mon petit Cabinet... (*Pleurant.*) Ah! ah! ah!...

SCÈNE XIII

ALMÉDORINE, LORD PÉLICAN

LORD PÉLICAN, *en nabab très riche*

Une femme qui pleure! Vous avez du chagrin, mademoiselle? Moi aussi. Eh bien, si vous voulez, nous pouvons faire ensemble la petite cérémonie que je voulais faire tout seul. Je venais demander à mon ami le docteur un petit poison doux pour aller dans une planète supérieure; je n'aime pas beaucoup voyager seul; voulez-vous que nous partions ensemble?

ALMÉDORINE

Il ne s'agit point de partir; il s'agit de Cabinet, qui m'a promis de m'épouser, et qui ne veut plus. Ah! ah! ah!

LORD PÉLICAN

Ah! voilà pourquoi vous pleurez! Vous aimez donc ce Cabinet?

ALMÉDORINE

Oui.

LORD PÉLICAN

Il est donc beau?

ALMÉDORINE

Pas trop.

LORD PÉLICAN

Riche?

ALMÉDORINE

Pas du tout.

LORD PÉLICAN

Eh bien, alors, pourquoi l'aimez-vous?

ALMÉDORINE

Parce qu'il m'a promis de m'épouser.

LORD PÉLICAN

Tout simplement?

ALMÉDORINE

Mais dame? oui.

LORD PÉLICAN

Oh! oh! mais si alors, moi, je vous promettais de vous épouser, vous m'aimeriez donc?

ALMÉDORINE

Dame, oui, tout de même, avec le temps.

LORD PÉLICAN

Oh! nature, j'ai trouvé! Mademoiselle, j'ai cent cinquante millions de rente; je les mets à vos pieds; voulez-vous être milady Pélican?

ALMÉDORINE

Tout de même.

LORD PÉLICAN

O nature! Allez mettre une robe blanche et une couronne d'oranger; dans une heure vous serez ma femme. (*Il lui baise la main; elle sort.*) — Ah! quelqu'un! Oh! particulier; au moment même où je vais me marier, cette jeune et charmante fiancée ici!... Il y a donc un autre mariage? — Le docteur peut-être? Il aurait aussi changé d'idée?

SCÈNE XIV

MISS ÉLECTRA, LORD PÉLICAN

LORD PÉLICAN, *saluant*

Mademoiselle.

MISS ÉLECTRA, *en mariée, saluant*

Monsieur.

LORD PÉLICAN, *à part*

Charmante.

MISS ÉLECTRA, *à part*

Très distingué.

LORD PÉLICAN, *à part*

Oh! dear! wonder who she is? I should like to find somedy who could introduce me to her.

MISS ÉLECTRA, *à part*

Who can he be? Some friend of the doctor's.

LORD PÉLICAN, *à part*

Shall i speak first?

MISS ÉLECTRA, *à part*

I wish he would soy something; it is so stupid to be standing here (1).

---

(1) Traduction pour ceux qui, comme l'auteur, ne savent pas l'anglais :
LORD PÉLICAN (*à part*). — Oh! cher!... je serais curieux de savoir qui elle est? J'aimerais trouver quelqu'un qui me présenterait à elle.
MISS ÉLECTRA (*à part*). — Qui peut-il être? Sans doute un ami du docteur.
LORD PÉLICAN. — Parlerai-je le premier?
MISS ÉLECTRA. — Je voudrais qu'il dît quelque chose. Cela est si stupide d'être ainsi plantés comme deux perches!

Ils se sont peu à peu rapprochés l'un de l'autre; ils se regardent, puis s'éloignent brusquement.

LORD PÉLICAN, *soupirant*

Oh! yes.

MISS ÉLECTRA, *soupirant*

Oh! yes, oh! yes.

LORD PÉLICAN, *soupirant*

Oh! yes, oh! yes, oh! yes.

SCÈNE XV

LES MÊMES, LE DOCTEUR

LE DOCTEUR

Ah! mon cher lord Pélican, je vois avec une bien véritable satisfaction que vous êtes parfaitement d'accord, et que miss Électra consent à couronner le rêve de votre vie.

LORD PÉLICAN

Miss Électra!... mademoiselle serait miss Électra Tick-Tack!

LE DOCTEUR

Comment! l'ignoriez-vous?

LORD PÉLICAN

Quoi! cette personne aux pieds de laquelle j'étais tout à l'heure, et qui m'a repoussé avec indignation!...

MISS ÉLECTRA

Quoi! cet Indien!...

LORD PÉLICAN

C'était moi!

MISS ÉLECTRA

Ciel!

LORD PÉLICAN

Enfer! m'être engagé à cette petite oison!

MISS ÉLECTRA

M'être promise à cet apothicaire!

SCÈNE XVI

Les mêmes, CABINET

CABINET, *se précipitant aux pieds du docteur.*

Ah! monsieur, pardonnez-moi, sauvez-moi! j'ai bu... j'ai bu les goyaves... et depuis... Ah! ah! oh! oh!... je crois que j'ai tous les serpents de l'Inde... oh! oh!... dans l'estomac.

LE DOCTEUR

Je te pardonnerai à une condition.

CABINET

Oh! oh!... laquelle?

LE DOCTEUR

Renonces-tu à épouser mademoiselle?

CABINET

A tout!... à tout!... je n'ai pas le cœur à la noce.

LE DOCTEUR

Va prendre quatre doigts d'élixir de Golconde, et tout à l'heure tu n'y penseras plus. (*Cabinet sort.*) Et maintenant je pense que rien ne s'oppose plus à votre mariage.

LORD PÉLICAN

Hélas! j'ai engagé mon cœur à votre cuisinière.

SCÈNE XVII

Les mêmes, ALMÉDORINE *en fée*

ALMÉDORINE

Et Almédorine vous le rapporte, milord.

LE DOCTEUR

Quoi ! la Normande...

ALMÉDORINE

Était, comme vous l'aviez deviné, docteur, une petite fée.

LE DOCTEUR

Ah ! si les fées étaient des femmes !...

ALMÉDORINE

Eh bien ?

LE DOCTEUR

J'oublierais mon serment.

ALMÉDORINE

Souvenez-vous plutôt des serments d'autrefois, de ceux que vous faisiez à la petite fille qui jouait avec vous sous les pommiers en fleurs, et que vous appeliez...

LE DOCTEUR, *lui prenant la main*

Que j'appelais : ma femme !

LORD PÉLICAN, *saisissant la main de miss Électra*

Oh ! very well, capital indeed, moi aussi, oh ! yes !

MISS ÉLECTRA, *baissant les yeux*

Oh! yes.

LE DOCTEUR

Alors la pièce est finie; excusez les fautes de l'auteur. (*Cabinet paraît au fond, dansant et brandissant la bouteille d'élixir. Rideau.*)

UN OURS

ou

JE N'AIME PAS LE MONDE

ARGUMENT

Georges Clément, sculpteur, prix de Rome, vient d'épouser la fille — sans dot, ou à peu près — de la comtesse de Baran. Georges est un ours; il a horreur du monde, et l'article premier de son programme conjugal, dont il s'empresse d'informer Blanche, au début de la lune de miel, c'est : « liberté pleine et entière d'aller et de venir pour les deux époux, » d'où l'article second, conséquence du premier, « la liberté pour le mari de ne pas aller dans le monde. »

Blanche, qui ne tient au « monde », aux relations, que dans l'intérêt de Georges, c'est-à-dire pour l'appui qu'on trouve dans les autres, souffre de cette profession de foi, et veut convertir son sauvage. « Ce que femme veut, » quand c'est le bien, « Dieu le veut, » dit le proverbe. Les circonstances lui viennent en aide : Georges souffre aussi; l'isolement l'enveloppe de ses chimères noires, il est inquiet, jaloux, puis furieux... il va tuer son meilleur ami!... Mais les choses s'expliquent; Georges voit ce qu'il doit à Blanche, au « monde, » qu'elle a recherché pour lui, et dompté, reconnaissant, il met aux pieds de sa femme la dépouille de l'ours.

UN OURS

OU

JE N'AIME PAS LE MONDE

PROBVERBE

PERSONNAGES

GEORGES CLÉMENT, sculpteur   ROSE, de Landerneau
BLANCHE, sa femme, née de Baran

A Paris.

Le théâtre représente un petit salon; porte à gauche donnant dans l'atelier de Georges. Portes de sortie à droite et au fond; à gauche un petit bureau coquet avec tout ce qu'il faut pour écrire. A droite un guéridon; divan, fauteuils, etc.

SCÈNE PREMIÈRE

BLANCHE, *seule*

Elle entre par la droite, se dirige vers la porte de l'atelier, pose la main sur le bouton de la porte, puis s'arrête et écoute.

Il est dans son atelier; j'entends le bruit du ciseau sur le marbre. Entrerai-je?... Je n'ose pas. Oh! ce n'est pas que jusqu'ici Georges me l'ait fait comprendre... Mais je sens qu'il préfère être tranquille lorsqu'il travaille, ou du moins n'être pas dérangé sans un motif à peu près sérieux... et l'envie que j'ai de l'embrasser n'est peut-être pas une raison assez sérieuse pour lui... Je ne t'en veux pas, va, mon Georges aimé, travaille. L'isolement sied au génie, et vous en avez, monsieur le grave penseur, et je veux que le monde entier l'apprenne et le proclame comme moi. Travaille pour conquérir la gloire; et si, pour cette divine maîtresse, tu négliges un peu ta pauvre petite femme, elle sera toujours assez heureuse en étant fière de toi. (*Regardant la pendule.*) Trois heures; nous ne sortons qu'à cinq... j'ai le temps d'écrire à Isaure pour lui faire part de mon mariage. (*Elle s'assied auprès du petit bureau à gauche.*)

« Ma chère Isaure, ne va pas croire que je t'aie oubliée, mais tout s'est fait si vite!... Là-bas, au fond de notre chère Bretagne, cette lettre, un peu tardive, vous apportera une grosse nouvelle, une bonne surprise dont vous serez tous heureux : Je suis mariée... et devine à qui?... Au seul homme de la terre que je voulusse pour époux : comme Juliette, je me jurais de mourir vieille fille si mon Roméo m'échappait... et c'était fait sans Mme de Raucourt, car mon Georges ignorait le grand mystère de notre petit cœur et je ne pouvais le lui jeter à la tête, d'autant qu'il est plus riche que moi, 15,000 livres de rentes. Tu le sais bien, chérie, avec le peu que laissait mon père, nous n'avions guère, ma mère et moi, que nos quatre beaux yeux pour pleurer; et je suis sa femme!... Il y a, tu le vois, de la magie là-dessous... et je l'aime!... S'en doute-t-il, le monstre?... m'aime-t-il?... Je te le dis bien bas, je n'en sais rien encore, mais il m'aimera, car je le veux, et, comme dit le proverbe : ce que femme veut..... »

SCÈNE II

BLANCHE, ROSE, *avec son livre de cuisine*

ROSE

Madame.

BLANCHE

Rose, mon enfant, ne vous ai-je pas dit déjà de ne jamais entrer sans frapper?

ROSE

Oui, madame; mais madame m'avait dit d'apporter mes comptes de la semaine.

BLANCHE

C'est bien; mais ce n'est pas une raison pour entrer dans un salon comme dans un champ; nous ne sommes pas au village ici; vous y penserez, n'est-ce pas? (*Elle écrit.*)

ROSE

Oui, madame. Le boucher m'a dit comme ça ce matin que la viande était encore augmentée de deux sous.

BLANCHE

Attendez, je ferme cette lettre; nous compterons après.

ROSE

Oui, madame.

BLANCHE

« Adieu, ma chère Isaure ; à bientôt les détails, il y en a long, tout un volume. A propos, je ne t'ai pas dit encore le nom de mon mari ; c'est M. Georges Clément ; tu dois le connaître de réputation ; il est encore très jeune, mais il a déjà marqué sa place parmi nos plus habiles sculpteurs. »

ROSE

Si madame aime mieux compter demain, ça m'est égal.

BLANCHE

Non, mon enfant, tous les samedis, c'est une règle. (*A part.*) J'aurai de la peine à la former. (*Haut*). « Mille et mille baisers de ta toute affectionnée et bien heureuse Blanche Clément ! » Vous mettrez cette lettre à la poste en sortant. — Voyons votre dépense.

ROSE

Madame, le boucher m'a dit comme ça ce matin...

(*Sonnette.*)

GEORGES, *au dehors*

Rose !...

ROSE

Madame, c'est monsieur.

(*Sonnette.*)

GEORGES

Rose, Rose !

ROSE, *criant*

Oui, monsieur !

BLANCHE

Allez prendre les ordres de monsieur et ne répondez plus ainsi ; cela ne se fait pas. Ah ! donnez-moi votre livre, je l'examinerai. (*Sonnerie prolongée.*) Allez vite et revenez me parler dans un quart d'heure. (*Nouvelle sonnerie; elle pose le livre sur le bureau. Souriant.*) Le temps est à l'orage, rentrons. (*Elle sort à droite.*)

SCÈNE III

ROSE, puis GEORGES

ROSE

Mais madame ne comprendra pas si je ne lui explique pas... Le boucher...

GEORGES, *impatient; il tient à la main une lettre commencée*
Ah çà, tout le monde dort-il dans cette maison? ai-je épousé la Belle au Bois dormant? Ah! c'est vous, Rose; pourquoi ne répondez-vous pas quand j'appelle? Faudra-t-il que j'achète une corne à bouquin pour me faire comprendre? Diable! mon enfant, vous n'êtes plus à Landerneau; dégourdissez-vous.

ROSE

Monsieur, c'est madame qui réglait mes comptes et...

GEORGES

Ah! c'est différent... mais, Rose, j'ai dit cent fois depuis quinze jours, c'est-à-dire six fois et demie, entendez-vous bien, par jour, qu'on ne touchât à quoi que ce soit dans mon atelier. Voilà deux heures que je cherche ma plume, ma plume d'oie. Qu'est-ce qu'on a fait de ma plume d'oie?...

ROSE

Monsieur, c'est madame.

GEORGES

Ah!... Et mon encrier, mon vieil encrier de Saxe, de Saxe, entendez-vous, dont je me servais depuis dix ans, et dont ma mère elle-même avait toujours respecté l'antique limon, les vénérables taches et la poétique poussière, quel démon vous a poussé, petite malheureuse, à le vider, le rincer, le laver, comme un pot de confitures?

ROSE

Monsieur, c'est madame.

GEORGES

Ah!... et que vous a-t-elle dit, madame?

ROSE

Monsieur, madame m'a dit que monsieur n'aurait plus besoin de tout ça.

GEORGES

Ça!... du Saxe!

ROSE

Parce que monsieur prendrait maintenant son encre avec une pompe.

GEORGES

Un encrier à pompe, voulez-vous dire?

ROSE

Et qu'il aurait une plume (*elle cherche*) d'a... d'a... d'allume mille hommes.

GEORGES]

D'aluminium... parfait! deux choses dont la vue

seule m'agace spécialement les nerfs; et où sont ces trésors?

ROSE

Là, monsieur.

GEORGES

Ah!... c'est affreux, non, c'est joli... qui diantre a ciselé ça? le cachet est ravissant... Ah! il y a aussi des plumes d'oie... Tiens! elles sont taillées, et bonnes!... Allons! c'est bien, mais encore une fois, Rose, et c'est la cent-deuxième, mon enfant, qu'on ne touche plus à rien que par mon ordre... dans mon atelier... Allez. (*Il s'installe pour écrire.*)

ROSE

Oui, monsieur. (*Elle veut prendre son livre.*)

GEORGES

Que cherchez-vous?

ROSE

Mon livre, monsieur.

GEORGES

Votre livre?... Vous lisez, Rose?

ROSE

Non, monsieur; je ne sais pas lire dans les livres; c'est mon livre de dépenses.

GEORGES

Ah! ah! voyons ça... j'ai beaucoup entendu parler de ce petit meuble dans ma jeunesse et je ne serais pas fâché de faire sa connaissance, voyons!...

ROSE, *riant*

Monsieur veut voir mon livre? Ah! ah! ah!

GEORGES

Certainement; donnez donc. Pourquoi riez-vous?

ROSE

Ah! ah! c'est que monsieur n'y comprendra rien... ah! ah!

GEORGES

Nous verrons bien... Qu'est-ce que c'est que ça?... h, a, r, har, — t, i, ti, — c, h, o, cho.

ROSE

Harticho.

GEORGES

Harticho! Ah! bon; n, a, na — v, a, i, vai, — navai; très bien; il suffit d'avoir la clef... ah! mais, il y en a long comme ça et le style se soutient. Vous devriez écrire vos mémoires, Rose.

ROSE

Ah! monsieur, pour les mémoires, c'est les fournisseurs qui les écrivent.

GEORGES

Sel, 3 sous; gigot, 5 francs; salade, 6 sous; perdreau, 3 francs; mou pour le chat, 1 sou... c'est très instructif; et tous ces sous-là font en francs?... C'est interminable. Ah! voilà; qu'est-ce qu'il y a là?

ROSE

Au bout?

GEORGES

Oui, au bout.

ROSE

143 francs... et 7 sous.

GEORGES

Depuis huit jours!

ROSE

Ah! non, monsieur; depuis sept jours.

GEORGES

Depuis sept jours... Merci, mon enfant; j'ai vu tout ce que je voulais voir... Ah! dites-moi, il n'y a là que le compte de la cuisine, n'est-ce pas?

ROSE

Oui, monsieur.

GEORGES

Parfait!... 150 francs par semaine pour la table... ci 7,200 francs par an; 3,000 francs de loyer, 1,000 francs pour le tailleur; 6,000 francs pour les toilettes; 2,000 francs pour l'éclairage, le chauffage, le blanchissage et autres choses en age, total : 19,200 francs. J'ai 15,000 livres de rentes : il me reste 4,200 francs de déficit pour les modèles, les moulages, les armatures, les marbres, les outils, les livres, les dessins, les voyages, les spectacles, la galette du gymnase, les domestiques et les enfants!... C'est ravissant!...

ROSE

Monsieur trouve peut-être la dépense un peu forte.

GEORGES

Moi! non...

ROSE

Mais monsieur ne sait pas que la viande a augmenté de deux sous.

GEORGES

De deux sous!... Je le savais. Allez, mon enfant, allez en paix.

ROSE

A la bonne heure, voilà un maître... Ah! quel dommage que monsieur ne soit pas garçon. (*Elle sort en emportant le livre.*)

SCÈNE IV

GEORGES, *seul*

Cela ne peut pas durer ainsi; ou cette fille nous vole ou elle se fait voler. Enfin! j'en causerai avec Blanche. Qu'est-ce que j'étais donc venu faire ici? Ah! écrire à ce bon Arthur, finir cette lettre commencée du temps de l'encrier de Saxe. Je suis bien en retard, allons!... Que lui disais-je? (*Il lit.*) « Mon vieux Pylade, rassemble toutes tes forces... je suis marié... Oh! je vois d'ici tes yeux ronds; tu auras bientôt tous les détails de l'aventure... aujourd'hui voici l'histoire en deux mots :

« Tu sais quel ours j'ai toujours été... je me suis presque brouillé avec l'univers par ma sauvagerie. Pourtant, si peu que l'on aille dans le monde, il y a toujours quelqu'un chez qui l'on est forcé de dîner deux ou trois fois par an. Ce quelqu'un, c'est Mme de Raucourt. Tu la connais un peu; c'est une amie de ma mère; j'accepte par piété filiale. « — Vous devriez vous marier, » me dit-elle récemment.

« Tu n'ignores pas, mon vieux compère, que le garçon le plus déterminé a des heures critiques... la vingt-neuvième année surtout a de ces crises. « Peut-être, lui répondis-je, si je savais comment on s'y prend. — Eh bien! je m'en charge. » Huit jours après, je dînais à côté d'une jolie personne de dix-neuf ans, déjà aperçue plusieurs fois chez elle, la fille d'une comtesse, s'il vous plaît, Blanche de Baran; saluez, vilain!...

« Elle n'a pour dot, ou à peu près, que son cœur et ses beaux yeux, me dit Mme de Raucourt. mais c'est la femme qu'il vous faut. » Achevons. (*Il écrit*) : « Tu vois cela, artiste, le ciseau du sculpteur fiché dans l'azur d'un blason, le boulevard Mont-Parnasse contre la rue de Varenne, le Franc gaulois contre la fille des Francs... Je voulus crier, on me ferma la bouche. Alors comme le hibou qui s'aventure, en plein soleil, hors de son trou, je fermai les yeux. Quand je les rouvris, j'étais marié, marié de fond en comble, des pieds à la... » Ah! diable... non, pas cela... biffons!

SCÈNE V

GEORGES, BLANCHE (*elle est en tenue de visites*).

BLANCHE
Pardon, je vous dérange...

GEORGES
Nullement, ma chère Blanche. (*Il se lève et lui baise la main.*) J'achevais de faire part de notre mariage à l'un de mes bons amis, sinon le meilleur. Je te l'aurais déjà présenté s'il n'était parti pour Rome il y a six semaines.

BLANCHE, *étonnée*
Pour Rome?

GEORGES
Oui.

BLANCHE
Ah?

GEORGES

Pourquoi : ah?

BLANCHE

Mais... pour rien; je voulais dire votre ami est heureux; l'Italie! un bien beau voyage, que vous devez désirer refaire, vous, grand prix de Rome.

GEORGES

Oui, nous le referons un jour. C'est un peintre d'un talent original, sérieux; son mérite est toute sa fortune, mais l'avenir est à lui. Ami sûr, un cœur d'or. Je ne parle ni de sa figure, ni surtout de son esprit, crainte de comparaison; en un mot, c'est Arthur Briffault.

BLANCHE

M. Arthur Briffault !

GEORGES

Tu le connais?

BLANCHE

Mais... de réputation, d'abord...

GEORGES

D'abord... et puis?...

BLANCHE

Et puis pour l'avoir rencontré chez Mme de Raucourt.

GEORGES

Chez Mme de Raucourt?

BLANCHE

Oui, lorsqu'il fit son portrait.

GEORGES

Mme de Raucourt!... Son portrait!... jamais Briffault ne m'a parlé de cela (*A part.*), ni Mme de Raucourt (*Haut.*), jamais il ne m'a dit qu'il te connût (*A part.*), lui qui depuis vingt ans ne m'a pas fait mystère d'une pensée ni même d'un rêve. (*Haut.*) Et quand fit-il ce portrait ?

BLANCHE

Mais... il y a trois mois environ.

GEORGES

Ah ! (*A part.*) Singulier. (*Silence, il se promène en chiffonnant sa lettre à Briffault. Blanche s'est approchée du bureau et cherche le livre de compte.*)

GEORGES

Vous cherchez quelque chose ?

BLANCHE

Oh ! rien de bien important, le livre de dépense que je voulais régler. Rose l'aura repris.

GEORGES

Non, c'est moi qui le lui ai rendu après y avoir jeté un coup d'œil.

BLANCHE

Comment ! vous vous occupez de ces détails de ménage ?

GEORGES

Ma chère femme, lorsqu'on n'a, comme nous, qu'une fortune modeste, il ne faut rien négliger, et ces détails sont plus importants que vous ne paraissez le croire.

BLANCHE

Vous m'effrayez.

GEORGES

Je parle sérieusement. Je ne prétends certes pas empiéter sur vos droits, mêler l'atelier à la cuisine et tenir d'une main l'ébauchoir et de l'autre la queue de la poêle ; mais, avec 20,000 livres de rente... ce que bien des gens nous envieraient, d'ailleurs, lorsqu'il nous faut non seulement vivre, mais suffire aux dépenses, très lourdes, de mes travaux, — puisque jusqu'à présent j'ai vainement attendu, malgré de belles promesses, l'aumône d'un marbre ou d'une commande, — nous ne pouvons dépenser... 25,000 francs par an.

BLANCHE

En sommes-nous là ?

GEORGES

Vous en jugerez vous-même. *(A part.)* Pourquoi Briffault ne m'a-t-il jamais parlé de Blanche ?

BLANCHE

Rassurez-vous, mon ami, j'y veillerai.

GEORGES

C'est votre devoir... pardon, je veux dire : c'est notre devoir à tous deux, chère amie. *(Il l'embrasse et fait quelques pas vers son atelier.)*

BLANCHE

Vous rentrez ?

GEORGES

Oui, je n'ai plus que quelques heures de jour et je veux ébaucher une idée qui me sourit : un groupe, le Paysan du Danube, debout, tel que l'a représenté Lafontaine, avec son sayon de poil de chèvre, sa nature robuste et fière, son attitude de prière et de revendication. A ses pieds de jeunes femmes représentent les nations qu'il défend contre la tyrannie des prêteurs. Vous me direz ce soir ce que vous en pensez.

BLANCHE

Je suis sûre que je n'en penserai que du bien, mais...

GEORGES

Mais...

BLANCHE

Depuis notre mariage nous n'avons pas fait une seule visite et vous m'aviez promis de m'accompagner aujourd'hui.

GEORGES

C'est vrai, ma chère Blanche, mais j'avais compté sans une maîtresse impérieuse qui nous rit aujourd'hui, et nous boude demain, une fée aux ailes plus brillantes mais plus capricieuses que celle du papillon, une déesse jalouse qui ne souffre aucun temple à côté du sien, veut qu'on sacrifie tout à son autel et n'accorde ses fugitives faveurs qu'à ses esclaves quand elle daigne en choisir.

BLANCHE

Et cette terrible rivale, c'est...

GEORGES

L'inspiration !

BLANCHE

Ah !

GEORGES

Vous souriez... en effet je crois que j'ai fait une phrase... Eh bien ! redescendons sur la terre et puisque nous les avons commencées... *(Il l'attire près de lui sur le divan à droite.)* terminons, pour n'y plus revenir, des explications... nécessaires.

BLANCHE

Des explications?

GEORGES

Oh! ne prenez le mot qu'en bonne part; il ne s'agit que d'un programme ou d'une profession de foi qu'il est temps que vous connaissiez.

BLANCHE

Je vous écoute.

GEORGES

Ce ne sera pas long; vous êtes habillée et il ne faut pas que vous ayez fait cette charmante toilette pour rien.

BLANCHE

Mais je l'ai faite pour vous.

GEORGES

Et un peu pour les autres, avouez-le. Eh bien! il y aurait pis que de l'égoïsme de ma part à les en priver... et c'est l'article premier de mon programme conjugal; liberté pleine et entière d'aller et de venir pour les deux époux; est-ce convenu?

BLANCHE

C'est convenu.

GEORGES

Le second article, ma chère femme, est une conséquence du premier. Liberté d'aller et de venir, avons-nous dit, c'est-à-dire liberté pour moi de rester à la maison, liberté pour vous d'aller dans le monde quand et comme il vous plaira.

BLANCHE

Il me plairait d'y aller avec vous.

GEORGES

Merci, c'est impossible... Je n'aime pas le monde et n'ai pas besoin de lui ; s'il y a quelque plaisir ou quelque utilité à promener sa cravate blanche entre la table de baccara, où l'on joue par convenance, et la sonate de Beethoven écorchée par une pensionnaire, je ne l'ai jamais compris, et jamais je n'userai ma vie à des banalités sans raison et sans but, à des préjugés perpétués par la faiblesse de ceux qui les subissent. Donc, article II, le mari ne va pas dans le monde.

BLANCHE

Quelques heures par semaine ne sont pas la vie.

GEORGES

Sans doute, si le monde se contentait de quelques heures. Ah! je le sais, non par moi, mais par de pauvres garçons qui ont cru nécessaire, pour avoir la faveur des dieux, de sacrifier au... crocodile. Les malheureux!... tous dévorés, corps et âme, esprit et courage. Oh! le monde!... Allez-y, ma chère Blanche, allez-y, si vous l'aimez, mais, par grâce, ne m'en parlez jamais.

BLANCHE

Et que dira-t-on en m'y voyant sans vous?

GEORGES

Mais ce qu'on voudra, je ne me suis jamais préoccupé de l'opinion de personne... même des sots.

BLANCHE

Même si elle devenait... offensante?...

GEORGES

Oh!... vous allez trop loin... Il y a des gens, ma chère amie, que l'on peut critiquer, mais qu'on ne calomnie pas, et, franchement, je crois en être; et puis le monde est moins exigeant que vous ne pensez, surtout vis-à-vis des artistes; on les sait absorbés, on leur pardonne d'être sauvages. Laissez-moi donc garder mon privilège; et plus tard, bientôt, je l'espère, quand vous aurez de vous-même reconnu le néant du monde, compris, comme j'en suis sûr, cet autre monde de l'Art, si large et si rempli, lorsqu'un petit être, charmant comme vous, sera entre nous deux, alors vous trouverez certainement le foyer domestique moins sombre, ma retraite moins austère, et notre solitude à deux... ou à trois, le plus solide et le plus doux des plaisirs. *(Ils sont émus tous deux.)* A bientôt. *(Il lui serre la main et se dirige vers l'atelier.)*

BLANCHE

A bientôt, mon ami... *(Elle sort.)*

SCÈNE XI

GEORGES, seul

Il la regarde sortir, puis remonte brusquement la scène.

Allons! elle n'a rien compris : fille du monde, élevée dans le monde et pour le monde, il lui faut ce monde maudit... Ah! madame de Raucourt, voilà, disiez-vous, la femme qu'il me fallait! Dérision!... votre petite comtesse sans dot vous embarrassait, soyez franche, et ce tendre intérêt pour mon bonheur n'était qu'un calcul hypocrite.

Où sont mes belles heures d'insouciance et de liberté, ma vie d'indépendance et de joyeux travail? O ma jeunesse, où êtes-vous?... L'artiste d'hier n'est plus qu'un forçat aujourd'hui; ce n'est plus : à la gloire... car l'inspiration s'est enfuie, c'est : à la chaîne!... qu'il faut dire!... Ne fais plus de l'art, mais du métier... gagne de l'argent, manœuvre, pour la couturière de madame!

Ah! qu'il avait raison, le poète!... Gœthe, égoïste sublime, ah! comme je te comprends!... (*Rose entre.*) Tu n'avais qu'une femme, une seule, dans ta maison, ta cuisinière!... et tu vécus heureux, et tu es immortel!...

SCÈNE XII

GEORGES, ROSE

ROSE

Oh! oui, monsieur, ce n'est pas la première fois que je le dis : c'est bien dommage que monsieur soit marié, car nous aurions fait bien bon ménage ensemble.

GEORGES, *distrait*

Hé! qui sait? (*Revenant à lui, à part.*) Eh bien, qu'est-ce que je dis là? (*Haut.*) Petite sotte, qu'est-ce qui vous demande vos réflexions saugrenues?

ROSE

Saugrenue!... Monsieur, je suis une honnête fille.

GEORGES

Ne voyez-vous pas que je parlais d'un de mes amis... monsieur... Michel-Ange. Connaissez-vous monsieur Michel-Ange?

ROSE, *piquée*

Non, monsieur... saugrenue!

GEORGES

Eh bien, M. Michel-Ange avait deux cuisinières, et il était très malheureux, car elles se disputaient au lieu de surveiller le dîner qui brûlait... qui brûlait, entendez-vous? et il les mit toutes les deux à la porte, comme je le ferai à votre première sottise, et comme je devrais le faire tout de suite, car on vous a défendu vingt fois d'entrer sans frapper.

ROSE

Oui, monsieur, mais c'est madame, jamais monsieur; aussi je frappe toujours pour madame; maintenant je frapperai aussi pour monsieur.

GEORGES

(*A part.*) Bécasse!... (*Haut.*) Que vouliez-vous?

ROSE

Monsieur, c'est le portier qui vient d'apporter ça.

GEORGES

Cette carte?

ROSE

Je ne sais pas, monsieur.

GEORGES

Pour moi?

ROSE

Je ne sais pas, monsieur.

GEORGES

Le portier ne vous a rien dit?

ROSE

Non, monsieur, c'était sa petite.

GEORGES

Donnez... (*A part.*) Briffault; Briffault ici, c'est impossible, à moins qu'il ne l'envoie de Rome par la poste, mais il y aurait une enveloppe. Rose.

ROSE

Monsieur !

GEORGES

Allez à l'instant chez le concierge et demandez qui lui a remis cette carte.

ROSE

Oui, monsieur. (*A part.*) Tiens! tiens! tiens! comme monsieur est drôle aujourd'hui.

GEORGES

Allez donc.

ROSE

Oui, monsieur. (*Elle sort.*)

SCÈNE XIII

GEORGES, seul, s'exaltant peu à peu

Pourquoi Blanche s'est-elle troublée quand je l'ai nommé? Pourquoi Briffault ne m'a-t-il jamais parlé de Blanche? Pourquoi est-il parti tout à coup pour Rome lorsque Mme de Raucourt fit les premières démarches auprès de la mère de ma femme? Pourquoi trouvai-je alors dans ses yeux une expression dure et presque haineuse? Pourquoi a-t-il cessé brusquement de me voir? Pourquoi, lorsque je le rencontrai la veille de son départ, me fit-il un si froid adieu? Pourquoi enfin est-il si promptement de retour, et, s'il est de retour, pourquoi jeter sa carte au lieu de venir me serrer la main? — Est-ce parce que ma femme est sortie?... Ah!... je n'ose comprendre, et pourtant c'est horriblement clair... ils se sont aimés! Ils s'aiment encore, peut-être! On n'épouse pas un soupirant sans fortune... (*On frappe.*) Entrez!... mais on le place en tiers dans son ménage; cela se voit tous les jours. (*On frappe encore.*) Mais entrez donc!

SCÈNE IX

GEORGES, ROSE

ROSE

Monsieur...

GEORGES

Vous faut-il une heure pour entrer? Ne vous ai-je pas dit que j'étais pressé?... Eh bien, que dit le portier?

ROSE

Monsieur, c'est un monsieur qui était comme monsieur, bien pressé, bien pressé! C'est un ami de monsieur, et de plus, à ce que m'a dit la femme du portier, un bien joli homme... une petite moustache noire, avec une barbe pointue, pointue et des grands cheveux.

GEORGES, *à part*

C'est lui!... *(Haut).* Je ne vous demande pas cela;
et ce monsieur, mon ami, n'a rien dit?

ROSE

Si, monsieur; il a dit: Dites à Clément, car j'en demande bien pardon à monsieur, mais il n'a pas dit monsieur Clément; dites à Clément que j'arrive du Rhum.

GEORGES

De Rome.

ROSE

Oui, monsieur, c'est ce que je dis... que je n'ai pas le temps d'entrer maintenant, mais que je viendrai le voir demain matin.

GEORGES

Demain! Demain! les gens patients sont bien heureux. Ah! je suis fou!... Briffault l'a peut-être aimée, mais me tromper, lui?... C'est impossible!... Mais ma femme... l'aimait-elle?... Je le saurai!... Allons travailler, cela me calmera. Et vous, démons, restez ici... je vous défends de franchir cette porte. *(Il entre dans son atelier. Dans le courant de la scène, il a laissé tomber la lettre à Briffault.)*

SCÈNE X

ROSE, *seule*

Oh! décidément monsieur est drôle. Si c'est madame qui lui fait du chagrin, c'est bien mal, car c'est un bon homme, quoiqu'il m'ait appelée saugrenue. *(Apercevant la lettre.)* Ah! tiens, un papier. *(Elle le ramasse et le lit.)*

SCÈNE XI

ROSE, BLANCHE

BLANCHE
Que faites-vous là, Rose?

ROSE
Rien, madame.

BLANCHE
Donnez-moi ce papier.

ROSE
Il était par terre et alors j'ai cru, j'ai pensé que je pouvais le prendre pour la cuisine.

BLANCHE
Et c'est pour cela que vous le lisiez. Que cela ne vous arrive plus; nous n'aimons pas les gens curieux; allez...

ROSE, *à part*
Je savais bien, moi, qu'il y avait quelque chose; sans cela on n'aurait pas peur des curieux. *(Elle sort.)*

SCÈNE XII

BLANCHE, *seule*

M. Briffault est à Paris... je viens de le rencontrer; ma surprise était si grande que j'hésitais à le reconnaître. Il m'a saluée, c'est bien lui, mais qui donc était à son bras ? sa sœur ? il n'en a pas ; sa maîtresse ? il ne m'aurait pas saluée ; sa femme ? Alors j'avais raison, un homme ne meurt pas d'amour, même pendant deux mois. Quel est ce papier? Ah! c'est la lettre que mon mari lui écrivait... où il lui annonçait. *(Elle le parcourt des yeux.)* Qu'est-ce que cela ? « Tu n'ignores pas... que le garçon le plus déterminé a des heures critiques... la vingt-neuvième année surtout... Je voulus crier, mais on me ferma la bouche... J'étais marié, marié de fond en comble ?... » Les vilaines plaisanteries !... Les hommes rougissent-ils donc de respecter leur cœur et leur femme, même devant leur meilleur ami.

Quoi! c'est tout... La triste lettre! elle n'est pas achevée, et j'en suis presque heureuse... la fin serait-elle meilleure ?... Je veux bien qu'il ne m'aime pas encore... comme il m'aimera plus tard ; mais je ne veux pas qu'il l'écrive. *(Elle déchire la lettre et la jette dans le foyer.)*

SCÈNE XIII

BLANCHE, ROSE

ROSE

Elle entre sans frapper, puis, se rappelant la recommandation qu'on lui a faite, elle frappe.

Madame, j'ai oublié de demander à madame si madame dînait aujourd'hui à la maison.

BLANCHE

Mais certainement; votre question est singulière, à cette heure-ci surtout.

ROSE

Oh! madame, votre horloge marche trop vite d'un gros quart d'heure, et puis madame, il y a Marguerite ma payse, vous savez, madame, qui est venue ici tantôt, et qui m'a dit comme cela que je serais bien aimable de venir dîner ce soir chez eux sans façon.

BLANCHE

J'en suis désolée pour votre payse, mais nous dînons ici. Pourtant... attendez... (*A part.*) Après sa profession de foi conjugale et surtout son article 2... le mari reste à la maison... c'est une méchanceté, mais il la mérite. (*Haut.*) Demandez à monsieur s'il dîne ici.

ROSE, *à part*

Oh! lui, c'est sûr.

BLANCHE

Et dites-lui que je suis rentrée. (*Rose sort par le fond.*)

BLANCHE, *seule*

Essuyons mes yeux et soyons gaie, ce n'est pas avec des larmes que je ferai la conquête de mon mari. Que la vie est bizarre!... J'ai repoussé, parce que je ne l'aimais pas, un homme qui m'aimait. J'épouse son ami parce que je l'aime, et peut-être ne suis-je pas aimée Mais pourquoi m'aimerait-il? Que suis-je pour lui Rien qu'une jeune fille étourdie et mondaine, incapable de comprendre sa vie et de lui sacrifier ses caprices. Pauvre ami! quand il saura que c'est pour lui, pour son bonheur que je travaille en recherchant un peu ce monde dont il s'éloigne trop, j'en suis sûre, il me pardonnera. Oh! oui, mon rêve est trop beau pour n'être qu'un rêve, mon cœur ne battrait pas si fort si le sien ne devait battre aussi. Il m'aimera, je le sens, je le veux, et si je le veux bien, Dieu m'aidera. *(Georges s'est approché doucement et l'embrasse.)* Ah!

GEORGES

A quoi rêviez-vous donc, madame, et que cherchaient là-haut ces deux grands yeux humides?

BLANCHE

L'avenir.

GEORGES

Et qu'y trouviez-vous?

BLANCHE

Le bonheur.

GEORGES

Suivant mon programme?

BLANCHE

A peu près.

GEORGES

A peu près... Ah! voilà un petit mot gros d'une révolution.

BLANCHE

Non, mais d'un amendement.

GEORGES

Et lequel?

BLANCHE

Je vous le dirai ce soir.

GEORGES

Et pourquoi ce soir?

BLANCHE

Ah ! c'est mon secret.

GEORGES

J'attendrai. (*A part.*) Elle est charmante ; où diable avais-je la tête ? Est-on coupable avec ces yeux-là ?

BLANCHE

Pourquoi me regardez-vous ainsi ?

GEORGES

Parce que je ne vous ai jamais trouvée plus jolie. (*A part.*) Ce que c'est que la concurrence, je veux dire l'ombre de la concurrence.

BLANCHE

Une déclaration, vous ! mon mari !

GEORGES

Hé ! c'est bien pour cela, madame. Oui, c'est étrange, il me semble, — vous allez rire, — qu'il y avait autour de vous, — pardon, autour de toi (*Il lui prend la main, la conduit vers le divan et, doucement, se laisse glisser à ses genoux.*) comme un nuage qui voilait à moitié mille trésors de grâce et de perfection.

BLANCHE, *à part*

Dit-il vrai ?

GEORGES

Oui, je ne sais ce qui se passe en vous, madame, ou dans mon cœur, mais votre regard me semble plus brillant, votre front plus pur, votre main plus douce et plus brûlante... il s'échappe de tout ton être un tiède parfum de jeunesse et d'amour qui m'enivre comme l'air embaumé d'une matinée de printemps ; un sang plus chaud court dans mes veines, mon cœur bat plus vite, mes yeux se mouillent de douces larmes, et ce n'est plus l'époux qui répète un banal serment, c'est un amant passionné qui te dit : Penche-toi sur mon cœur et tu verras qu'il ne ment pas.

ROSE, *entrant et laissant tomber un vase de fleurs*

Ah!

GEORGES, *se relevant*

Maladroite!

ROSE

Oh! c'est que monsieur n'a pas entendu, j'ai frappé.

GEORGES, *à Blanche*

Vous renverrez cette Basse-Bretonne, n'est-ce pas? elle m'agace.

BLANCHE

Oui, mon ami.

GEORGES, *à Rose*

Que voulez-vous ?

ROSE

C'est une lettre pour monsieur.

GEORGES

C'est bien! donnez.

BLANCHE

Avez-vous commencé votre ébauche, mon ami ?

GEORGES

Quelle ébauche ? Ah! mon paysan. Oui, voulez-vous voir l'esquisse ?

BLANCHE

Volontiers.

GEORGES

Rose!

ROSE

Monsieur ?

GEORGES

Donnez-moi le carton vert qui est derrière la porte de mon atelier.

ROSE

Oui, monsieur.

GEORGES

Et ne cassez rien.

ROSE, *du fond de l'atelier*

Oh ! non, monsieur, il n'y a pas de danger.

GEORGES, *tendrement*

Blanche ?

BLANCHE

Mon ami !

GEORGES

M'aimes-tu ?

ROSE, *rentrant en courant*

Voilà, monsieur. (*Elle sort.*)

GEORGES

Qu'en pensez-vous ?

BLANCHE

Je pense, mon ami, que vous n'avez encore rien fait de mieux. Que de majesté dans cette misère ! Quelle dignité sous ces haillons ! C'est bien là le sauvage indépendant et fier, tonnant sur les maîtres du monde ; ah ! ce sera votre chef-d'œuvre. Et pourtant... me permettez-vous une simple observation ?

GEORGES

Je t'en prie. (*A part.*) A la bonne heure, voilà ma femme. Merci, madame de Raucourt.

BLANCHE

Au lieu d'étendre un bras menaçant sur la foule, je comprendrais mieux qu'il l'élevât vers le ciel, comme pour le prendre à témoin.

GEORGES

Oui, c'est vrai, c'est cela, voilà le vrai mouvement.

BLANCHE

Qu'en dites-vous?

GEORGES

Je dis que j'avais bien tort de chercher l'inspiration dans les nuages quand elle est à mes côtés. Tu n'étais encore qu'un ange, tu seras ma muse désormais.

BLANCHE

Georges, parles-tu sérieusement?

GEORGES

Oh oui, bien sérieusement, car l'heure qui vient de s'écouler est la plus belle de ma vie, si belle que je voudrais qu'elle durât toujours. Est-ce votre avis?

BLANCHE

Oui, Georges.

GEORGES

Alors ma cause serait gagnée, car ce bonheur-là, c'est l'article deux.

BLANCHE

Vous croyez?

GEORGES

Certainement; vous soumettez-vous enfin, petite rebelle?

BLANCHE

Pas encore tout à fait, car en ce moment même je médite une proposition.

GEORGES

Et laquelle ?

BLANCHE

Ce matin en vous quittant j'ai été chez votre mère.

GEORGES, *jetant les yeux sur la lettre*

Ah ! (*A part.*) Tiens, je connais cette écriture-là. Eh mais ! c'est de Briffaut.

BLANCHE

Je lui ai fait part de ta profession de foi. Elle en a beaucoup ri et m'a dit : « Je reconnais mon ours, » mon ours, entendez-vous ? « vous aurez bien de la peine à l'apprivoiser, mon enfant. » Alors, comme elle doit aller aujourd'hui à cinq heures chez Mme de Raucourt, qui reçoit le samedi comme vous savez...

GEORGES, *distrait*

Oui... non... en effet.

BLANCHE

J'ai fait la gageure de t'amener chez elle aujourd'hui. « C'est un miracle qui vous est réservé, m'a-t-elle répondu. Georges depuis dix ans n'a pas fait dix visites avec moi. » Vis-à-vis de Mme de Raucourt, la politesse de notre part est de la reconnaissance, et je suis sûre que j'ai gagné mon pari, n'est-il pas vrai, Georges ?

GEORGES

Pardon, je m'aperçois que cette lettre est pressée. Vous permettez ? (*Il lit à part.*)

« Mon cher Georges, je n'ai pas encore pu te serrer

la main, mais je dois aller à cinq heures chez Mme de Raucourt, » Ah ! « c'est une bien digne femme » Oh ! certainement. « et nous lui devons beaucoup de reconnaissance. » Comment, nous? « Si tu as le courage de quitter tes pantoufles, viens-y, nous causerons. Tu me présenteras à ta femme. » L'hypocrite, comme s'il ne la connaissait pas ! Le piège est adroit. Comment dissimuler le rendez-vous au mari? car c'est un rendez-vous. Parbleu, en le chargeant d'y conduire sa femme.

BLANCHE

Cette lettre?... Il semblerait qu'elle vous contrarie ?

GEORGES

Moi!... mais nullement. C'est... un marbre qu'on me propose.

BLANCHE

Un marbre du ministère?...

GEORGES

Oh ! pas encore.

BLANCHE

Mais, mon ami, pour l'obtenir, quelque démarche, quelque protection sont peut-être nécessaires, et ce n'est pas au coin du feu que vous les trouverez.

GEORGES

Ni là ni ailleurs.

BLANCHE

Peut-être.

GEORGES

Oh ! sûrement, car ce n'est pas moi qui irai les chercher.

BLANCHE

Vous viendrez pourtant chez Mme de Raucourt?

GEORGES

Aujourd'hui, non; samedi prochain.

BLANCHE

Remarquez, mon ami, que vous êtes déjà bien en retard avec elle et que j'ai promis.

GEORGES

Mais moi je n'ai rien promis, madame, et je vous supplie désormais de ne plus prendre ce soin pour moi.

BLANCHE

Mais votre mère vous attend; Mme de Raucourt est sans doute au courant de notre gageure et mon amour-propre...

GEORGES

Votre amour-propre est grand, madame, s'il ne peut me sacrifier un caprice.

BLANCHE

Refusez-vous vraiment de m'accompagner?

GEORGES

De vous accompagner!... moi! Vous irez donc?

BLANCHE, *après un instant d'hésitation*

Oui, mon ami.

GEORGES, *à part*

Ah! c'est trop fort et trop clair. (*Haut.*) Je vous prie très instamment, très sérieusement de renoncer pour aujourd'hui à cette fantaisie.

BLANCHE

Donnez-moi une raison sérieuse, et je suis prête à vous céder.

(*Ils se regardent ; Georges a peine à se contenir ; puis, brusquement il va vers l'atelier, pousse la porte, et sur le seuil, à part.*) Si elle sort, je tuerai Briffaut ! (*Blanche touche un timbre.*)

ROSE, *entrant*

Madame a sonné.

BLANCHE

Vous servirez à six heures et demie, je serai rentrée.

Elle sort.

SCÈNE XV

ROSE, seule

Madame sort. Ah! ah! ah! c'est drôle, c'est drôle ! Madame s'en va toute seule par les rues et monsieur reste tout seul dans son établi. Quel drôle de ménage ! On dirait que c'est madame qui est le garçon et monsieur qui... Ah ! c'est pas comme ça chez nous et les maris n'y portent point de jupes.

SCÈNE XVI

ROSE, GEORGES

GEORGES

Où est madame ?

ROSE

Monsieur, madame est sortie, mais elle rentrera bien sûr.

GEORGES

Comment?

ROSE

Pour le dîner.

GEORGES

C'est bien; allez.

ROSE, *à part*

Pauvre homme! a-t-il l'air triste?... Au bout de quinze jours!... Ah! aussi c'est trop tôt.

Elle sort.

SCÈNE XVII

GEORGES, *seul*

Tu l'as voulu, Georges, mon ami; oui, Georges... Georges Dandin!... Ah! non... non, Blanche n'est pas infâme; elle l'aime peut-être, mais elle ne m'a pas trahi... pas encore... Ah! que je souffre! Elle ne m'aime pas, j'en suis certain et je l'aime, je l'aime!... Je ne le croyais pas... il a fallu pour me l'apprendre qu'un rival m'arrachât son cœur en brisant le mien... Ce cœur!... il n'était donc pas mort?... Quel énigme que nous! (*Il tombe sur un siège.*)

Enfant maussade, jeune homme rêveur fuyant la foule et le bruit, sombre et peu fait pour plaire, maladroit ou malheureux en amour, après en avoir bien souffert, je ne le cherchais plus; je pensais que l'idéal me consolerait de la réalité, que la pensée tuerait le cœur, et je le croyais si bien que je me suis marié sans lui... et maintenant, Dieu vengeur, le voilà qui se réveille, il veut vivre, mais il est trop tard !

J'ai mérité mon sort : fils du peuple, je n'ai pas compris qu'une comtesse de Baran ne m'accepterait que par nécessité ! Artiste, j'épouse le monde ; égoïste, je prends une femme sans l'aimer ; le ciel est juste... Elle ne m'aime pas ; et c'est un ami... lequel ? Le meilleur, le plus sûr... Moi qui, il y a une heure, avais la bonhomie de lui annoncer mon mariage et l'esprit de plaisanter !

Qu'ai-je donc fait de cette lettre ? J'ai dû la laisser sur ce meuble, et peut-être ma femme... (*Sonnant et appelant.*) Rose, Rose...

SCÈNE XVIII

GEORGES, ROSE

ROSE

Monsieur m'appelle ?

GEORGES

Avez-vous pris une lettre sur cette table ou par terre ?

ROSE

Ah ! non, monsieur.

GEORGES, *à part*

Je l'ai effrayée... elle ne dira rien. (*Haut.*) Je ne vous gronde pas, ma fille, seulement j'ai besoin de cette lettre; si vous l'avez trouvée ou vue, dites-le-moi.

ROSE, *très vite*

Oh! alors, monsieur, je la demanderai à madame, car c'est madame qui me l'a prise des mains, quand je la rapportais à monsieur; et même ça me rappelle que madame m'en a donné une et je ne pensais plus que j'avais oublié de la mettre à la poste.

GEORGES

Donnez-la-moi, je la porterai moi-même.

ROSE

Ah! mais il ne faut pas que monsieur se dérange pour ça.

GEORGES

Pour ça, vous plaisantez! J'ai à sortir... donnez... je sors.

ROSE

Oh! que monsieur est bon!

Elle sort.

SCÈNE XIX

GEORGES

Si Blanche a lu la lettre, et elle l'a lue, elle doit être certaine que je ne l'aime pas, et elle en aime un autre; allons, mon bonheur est complet... Ainsi, son admiration pour mon talent, son émotion quand je parlais, tout cela n'était qu'une comédie. Ah! qui me dira la vérité? Cette lettre! son secret est là. Traîtrise pour traîtrise, je le saurai. (*Il fait le geste d'ouvrir la lettre et s'arrête.*) Oh! non, je ne puis; il me semble que tout mon bonheur repose sur ce frêle cachet et que je vais le briser avec lui... Mon bonheur!... Mais il est peut-être anéanti pour jamais et cette lettre... elle me brûle les mains... Ah! le doute, mon Dieu!... Qui vient là?... J'entends sa voix... c'est elle! On me croit sorti, cachons-nous là, et que le ciel m'éclaire! (*Il se cache derrière le paravent.*)

SCÈNE XX

GEORGES, caché, BLANCHE, ROSE

BLANCHE
Monsieur n'a pas dit quand il rentrerait?

ROSE
Non, madame, mais monsieur avait l'air bien bouleversé; il faisait des grands pas et des grands yeux, j'en étais tout émoyée.

BLANCHE
Et vous avez tort, vos remarques sont déplacées et me déplaisent; je ne le répéterai pas une troisième fois... Allez et prévenez-moi dès que monsieur rentrera.

ROSE
Oui, madame. (*A part.*) C'est égal, il y a quelque chose, il y a quelque chose.

SCÈNE XXI

BLANCHE, GEORGES, *caché*

BLANCHE

Pauvre ami, je lui ai fait bien du chagrin aujourd'hui, mais ce sera le dernier, j'espère, car ce monde qu'il maudissait, il le bénira quand il saura ce qu'il vient de faire pour lui. O mon Georges aimé ! pourquoi n'es-tu pas là lorsque je t'apporte du bonheur et de la gloire ! (*Elle se cache la figure dans ses mains, Georges se met à genoux devant elle.*)

GEORGES

J'y suis.

BLANCHE

Ah ! vous m'écoutiez, vilain jaloux !

GEORGES

Moi ! jaloux ? et de qui ?

BLANCHE

De l'ami le meilleur, du plus loyal...

GEORGES

Mais... il t'aimait ?

BLANCHE

Je ne sais trop ; mais tout à l'heure il vint à moi, raide comme un diplomate, donnant le bras à Mme de Raucourt. « Voici, me dit-il, un excellent docteur qui traite ses malades par le ciel d'Italie. » Puis, m'ayant présenté une charmante Italienne qui est sa fiancée, « me pardonnerez-vous, ajouta-t-il pour moi seule, d'avoir trouvé là-bas ce que je perdais ici ? » — « Vous êtes un fat », ai-je répondu en riant, et nous nous sommes tendu la main de bonne amitié.

GEORGES

Et il se marie?

BLANCHE

Dans trois jours.

GEORGES

Oh! me pardonneras-tu à moi?

BLANCHE

Je ne sais, cela dépend de vous.

GEORGES

Ah! parle.

BLANCHE

Il faut acheter ce pardon.

GEORGES

Comment?

BLANCHE

En effaçant l'article premier de votre programme conjugal.

GEORGES

L'article premier, l'article deuxième et toutes les sottises que j'ai pu dire ou faire.

BLANCHE

Eh bien, voici la récompense. (*Elle lui remet une lettre officielle.*)

GEORGES

Que vois-je? un marbre, une commande... le monument que je rêvais! Quel est le bon génie?

BLANCHE

Un certain sphinx qu'on appelle le monde, qui ne dévore que ceux qui le veulent bien, n'oublie que ceux qui le fuient et sait toujours, quoi qu'on en dise, reconnaître le vrai mérite.

GEORGES, *tenant Blanche dans ses bras*

Blanche, regarde le ciel; vois dans la pourpre du soir, — ce soir si beau, si calme, après le mauvais temps de ces jours derniers. — Vois-tu comme brille l'arc argenté de la lune nouvelle? C'est un symbole pour nous : le premier quartier de notre lune de miel s'était voilé de quelques orages, mais le second éclate radieux dans un ciel pur...

BLANCHE, *souriant*

Et sans nuages?

GEORGES

Et sans nuages... Ah! si pourtant, il y en a encore deux.

BLANCHE

Deux!...

GEORGES

Oui; as-tu lu ma lettre de ce matin?

BLANCHE

Non, mon ami... je l'ai déchirée.

GEORGES

Ah! ma femme!

BLANCHE

Et l'autre?

GEORGES

Quel autre?

BLANCHE

L'autre nuage.

GEORGES

Oh! celui-là... (*Tirant à demi de sa poche la lettre à Isaure.*) Je vais la mettre à la poste.

SCÈNE XXII

GEORGES, BLANCHE, ROSE

ROSE, *ouvrant à deux battants la porte du fond*

Madame est servie.

GEORGES

Six heures et demie... On dîne à huit, n'est-ce pas, chez Mme de Raucourt?

BLANCHE

Huit heures, oui, mon ami.

GEORGES

Nous avons le temps; je suis à vous. (*Il entre dans l'atelier.*)

ROSE, *criant*

Mais, monsieur, et la soupe?

BLANCHE, *riant*

La soupe nous attendra.

ROSE

Elle ne vaudra plus rien... et le dîner non plus; et monsieur se fâchera, et ça ne sera pas ma faute!

BLANCHE

Personne ne se fâchera; calmez-vous, mon enfant.

ROSE, *à part*

Ils sont tout gais et bien d'accord. Comprenez-y quelque chose. Et l'on dit que nous sommes drôles à Landerneau... Ah! ouiche...

GEORGES *rentrant en redingote, son chapeau d'une main et de l'autre sa vareuse d'atelier*

Allons faire notre visite à Mme de Raucourt et remercier... le sphinx. Ta gageure est gagnée... *(Jetant la vareuse sur un fauteuil.)* Voilà la dépouille de l'ours.

Il met son chapeau et offre le bras à Blanche. Rose est abasourdie.

(Rideau.)

MISS HIPPOCRATE

ARGUMENT

Miss Hippocrate, on le devine, est une femme docteur. Est-ce à dire que la pièce traite la grave question de la femme-médecin? Elle n'y suffirait pas; un petit acte de comédie peut à peine l'effleurer. La femme-médecin!... Que n'a-t-on pas dit ou écrit, surtout depuis quelque quinze ans, de cette figure nouvelle, hybride personnage d'une époque singulière, riche en étranges produits? Combien le pour et le contre n'ont-ils pas été discutés, combien ne dispute-t-on pas encore sur un fait existant, fait que jugeront seuls le temps et l'expérience!

Personnellement, il faut l'avouer, notre opinion est faite, et non pas d'aujourd'hui; elle n'est pas favorable. Mais qu'on ne se méprenne pas sur le sens, ou plutôt sur l'étendue de notre pensée.

Nous ne doutons pas, on peut le croire, et le prologue l'affirmera, que la femme, intellectuellement, ne soit capable au même degré, davantage même en certaines choses, de tout ce que l'homme peut faire; qu'elle ne puisse aussi bien que lui, mieux encore si vous le voulez, mesdames, être non seulement médecin, mais avocat, avoué, magistrat, capitaine, député... voire ministre. Des femmes ont gouverné; nombre d'entre elles ont été rois, et même de grands rois; sans remonter à Sémiramis, rien que dans les temps modernes, nous avons Blanche de

Castille, l'Angleterre a Elisabeth, la Russie les deux Catherine, l'Autriche Marie-Thérèse. « *Moriamur pro rege nostro Maria Theresa...* » et, pour d'autres souverainetés, que d'illustrations dans les lettres, les arts, la science même !... La femme peut régner en tout.

Elle peut donc certainement, pour rester dans notre sujet, régner en médecine, mais, pratiquement — et c'est seulement sur le côté pratique que porte notre réserve, — l'art d'Hippocrate est-il en harmonie avec la nature féminine?

Les études médicales surtout pour la jeune fille, l'amphithéâtre, l'école d'anatomie, l'hôpital, et enfin, le métier ne l'exposent-ils pas, dans sa délicatesse, à de rudes épreuves? Ne faut-il pas, pour qu'elle y résiste, qu'elle y perde à moitié son sexe, ou le transforme en sexe... neutre, sexe féminin en apparence, mais dépouillé, ou à peu près, de son charme et de ses privilèges? Est-elle encore femme après cela? Ne souffrira-t-elle pas de la métamorphose? Ne méritera-t-elle pas que Voltaire lui dise, en ne changeant qu'un mot :

> Qui n'a pas l'esprit de son *sexe*
> De son *sexe* a tout le malheur.

Tout le malheur que se prépare, à elle-même et aux autres la femme-médecin serait, nous le répétons, matière d'un gros volume ou de plusieurs drames en cinq actes : *Miss Hippocrate* ne met en scène, et dans ce qui prête au comique, qu'une petite part des ennuis ou déboires auxquels est vouée la femme-docteur.

John Claudius, un Américain, de ceux — ce n'est pas qu'en Amérique — qui croient que l'art médical convient aussi bien, et même mieux, à la femme qu'à l'homme, a épousé Eudoxia, beaucoup pour ses grâces naturelles, mais surtout à cause du diplôme. Il compte fonder à Genève, elle apportant la science, lui l'administration, un établissement *Sanitatem-Claudius* exceptionnel, « mondial ».

Mais dès les premières tentatives, dès surtout qu'Eudoxia, ouvrant un cabinet public, y reçoit pour premier client Raoul de Saint-Gildas, un Français, son admirateur du temps qu'elle était fille, surviennent de tels obstacles, de si délicates conjonctures, menaçant un instant de tourner au tragique, que Claudius exige d'Eudoxia de renoncer à la médecine, et quitte en hâte la Suisse pour exploiter, en Virginie, les sapins d'une forêt vierge.

PROLOGUE

On frappe deux coups... Tumulte derrière le rideau, qui s'entr'ouvre; M. le régisseur paraît.

Mesdames et Messieurs...
Ne vous effrayez pas!... que personne ne sorte!..
Foi de vieux régisseur, nous n'avons pas le feu;
Et, l'aurions-nous d'ailleurs, ce n'est pas pour si peu
Que je me permettrais d'arriver de la sorte;
Il fallait, par malheur, une raison plus forte :
— Nous avons un malade!... — Oh! non pas un acteur,
Non pas même une actrice... — elles meurent de peur,
Mais enfin jusqu'ici pas une n'en est morte;
— Ce malade... au plus mal, ce malade est... l'auteur.
Si vous l'aperceviez pâle, tremblant la fièvre,
L'oreille au guet, l'œil rond, comme celui d'un lièvre...
— « Cet homme, diriez-vous, va souper cher Pluton. »
Le régisseur, armé du classique bâton,
Avait, à la manière antique et solennelle,
Déjà frappé deux coups, lorsque Polichinelle...
— Pardon... — lorsque l'auteur, saisi d'un fol émoi,

M'arrache le bâton et, le levant sur moi :
« Non !...qu'on rende l'argent !...la pièce...j'y renonce ;
« Elle n'est pas jouable... au moins sans une annonce.
« J'ai voulu du bon sens me faire l'avocat,
« Mais je sais à quel point mon thème est délicat ;
« Si mes intentions n'étaient pas bien comprises,
« Si les femmes surtout... si les femmes, surprises,
« Pouvaient croire un instant ! Mon ami, j'en mourrais !
« — Toi, qui connais à fond mes sentiments secrets,
« Va, parle... épargne-moi d'effroyables méprises,
« Dis... ce que tu voudras ; je me sauve. » — Il a fui,
Et me voilà forcé de m'expliquer pour lui.

La femme-médecin est l'objet de la pièce,
Et certes notre auteur la traite durement,
Mais s'il a dans la femme atteint la doctoresse,
Ah ! ne supposez pas, mesdames, un moment
Qu'il ose l'attaquer à votre détriment ;
Il sait trop que la femme est l'égale de l'homme ;
L'égale ?... qu'ai-je dit ? — Pardon... je me reprends :
— Au milieu de l'Eden, à nos premiers parents
L'arbre de la science offrait son fruit : la pomme ;
Quelle main détacha la pomme du pommier ?
Lequel d'Adam ou d'Ève en croqua le premier
Plus de moitié, dit-on ?... Vous le savez, mesdames ;
Et, si le paradis pour un fruit fut perdu,
L'histoire de la pomme établit que les femmes,
Pour les dons de l'esprit, les seuls, bien entendu,
Qui soient en question, l'emportent sur les hommes ;
Et quand il leur plaira d'être ce que nous sommes,
Non seulement docteurs... des quatre facultés,
Mais régisseurs, soldats, notaires, députés !...

Les femmes le seront. Oui ! mais alors, mesdames,
Quand vous serez tout ça, serez-vous toujours femmes ?
Et, pour traiter à fond notre sujet brûlant,
Lorsque du médecin rêvant la tâche austère,
De l'humaine douleur pour percer le mystère,
Vous aurez attaché sur votre cœur tremblant
Du rude carabin le tablier sanglant !...
O pauvres filles d'Ève, ô douces jeunes filles,
A ces fruits épineux quand vous aurez mordu,
Charme de nos foyers, tendres fleurs des familles,
De ce que Dieu vous fit n'aurez-vous rien perdu ?
Oui !... ce que l'on comprend et ce que l'on admire
C'est auprès du malade un ange de douceur
Qui, plus qu'avec sa main soignant avec son cœur,
Guérit avec ces mots que l'homme ne sait dire ;
Mais que, de la nature en étouffant le cri,
La femme au médecin vole son bistouri,
Qu'elle ose s'en servir !... non, ce n'est plus son rôle,
Et, loin d'être sublime, il nous semblerait drôle
S'il n'était ridicule et parfois odieux !
Ah ! si dans notre siècle avait vécu Molière,
De quel rire, immortel comme celui des dieux,
Il aurait flagellé la femme singulière
Qui s'est dit un beau jour, d'une âme cavalière :
— C'est trop peu d'être femme, il s'agit d'être mieux.
Mieux !... — Si ce n'est assez déjà d'être nos mères,
Nos filles et nos sœurs, vous êtes plus encor ;
Vous portez à vos fronts les noms qu'en lettres d'or
Au temple de Mémoire inscrivent les Homères ;
Rien n'existe de grand que vous n'inspiriez pas ;
Étoiles de l'histoire ou rêves du poète.

Filles de l'Idéal que notre âme inquiète
Dans sa soif d'infini poursuit dès ici-bas,
Lucrèce, Marguerite, Hélène, Juliette,
Vous pour qui renaît Faust et se meurt Roméo,
Ne quittez pas le trône où vous régnez si haut;
Béatrices, nos jours sont bien assez moroses,
Gardez à votre front ses rayons et ses roses
Et ne vous couvrez pas de notre noir manteau;
Cueillez les pommes d'or au bois des Hespérides
Mais laissez-nous le soin de tuer le dragon,
Laissez-nous la science et ses veilles arides,
Ses pénibles labeurs et son triste jargon...
Soyez Ophélia, Chimène, Desdémone...
Mais ne soyez jamais, ou que Dieu vous pardonne!
Madame Diafoirus ou madame Purgon!

 Mais qu'est-ce que j'ai fait? Presque une conférence;
Un régisseur!... pardon; — l'auteur n'avait voulu
Qu'exprimer par ma voix son respect absolu
Et sur les grands chevaux voilà que je me lance!

 Excusez un vieillard qui devient radoteur
Et qui n'a pas compris que la vraie éloquence
Était de réclamer simplement pour l'auteur,
— Ce qu'en se retirant fait votre serviteur, —
Mesdames et messieurs, toute votre indulgence.

MISS HIPPOCRATE

PERSONNAGES

EUDOXIA CLAUDIUS, docteur américain
JOHN CLAUDIUS ET C°, Virginien, mari du docteur
Mme LA BARONNE HERMINE DE FRE-COEUR, jeune veuve française
RAOUL DE SAINT-GILDAS, gentilhomme breton
MAIA, jeune négresse au service des Claudius

La scène se passe à Genève en 1876.

Le cabinet du docteur : une porte à gauche donnant dans le salon d'attente ; deux portes à droite ; à gauche et au premier plan le bureau du docteur, chargé de livres, de papiers, d'instruments, etc.

SCÈNE PREMIÈRE

EUDOXIA, puis MAIA.

Au lever du rideau Eudoxia, assise à son bureau, ferme des lettres, puis touche un timbre électrique à plusieurs reprises.

Elle ne viendra pas! (*Nouvelle sonnerie.*) J'aurai beaucoup de peine à former cette négresse. (*Sonnerie prolongée. Appelant*). Maïa!... Maïa!...

Maïa entre, par la seconde porte, à droite, portant deux enfants de quelques mois, un blanc et un noir.

MAIA

Madame appeler moi?...

EUDOXIA

Depuis un grand quart d'heure; vous n'entendiez donc pas le timbre électrique... Hé?

MAIA

Petit grelot?... Bidibidibidi?... moi avoir cru chemin de fer; avoir couru dans rue vite, vite... pour voir.

EUDOXIA

Faites plus attention une autre fois; tenez; ces lettres à la poste; vous connaissez la poste?

MAIA

Oui, oui.

EUDOXIA

Eh bien, prenez.

MAIA, *les bras embarrassés, s'avance vers Eudoxia en ouvrant une large bouche*

Pas pouvoir avec mains, mais co ça bien pouvoir.

EUDOXIA

Vous dites?... (*Elle regarde Maïa, hausse les épaules et se lève.*) Décidément, Maïa, il est insupportable de vous voir constamment ces enfants sur les bras. Comment voulez-vous faire votre service... Hé? Est-ce qu'ils n'ont donc pas leur petite voiture?

MAIA.

Oh! si; mais dans voiture toujous crier, toujous; co ça, jamais crier. (*Elle les berce en chantant une bamboula.*) La la la -- la la la — la la li — la la la — la la

li — la li la li la la!... Eux contents; eux rire!
EUDOXIA
Allons, allons, c'est bien; posez ces enfants là, et donnez mon chapeau, mes gants; je suis pressée. (*Maïa place les enfants sur un meuble; aussitôt ils crient.*) Ces cris sont énervants! (*Elle prend l'enfant blanc et le secoue; il crie de plus belle; les deux crient alternativement; Maïa, qui était sortie par la première porte à droite, revient avec le chapeau et les gants, les donne à Eudoxia et reprend les enfants, qui ne crient plus.*)
MAIA
Eux plus crier; mieux là.
EUDOXIA, *prenant les lettres sur le bureau*
Voici mes lettres. (*Maïa ouvre de nouveau la bouche.*) Allons!... je les porterai moi-même. Un domestique mâle devient indispensable.
MAIA
Oh! oui; faire venir Tom! Lui si content!... Maïa aussi; petit aussi; dis, Toto, toi content? (*Toto Hi!*) Lui content.
EUDOXIA
Écoutez-moi, Maïa; vous direz à monsieur que je sors pour finir la grande affaire, l'achat de notre établissement médical, près du lac, aux portes de Genève... Situation unique, occasion superbe qu'il faut saisir aux cheveux!

Je rentre dans une heure pour ma consultation, rangez mon cabinet; donnez les numéros comme je vous ai dit... et...
MAIA
Madame sortir?... Madame pas pouvoir.

EUDOXIA

Et pourquoi, s'il vous plaît?

MAIA, *montrant l'enfant blanc*

Williams...

EUDOXIA

Eh bien?

MAIA

Williams pas avoir déjeuné!

EUDOXIA

C'est juste. (*Elle va vers le bureau et prend un biberon.*) Jusqu'à présent j'ai pu, à la rigueur, m'acquitter moi-même de cette chose; maintenant, occupée comme je le suis, surtout comme je vais l'être, ces détails ne sont plus praticables. Voici un biberon perfectionné, de moi; vous le placerez dans la voiture de Williams; il y a une poche exprès; vous attacherez ce manche à la petite manivelle qui tourne avec la roue, et, quand la voiture marche, la petite pompe fonctionne et l'enfant se nourrit. C'est très simple, très joli, vous comprenez?

MAIA

Oui, oui. Et quand Williams, avoir assez?

EUDOXIA

Alors... on arrête la voiture, ou l'on détache le manche; tout est prévu. Je sors. Ah! j'oubliais! (*Elle écrit un mot au crayon sur une feuille de son carnet.*) Monsieur, depuis un certain temps, se plaint d'une douleur; je veux examiner... mais je suis très en retard, et je vois ce que c'est; remettez-lui ceci. (*Elle pose l'ordonnance sur le bureau.*) Allons! n'oubliez rien.

MAIA

Madame pas embrasser.

EUDOXIA (*Elle embrasse rapidement l'enfant, et regarde sa montre.*)

Je vais manquer l'affaire! (*Elle sort par la deuxième porte à droite.*)

SCÈNE II

MAIA, puis CLAUDIUS

MAIA, *embrassant Williams*

Pauvre agneau blanc frisé! nourrir toi mécanique!... jamais, jamais! Dis, toi pas vouloir. (*Williams* : Hi! Hi! Hi!) Pas vouloir, et Toto? (*Toto* : Ouin! Ouin! Ouin!) Pas vouloir. Beco Williams, beco Toto; beco nounou. (*Après avoir fait embrasser chaque enfant par l'autre, elle se fait embrasser par les deux à la fois, puis elle chante et danse l'*Uncle Ned :

> Dar was an old nigger
> And dey call him Uncle Ned, etc.

Claudius, qui est entré, par la première porte à droite, depuis un moment, regarde ce tableau.

CLAUDIUS

Ah! ah!

MAIA, *une jambe en l'air*

Ah! moncié...

CLAUDIUS

Cette bonne Maïa!... (*Il lui tape sur la joue.*)

MAIA

Moncié aussi bien bon.

CLAUDIUS

Ils vont bien, les petits? (*Il embrasse Williams et va vers le bureau prendre une allumette pour sa pipe.*)

MAIA, *montrant Toto*

Oh! lui, fort comme papa à lui, Tom!... le beau Tom! (*Montrant Williams.*) Lui, bonne santé aussi, mais pas assez manger; bien plus fort quand nourri avec bon mécanique.

CLAUDIUS

Avec bon mécanique? Qu'est-ce que cela veut dire?

MAIA

Oui, avec biberon-là; invention bien jolie à madame; attacher manivelle à voiture, et quand voiture marcher, machin pomper.

CLAUDIUS, *posant sa pipe sur le bureau et prenant le biberon*

Madame prétend nourrir Williams avec cet instrument?

MAIA

Bonne maîtresse avoir plus temps pour faire soi-même.

CLAUDIUS

Impossible! Le biberon est formellement contraire aux principes du docteur; il l'a pulvérisé dans un mémoire superbe, dédié à la *Medical Society of London*, et ce n'est pas sans doute pour notre propre enfant qu'il eût changé d'avis; il y a une erreur; et quant à ce système, spécimen diabolique de quelque intrigant, je... (*Il va pour briser le biberon et le repose sur le bureau.*) Je m'en expliquerai avec madame.

MAIA

En attendant, Williams déjeuner avec Toto.

CLAUDIUS

Déjeuner? Williams n'est pas à jeun, je pense?

MAIA

Oh! bon matin encore; mais voilà heure à Toto. Quand y avoir pour un, y avoir pour deux.

CLAUDIUS, *vivement*

Non! (*A part.*) Du lait noir, jamais. Je n'ai pas ce préjugé; au fond, ça ne fait rien du tout... pour les autres... mais enfin pour le mien, je préfère... (*Haut.*) Attendez encore un peu; madame ne peut tarder; je la croyais ici; où donc est elle?

MAIA

Sortie pour acheter grand bazar à malades, là-bas... au bord de l'eau.

CLAUDIUS

Pour acheter?... sans moi!... une affaire pareille... 50,000 dollars... deux fois ce qui nous reste!... Vous êtes folle, Maïa; madame a dit sans doute qu'elle allait voir l'immeuble... et encore!... au point où sont les choses... Ah! c'est bien imprudent!

MAIA

Non, non; madame a dit : Finir la grande affaire; prendre moncié occasion par cheveux.

CLAUDIUS

C'est trop fort! Voilà bien... comme disent les Français, les toquades... les toquades des femmes!... Il lui faut cette maison; elle craint ma prudence... elle agit toute seule... elle paiera le double! Conclure... sans moi! moi, son mari! le chef de notre société! Mais je m'anime à tort; elle ne peut rien finir, ou du moins rien signer; notre contrat l'exige...

il faut la signature sociale... Oui, mais il ne faut pas qu'elle engage sa parole! Courons... mon chapeau... vite! (*Il éprouve une douleur subite à la jambe.*) Ah! coquine de douleur!

MAIA

Moncié malade?

CLAUDIUS *s'appuyant sur Maïa et se dirigeant vers le fauteuil*

Eh! non: c'est cette névralgie, dont je parle à madame depuis plus de six mois et qu'elle n'a jamais le temps de... Ah! on n'épouse pas un médecin pour soi!

MAIA

Madame pas oublier; madame laisser là petit papier pour moncié.

CLAUDIUS, *prenant le papier*

Une ordonnance... avec deux mots d'explication; c'est un peu sec; enfin! (*A Maïa.*) Va chercher cet emplâtre (*Maïa ouvre la bouche; il met l'ordonnance dans sa collerette*) et tu me l'appliqueras toi-même, mon enfant, puisqu'on n'a pas le temps. (*Il se frotte la jambe avec une brosse électrique; on sonne.*) Ah! va d'abord ouvrir.

MAIA

Avoir pas fermé porte; ah! ah! quelqu'un monter; (*Elle regarde sur le palier.*) Joli moncié venu hier; Moncié sorti; avoir parlé à Jane et laissé petit carton; où donc petit carton? ah! dans poche.

CLAUDIUS, *prenant la carte dans la poche du tablier de Maïa*

Étourdie! (*Il lit.*) Raoul de Saint-Gildas! Le voici; laisse-nous.

MAIA.

Douleur passer?

CLAUDIUS

Un peu. (*Maïa sort par la première porte, à droite.*)

SCÈNE III

CLAUDIUS, RAOUL DE SAINT-GILDAS

CLAUDIUS, *tendant les mains à Raoul*

Comment vous portez-vous?

RAOUL

Vous me reconnaissez?

CLAUDIUS

Vous n'êtes pas de ceux qu'on oublie, cher monsieur, et, quoique nous n'ayons passé en Virginie que six semaines ensemble, j'ai pensé bien souvent au meilleur compagnon que j'aie jamais connu.

RAOUL

Alors, dites « Raoul », comme il y a cinq ans, là-bas, aux Montagnes bleues, quand, sur un simple mot de notre consulat, je recevais de vous, de votre excellent père, sir Williams Claudius, l'accueil le plus cordial. — Je revois, comme d'hier, ce palais de sapins, ces chantiers d'abatage de vos arbres géants, ce peuple d'ouvriers, respectant sir Williams comme, dans votre libre et curieuse patrie, vous respectez encore tout ce qui le mérite; puis nos chasses merveilleuses, vos bois vieux comme le monde, vos lacs grands comme des mers... et cela à vingt-cinq ans, avec vous, mon cher John, vous le plus brave cœur de l'Amérique!... quel rêve!

CLAUDIUS

Mon cher Raoul!

RAOUL

Et votre digne père, comment se porte-t-il?

CLAUDIUS

Très bien. Nous sommes brouillés.

RAOUL

Ah! mon Dieu; depuis quand?

CLAUDIUS

Depuis mon mariage.

RAOUL

Ah! vous êtes... Comment ne l'ai-je pas appris?

CLAUDIUS

J'ai quitté l'Amérique presque aussitôt après, et je ne savais trop où vous prendre.

RAOUL

En effet, depuis cinq ans et plus, je n'ai posé nulle part.

CLAUDIUS

Je vous conterai cela; je vous tiens, je vous garde, et vous êtes chez vous comme autrefois.

RAOUL

Merci; mais je crains maintenant d'être indiscret.

CLAUDIUS

Non, non; ma femme est simple et franche; vous vous plairez, j'espère; allons, installez-vous (*Il lui ôte son chapeau et lui donne un siège.*), et dites-moi d'abord par quel heureux hasard vous m'avez su ici.

RAOUL

Mais ce n'est pas tout à fait par hasard. — Arrivé d'Italie hier soir à Genève, j'ai vu partout le nom du docteur Claudius. — Quand je vous ai connu, j'avais déjà le germe d'une affection du cœur qui me gênait parfois, et n'a fait qu'augmenter. Le docteur Claudius?... Je me rappelai votre goût pour les sciences naturelles, votre connaissance des simples, votre adresse à soigner nos petits accidents... C'est John Claudius, me dis-je... et j'accours... et charmé de retrouver l'ami, je dis au médecin : J'ai parcouru le monde sans trouver de remède, en connaissez-vous un?

CLAUDIUS, *tirant son étui à cigares*

Parfaitement. Seulement, le docteur Claudius, ce n'est pas moi.

RAOUL

Pas vous!

CLAUDIUS

C'est ma femme.

RAOUL

Madame Claudius?

CLAUDIUS

Eh! oui ; quoi d'étonnant?

RAOUL

Certainement... Certainement!... je sais bien qu'aujourd'hui, par ce temps de progrès... mais pourtant, je l'avoue... excusez ma surprise.

CLAUDIUS

Votre étonnement cessera dès que vous connaîtrez le docteur. (*Il lui tend son porte-cigares.*)

RAOUL

Non, merci; cela m'est défendu; l'odeur seule... (*Voyant que Claudius se disposait à fumer.*) Ah! pardon.

CLAUDIUS, *remettant le cigare dans l'étui.*

Comment donc! un malade!... Il joue avec l'étui. L'avenir de la médecine appartient à la femme; je l'ai compris du jour où j'ai connu Eudoxia. — C'était le 5 janvier 1875; appelé pour affaires à New-York, par un verglas terrible, je glissai dans la rue, et me heurtai si violemment à l'angle d'un trottoir que l'on dut me porter dans une pharmacie. Une jeune fille était là; avec quel empressement elle voulut elle-même, de ses mains délicates, couper ma botte... ma botte!... et découdre le reste!... Avec quelle douceur elle appliqua le baume, avec quels soins touchants elle me fit placer sur une sangle élastique, reconduire à l'hôtel et mettre dans mon lit... cela ne peut se dire! J'appris qu'Eudoxia, de retour de Paris où elle avait été terminer ses études, venait de recevoir son diplôme; vous sentez que je ne voulus pas d'un autre médecin; elle revint tous les jours; nous causions longuement, et, quand je fus guéri... j'étais fou!

RAOUL

Vous aimiez le docteur?

CLAUDIUS

Du plus violent amour dont puisse être embrasé un cœur américain. Douée... très suffisamment des grâces de son sexe, elle portait au front le signe du génie, et d'un de ces génies qui font marcher le monde en culbutant ses lois. — « Penser, me disait-elle, penser que la médecine, cet instrument divin, exigeant de qui l'ose toucher non seulement toute la précision de la science, mais surtout toute la tendresse du cœur, toute la délicatesse de l'âme, soit, depuis six mille ans, le privilège de l'homme ! Autant mettre une lyre aux mains d'un paysan ! Quel soulagement le jour où, ne s'adressant plus qu'à la femme-médecin, l'humanité souffrante aura la certitude de retrouver en elle, l'homme toute la bonté d'une mère, la femme toute l'indulgence d'une sœur !...

RAOUL

Cependant... cependant il y a des circonstances...

CLAUDIUS

Il n'y a pas de circonstances pour les mères et les sœurs ; vous ne connaissez pas Eudoxia ; c'est elle-même qu'elle venait de peindre, et je l'avais comprise !... mais aussi je comprenais que, pour remplir dignement le rôle magistral que je rêvais pour elle, il lui fallait un autre elle-même, un associé. A elle les nobles soins de la science, à moi les soucis de la vie. Une fois décidé, j'allai communiquer mes projets à mon père, qui... me ferma sa porte. — Je l'avais bien prévu. Aussi, réalisant mon avoir personnel, 40,000 dollars environ, je quittai l'Amérique avec Eudoxia ; nous avions notre plan ; avant de nous fixer définitivement, nous désirions courir un peu le monde.

RAOUL

Oui ; le voyage ordinaire de la lune de miel.

CLAUDIUS

Non ; cela n'était pas utile ; Eudoxia et moi, nous aimant tranquillement comme des gens sérieux, qui veulent s'aimer toujours, nous n'avions pas besoin, comme vous autres Français, de nous idolâtrer pendant quelques semaines pour nous bouder ensuite le reste de la vie.

RAOUL

Très sage !

CLAUDIUS

Pour préparer l'avenir, il fallait qu'Eudoxia parcourût rapidement l'univers médical, répandant ses idées, exerçant son prestige, jetant partout enfin les fils du grand réseau qui va bientôt conduire à notre établissement toutes les maladies.

RAOUL

Vous fondez une maison ?

CLAUDIUS

Sans doute ; pensez-vous que le docteur Claudius va courir le cachet ?... Il lui faut un théâtre digne de son mérite et notre bonne étoile nous a servi à souhait : — Après un an passé soit dans les facultés, soit dans les villes d'eaux, nous arrivons à Genève il y a quatre jours. Un établissement magnifique, idéal, construit au bord du lac par un docteur hongrois, un âne qui s'y ruine, est justement à vendre pour un morceau de pain... 50,000 dollars.

RAOUL

Cinquante mille ?... mais...

CLAUDIUS

Mais je ne les ai pas, pensez-vous ; parfaitement ; il m'en reste vingt-cinq ; mais c'est justement là l'affaire ; je paie vingt mille comptant, le reste dans un an, avec les bénéfices. Mais si j'avais l'argent, où donc serait l'affaire ?

RAOUL, *riant*

C'est bien américain !

CLAUDIUS

Et là... (*Il se lève.*) dans la Santé Claudius, *Sanitatem Claudius*, nous ouvrons à la foule le temple d'Hippocrate ! (*Douleur à la jambe.*) Aïe !

RAOUL

Quoi donc ?

CLAUDIUS

Rien du tout !... un rhumatisme. — Là toutes les ressources de la science, tous les perfectionnements de l'art, tout l'arsenal médical, chirurgical, thérapeutique et hygiénique, oculistique et acoustique, orthopédique, gymnastique et hydrothérapique... en un mot : Le faisceau des spécialités !

RAOUL

Même les spécialités ?

CLAUDIUS

Sans doute ! Il n'y a pas de spécialités pour celui qui en a condensé les problèmes dans un Extrait sublime (*Il prend un livre sur le bureau.*), le code de la science, la fleur du lotus bleu !... Les spécialités ne sont plus autre chose que les déductions d'une formule bien posée, si bien que, par hasard, si des spécialités étaient encore à naître, le docteur Claudius les connaîtrait d'avance. (*On sonne.*)

RAOUL

Bravo ! c'est admirable ; et j'ai hâte, mon cher John, de confier mon cœur au docteur Claudius.

CLAUDIUS

Le cœur !... eh ! justement, ce clavier mystérieux,

troublé le plus souvent par des causes morales... voilà précisément l'affaire de la femme. Je crois que la voici.

Maïa entre par la deuxième porte à droite, et fait un grand salut à Raoul.

RAOUL

Quoi!... Madame?...

CLAUDIUS

Pardon; c'est Maïa. Qu'est-ce donc?

Maïa, marchant sur la pointe des pieds, vient parler mystérieusement à l'oreille de Claudius.

MAIA

Moncié, belle dame, bien belle demander voir toute seule le docteur Claudius.

CLAUDIUS

Très bien, faites entrer.

SCÈNE IV

CLAUDIUS, RAOUL, MAIA, MADAME DE FRÉCŒUR

LA BARONNE, *saluant Claudius*

Monsieur...

CLAUDIUS, *saluant*

Madame...

RAOUL, *à part*

Madame de Frécœur!

LA BARONNE, *à Claudius*

Je crains, monsieur, de me tromper; le docteur Claudius n'est-il pas une dame?

CLAUDIUS

Parfaitement, madame ; le docteur va rentrer pour sa consultation. Si madame veut bien... (*A Maïa qui a ouvert la porte du salon.*) Maïa, numéro deux.

MAIA, *bas à Claudius*

Madame dit commencer par numéro 17.

CLAUDIUS

Ah ! Donnez le 18.

LA BARONNE

Pardonnez-moi, monsieur, mais je suis très nerveuse, très impressionnable ; ne pourrais-je pas attendre ailleurs qu'avec la foule ?

CLAUDIUS

Certainement, madame. (*A Maïa.*) Faites entrer madame dans le petit salon. (*Maïa et la baronne sortent à gauche.*)

SCÈNE V

CLAUDIUS, RAOUL

CLAUDIUS

Vous connaissez cette dame ?

RAOUL

Madame de Frécœur ?... Oh ! oui, certes ; mais elle... ne m'a pas reconnu. Vous avez raison, John, le cœur est un clavier qui chante ou qui se brise sous d'invisibles doigts. Le singulier hasard ! Voilà qu'au moment même où je vous parle de mes maux, je me retrouve en face de leur première cause.

CLAUDIUS

Puis-je vous demander?...

RAOUL

Hermine de Sivry, veuve depuis deux ans du baron de Frécœur, était, en 1870, la plus charmante jeune fille du monde parisien.

Profondément épris, mais un peu effrayé du flot des soupirants, je... soupirais; enfin, me croyant quelques chances, je m'étais décidé à faire ma demande quand la guerre éclata.

Je revins d'Allemagne en mars 1871. Hermine était mariée.

CLAUDIUS

Oh!

RAOUL

Oui, depuis huit jours. J'avais parlé trop tard et ne pouvais m'en prendre à personne qu'à moi, mais le coup fut profond, et c'est depuis ce temps que je ressentis là, pour la moindre émotion, et quelquefois sans cause, ces angoisses bizarres, ces étreintes soudaines qui me tuaient très bien. Les médecins m'achevaient; enfin, le docteur Jacques, un vieil ami de ma famille, qui se bornait à me tâter le pouls et à sourire dans sa cravate, m'ordonna simplement....

CLAUDIUS

Quoi donc?...

RAOUL

Le tour du monde. La prescription me plut; j'embrassai le docteur et je tombai chez vous; votre chaude amitié, votre pays spendide commencèrent la cure; et lorsque après deux ans de Brésil, de Mexique, et de Nouvelle-Bretagne, je repris le *Franklin* pour revenir en France, je me croyais guéri.

CLAUDIUS

Le *Franklin?*

RAOUL

Oui.

CLAUDIUS

Très bien.

RAOUL

C'est alors, mon cher John, que me frappa le coup le plus terrible de ma vie, car... il m'achèvera.

CLAUDIUS

Mon chez Raoul!... parlez.

RAOUL

Parmi les passagères du *Franklin* était une jeune fille seule, une Américaine de New-York. (*Claudius devient attentif.*) Singulières mœurs que les vôtres!... Cette enfant sans famille, confiée au capitaine, allait, sur ce navire, dans cette foule mêlée, comme une reine dans son palais. Vous la peindrai-je? Non; le charme se ressent et ne s'exprime pas; je dirai seulement qu'après un jour passé près de cette sirène, je l'aimais... pour toujours! Eût-elle été moins belle, elle m'aurait séduit par son étrangeté. (*Claudius devient très attentif.*) Très sérieuse, presque sombre, restant de longues heures à lire dans sa cabine, tout à coup sur le pont, dans le soleil couchant, elle m'apparaissait, accoudée au bordage, regardant l'horizon avec ses grands yeux clairs. J'allais la saluer; elle me secouait les mains brusquement, à l'anglaise, et nous causions alors, ou plutôt... je parlais. Entre l'azur doré du ciel et de la mer, mon âme s'envolait dans le pays des rêves, et je les lui contais; alors, comme écoutant une harmonie lointaine, sa tête de statue s'inclinait doucement, l'œil du Sphinx se troublait, se voilait de longs cils où brillait une larme!... Alors je m'oubliais, je saisissais sa main... le rêve était fini! Me perçant jusqu'à l'âme de son regard d'acier, crispant sa main sur sa poitrine comme si, sous sa robe de soie noire, elle étouffait son jeune cœur, avec un rire sec et presque convulsif elle jetait ce mot : « Cela n'est pas pratique... » et jusqu'au lendemain je ne la voyais plus.

Chaque jour, cependant, il me semblait qu'elle m'écoutait mieux, chaque jour j'espérais deviner le mystère du Sphinx, être enfin son Œdipe... Hélas!... nous arrivions... je ne savais rien d'elle... Je veux au moins la suivre... la foule nous sépare, le Sphinx a disparu... emportant avec lui son secret... et ma vie!

CLAUDIUS

Et après?

RAOUL

Mais c'est tout. Mortellement atteint, j'ai lutté cependant; j'ai tenté de nouveau la cure du vieux docteur, et je viens de courir l'autre moitié du monde... mais rien! La griffe est là, qui me serre le cœur, et si je ne trouve pas ici la guérison, ah! je suis bien perdu!

CLAUDIUS

Vous rappelez-vous l'époque où vous fîtes cette traversée sur le *Franklin?*

RAOUL

Certes! je m'embarquai le 20 mai 73.

CLAUDIUS

Ah!

RAOUL

Quoi donc?

CLAUDIUS

Rien. Et vous ignorâtes même jusqu'au nom de cette jeune fille?

RAOUL

Son nom était inscrit sur les tableaux du bord, mais un nom si répandu en Amérique, qu'il ne put me suffire à retrouver sa trace, et j'ai cherché pourtant!

CLAUDIUS

Enfin, ce nom?

RAOUL

Miss James.

CLAUDIUS, *à part*

Elle!... C'était bien elle!

RAOUL

Vous la connaîtriez?

CLAUDIUS

Je... je connais ce nom. (*A part.*) Pourquoi Eudoxia ne m'a-t-elle jamais parlé de ce Français? (*Eudoxia entre, par la deuxième porte à droite, son voile baissé. Haut.*) Ah! voici le docteur.

SCÈNE VI

CLAUDIUS, RAOUL, EUDOXIA

RAOUL, *saluant*

Madame... (*Eudoxia relève son voile. A part.*) Elle!... Ah! mon Dieu!... (*Il comprime son cœur et chancelle.*)

CLAUDIUS, *à part*

Elle a tressailli. (*Haut.*) Monsieur est un client... et de plus un ami, dont je vous ai parlé... Raoul de Saint-Gildas.

EUDOXIA

Il me semble en effet me rappeler.

CLAUDIUS

N'est-ce pas? (*A part.*) Elle l'a reconnu; pourquoi feindre que non? (*Haut.*) Monsieur désirerait une consultation; c'est pour le cœur... le cœur.

EUDOXIA, *ôtant son chapeau et allant vers le bureau*

Très bien. (*A Claudius.*) Quand vous voudrez...

CLAUDIUS

Quoi donc?

EUDOXIA

Mais... nous laisser.

CLAUDIUS, *à part*

Je suis de trop! (*Haut.*) Pourtant, il me semble... un ami...

EUDOXIA, *à mi-voix*

Mon cher John, jusqu'ici nos voyages m'ont forcée à faire de la médecine un peu irrégulière; il est temps que cela cesse; le public, croyez-moi, trouverait singulier et même... désobligeant, que vous fussiez toujours entre lui et moi. C'est l'heure de ma consultation; mon cabinet doit être libre; il était convenu qu'il serait respecté, et cependant... (*Elle aperçoit la pipe et la saisit.*) Oh! John... votre pipe chez moi, sur mon bureau! Ah! John, qu'est-ce que vous voulez que l'on pense de moi? Allons, prenez cela, et... allons, John, allons!

CLAUDIUS, *à part*

Qu'est-ce que cela signifie? Par le diable, je saurai! (*Il feint de sortir par la première porte à droite et se masque derrière la tenture.*)

EUDOXIA (*Elle s'assied au bureau, prend son lorgnon, regarde Raoul, et, se renversant sur le fauteuil.*)

Donnez-vous donc, monsieur, la peine de vous asseoir.

RAOUL

Madame... je... (*Il se laisse tomber sur une chaise.*)

EUDOXIA

Si vous le voulez bien, disons : docteur. Docteur, c'est plus simple.

RAOUL

Oui, madame. (*A part.*) Ce calme, ce sang-froid! Je suis donc bien changé?

EUDOXIA

Ainsi, c'est pour le cœur?

RAOUL

Oui, madame... le cœur!

EUDOXIA

Bien. Déshabillez-vous. (*Elle feuillette des papiers.*)

CLAUDIUS, *à part*

Par exemple!

RAOUL

Madame?...

EUDOXIA

Eh bien?

RAOUL

Pardon... je n'ai pas bien compris.

EUDOXIA

Déshabillez-vous.

RAOUL

Moi!

EUDOXIA

Mais naturellement. N'est-ce pas pour le cœur?

RAOUL

Oui!

EUDOXIA

Eh! bien, donc!

RAOUL

Jamais!... Non, devant une femme, jamais, madame, jamais!...

EUDOXIA, *se levant*

Ah!... je suis très pressée; ne perdons pas le temps. Il n'y a pas de femme ici; il n'y a qu'un médecin qui tient à exercer son art en conscience; or, la seule méthode vraiment consciencieuse est celle qui supprime, autant qu'il est possible, tout ce qui s'interpose entre les ténèbres de l'organisme et les lumières de la science; il n'y aurait donc réellement qu'un seul mode de consultation tout à fait sérieux, la consultation hippocratique, qui supprime entièrement toutes les obscurités; mais enfin, forcée de faire encore la part des préjugés, j'ai dû, outre la consultation hippocratique ou consultation n° 1, établir onze modes de consultations; mode n° 2, qui tolère un obstacle; mode n° 3, qui en tolère deux; et de même ainsi de suite jusqu'au n° 10 qui les tolère tous; enfin, consultation par la poste ordinaire, et consultation par le fil électrique. Ces deux dernières sont complètement absurdes. Et maintenant, monsieur, choisissez, s'il vous plaît. (*Elle se rassied.*)

RAOUL

Mon Dieu, madame...

EUDOXIA

Docteur.

RAOUL

Docteur... pardon; docteur... je pensais, je croyais qu'une conversation...

EUDOXIA

N° 10; très bien; causons, monsieur, causons; et cependant, car je voudrais vraiment vous donner un conseil à peu près sérieux, vous me permettrez bien de vous toucher la main.

RAOUL

La main!... certainement, madame... pardon : docteur.

EUDOXIA

Otez donc votre gant. Ah! seulement, alors, c'est la consultation n° 9.

RAOUL

Le n° 9, soit.

EUDOXIA

Voyons, approchez-vous; asseyez-vous là, bien; votre main, là. Oh! oh!... la peau moite, brûlante... le pouls?... très curieux; un rhythme exagéré, des suspensions soudaines... rien d'anormal pourtant, du moins au point de vue des lésions morbides; autant qu'on peut juger par ce symptôme, rien... que des palpitations d'origine psychique. — Avez-vous eu, monsieur, quelques peines de cœur?

RAOUL, *se levant*

Des!... des peines de cœur!... Ah! laissons là, madame, cette consultation inutile et cruelle!... Des peines de cœur, moi!... vous me le demandez, vous qui savez trop bien la cause de mon mal!... Vous m'avez reconnu... vous ne le niez pas!... pourquoi donc torturer comme à plaisir ce cœur... ce cœur trop plein de vous! Oui, vous avez bien lu le mot de ma souffrance, oui, c'est l'amour, docteur!... dont mon cœur étouffait!... c'est lui, depuis le jour où je vous cherche en vain, qui le minait lentement, et maintenant enfin que je vous ai trouvée, et qu'il faut vous reperdre, et pour jamais!... c'est lui!... c'est lui qui va, madame, nous délivrer tous deux en le brisant, ce cœur!... (*Il s'évanouit.*)

EUDOXIA, *se levant*

Mais il se trouve mal! (*Elle court à lui et l'examine.*) Ce n'est qu'une faiblesse. Un cordial! (*Elle prépare le cordial; Maïa entre par la deuxième porte à droite.*)

MAIA

Madame!... Ah! vite venir!... pauvre couvreur tombé de toit bien haut, bien haut!...lui. casser les deux jambes... sang couler... bien malade; pas médecins; tous loin; un vieux vétérinaire dire falloir couper!... mais lui pas instruments.

EUDOXIA

Un vétérinaire!... vite, ma trousse! Ah! la voilà; mais cela ne suffit pas... il faut la grande boîte... elle est dans les bagages, en bas... je la prendrai. Quoi encore... voyons! Une amputation!... Deux peut-être!... Mon Dieu, les premières!... et toute seule, et sans préparation!... Il le faut... soyons homme! (*Elle avale le cordial.*)

MAIA

Et le joli moncié?

EUDOXIA

Tape-lui dans les mains. Allons! (*Elle sort par la deuxième porte à droite; Claudius rentre en scène.*)

MAIA

Lui pas bouger. (*Elle tape dans les mains de Raoul.*) Moi peur. (*Voyant Claudius.*) Ah! moncié; madame a dit taper, mais lui pas revenir.

CLAUDIUS

Je m'en charge. Maïa, cours rejoindre madame; vois si je suis utile, et viens me dire toi-même comment cela se passe. (*Maïa sort par la deuxième porte à droite; Claudius prend le livre d'Eudoxia sur le bureau et le parcourt.*) Oui, vous en reviendrez, monsieur du cœur-trop tendre; je tiens absolument à votre petite vie. Voyons Syncope; j'y suis. Le moyen le plus sûr est l'application de la pile... La pile? Je l'ai tout justement préparée hier soir; elle ranimerait un buffle.

(*Regardant Raoul.*) Un buffle! (*Il sort par la première porte à droite.*)

SCÈNE VII

RAOUL, LA BARONNE

LA BARONNE (*Elle frappe d'abord à la porte de gauche, puis l'entr'ouvre.*)
Qu'est-ce que cela veut dire? (*Elle entre.*) Le grand salon désert?... Ce monde dans la rue, ce bruit dans la maison? (*Voyant Raoul.*) Ah! mon Dieu!... (*Elle s'approche.*) Evanoui!... et seul! (*Elle trempe son mouchoir dans un verre d'eau et lui mouille les tempes, puis elle lui fait respirer un flacon de sels.*) Et chez un médecin!... C'est incompréhensible. Allons! heureusement voilà qu'il se ranime. (*Elle l'évente avec son mouchoir.*) Il n'est pas trop changé; mais pas changé du tout; mieux même qu'autrefois; je l'ai bien reconnu en arrivant; mais lui?... se souvient-il de moi? Après six ans, six ans, me reconnaîtra-t-il? (*Raoul ouvre les yeux; elle veut faire un pas, mais Raoul lui a saisi la main et la baise.*)

RAOUL, *encore dans le vague*
Ah! merci... et pardon!

LA BARONNE
Pardon?

RAOUL
Docteur.

LA BARONNE
Docteur!

RAOUL
Votre pitié pour moi me sauve; je vivrai...je ferai,

je le jure, d'un amour impossible une amitié sans fin.

LA BARONNE

Mais qu'est-ce qu'il me dit ? (*Elle le regarde.*)

RAOUL, *se levant*

Madame de Frécœur!... Quoi, c'était vous, madame, vous dont les soins si doux dissipaient cette angoisse...

LA BARONNE

Mais naturellement; je vous trouve ici, seul, sans secours.

RAOUL, *à part*

Sans secours!... Quand j'en pouvais mourir! C'est l'autre, le docteur, celle dont le devoir, le devoir absolu est de me secourir, qui m'abandonne!... Et c'est!... Ah! madame... Ah! madame... (*Il lui baise les mains avec emportement.*)

SCÈNE VIII

Les mêmes, CLAUDIUS *avec la pile*

CLAUDIUS

Je vois avec plaisir que vous vous portez mieux, Raoul. (*Il pose la pile sur une chaise.*)

RAOUL

En effet, John, et je remerciais mon sauveur.

LA BARONNE

Un sauveur qui n'a pas grand mérite; le mal n'était pas grave.

CLAUDIUS

Détrompez-vous, madame; monsieur était perdu;

je n'avais plus d'espoir qu'en l'électricité; mais les femmes ont sur lui une action magnétique; M. de Saint-Gildas est une sensitive.

RAOUL, *bas à Claudius*

Ce qui veut dire, John?

CLAUDIUS, *bas à Raoul*

Que j'ai tout entendu. (*Ils se regardent.*)

RAOUL

A vos ordres.

CLAUDIUS

La chasse, l'aimez-vous toujours?

RAOUL

Oui.

CLAUDIUS

Je vous en propose une aujourd'hui, tout de suite, dans un tout petit bois très commode, à deux pas, une petite chasse à l'américaine.

RAOUL

Soit.

LA BARONNE, *à part*

Mais c'est un duel! Pourquoi?

CLAUDIUS, *haut*

Allez vous préparer, mon cher Raoul, allez. (*A la baronne.*) Nous devons faire ensemble un petit tour de chasse, et l'heure s'avance. (*A Raoul.*) Allez, je vous attends.

RAOUL, *saluant*

Madame...

LA BARONNE

Monsieur. (*A part.*) Pourquoi ce duel? Oh! je l'empêcherai. (*Raoul sort par la deuxième porte à droite.*)

SCÈNE IX

LA BARONNE, CLAUDIUS, *puis* MAIA

CLAUDIUS

Recevez nos excuses, madame; le docteur appelé subitement pour un accident grave a dû suspendre un instant sa consultation; mais il ne peut tarder, c'est votre tour, madame, et vous me permettrez de vous tenir compagnie?

LA BARONNE

Assurément, monsieur. (*A part.*) Si je pouvais savoir... (*Claudius avance une chaise; elle s'assied; haut.*) Mais vous vous disposiez à partir pour la chasse?

CLAUDIUS

Oh! l'équipement ne sera pas bien long; il s'agit simplement d'une chasse au lapin.

LA BARONNE

Au lapin?

CLAUDIUS

Au lapin.

LA BARONNE

A la bonne heure, car... M. de Saint-Gildas ne pourrait pas, je crois, supporter aujourd'hui une grande fatigue.

CLAUDIUS

M. de Saint-Gildas est un peu un malade imaginaire, madame; ses malaises, qu'il s'exagère beaucoup, ne sont que des vapeurs; au fond, il est très fort, presque aussi fort que moi. (*Il s'assied sur la chaise où est la pile et se relève aussitôt en poussant un cri.*) Oh!

LA BARONNE, *se levant*

Qu'avez-vous, monsieur?

CLAUDIUS

Rien, madame, rien du tout; c'est cette pile; pardon. (*Il marche péniblement vers le fauteuil à gauche; à part.*) Je l'avais trop chargée.

LA BARONNE, *étouffant son envie de rire, à part*

S'il pouvait être un peu estropié!... Oh! pour un jour seulement. (*Haut.*) Il est peut-être heureux qu'on n'ait pas appliqué ce remède... foudroyant à M. de Saint-Gildas, faible comme il l'était...

CLAUDIUS

Oh! c'est très doux, madame; seulement, la surprise... (*Il s'assied péniblement.*) Ouf!

MAIA, *entrant par la deuxième porte à droite*

Moncié, madame venir.

CLAUDIUS

Ah! Eh bien?

MAIA

Ah! moncié... pauvre madame, bien triste.

CLAUDIUS

Bien triste? Et pourquoi?

MAIA

Quand avoir vu blessé, madame, bien courageuse, avoir voulu soigner... avoir pris instruments... et puis, cœur a manqué; devenir toute blanche, et puis... pouf! tomber mal.

LA BARONNE

Ah! pauvre femme!... aussi ce n'est pas notre affaire.

CLAUDIUS

Alors?

MAIA

Alors vétérinaire avoir porté madame dans jardin; puis rentrer, bien tranquille, prendre instrument et... moi pas avoir voulu voir... couru après madame et ramené ici. Voilà lui, bien chagrin. (*Eudoxia entre par la deuxième porte à droite, la tête baissée; Maia sort par le premier plan à droite.*)

SCÈNE X

CLAUDIUS, LA BARONNE, EUDOXIA

EUDOXIA

Mystères de notre être!... inexorable loi de la nature!... Quoi! toute ma volonté ne pouvait empêcher cette main de trembler ni ce cœur de faiblir! Lorsque la vie d'un homme dépend de mon sang-froid, mes nerfs me paralysent, et quand moi, médecin, je me manque à moi-même, c'est un vétérinaire!... Je suis déshonorée! (*Elle se laisse tomber sur la chaise où est la pile et se relève aussitôt.*) Oh!... c'est très curieux; cela m'a fait du bien, beaucoup; et cependant le mode d'application était très anormal; je ferai là-dessus un mémoire... Un mémoire! oserai-je maintenant? (*Elle aperçoit Claudius dans son fauteuil.*) Vous, John, dans mon fauteuil! (*Elle aperçoit la baronne.*) Vous, donnant à ma place une consultation... et à madame! Vous, osant vous servir de l'électricité! et pour qui, s'il vous plaît?

CLAUDIUS, *très calme*

M. de Saint-Gildas.

EUDOXIA

Pour lui! dans son état! une pile chargée pour un bœuf, John, un bœuf!... Mais vous pouviez le tuer.

CLACDIUS

Très possible.

EUDOXIA

Comment, très possible!... mais je suis responsable, entendez-vous, monsieur, et, je vous le déclare, si vous vous permettez de faire encore ces choses, je serai obligée, par ma conscience professionnelle, de vous poursuivre moi-même en exercice illégal de la médecine, John.

CLAUDIUS

Vous n'aurez pas cette peine, madame.

LA BARONNE, *à part*

La singulière consultation, mon Dieu!

CLAUDIUS, *se levant*

Il ne convient pas que dans notre maison nous soyons deux personnes pour porter la culotte.

EUDOXIA

Oh! John...

CLAUDIUS

Il ne me convient pas que mistress Claudius termine des affaires de cinquante mille dollars sans mon assentiment.

EUDOXIA

Mais, John...

CLAUDIUS

Il ne me convient pas qu'on élève des enfants avec des mécaniques.

EUDOXIA

John!

CLAUDIUS

Il ne me convient pas, lorsque je suis malade, que l'on me soigne de loin avec de petits papiers, et, quand je suis bien portant, qu'on m'empêche de fumer là où cela me plaît; mais surtout... mais surtout!... il ne me convient pas que mistress Claudius, sous le toit conjugal, donne à de petits messieurs des consultations hippocratiques!

EUDOXIA

John!

CLAUDIUS

En conséquence, je m'en vais de ce pas former une demande en séparation.

EUDOXIA

En séparation! (*On entend crier l'enfant.*) Et Williams?

CLAUDIUS

Oh! Williams!... il me sera adjugé lorsque j'aurai tout dit. (*Il salue la baronne et sort par le premier plan à droite.*)

SCÈNE XI

LA BARONNE, EUDOXIA

EUDOXIA

Tout dit?... Mais quoi encore?... Qu'est-ce qu'il y a encore? En voilà bien assez, cependant! Ah! madame, je vous prie, qu'est-ce qui s'est passé, savez-vous, en mon absence?... Car je ne comprends rien. John?... On m'a changé John.

LA BARONNE

Hélas, chère madame, je ne comprends pas non plus, mais très certainement il a dû se passer quelque chose de grave, car M. Claudius a provoqué en duel M. de Saint-Gildas.

EUDOXIA

En duel!

LA BARONNE, *préoccupée*

Au lapin.

EUDOXIA

Au lapin!

LA BARONNE

Oh! pardon, à l'américaine.

EUDOXIA

Ciel!... mais alors... je comprends; John a entendu... John est jaloux!

LA BARONNE

Jaloux?

EUDOXIA

Oui.

LA BARONNE

Ah! quand on est jaloux... on n'épouse pas un médecin!

EUDOXIA

Sans doute, mais c'est fait! Ce qu'il faut maintenant, c'est empêcher ce duel. Mais comment?

LA BARONNE

J'ai peut-être trouvé un moyen.

EUDOXIA

Ah!

LA BARONNE

Mais il nous faut d'abord M. de Saint-Gildas.

EUDOXIA

Mais où le prendre?

LA BARONNE

Ici.

EUDOXIA

Ici?

LA BARONNE

Il va venir. Sous prétexte d'une chasse, ils doivent partir d'ici ensemble pour se battre. Et tenez, le voici.

SCÈNE XII

Les mêmes, RAOUL, en tenue de chasse, avec sa carabine qu'il dépose vivement à la porte en voyant Eudoxia

EUDOXIA

Monsieur, nous savons tout; ce duel est impossible, absurde, monstrueux!... Vous ne vous battrez pas.

RAOUL

Je vous assure, madame, que je n'y tiens nullement ; mais je suis désolé que vous soyez instruite ; la provocation n'est pas venue de moi, mais de votre mari, et malheureusement je ne puis rien.

EUDOXIA

Comment !... mais vous savez très bien que si John vous provoque, c'est parce qu'il est jaloux, et vous savez comme moi que cette jalousie est tout à fait stupide... Car à la fin, monsieur, si vous avez jamais rêvé quelque folie, et moi aussi peut-être, c'était, vous savez bien, avant que j'aie vu John... et vous savez, depuis et aujourd'hui surtout, si j'ai fait quelque chose pour entretenir vos rêves ! et sachant tout cela, il me semble, monsieur, qu'il serait pour le moins honnête de le dire.

LA BARONNE

A la bonne heure !

RAOUL

Madame !... mais en supposant même que je puisse en ce moment dire à M. Claudius ce qui est en effet l'absolue vérité, s'il est jaloux, madame, il ne me croira pas.

EUDOXIA

C'est infernal ! Que faire ? Ah ! madame, le moyen ? Madame a un moyen.

LA BARONNE

Un moyen... c'est-à-dire... il faut d'abord qu'il plaise à M. de Saint-Gildas, et puis... c'est tout à fait délicat...

EUDOXIA

Eh ! madame, tant pis pour la délicatesse, on voit bien que monsieur n'est pas votre mari ! Oh ! pardon ; le moyen ?

LA BARONNE

Le farouche Othello se calmerait bien vite s'il avait l'assurance, et, mieux encore, la preuve que M. de Saint-Gildas aime une autre personne.

EUDOXIA

En effet.

LA BARONNE

Et remarquez qu'il n'est pas nécessaire que ce soit véritable, mais seulement que M. Claudius le croie.

EUDOXIA

Oui, mais cette personne ?

LA BARONNE

Mon Dieu, puisqu'il s'agit de la vie de deux hommes, et d'ailleurs puisqu'au fond cela n'engage à rien, voyons, monsieur Raoul, est-ce qu'il vous serait extrêmement pénible de me faire la cour... pour rire.

RAOUL

Pour rire ?

LA BARONNE

Eh bien ?

RAOUL

Ce serait sérieux. (*Montrant Eudoxia.*) La franchise de madame autorise la mienne ; oui, je l'ai bien aimée, mais elle était le rêve... et je suis éveillé. (*A la baronne.*) Vous, madame, vous, Hermine de Sivry, vous n'étiez pas le rêve, mais la réalité adorable, adorée... La vie nous sépara, le hasard nous rapproche... tous deux libres, mais vous... indifférente, moi... troublé de vous revoir, car le premier amour peut dormir dans le cœur, il ne s'éteint jamais,

LA BARONNE

Eh bien, qu'il se rallume!

RAOUL

Ah! madame...

LA BARONNE, *à part*

Allons donc!

EUDOXIA

D'accord!... Ils sont d'accord! Tout est sauvé!

RAOUL

Non, rien; quel que soit mon bonheur, je ne puis en parler le premier à Claudius.

EUDOXIA

Pourquoi?

RAOUL

Ah! demandez à madame.

LA BARONNE

C'est vrai!

EUDOXIA

Mais je puis parler, moi!

RAOUL

Et s'il doute... s'il sourit... Ah! madame, laissez faire, croyez-moi; n'ayant rien contre John, je suis calme, très calme, et je puis vous promettre...

LA BARONNE

De vous faire tuer, n'est-ce pas?

RAOUL

Eh! non, non... égratigner peut-être; j'ai vu de ces duels au Brésil et ailleurs; on ne s'y tue jamais.

EUDOXIA, *tombant dans le fauteuil et se cachant la figure dans les mains*

Oh! les hommes... les hommes!

SCÈNE XIII

LES MÊMES, CLAUDIUS, *en tenue de chasse, son riffle à la main*

RAOUL, *qui est allé prendre sa carabine*

Tout à vous, mon cher John.

CLAUDIUS

Ah! pour la petite chose... (*Posant son riffle.*) Non, j'ai changé d'idée.

RAOUL, *à mi-voix*

Et... pourquoi?

CLAUDIUS

Mais, pour rien.

RAOUL

Pardon; mais la raison est insuffisante.

CLAUDIUS

Non; je croyais avoir intérêt à vous tuer, et je voulais me battre; tout bien pesé, je pense n'avoir pas intérêt; donc, je ne me bats pas.

RAOUL

C'est votre opinion, soit; mais la mienne?

CLAUDIUS

Eh! que diable! vous ne me tuerez pas malgré moi, je suppose. (*Raoul s'incline.*)

LA BARONNE, *à part*

Ce n'est pas naturel.

CLAUDIUS, *s'avançant vers le bureau*

Ma chère Eudoxia?

EUDOXIA, *se levant*

John?

CLAUDIUS

Tenez-vous beaucoup à une séparation?

EUDOXIA

Moi! mais pas du tout, John.

CLAUDIUS

Moi non plus; seulement, comme je maintiens tout... mais tout ce que j'ai dit; comme je désire absolument porter tout seul le... (*Mouvement de pudeur d'Eudoxia.*) Oui! je viens vous proposer un autre arrangement, (*Il lui prend la main.*) c'est le renoncement à l'état de docteur.

EUDOXIA, *s'appuyant sur lui*

John, la première chose en ce monde pour moi, c'est votre affection; pour la garder toujours je ferai certainement tout ce que vous voudrez; mais comment vivrons-nous? et comment paierons-nous tout ce que nous devons?

CLAUDIUS

Vous avez terminé la grosse affaire?

EUDOXIA, *baissant la tête*

Oui; mais je n'ai rien signé.

CLAUDIUS

Mais vous avez donné votre parole?

EUDOXIA

Oui.

CLAUDIUS

Cela suffit. Combien? (*Eudoxia regarde Claudius et*

baisse rapidement les yeux.) Soixante mille dollars?

EUDOXIA, *très bas*

Soixante-quinze.

CLAUDIUS

Diable! Enfin!...

LA BARONNE

Monsieur Claudius.

CLAUDIUS

Madame?

LA BARONNE

Pardon de me mêler de vos affaires, mais... je cherche une villa, sur le lac... et la vôtre me convient tout à fait; voulez-vous me céder votre marché?

CLAUDIUS

Madame!... (*Il lui prend la main et tend la sienne à Raoul.*) Vous êtes de braves cœurs; excusez-moi, Raoul, j'étais là, j'entendais : je suis reconnaissant.

LA BARONNE

Alors vous acceptez?

CLAUDIUS

Oh!... pas du tout; merci.

RAOUL

Mais comment ferez-vous?

CLAUDIUS

Bah! nous, Américains, nous croyons à la chance.

SCÈNE XIV

Les mêmes, **MAIA**, *portant les deux enfants et tenant une lettre entre ses dents*

MAIA.

Moncié !... lettre pressée.

claudius, *prenant la lettre et regardant la suscription*

Tenez, c'est la chance, peut-être. (*Il ouvre la lettre et regarde la signature.*) Williams Claudius.

EUDOXIA

De votre père ?

CLAUDIUS

Oui ; l'écriture est changée. (*Il lit.*)

« John, quand vous étiez près de moi, j'avais la goutte un mois par an ; maintenant c'est un mois par an que je n'ai pas la goutte ; j'ai donc besoin de vous, pour les affaires. Si vous ne venez pas, vous ne compterez pas sur moi, dans l'avenir ; si vous venez tout de suite, je serai très content. Mistress Claudius sera mon médecin ; cela l'occupera ; mais le reste du temps, si elle y tient beaucoup, elle aura de quoi faire autour de nous. » (*A part.*) Il y a déjà deux médecins dans la contrée... oh ! ils se défendront. (*Haut.*) Eh bien, ma chère femme, qu'en pensez-vous ?

EUDOXIA

Partir. Mais comment ?

CLAUDIUS

Post-scriptum. « Si vous partez tout de suite, vous

avez un crédit ouvert chez Kuhne et Gay, mon banquier à Genève. »

EUDOXIA

Partons, John.

CLAUDIUS

Oui, partons. Et vous, mes chers amis, vous viendrez nous voir, là-bas.

LA BARONNE, *embrassant Eudoxia*

Nous vous le promettons.

CLAUDIUS

Oh! mais... j'oublie.

LA BARONNE

Quoi donc?

CLAUDIUS

Vous étiez venue, madame, pour une consultation.

LA BARONNE

Oui, des palpitations; mais... ça va mieux. (*A Raoul.*) Et vous?

RAOUL

Je suis guéri, docteur. (*Il baise la main de la baronne; Claudius et Eudoxia se serrent la main à l'anglaise; Maïa danse de joie.*)

(*Rideau.*)

L'ESCARPOLETTE

ou

UN CAS DE CONSCIENCE

ARGUMENT

Le cas de conscience que nous présente ici *l'Escarpolette* n'est pas de ceux qu'on puisse exposer ; les mots ne sauraient le définir ni même l'indiquer ; il faut qu'il se devine, aux clartés de la rampe, dans un soupir, une réticence, un demi-sourire, un rien !... On nous permettra donc de laisser à l'action le soin de le faire comprendre.

Disons toutefois — hâtons-nous même de dire — que ce cas de conscience, dans la solution que la marquise lui donne, est tout à fait moral.

La jeune veuve de dix-huit ans qui pousse le scrupule — scrupule insensé pour Ninette — jusqu'à y sacrifier une grande fortune et le titre de duchesse, montre que, sous Louis XV, sous le règne léger de la Pompadour, il était des âmes délicates n'admettant peu ni prou, dans le respect d'elles-mêmes, des hauts ou des bas de balançoire.

Bien des gens aujourd'hui trouveront, comme Ninette, le scrupule incompréhensible ; d'autres n'y voudront voir qu'un trait de don-quichottisme de l'honneur féminin, héroïque mais fou.

Le plus grand nombre, nous l'espérons, et quant aux femmes nous en sommes sûrs, le trouveront tout naturel.

L'ESCARPOLETTE

OU

UN CAS DE CONSCIENCE

(SCÈNE POMPADOUR)

PERSONNAGES

LA MARQUISE.
NINETTE.

LE DUC.
LE CHEVALIER.

Le salon de la marquise. Au fond une grande baie ouverte sur une terrasse qui descend au jardin par une double rampe.

SCÈNE PREMIÈRE

LA MARQUISE, puis NINETTE

LA MARQUISE, *au dehors, appelant*

Ninette!... Ninette!... (*Elle paraît sur la terrasse, entre à cloche-pied, en riant, et s'appuie au montant de la baie. Déshabillé, fin de deuil, mauve, très élégant. Elle a perdu la mule du pied gauche.*) Ouf! quelle histoire!... L'affreux gravier!... mon pied doit être en sang.

NINETTE, *entrant rapidement par la droite*

Madame a appelé?

LA MARQUISE

Ah! Ninette, au secours!

NINETTE, *courant à la marquise et la soutenant*

Madame la marquise s'est blessée!... Madame n'a plus qu'une mule?

LA MARQUISE, *se dirigeant en boitant vers sa chaise longue, et riant toujours*

Oui!... je vais te conter... donne-moi mon flacon... que je reprenne mes sens; mon éventail... j'étouffe!... Ah! je suis mieux. J'ai le pied en lambeaux, n'est-ce pas?

NINETTE

Mais non, madame; le bas n'est pas même éraillé.

LA MARQUISE

C'est étonnant!... enfin... en attendant que tu cherches la mule que j'ai...

NINETTE

Perdue?....

LA MARQUISE

Non pas perdue... lancée... tu vas savoir, donne-m'en une autre; qu'est-ce qu'on penserait en me voyant pied nu?

NINETTE, *ouvrant la porte de gauche, et se retournant.*

Une des noires?...

LA MARQUISE

Du noir avec du mauve?... Ah! ce serait lugubre.

NINETTE

Alors, une des jonquilles?... (*Elle entre dans la chambre*).

LA MARQUISE

Jonquille?... ce sera hurlant.

NINETTE, *de la chambre*

Madame n'en a pas d'autres.

LA MARQUISE

Donne donc une jonquille. (*A elle-même.*) Ce n'est pas deuil du tout; mais le dernier jour, et pour quelques instants...

NINETTE, *rentrant avec la mule jonquille et l'ajustant*

Alors madame a... lancé la mauve?

LA MARQUISE

Oui, tu vas voir; assieds-toi sur le pouf; ça me sera plus commode. Aujourd'hui, mon enfant, ce jour même où nous sommes, est le plus sérieux de ma vie; c'est le dernier de mon deuil et c'est aussi celui où je suis forcée de prendre la plus grande des résolutions.

NINETTE

Madame me fait peur.

LA MARQUISE

Ah! il y a de quoi. C'est aujourd'hui que le duc, notre voisin de campagne, doit venir prendre une réponse... nette et définitive.

NINETTE

Pour son mariage avec madame?

LA MARQUISE

Oui. Le duc, tu le sais, me recherchait en même temps que le marquis. Je n'avais pas de préférence, ou si peut-être quelque autre, elle n'était pas réalisable. Mes parents me conseillaient le marquis, et une fille bien élevée doit suivre l'avis de sa famille.

NINETTE

Oh! pour ça... ça dépend.

LA MARQUISE

De quoi, Ninette?

NINETTE

Du cœur, madame; on se marie pour soi.

LA MARQUISE

Sans doute; mais ici le cœur... enfin j'acceptai le marquis. Mais depuis mon veuvage le duc s'est représenté; il m'aime toujours... de plus en plus, affirme-t-il, et me presse tellement qu'il m'a arraché la promesse de n'épouser que lui... si je me remarie. Suis-je décidée?... je dois répondre à la fin de mon deuil; c'est aujourd'hui, et il va venir.

NINETTE

Mais, madame, je ne vois là rien de bien effrayant. S'il n'est pas de première jeunesse, — trente-neuf ans, dit-on, bien sonnés — monsieur le duc est encore superbe, et si aimable, si gai!...

LA MARQUISE

Si aimable que cela?

NINETTE

Oh! madame me connaît. D'ailleurs, avec la permission de madame, je vais épouser Bonnard; par conséquent...

LA MARQUISE

Le mariage est toujours chanceux. Vois pour moi, à seize ans, veuve au bout de trois mois! Ce pauvre marquis, tué à la chasse, tout roide, par son cheval!... Ah! Ninette, penses-tu?... quand on me l'a ramené brisé, la tête ouverte... grand Dieu!... j'ai cru mourir. Tu sais si j'ai porté son deuil consciencieusement... et je le pleure toujours, un événement pareil assombrit toute la vie. Le duc aussi est grand chasseur, et si...

NINETTE

Oh! ses chevaux sont plus sages.

LA MARQUISE

Que lui?...

NINETTE

Que ceux de défunt monsieur.

LA MARQUISE

Et puis pour moi, si peu mariée... exactement cinquante-sept jours, le mariage est presque une nouveauté; le nouveau, malgré soi, inquiète; aussi, il y a une heure, plus indécise que jamais, j'étais sortie dans le jardin.

NINETTE

En mules de chambre?

LA MARQUISE

En mules; me promenant pour mieux réfléchir, je tournai le boulingrin, là-bas, près de la haie qui nous sépare du chevalier.

NINETTE

Ah! la haie du?...

LA MARQUISE

Du beau chevalier errant qui, depuis deux ans, voyage toujours. L'escarpolette est là; machinalement j'y monte, me balançant doucement d'abord à l'aide de la corde attachée à la haie; mais je m'anime, je prends de l'élan, je monte, je vole, je plane, grisée par le flot d'air, si bon par cette chaleur, qui m'enveloppe de partout comme une fraîche caresse.

NINETTE

Oh! oui, c'est bon!...

LA MARQUISE

Tout en flottant je pensais : en avant, remarie-toi; en arrière, ne te remarie point. Soudain, dans un élan suprême, et en avant, je lance un pied en l'air, m'écriant : le sort en est jeté!... et paf!... la mule s'envole et va tomber... derrière la haie.

NINETTE

Chez le chevalier!

LA MARQUISE

Chez lui... heureusement absent.

NINETTE

Absent?... mais pas du tout.

LA MARQUISE

Qu'est-ce que tu me dis?...

NINETTE

J'ai oublié ce matin d'en prévenir madame; monsieur le chevalier est rentré de cette nuit. C'est Jasmin, son valet, qui m'en a informée.

LA MARQUISE

Jasmin! comment... ici?

NINETTE

Non... par-dessus la haie.

LA MARQUISE

Le chevalier est là!... il va trouver ma mule!... Mais c'est horrible!... que va-t-il croire? Cours bien vite, Ninette... Non! on pourrait te voir. C'est à en perdre la tête!

NINETTE

Que madame se rassure; trouver la mule, si tôt...

il n'y a pas apparence; le parc du chevalier, dans le bout qui nous touche, est presque à l'abandon, quasi sauvage; les jardiniers même n'y viennent pas.

LA MARQUISE

Jasmin y est bien venu.

NINETTE, *baissant les yeux*

Oh! ça... Et puis, madame, quand monsieur le chevalier l'apercevrait, la mule, y ferait-il attention? Un homme tout dans ses rêves, timide!... pis qu'une fille; un chevalier de Malte.

LA MARQUISE

Ah! tu ne le connais pas; c'est un volcan!

NINETTE

Poudré de neige.

LA MARQUISE

Écoute-moi, mon enfant : Tu sais que nos deux familles sont alliées d'assez près; le chevalier, pour moi, est un petit-cousin. Il fut mon compagnon d'enfance, de petite jeunesse; nous ne pouvions nous passer l'un de l'autre. Plus tard, lorsqu'il fut presque un homme, et moi presque une jeune fille, ce sentiment de nos cœurs d'enfants devint chez lui une passion vive, chez moi une très tendre amitié.

NINETTE

Eh bien, alors, pourquoi ne l'avoir pas épousé? Il est bien mieux que ne l'était feu monsieur le marquis?

LA MARQUISE

Ce n'était pas possible; et il le savait bien; le plus jeune des trois fils du comte, il n'est que chevalier et sa fortune est des plus minces. Il n'eût été point accueilli... et ne s'est jamais déclaré.

NINETTE

C'est dommage... surtout...

LA MARQUISE

Surtout?... quoi donc, Ninette?

NINETTE

S'il aime toujours madame.

LA MARQUISE

J'espère que non... pour lui; ses voyages et le temps ont dû tout effacer. Mais c'est égal, Ninette, cette mule chez lui, dans l'herbe !... il faut qu'elle disparaisse, et sans qu'on s'aperçoive...

NINETTE

Oh! je m'en charge.

LA MARQUISE

Comment?

NINETTE

Je connais un passage.

LA MARQUISE

Dans la haie !...

NINETTE

Dans la haie, près de l'escarpolette, derrière un gros massif; personne ne me verra!

LA MARQUISE

Va donc, et reviens vite.

NINETTE

Ah! madame...

LA MARQUISE

Qu'est-ce que c'est?...

NINETTE

Monsieur le chevalier... et qui rapporte la mule... là... sur son cœur.

LA MARQUISE

La mule !... il l'a trouvée !... et tout de suite... alors ?... mais c'est épouvantable !

NINETTE

Le voilà.

LA MARQUISE

Fais entrer. (*Ninette, qui a été au-devant du chevalier sur la terrasse, l'introduit et revient vers la marquise qui, après s'être arrangée sur sa chaise longue, l'appelle de l'éventail.*) Mes sels ?... Ah ! les voici : tu resteras près moi, là, dans la chambre ouverte ; que je puisse t'appeler si je me trouvais mal.

NINETTE

Bon ! il n'y a pas de danger. (*Elle sort à gauche.*)

SCÈNE II

LA MARQUISE, LE CHEVALIER.

LE CHEVALIER, *très grave, très ému ; il porte la mule à demi cachée dans les dentelles du jabot ; saluant de loin.*

Madame...

LA MARQUISE, *agitée, mais glaciale*

Excusez-moi, monsieur...

LE CHEVALIER, *à part, soupirant*

Monsieur !...

LA MARQUISE

Si je vous accueille ainsi ; une légère entorse...

LE CHEVALIER, *vivement*

C'est à moi de m'excuser d'une visite aussi brusque, aussi inattendue... et que je n'aurais certes pas osé faire, sans en avoir d'avance, madame, sollicité la permission, si... une circonstance, un objet qui... — je l'ai craint — pouvait vous faire défaut...

LA MARQUISE

Un objet ?...

LE CHEVALIER

Cette... (*Il s'avance vers la marquise en présentant la mule*).

LA MARQUISE, *lorgnant*

Ah! oui; oh! cela était sans importance... aucune. Veuillez poser cela, chevalier, sur ce meuble. C'est Ninette qui, par étourderie...

LE CHEVALIER, *s'oubliant*

Ninette ?...

LA MARQUISE, *à part*

Il n'en croit rien. Alors ?... il était donc près de la haie ?

LE CHEVALIER, *qui a posé lentement la mule sur le bonheur du jour, et la regarde en soupirant*

Et maintenant, madame, pardonnez-moi d'avoir troublé votre repos pour une cause si... légère, la mule de mademoiselle Ninette, et permettez... (*Il salue et, avec un geste de désespoir, il va pour sortir.*)

LA MARQUISE, *à part*

Il se retire !... sans que je sache... ah! non. (*Haut.*) Mais, chevalier...

LE CHEVALIER, *revenant rapidement*

Madame ?...

LA MARQUISE

Vous me donnerez bien le temps de vous remercier de... votre peine. Asseyez-vous, je vous prie. Arrivé cette nuit, à ce que l'on m'a dit, d'un voyage fort long, vous devez être las... et je vous sais d'autant plus gré de vous être dérangé vous-même pour... si peu de chose. A ce propos, comment se fait-il que vous ayez trouvé... si promptement... cet objet?

LE CHEVALIER

Bien simplement, madame, et justement par suite de la fatigue du retour. Après un repos court et fort agité, j'ai eu hâte de tout revoir ici, de respirer cet air, de rafraîchir mon front sous ces ombrages, ce parc si plein pour moi de souvenirs... Ainsi j'étais venu lentement jusqu'au petit bois touchant votre jardin, et là, me laissant tomber sur un tertre de gazon...

LA MARQUISE

Au pied de la haie?...

LE CHEVALIER

De?... de la haie?... oui, je crois...

LA MARQUISE

Près de l'escarpolette qui est de mon côté?...

LE CHEVALIER

De l'escar?... peut-être... oui... je... songeais; lorsque...

LA MARQUISE

Lorsque... monsieur?...

LE CHEVALIER

Tout en rêvant... je m'endormis.

LA MARQUISE, *à part*

Il s'endormit?

LE CHEVALIER

Pendant combien de temps?... je ne sais trop. — Soudain...

LA MARQUISE, *cachant son trouble et très froidement*

C'est saisissant! — Soudain?...

LE CHEVALIER

Je fus tiré de mon sommeil par la chute d'un objet.

LA MARQUISE

La chute... sur le nez? comme à maître Garo; heureusement, comme pour lui, ce n'était pas une gourde.

LE CHEVALIER

Non, madame. (*Posant la main sur son cœur.*) C'était léger comme un oiseau.

LA MARQUISE

Mais cet objet... mais cette mule sans doute, tombant ainsi des nuages, a dû vous étonner? Vous avez dû chercher d'où elle pouvait venir... Comment? Pourquoi? De qui?

LE CHEVALIER

Mais... en effet, madame, surpris... j'ai regardé et entrevu... vaguement, à travers les épines, une personne qui fuyait et que j'ai prise pour vous.

LA MARQUISE

Pour moi, lançant mes mules par-dessus les clôtures!... Gracieuse supposition.

LE CHEVALIER, *se levant*

Qui vous offense, madame; je n'y avais pas pensé.

Cette malheureuse démarche était inopportune, ridicule, blessante... ma présence même... (*Geste de la marquise*). Oh! je ne le vois que trop! mais vous pardonnerez, je l'espère du moins, à l'ami de votre enfance qui osait se permettre de vous revoir... une fois... avant de repartir, et maintenant... pour toujours!

LA MARQUISE, *à part*

Que signifie? — Il me fait peur! (*Haut.*) Que dites-vous, mon cousin? Repartir?... et quand cela?

LE CHEVALIER

Aujourd'hui même, madame.

LA MARQUISE

Quoi! revenu de si loin, et depuis quelques heures, vous vous hâtez de me voir... même un peu brusquement, et à peine devant moi vous me faites des adieux... presque tragiques! — Il semblerait vraiment que... je ne sais quoi, où je serais pour quelque chose, vous ait bouleversé. Voilà qui est étrange. Ce qui pourrait me blesser, ce serait votre attitude... et vous me devez, je pense, à moi, votre cousine, un mot d'explication.

LE CHEVALIER

Vous voulez tout savoir?

LA MARQUISE

Je ne veux rien; à vous de juger.

LE CHEVALIER

Soit! Aussi bien, pour vous, ce sera sans conséquence.

LA MARQUISE, *à part*

Que veut-il dire?

LE CHEVALIER

Oh! je ne vous apprendrai rien de nouveau, madame. N'avez-vous pas déjà tout deviné? — Vous n'étiez qu'une enfant, adorable déjà... mon âme était à vous. Bien jeune encore moi-même, je croyais simplement, dans ma naïveté, qu'il n'existait pour moi pas d'autre femme au monde, que le ciel nous avait faits pour être l'un à l'autre. La vie, hélas! devait me détromper; je ne le compris que trop tôt!... Que pouvait être pour vous le pauvre chevalier, sinon l'ami de vos jeux, le petit parent du voisinage auquel s'accorde, par habitude, l'innocente privauté d'une banale affection? Et pourtant je ne sais quelle espérance folle soutenait une passion sans cesse grandissante... lorsque à seize ans... je devais m'y attendre... — pas aussi tôt peut-être — vous épousiez le marquis! Je n'eus pas le courage d'assister au mariage; la mort au cœur, comme pour me fuir moi-même en vous fuyant, je partis... loin, le plus loin possible, allant au fond des Indes, dans leurs forêts sauvages, oublier le monde en face des tigres!... Que de fois, en luttant avec les plus furieux, ai-je souhaité... Ils n'ont pas voulu de moi. — C'est au milieu de leurs repaires, au pied de l'Himalaya, que j'apprenais votre veuvage. Pourquoi suis-je revenu? Quel espoir insensé?... — J'arrive... c'est pour apprendre que vous épousez le duc! Écrasé, comme si ce coup devait me surprendre, j'ai voulu m'abreuver encore de ma douleur, revoir une dernière fois ce parc, votre jardin, témoin de nos jeunes gaietés..., et j'étais là, prostré, agenouillé dans l'herbe, étouffant mes cris, pleurant de rage...

LA MARQUISE

Pleurant?... Pardon, chevalier, vous dormiez, disiez-vous?

LE CHEVALIER

Je?... Oui... sans doute... ensuite, vaincu par la fatigue, j'ai cédé au sommeil.

LA MARQUISE

A un sommeil profond, puisque les... joies de Ninette ne vous éveillaient pas.

LE CHEVALIER

Très profond... trop profond, car ce sommeil, hélas! madame, est encore une offense; il ferait douter de ma douleur; devais-je dormir quand je souffrais par vous! Mais, je le répète, pardonnez tout... vous n'aurez plus rien à subir, ni mes indiscrétions, ni d'absurdes aveux, ni ma présence ici, ni même mon voisinage; je pars, je vous l'ai dit, aujourd'hui, sans retour... Adieu, madame, et pour jamais!

LA MARQUISE, *à part*

Décidément, il m'épouvante; c'est un désespéré! Songerait-il, grand Dieu!... et pour moi?... Quelle horreur!... (*Haut.*) Chevalier... cher cousin...

LE CHEVALIER, *déjà sur la terrasse, se retournant au dernier mot*

Madame?...

LA MARQUISE

Pensez-vous donc que j'accepterai de tels adieux? Vous n'êtes pas de sang-froid. J'exige qu'avant de partir vous veniez me revoir.

LE CHEVALIER

A quoi bon m'imposer un déchirement nouveau... et inutile ?

LA MARQUISE, *comme à elle-même*

Qui sait ?

LE CHEVALIER

Qu'entends-je ?...

LA MARQUISE

Oh! rien... je veux dire... enfin, promettez de revenir.

LE CHEVALIER

J'obéirai, madame.

LA MARQUISE

Promettez.

LE CHEVALIER

Je le promets. (*Il sort à reculons, d'un air égaré.*)

SCÈNE III

LA MARQUISE, NINETTE, *sur le seuil de la chambre, portant dans un long vase une énorme gerbe de fleurs.*

NINETTE

Des fleurs de M. le duc; un vrai bouquet de fiancé.

LA MARQUISE, *faisant signe de placer le bouquet sur un guéridon, très gravement*

Eh! bien, Ninette?...

NINETTE

Eh! bien, madame?...

LA MARQUISE

Je suis perdue, ma fille.

NINETTE

Comment cela, madame?

LA MARQUISE

Le chevalier ne dormait pas.

NINETTE

Oh! ça, pour sûr. Lorsque madame — je le pardonne bien à madame — m'a mis la mule sur le dos, il a fait un : « Ninette? »... qui en disait assez.

LA MARQUISE

Alors... tu comprends bien que mon mariage avec le duc est... impossible.

NINETTE

Pourquoi? Parce que le chevalier, à travers les broussailles, c'est-à-dire vaguement, comme il dit, a vu... les bas de madame?

LA MARQUISE

Hélas! Ninette...

NINETTE

Bon! Les dentelles des dessous?

LA MARQUISE

Hélas! Ninette...

NINETTE

Eh! bien, quoi donc... le pantalon?

LA MARQUISE

Hélas! Ninette...

NINETTE

Est-ce que Madame?... n'avait?...

LA MARQUISE

Hélas! Ninette... il fait si chaud!

NINETTE

Oh! oh! — Oh! oh!

LA MARQUISE

Tu vois!

NINETTE

Je vois, madame... Je vois que M. le duc n'a rien à voir là dedans. Ce n'est pas le chevalier qui lui racontera rien, surtout s'il se brûle la cervelle.

LA MARQUISE

Ah! pas cela!... je ne le veux pas, entends-tu bien, Ninette.

NINETTE

Ni moi non plus, pauvre garçon! Bah! les hommes ne se tuent pas si souvent qu'ils le disent; mais en tout cas ce n'est pas lui qui parlera... ni personne.

LA MARQUISE

Et moi, Ninette?

NINETTE

Vous, madame?...

LA MARQUISE

Crois-tu que je puisse me taire?

NINETTE

Et c'est vous qui?... vous-même?

LA MARQUISE

C'est un devoir de conscience. Je me connais, Ninette; je le dirais après, et ce serait encore pis. Quant à le dire avant... D'abord le duc, naturellement, chercherait querelle au chevalier; de part ou d'autre il y en aurait mort d'homme, des deux peut-être... pour moi! C'est bien assez de pleurer le marquis. Tu le vois donc, Ninette, le couvent seul me reste.

NINETTE

Et madame renoncera, pour une misère de balançoire, à être duchesse ?

LA MARQUISE

Il le faut bien.

NINETTE

Avec le tabouret ?

LA MARQUISE

Avec le tabouret !

NINETTE

Ah! franchement, madame, des scrupules pareils, c'est, comme on dit chez nous, éplucher des noix pour les singes. Madame se souvient que dernièrement elle nous permit d'aller, avec ceux de M. le duc, à la fête voisine ; nous avions pris des ânes et nous trottions dare dare ; dans un chemin en pente, le mien s'arrête d'un coup, lève la croupe, et me voici roulant par-dessus ses oreilles. C'est Hector — madame sait ?... le premier valet du duc — qui m'a... quoi ?... ramassée. Eh ! bien, madame, est-ce que ça m'empêchera d'épouser mon Bonnard ?... Bonnard !... il riait à se tordre.

Monsieur le duc est homme d'esprit, et quand même il saurait... je suis bien sûre...

LA MARQUISE

Non, mon enfant. D'abord le duc est peut-être moins... gai, ou moins spirituel que Bonnard ; et puis ce n'est pas la même chose. — Toi, c'est ton âne qui t'a lancée, il n'y a pas eu de ta faute : tandis que moi... c'est moi qui ai lancé ma mule, et dans quelles circonstances !... Le dire ?... Non, non, jamais !... Tout est donc fini.

NINETTE

Avec le duc ?

LA MARQUISE

Avec le duc.

NINETTE

Alors, madame, pourquoi le couvent? Sauvez plutôt la vie à ce pauvre jeune homme qui meurt d'amour pour vous. Épousez le chevalier.

LA MARQLISE

Eh! ce n'est pas possible; le duc a ma promesse; à lui, lui seul, ma main si je me remarie... et il vient tout à l'heure chercher une décision. Je suis dans une impasse... et dans un trouble !... Vite, accommode-moi un peu, je dois être tout ébouriffée !

NINETTE

Pas trop. (*Elle prend dans le bonheur du jour un peigne et de la poudre.*)

LA MARQUISE

Donne-moi mon rouge; je suis verte, n'est-ce pas?

NINETTE

Non, madame, au contraire. (*Elle lui présente un miroir à main et rajuste la coiffure.*)

LA MARQUISE

Oh! c'est vrai... cramoisie. Donne-moi la houppette. Et puis, le chevalier ?... en supposant que je sois libre, je serais pour lui un pauvre sort. Les affaires du marquis étaient fort embrouillées; pas de testament, tu penses bien... Si tôt! un régime déplorable.

Si je perds le procès que sa gracieuse famille m'intente, mon propre même sera fort écorné.

NINETTE

Et madame va se réduire, pour une baliverne — sauf le respect que je dois — à son pain chercher!

LA MARQUISE

Pas tout à fait.

NINETTE

Ou à se faire nonne, à dix-huit ans! Mais c'est de la folie pure. Tandis qu'avec le duc, son immense fortune, ses relations, son influence, madame est assurée de gagner son procès. Épousez le duc, madame.

LA MARQUISE

Sans l'informer?...

NINETTE

La belle affaire!

LA MARQUISE

Je ne puis pas, Ninette.

NINETTE

Mais madame n'y pense pas. Pour refuser le duc, au point où sont les choses, il faut donner une raison. Renoncer au mariage?... le duc n'y croira pas; il cherchera; il n'ignore pas que le chevalier vous aime; la grande passion du petit cousin, c'est le secret de Polichinelle. Et son retour imprévu, sa visite subite, suivie tout à l'heure d'une seconde, vos hésitations, refus, etc... tout sera très louche... un des deux sera de trop; si le chevalier succombe — on dit le duc très fort — madame l'aura tué.

LA MARQUISE

Je ne veux pas, Ninette!...

NINETTE

Épousez donc le chevalier. S'il a peu de fortune, il héritera un jour; il sera baron, c'est quelque chose; ça vaut toujours mieux que le couvent.

LA MARQUISE

Ah! Ninette, quelle perplexité! Mais ôte-moi donc cette mule jonquille, qui détonne atrocement, et donne-moi la mauve. (*Elle tend son pied gauche pour que Ninette la chausse; le duc paraît sur la terrasse et s'arrête à l'entrée de la baie; Ninette, au moment de prendre la mule, aperçoit le duc.*)

NINETTE, *bas*

Oh! madame, trop tard.

LA MARQUISE

Quoi donc?

NINETTE

Monsieur le duc. (*La marquise se lève brusquement pour cacher la mule jaune; Ninette sort.*)

SCÈNE IV

LA MARQUISE, LE DUC, *habit mauve de même nuance que la robe de la marquise*

LE DUC, *s'avançant en souriant.*

Vous êtes bien mal gardée, marquise. Venu par la petite porte du parc, j'ai traversé le jardin d'un bout à l'autre... Personne! j'ai vu les portes ouvertes et j'entre comme un voleur; vous permettez de voler?

(*Il lui baise la main.*) Mais veuillez m'excuser ; je vous ai dérangée ; vous acheviez votre toilette. ou plutôt vous alliez, je crois, la... comment dire ?... la régulariser ?... Non, ce n'est pas cela. J'y suis : l'harmoniser — j'invente peut-être le mot, mais il rend ma pensée — l'harmoniser, dirai-je, par un changement de détail (*il prend la mule*), cette mule charmante, quoique malheureusement un peu tachée par l'herbe.

LA MARQUISE, *tressaillant, à part*

Par l'herbe ! (*Haut.*) Oui, en effet, une histoire incroyable... une maladresse insigne... Je vous conterai cela ; je l'ai perdue dans l'herbe, une herbe si épaisse que je ne la retrouvais pas... et Ninette venait de me la rapporter.

LE DUC

Ninette ? Voilà, marquise, le plus coquet petit mensonge !... Sur vos lèvres, madame, vous qui poussez jusqu'à l'extrême scrupule le culte de la franchise, cela me fait l'effet d'une mignonne chenille, délicate, verte, dorée, mais d'une chenille enfin posée sur une rose.

LA MARQUISE

Merci, duc, pour la chenille ; mais pourquoi doutez-vous ?...

LE DUC

Oh ! je ne doute pas... je sais.

LA MARQUISE, *à part*.

Il sait !...

LE DUC

Rien de plus simple : Hector, en apportant ce bouquet, a vu, venant ici, le chevalier, votre cousin, dont j'ai appris ainsi le retour ; « et, ajoutait Hector, auquel, vous le pensez, je ne demandais rien, monsieur le chevalier avait dans son costume un complément bizarre, une pantoufle, pardon, c'est ce maraud qui parle, une pantoufle mauve, à demi cachée là, dans le jabot ? »

LA MARQUISE

Quoi de plus naturel ? Mon cousin, revenu d'un voyage de deux ans, vient me faire visite ; il trouve cette mule sur son chemin... et l'apporte. Quoi d'étrange ?

LE DUC

Mais rien, marquise, rien. Aussi ce tout petit mystère était-il sans sujet. (*Jouant avec la mule.*) Ah ! que n'ai-je le droit de faire ici l'office de Mlle Ninette ! que ne m'est-il permis déjà de remplacer par celle-ci cette mule jonquille qui, dans votre toilette, si délicieusement calme, éclate comme un tam-tam dans une symphonie. (*Il pose la mule sur le meuble.*)

LA MARQUISE, *s'asseyant et invitant le duc à s'asseoir*

Vous êtes, monsieur le duc, en veine de métaphores.

LE DUC

Assez sottes, j'en conviens. Aussi ai-je grand'hâte d'arriver à l'objet sérieux de ma visite. C'est aujourd'hui, madame, que j'attends une réponse d'où mon bonheur dépend.

LA MARQUISE

Est-ce aujourd'hui ?

LE DUC

Sans doute ; n'est-ce donc pas aujourd'hui que finit

votre deuil... qu'il serait même fini, si je devais en croire cette pointe jonquille !

LA MARQUISE, *retirant vivement son pied gauche*

Ceci, duc, est pure méchanceté; ce malheureux jonquille, qui vous offusque tant, n'était là qu'en attendant le mauve, et j'allais reprendre, — l'ignorez-vous ? — quand vous avez paru, la couleur que vous préférez.

LE DUC

Que j'aime, marquise, ainsi que tout ce qui vous touche et qui vous sied si bien. Je le prouve par moi-même, heureux de porter vos couleurs, comme s'y croit autorisé votre futur époux.

LA MARQUISE

Futur conditionnel.

LE DUC

Futur conditionnel ?... Voilà qui est pour moi un peu grammatical ; n'est-ce pas une forme de futur... grecque, latine ou espagnole ? Excusez-moi, madame, je ne sais pas le grec. Oserai-je réclamer pour mon modeste savoir simplement du français !

LA MARQUISE

Mais... rien de plus clair, je crois. Futur époux, sans doute vous avez ma promesse, mais à une condition, c'est... que je me remarie.

LE DUC

Naturellement, marquise ; mais n'est-ce pas aujourd'hui que devait s'annoncer votre décision, et n'excuserez-vous pas ma très légitime impatience d'apprendre si vous êtes décidée ?

LA MARQUISE

A un nouvel hymen?... Si tôt?

LE DUC

Après deux ans! Pour qui vous aime, madame, et vous savez depuis quand, le temps a paru long.

LA MARQUISE

Il faut donc que la douleur l'abrège; mon malheur me semble d'hier: je vois toujours mon cher époux... et je ne puis vraiment, duc, prendre encore sur moi...

LE DUC

Voyons, voyons!... il faut pourtant se faire une raison. Le marquis certes était charmant; nul mieux que moi ne lui rend justice; ses mérites près de vous, quand nous étions rivaux, ne l'ont-ils pas emporté sur les miens? Mais enfin pour deux mois d'union, si tendre qu'elle fût, vous l'avez bien pleuré. Loin de moi la prétention d'effacer si tôt son souvenir, hélas! jamais peut-être. Mais un amour comme le mien, après une si longue épreuve, a bien quelque droit de réclamer que l'attente se termine au jour marqué par vous.

LA MARQUISE

Sans doute... mais exiger l'échéance à l'heure fixe...

LE DUC

Échéance, marquise, est sévère pour mon cœur. Oserai-je ajouter qu'il est surpris, peiné d'une hésitation inattendue... soudaine.

LA MARQUISE

Soudaine?... je ne vois pas...

LE DUC

Pardon, chère madame; n'avez-vous pas, depuis quelques mois, surtout, agréé des visites... fréquentes et bientôt quotidiennes, écouté des aveux, des protestations, accueilli des hommages qui ne s'acceptent d'ordinaire... je veux dire qui semblent ne devoir s'accepter que d'un futur... non conditionnel? Hier encore votre grâce habituelle ne me donnait-elle pas presque une certitude? Aujourd'hui même ces pauvres fleurs, messagères de fiançailles, n'ont-elles pas été reçues, gardées par vous, près de vous, encourageant ainsi celui qui vous les envoyait à l'espérance d'une réception tout aussi favorable?

LA MARQUISE

Eh! bien, monsieur le duc, en quoi mon accueil d'aujourd'hui?...

LE DUC

Oh! quelle différence!... ne serait-ce que « monsieur le duc »! Mais ce n'est rien, excusez ma franchise, le moment, je crois, en exige. Vous n'êtes plus vous-même; vous, d'humeur si égale, mélange ravissant d'une douce mélancolie, suite de votre veuvage, et de cet enjouement, charme de la jeunesse, qui est le fond de votre heureuse nature, je vous vois aujourd'hui, — à mon entrée un peu irrégulière peut-être, — surprise et comme troublée... Ma présence paraît vous gêner, vous déplaire; votre attitude me glace; votre esprit toujours si présent, votre pensée si nette, vos regards même, limpides comme ceux d'un enfant, sont... faut-il dire... ailleurs. Enfin...

LA MARQUISE

Enfin?... Achevez, je vous prie, cher duc, ce beau réquisitoire.

LE DUC

D'un mot. Il semblerait, marquise, que quelque chose... que sais-je?... une inquiétude, un événement subit... depuis une heure à peine, ait tout à coup changé les bonnes dispositions dont se flattait trop prématurément votre humble serviteur.

LA MARQUISE

Il reste à dire ce que vous supposez.

LE DUC

Moi!... supposer?... Oh! non; et si je ne fais qu'un mauvais rêve, il faut me pardonner. Que voulez-vous, madame... l'amour, à mon âge surtout — j'ai plus que le double du vôtre — s'émeut, s'effraye d'un rien, de l'ombre même d'un rien. Je ne suppose rien, je cherche, je m'étonne, je souffre... Voilà tout. Un mot de vous, un simple sourire... et tout sera dissipé.

SCÈNE V

LES MÊMES, LE CHEVALIER, *paraissant sur la terrasse, à gauche, en habit jonquille*

LA MARQUISE, *à part*

Ciel!... le chevalier.

LE DUC, *à part*

Le chevalier!... revenant si promptement, et dans un tel costume!... Allons, je sais à quoi m'en tenir.

Il s'avance gravement vers la marquise et la salue.

LE CHEVALIER, *s'avançant d'un air assuré, saluant la marquise et se tournant vers le duc*

Ce n'est pas moi, j'espère, monsieur le duc, qui cause votre départ?

LE DUC

Oh! chevalier, vous ne le pensez pas. Vous voyez, je prenais congé. Je devais d'ailleurs avoir bientôt l'heur de vous rencontrer. En quittant la marquise, je me proposais de me rendre chez vous. Sachant votre retour, j'étais impatient d'entendre le récit de vos prodigieuses aventures, de ces luttes héroïques contre les fauves de l'Inde, dont l'écho retentissant est venu jusqu'ici émerveiller nos chasseurs de lièvres. Il me tarde vraiment de connaître par vous-même de pareilles prouesses.

LE CHEVALIER

Prouesses que la distance a sûrement bien exagérées; mais je ne voudrais pas faire attendre un instant une curiosité si flatteuse pour moi. Des histoires de chasse intéresseraient peu la marquise ma cousine; elle me permettra de remettre pour vous, duc, ma visite de quelques moments; et, si vous le voulez bien, j'aurai l'honneur de vous accompagner.

LE DUC

C'est parfait; en chemin nous causerons. (*Il salue de nouveau la marquise.* — *Sur la terrasse, au chevalier.*) Ainsi, chevalier, c'est tout au fond des jungles, dans les ravins de l'Himalaya?... (*Ils disparaissent à droite.*)

SCÈNE VI

LA MARQUISE, seule, puis NINETTE

LA MARQUISE

Que vont-ils faire, mon Dieu?... (*Elle court à la sonnette.*) Je suis dans une angoisse!... (*Ninette paraît à gauche.*) Ah! Ninette, le duc avec le chevalier... sortis ensemble... ils vont se battre, j'en suis sûre.

NINETTE, *courant à la terrasse*

Ah! madame, par exemple!... Avant de se battre on se dispute... et ils s'en vont tranquilles comme une paire d'amis.

LA MARQUISE

Tu n'y connais rien ; regarde. Quel chemin prennent-ils?

NINETTE

Ils suivent l'allée qui longe le fossé de la vieille tour. Je ne les vois plus, ils sont derrière la corbeille de glaïeuls.

LA MARQUISE

Monte sur la balustrade.

NINETTE

Je les vois. Ils se saluent. Ils se séparent. Tiens!... ils jettent leur chapeau. Ah! ils tirent leur épée.

LA MARQUISE

Voilà!... voilà! Ninette, je meurs!... regarde bien.

NINETTE

Ils sont à quatre pas l'un de l'autre, le duc tournant

le dos à la tour, le chevalier en face de lui. Ils se saluent encore... ah! ils croisent l'épée...

LA MARQUISE

Voilà!... Ils vont se tuer... pour moi!... Pitié, Seigneur!

NINETTE

Ils s'attaquent... Ah! madame, que c'est beau... que c'est beau!

LA MARQUISE

Quoi?...

NINETTE

Le duc... magnifique... calme, la tête haute, l'épée brillant comme mille éclairs...

LA MARQUISE

Et le chevalier?...

NINETTE

Superbe... il bondit... c'est un lion.

LA MARQUISE

Et le duc?...

NINETTE

Il s'anime... il recule lentement; le chevalier le presse... Ah!... patapouf!

LA MARQUISE

Dieu!... morts?... tous les deux?...

NINETTE

Non, madame. Monsieur le duc, en rompant, est tombé dans le fossé; on ne le voit plus; le chevalier se précipite au bord, se couche sur le gazon, se penche, tend la main... et retire le duc... dans quel état, bon Dieu!... ruisselant, son bel habit tout couvert d'herbes d'eau...

LA MARQUISE

Et alors?...

NINETTE

Et alors... le duc rit comme un fou... ils se serrent la main... et... ils reviennent.

LA MARQUISE

Ici?

NINETTE

Ici.

LA MARQUISE

C'est inconcevable!... Ce pauvre duc!... (*Riant.*) Va vite préparer un cordial... Attends... remets-moi d'abord la mule mauve... bien; emporte la jonquille; hâte-toi. (*Ninette sort; la marquise s'installe sur sa chaise longue, laissant les mules très apparentes, prend un livre et affecte de lire attentivement.*)

SCÈNE VII

LA MARQUISE, LE CHEVALIER

LE CHEVALIER

Madame...

LA MARQUISE, *feignant la surprise.*

Ah! chevalier...

LE CHEVALIER

Monsieur le duc, madame, malgré l'état où il se trouve, vous fait demander par moi de vouloir bien le recevoir.

LA MARQUISE

L'état?... Vous m'effrayez...

LE CHEVALIER
La suite d'une chute.

LA MARQUISE
Grave? (*Elle cache son envie de rire derrière son éventail.*)

LE CHEVALIER
Oh! nullement... dans l'eau; c'est sa toilette qui a souffert; il s'égoutte au soleil.

LA MARQUISE
Ah! qu'il vienne... qu'il entre. (*A part.*) Du sérieux; j'ai peur d'éclater. (*Le chevalier est retourné sur la terrasse; le duc y paraît, tête nue, couvert de nénuphars.*)

SCÈNE VIII

LA MARQUISE, LE CHEVALIER, LE DUC

LE DUC, *de la terrasse*
C'est un triton qui se présente, marquise, mais de loin; il changerait votre salon en lac.

LA MARQUISE
Eh! qu'importe... entrez vite... la chambre du marquis est là... des vêtements... il était de votre taille. (*Ninette entre avec un plateau.*) Un cordial.

LE DUC
Inutile, madame; un bain par cette chaleur est un très sain rafraîchissement; ma voiture m'attend à la petite porte du parc; en dix minutes je serai chez moi. Mais avant de rentrer je tenais à vous dire moi-même et sans retard, ce que je dois à monsieur le

chevalier, votre parent. Tombé par... maladresse dans vos fossés... ils sont profonds... je m'empêtrais de nymphœas, et, seul, j'y serais assurément resté. Il m'a sauvé la vie.

LE CHEVALIER

Monsieur le duc!...

LE DUC

Plutôt deux fois qu'une; et quant à cette chute... ridicule, elle me vaut le bonheur... bien grand, quoiqu'il me désespère, de revoir sur vos lèvres ce sourire délicieux que j'en avais fait fuir.

LA MARQUISE, *se contenant*

Oh! duc, qui vous fait croire?...

LE DUC

Rien... qu'une réflexion sage; une douche est un calmant. On pense beaucoup quand on se noie; et j'ai compris... dans l'eau, ce que j'aurais sans doute dû comprendre avant aujourd'hui : que l'amour, à mon âge, est peut-être une folie, et qu'un cœur aussi jeune que le vôtre, chère marquise, est bien jeune pour le mien. Et puis... faut-il tout dire?... j'ai craint, toujours dans l'eau, qu'en quelques points nos goûts ne fussent différents : les couleurs, par exemple; je me suis souvenu qu'avant votre veuvage vous aimiez le jonquille... et vous aviez raison, rien ne vous convient mieux, mais je ne le souffre point. Ne prenez pas cela pour votre habit, chevalier; il vous sied à ravir; mais le proverbe est là : des goûts et des couleurs...

LA MARQUISE

Fort bien, monsieur le duc ; c'est une retraite en forme ; mais ce n'est pas moi qui me dédis.

LE DUC

Vous, madame, vous dédire !... vous n'en sauriez avoir seulement l'intention. Dans votre loyauté, si vous ne m'épousiez point, vous vous croiriez obligée de rester veuve. Ce serait trop dommage ; et c'est pourquoi, marquise, devant le chevalier, représentant ici votre famille, je déclare hautement ne reprendre ma liberté, quelque douleur que j'en éprouve, que pour laisser la vôtre entière. Vous me pardonnerez, je l'espère, en me comprenant.

LA MARQUISE, *lui tendant la main*

Cela est déjà fait.

LE DUC, *lui baisant la main*

Permettez que je me retire ; je commence à sentir un peu de froid. (*Au chevalier.*) A bientôt, chevalier ; vous me devez la suite de vos chasses. (*Il remonte ; Ninette paraît sur la terrasse, le chapeau du duc à la main.*)

NINETTE

Le chapeau de monsieur le duc.

LE DUC

Merci, ma belle enfant. (*Il salue, va pour sortir, et revient.*) Ah ! j'oubliais, marquise... une bonne nouvelle, que j'apportais tantôt ; votre procès est terminé ; j'avais pu faire quelques démarches, et la partie adverse, mieux inspirée, renonce.

LA MARQUISE

Vous êtes généreux, duc; soyez-le plus encore :
En cessant d'être pour moi le... le...

LE DUC

Futur conditionnel...

LA MARQUISE

Ne me faites pas perdre l'ami.

LE DUC

Ah ! madame, j'y perdrais trop. (*Il sort.*)

SCÈNE IX

LA MARQUISE, LE CHEVALIER, NINETTE, *à qui la marquise a fait signe de rester*

LA MARQUISE

Bien de l'esprit, le duc.

LE CHEVALIER

Singulièrement piquant; on ne sait, à l'entendre, s'il faut rire ou se fâcher.

LA MARQUISE

Ni se fâcher ni rire; prendre, comme je le prends, un congé très original et noblement donné. De quelle belle façon, de quelle haute mine le duc a su se tirer d'une grotesque aventure sans rien prendre de sa dignité, bien plus, en y trouvant comme une grâce de plus !

LE CHEVALIER

L'admirez-vous, madame?... Cette retraite soudaine, décidée par lui seul, pour des motifs...

étranges, ne vous a-t-elle vraiment ni surprise ni blessée ?

LA MARQUISE

Le plus étrange, mon cher cousin, serait que vous en fussiez plus choqué, plus aux regrets que moi-même.

LE CHEVALIER

Cependant ses raisons... cette raison... jonquille !

LA MARQUISE

C'est là le mystère qui vous chiffonne ? De quoi vous plaignez-vous ? Le duc, bien que n'aimant pas cette... nuance, ne vous a-t-il pas très galamment complimenté sur votre habit ? Ses raisons, j'en conviens, ne sont que des prétextes, il les prend où il peut, mais elles s'expliquent facilement. J'avais pour lui et j'ai toujours beaucoup d'estime et d'amitié, mais je ne m'habituais pas sans peine à l'idée d'être à lui. Il s'en est aperçu. L'amour, de son côté, était tout à fait raisonnable; l'amour s'est raisonné; et, vous le voyez, chevalier, ses raisons, quoi qu'elles valent, ont en somme raison.

Mais laissons là le duc, et parlons de vous, cousin. (*Avec une froideur affectée.*) Êtes-vous résolu, sérieusement, à... partir... et cette visite cérémonieuse est-elle une visite d'adieu ?

LE CHEVALIER

Vous demandez, madame ?... Hélas !... la question seule me le prouve !... Combien était vaine, insensée, cette lueur d'espoir que, sur un mot de vague pitié, j'emportais d'auprès de vous. Ah ! que ne me laissiezvous partir!... Vous revoir... ce cruel, cet inutile supplice... vous l'avez exigé!

LA MARQUISE

Mais sans doute; entre amis d'enfance, entre parents comme nous, des adieux si... brusqués étaient inacceptables. Et puis... vous m'aviez dit des choses... fort touchantes. Je n'y pouvais répondre; mais je n'étais pas pourtant sans avoir, moi aussi, quelque chose à vous dire.

LE CHEVALIER

Quelque chose?...

LA MARQUISE

Oui, naturellement, ne fût-ce qu'un conseil.

LE CHEVALIER

Un conseil!...

LA MARQUISE

D'affection. Pouvais-je, moi, une cousine, vous voir désespéré, parlant de départ... éternel, enfin paraissant prêt à quelque dessein funeste... sans exprimer là-dessus, disons mon sentiment?...

LE CHEVALIER

Et ce... sentiment?

LA MARQUISE

Ah! voilà. J'ignore encore quel il doit être, car il dépend de vous.

LE CHEVALIER

De moi?

LA MARQUISE

De votre franchise. Voyons, foi de chevalier!... là-bas, derrière la haie, dans l'herbe, dormiez-vous réellement?

LE CHEVALIER

Si je dormais, madame?... Tellement que je rêvais de vous et vous voyais comme je vous vois.

LA MARQUISE

Fort bien. Et après que... la mule... dans sa chute, vous eut tiré de ce sommeil, cette femme qui fuyait?... vous ne l'avez qu'entrevue; assez pourtant, je pense, pour distinguer la couleur de sa robe? Était-elle mauve ou grise?

LE CHEVALIER, *regardant la robe de la marquise et celle de Ninette, qui est gris fer*

Grise, je crois, madame.

LA MARQUISE

Vous croyez?

LE CHEVALIER

Oui, oui, grise.

LA MARQUISE

A la bonne heure. (*Elle parle à l'oreille de Ninette, qui entre dans la chambre et en ressort presque aussitôt, avec les mules jonquilles.*) Tantôt, mon cher Henri, vous m'avez rapporté une mule... une mule mauve, ancienne mule à moi, maintenant à Ninette. Mais erreur n'est pas compte; l'intention y était, et je vous dois un gage de ma reconnaissance. (*Elle prend des mains de Ninette une des mules jonquille.*) Prenez celle-ci; ne l'emportez pas dans un trop long voyage; mon sentiment est que... vous reveniez bientôt; bientôt je porterai du jonquille, vous me rendrez cette mule dans trois mois.

LE CHEVALIER, *tombant aux genoux de la marquise*

Ah! Mathilde...

NINETTE, *à part*

Voilà ce qui peut s'appeler s'en tirer en conscience. Il n'y a que moi de compromise, mais Bonnard n'a rien à y voir. (*Étendant les mains et la seconde mule au-dessus des fiancés, dans un geste de bénédiction.*) Enfants, soyez unis.

(*Rideau.*)

LA SORCIÈRE

ARGUMENT

1304... le quatorzième siècle naît et s'avance dans l'inquiétude. On sort à peine d'une rude guerre contre les hommes du Nord, les Flamands si puissants alors, guerre toujours menaçante, et l'on n'est pas sans crainte du côté de l'Anglais, allié secret de tous nos ennemis, en attendant qu'il en soit le chef. Un malaise général pèse sur le pays, malaise matériel et moral. Les campagnes écrasées de maltôtes, « d'impôts excessifs, arbitraires, » se désertent pour les villes où la fièvre du luxe entraîne la soif de l'or. Il faut de l'or à tout prix : on le demande à l'or lui-même, au métal trébuchant, à la monnaie que l'on altère. Et quand l'or est trop déprécié pour qu'on en puisse tirer de lui-même, on rêve d'en faire, d'en créer; c'est le règne de l'Alchimie, de ses essais, qui servent la science, mais, avant de former des chimistes, qui mènent les « souffleurs » à la misère, à la folie.

Et le rêve n'est pas que là; dans la souffrance publique il se change en cauchemar, en toutes les chimères qui se nommeront plus tard socialisme... anarchie!... Le trouble s'étend aux croyances. Non pas que, dans le fond de la nation, la foi soit diminuée; elle montre sa grandeur en 1300, à Rome où le pape Boniface VIII convoque les fidèles. « A cette première célébration du jubilé séculaire chrétien, l'affluence fut immense; les plus modérés historiens disent qu'il n'y eut jamais moins de cent mille pélerins à Rome ; d'autres élèvent ce nombre à deux cent mille, et la poésie contemporaine (1) a célébré, comme l'histoire, ce pieux concours des chrétiens de toute nation, de toute langue et du même âge autour du tombeau de leurs pères dans la foi. » (Guizot, *Hist. de France*, t. I, p. 550.)

Mais depuis vingt ans déjà notre gouvernement était en lutte avec l'Eglise : « Dès son avènement il témoignait le dessein de restreindre ses privilèges et son pouvoir... » « Il avait élevé notablement la quote-part de leur revenu qu'avaient à payer les biens immeubles acquis par l'Eglise et dits *biens de mainmorte*... » il s'appliquait à substituer les laïques aux clercs... ; en somme c'était la lutte, non pas nouvelle ni passagère, du Temporel contre le Spirituel ; mais lutte, à ce moment, aigrie, envenimée et rendue implacable par l'esprit des deux adversaires, souverains absolus aussi passionnés, aussi entiers l'un que l'autre.

Les choses en viennent au pire : Boniface VIII excommunie le roi ; le pape est insulté, frappé même, dit-on, par les agents de Philippe le Bel... Nous ne jugeons pas ici de quelle part sont les plus grands torts ; nous constatons seulement le trouble où le conflit jette les âmes.

Le sentiment public, du moins pour le grand nombre, inclinait vers le roi ; c'était condamner le pape. La foule est simpliste, logique ; elle confond aisément le ministre et la doctrine ; le respect se perdant, l'autorité manquait. Le doute envahissait les esprits faibles ou faux ; on ne peut servir deux maîtres : qui n'est pas à Dieu est au diable, disait la scolastique ; il faut un culte pourtant ; ceux qui souffrent surtout ne peuvent pas s'en passer ; et comme la philosophie, moins avancée que de nos jours, n'offrait pas de terme moyen, trop de bonnes gens se

---

(1) Pétrarque, sonnet XIV.

donnaient au diable. C'est en lui qu'on plaçait l'espoir qu'on n'avait plus ailleurs ; à lui qu'on demandait, et sur l'heure, les biens de ce bas monde en échange de ceux de l'autre, incertains ou trop hauts.

On courait au sorcier, on le devenait soi-même. Ce n'était pas nouveau, les sorciers sont de tous les temps ; mais on peut dire que le quatorzième siècle est le grand règne de la sorcellerie

Règne sinistre, drame navrant, dont il faut suivre au vrai le mystère douloureux non dans les romans ou les thèses soi-disant historiques, mais dans les documents, les procès de l'époque, aveux et jugements. Lutte de deux fanatismes, montrant qu'en toute cause, même celle du bien, le fanatisme entraîne au crime : l'un, fanatisme des sorciers, des sorcières et de leurs adeptes ; gens de tout état, même des hautes classes, rarement mauvais de nature, la plupart, au contraire, ivres d'humaine charité, séduits par l'idéal d'un terrestre bonheur pour tous. Mais, une fois pris par le malin, inconscients, aveuglés, lui sacrifiant tout depuis l'honneur, bravant lois et supplices, et consentant, au moins d'esprit, dans leurs fêtes sabbatiques — le plus souvent imaginaires, — aux actes les plus pervers, jusqu'aux plus monstrueux. Éveillés, ils se font horreur ; ils tremblent devant l'OEuvre ; et le peuple, dont ils veulent le bien, les craint et les maudit.

Plus odieux encore, car il part de plus haut, est le fanatisme de leurs juges. — Quels sont ces juges ? — **Mais les** meilleurs ; savants juristes, docteurs des quatre Facultés, lumières de l'Université, les intellectuels de l'époque. Voici devant eux, maîtres ou adeptes, les accusés de sorcellerie. Que va rechercher le juge ? Les réunions cyniques, les pratiques scandaleuses, les fautes ou crimes de droit commun ? Sans doute ; et s'il se contentait d'en connaître et de les réprimer, il ne ferait que son devoir. Mais dans les prévenus il voit tout autre chose que des coupables ordinaires; pour lui ce sont des « possédés », des malheureux qu'il plaint, des victimes du démon, des âmes esclaves qu'il faut sauver.

Sauver les âmes!... quoi de plus beau? C'est même le premier, le plus sacré des devoirs. Mais si ces gens sont possédés, — et en dehors des détraqués, des malades, des fous, des « suggestionnés », comme on dit aujourd'hui, on peut croire que vraiment quelques-uns devaient l'être—, chasser d'eux le démon, c'est œuvre d'exorciste; au prêtre seul, par ses prières, la mission et le pouvoir de délivrer les âmes.

Le juge veut bien qu'on exorcise, mais il préside à l'exorcisme; il faut à sa conscience l'aveu du possédé, la preuve du pacte avec le diable. Or l'accusé se tait ou nie; évidemment c'est le démon qui l'empêche de parler, et le juge entame lui-même la lutte. Comment? par la torture. C'est cruel, il en souffre, il est homme comme l'autre, mais c'est pour le bien du patient. Enfin, sincère ou non, par remords ou par force, l'aveu échappe!... le juge triomphe; la preuve du pacte est faite, l'accusé est coupable du crime de sorcellerie. Quelle peine? La loi est formelle, c'est le bûcher. toujours pour le bien du coupable; la flamme, supplice affreux sans doute, mais supplice d'un moment, peut seule, en purifiant le corps, sauver l'âme des feux éternels!

Et le bûcher s'allume; le prêtre prie et pleure, en montrant aux victimes le Dieu de miséricorde; les juges, émus, ont la conscience tranquille... sorciers, sorcières gagnent le ciel... Certes!... ils en ont fait des martyrs; et autour du bûcher le peuple, il faut le dire, celui qui danse autour de tous les échafauds, le peuple approuve les juges.

Tel est le milieu, le nuage plein de foudre, qui enveloppe notre *Sorcière*. Mais qu'on se rassure, le tableau, comme une idylle sous le tonnerre, est bien moins sombre que son cadre et s'éclaire bientôt d'une aurore. — Nous sommes au Pré aux Clercs, en face du vieux Louvre. Trois personnages typiques du temps :

La Marianne, sorcière de métier, quoique non de magie noire, jeune encore, à peine trente ans, et déjà une désespérée. Seule dans un monde qu'elle prend en haine pour l'avoir trop aimé, sans devoirs, sans croyance, même dans la sorcellerie, dont elle n'attend plus rien pour les autres ni pour elle, sinon l'horrible fin dont les édits la menacent, elle aspire au néant et, quand l'action commence, elle va quitter la vie en se jetant à la Seine. Empêchée un moment par Daniel et Berthe, qui surviennent tour à tour, elle reviendra quand la grève sera déserte.

Daniel, un étudiant, sans fortune, sans soutiens, mais hardi, ambitieux, peu gêné de scrupules, ayant la fièvre de son temps — la fièvre d'or — et, à l'âge d'être jeune, hanté comme un vieillard du démon de l'Alchimie, qui le dévorera comme tant d'autres.

Berthe, jeune bachelette; orpheline, recueillie — le diable sait pourquoi — par la vieille mère Urbain, qui n'a rien d'une mère; seize ans, jolie, encore naïve; mais déjà troublée de trop de beaux rêves; proie assurée du premier page de cour.

Trois êtres qui, séparés, seraient certainement perdus.

Mais le hasard qui les rapproche — ici c'est bien la Providence — les pousse bientôt à se réunir; ils renoncent à leurs chimères: ensemble pour vivre et lutter, ils formeront une famille... et l'union sera pour eux le salut, comme elle peut l'être et le serait pour tous, même en tout autre temps que le quatorzième siècle.

LA SORCIÈRE

IDYLLE SOUS L'ORAGE

PERSONNAGES

LA MARIONNE, sorcière, trente ans
DANIEL, étudiant, vingt ans
BERTHE, bachelette, seize ans

Au Pré-aux-Clercs, en 1304

Une prairie, semée de bouquets de bois, sur la rive gauche de la Seine, en face du Vieux Louvre ; à droite et à gauche, des arbres ; au fond, Paris, éclairé par le soleil couchant.

SCÈNE PREMIÈRE

LA MARIONNE

Parée de la robe verte des sorcières et d'ornements bizarres, la Marionne, debout à droite, sous un chêne, regarde fixement le fleuve.

Qu'il est beau le couchant de mon dernier soleil!...
Jamais de plus de feux ne s'embrasa la grève!
Dans la pourpre et dans l'or j'achèverai ce rêve
Qui fut ma triste vie, et, dans un lit vermeil,
Enfin je dormirai... de l'éternel sommeil.
Un pas et tout est dit.

(*Elle fait un pas vers le fleuve et s'arrête.*)

Je frissonne... je pleure !...

Elle se cache la figure dans les mains, puis tressaille comme si elle entendait une voix :

« — Allons, la Marionne, il est temps ! »

(*Elle marche au hasard, comme pour fuir la voix.*)

Tout à l'heure.

— « Va ! » — J'attends que le bord soit désert. —

« Il est temps.

Regarde. »

(*Elle regarde vers le fond à droite.*)

Beaux seigneurs, aux rires éclatants,
Bons bourgeois, promenant leurs joyeuses familles,
Jeunes gens, deux à deux errant sous les charmilles,
Tous, jusqu'au moissonneur et jusqu'au mendiant,
Tout s'éloigne... au logis tous rentrent souriant,
Ils n'y seront pas seuls !... mais toi ?... toi, la sorcière,
Seule au foyer maudit... seule !... ou, dans la clairière !...
Aujourd'hui l'épouvante et demain le bûcher !...
Ah ! mieux vaut le néant... et je vais le chercher.

Elle s'avance d'un pas lent mais ferme vers la gauche. Au dehors, à droite, chœur des étudiants.

LE CHOEUR

Amis, les causes premières
Offrant quelque obscurité,
En attendant des lumières,
Clercs de l'Université,
Etudions la Nature
Dans ce qu'elle a fait de mieux
Et repassons Épicure
Entre un verre et deux beaux yeux.

LA MARIONNE

Elle s'est arrêtée pour écouter, et, revenant lentement

sur ses pas, elle se laisse tomber sur un banc, à droite.
O jeunesse, espérance, amour !... Ainsi moi-même
Vers tout ce qu'on espère et vers tout ce qu'on aime
Dans la vie, où j'entrais, j'allais les bras ouverts
Et dans mon cœur d'enfant j'embrassais l'univers !
Je rêvais le bonheur rayonnant sur le monde...
Et que voyais-je ?... en bas la misère profonde,
En haut la force injuste et le vice insolent...
Ah ! qui pouvait contre eux m'armer d'un fouet sanglant,
Qui pouvait me donner la suprême puissance ?...
Rien !... nous ne pouvions rien... que souffrir en silence !
Alors quelqu'un m'a dit : « Si tu veux ce pouvoir,
Il existe... » Et j'appris tout ce qu'il faut savoir ;
Qu'importait que pour moi la tâche fût amère.
Je souffrais pour sauver ceux qui souffrent... Chimère !
Si quelque malheureux venait à moi la nuit,
Le jour, on me fuyait ! « Cette femme qu'on fuit,
Disent alors les grands, c'est donc une sorcière ? »
Et quand ce mot est dit, ah ! notre heure dernière
N'est pas loin... c'est la meute ardente... au fond des bois,
C'est la mort, pauvre bête !...

     (***Elle se lève.***)
       Et voici les abois...
Je tombe !... et ce pouvoir, que je croyais suprême,
N'est pas même assez fort pour me sauver moi-même !
 Désespérée, hier j'ai vu le vieux devin,
Et j'ai dit : « Tu mentais... et ton savoir est vain. »
Et lui s'est mis à rire et m'a dit : « Pauvre fille,
La moisson n'est pas mûre !... aiguise ta faucille,
Patiente ! Aujourd'hui tu sais ce que je sais,
Et tu trouves, pour toi, que ce n'est pas assez,

Je voudrais mieux aussi, moi, si j'avais ton âge;
Et si tu veux, ma fille, en savoir davantage,
Ce que je n'ai pas fait, ce que je n'ose pas,
Ose-le; cette nuit, dans la forêt, là-bas,
Vas appeler Celui!... tu sais comme on l'appelle;
Va! c'est le roi du monde, et, brave, jeune, belle,
Quand tu sauras de lui le mot que j'ignorai,
Tu seras reine; va... si tu l'oses... — « J'irai! »
   Et j'étais à minuit seule dans la clairière,
Tremblante... à mon insu murmurant ma prière,
Et lorsque j'ai voulu l'appeler, le voir... Lui!...
Ma langue s'est glacée... et, mourante, j'ai fui.
Je n'oserai jamais!... Et quand j'oserais même?...
Ceux qui bravent pour lui l'éternel anathème
Pour leur âme vendue ont-ils ce que je veux?
Dérision!... hier on en a brûlé deux!...
Menteurs ou fous, c'est eux qui m'ont volé mon âme;
S'ils savaient ce qu'ils font... ce serait trop infâme...
L'espérance, la foi... c'est eux qui m'ont tout pris!
Il ne me reste plus qu'un immense mépris...
Et que dis-je... mépris?... qu'une effroyable haine!...
Et si vraiment du mal la sorcière était reine,
Si je pouvais d'un mot, dans l'abîme où je vais,
Entraîner cette ville et ce monde mauvais...
Je!... dirais-je ce mot? Non! j'aimais trop ce monde;
Je ne puis le haïr... La paix, la paix profonde,
C'est tout ce que je veux... et, s'il existe au ciel
Un Dieu... qu'il me pardonne! Allons!
   (*Elle va vers la gauche et s'arrête en voyant Daniel, qui entre en lisant.*)

                                          Ah! Daniel.

SCÈNE II

LA MARIONNE, DANIEL

DANIEL, *levant les yeux*
C'est toi, la Marionne... eh! te voilà parée!...
Couronne de verveine et ceinture dorée,
Robe à queue!... on dirait que tu vas à la cour...
  (*Lui prenant la main, la regardant en face et baissant la voix.*)
C'est-à-dire au Sabbat! Songes-tu qu'il fait jour?
Jusqu'à la nuit au moins rentre dans ta demeure;
Te montrer sur la grève en sorcière à cette heure...
Il faut que tu sois folle! On ne t'a donc pas dit
Quelles sont les rigueurs du nouvel interdit?
Ne sais-tu pas qu'hier, là, devant cette porte,
Place Saint-Honoré, le bûcher!...

LA MARIONNE

Que m'importe?
Je pars.

DANIEL
  Tu vas loin.

LA MARIONNE
  Oui.

DANIEL
  Tu reviendras?

LA MARIONNE
      Jamais.

DANIEL
Pour toi, j'en suis heureux; mais pour moi... Je t'aimais,

Marionne, non pas pour ta sorcellerie ;
La science la juge et veut que l'on s'en rie,
Et sans être bien vieux, j'aurai demain vingt ans.
Je ne suis plus naïf... je suis trop de mon temps ;
Mais j'aimais raisonner avec toi ; toute cause
Admet deux avocats et, sur plus d'une chose,
Il est bon de savoir ce que le diable croit ;
Aussi chez toi ce soir j'avais couru tout droit,
Voulant te consulter sur un point... diabolique :
Tu vois ce manuscrit ; c'est un livre alchimique ;
Ne souris pas ; ce livre est un rare trésor !
Je poursuis, tu le sais, l'art de faire de l'or ;
L'or aujourd'hui c'est tout ! J'ai creusé les formules,
Mais toutes, jusqu'ici, chimères ridicules !...
J'ai maintenant la vraie... et déjà l'or reluit !
Tout est clair, évident, sûr !... et, dès cette nuit,
J'allumais mon fourneau... si, d'après Jean Couleuvre,
Le Maître, il ne fallait entourer le Grand-Œuvre,
Que je comprends très bien, de pratiques, morbleu !...
Qui sentent le fagot... et que je comprends peu.
Donne-moi sur ce point ton sentiment sincère,
Et, si la diablerie est, pour toi, nécessaire,
Soyons deux ; charge-toi des coqs et des chaudrons,
Moi, je ferai le reste... et nous partagerons.

LA MARIONNE

Ton offre est d'un bon cœur et, quoique intéressée,
Elle me touche ; aussi, Daniel, ma pensée...
Tu l'auras tout entière ; avant que de partir
Je voudrais te sauver, ou du moins t'avertir.

Enfant, je t'aime aussi ; tu sais que ta famille
Était presque la mienne et que, petite fille,

Ta mère te manquant, je t'ai souvent bercé;
Crois-moi donc, Daniel, ton rêve est insensé;
Tu te dis de ton siècle, et c'est vrai; froid et sombre,
Avec ce temps troublé tu t'égares dans l'ombre;
Souviens-toi de ton père et compare : à vingt ans
Laboureur et bornant ses désirs à ses champs,
Comme le roi Louis partait pour la croisade,
Il part; revient blesssé; reste affaibli, malade,
Et lentement s'éteint sans se plaindre un instant;
Il avait fait sa tâche et s'endormait content.
Et toi? Quand les Flamands franchisssaient la frontière,
Quand l'effroi, l'an passé, gagnait la France entière,
On cherchait des soldats, tu pouvais t'engager...
Penché sur tes fourneaux, qu'importait l'étranger!...
Tu rêvais à ton or, et vos creusets funestes
De vos cœurs, jeunes gens, dévoreront les restes!
Prends-y garde!... meilleur que la plupart d'entre eux,
Tu tomberais plus bas!... arrête, malheureux!...
Sur un rêve, à vingt ans, tu vieillis, tu t'isoles,
Et tu ne dis pas que ces œuvres sont folles,
Tellement... — à cela tu n'as pas réfléchi,
Qu'il n'est pas un souffleur qui se soit enrichi!

DANIEL

Ah! c'est qu'ils n'avaient pas, comme moi, la Formule,
Ou c'est qu'il leur restait une crainte, un scrupule;
Mais... — il me faut de l'or... ou que je sois maudit!

LA MARIONNE

Me dirais-tu pourquoi?

DANIEL

     Je te l'ai déjà dit :
La richesse aujourd'hui c'est la seule puissance.

LA MARIONNE

Mais ton ambition a quelque but, je pense ?

DANIEL

Sans doute ! mais si haut, qu'au moins jusqu'au succès
Nul ne le connaîtra.

LA MARIONNE

Si je le connaissais ?

DANIEL

Toi, sorcière ?... — Impossible !

LA MARIONNE

Eh ! bien, esprit rebelle,
Ton but... c'est une femme.

DANIEL

Et son nom ?

LA MARIONNE

Ysabelle.

DANIEL, *tressaillant, mais cachant son étonnement*

Il est tout naturel que l'on aime à vingt ans,
Et le nom d'Ysabelle est si peu rare...

LA MARIONNE

Attends.

Rue aux Ours, à côté du cloître Saint-Lazare,
Demeure maître Herbert, gros marchand, très avare,
Mais très riche ; à Paris venu l'on ne sait d'où,
Il a fait sa fortune en mettant sou sur sou,
Et maintenant, dit-on, il prête au roi lui-même.
Ysabelle, sa fille...

DANIEL, *vivement*

Est charmante !... et je l'aime.

LA MARIONNE

Et très discrètement ; le père ne sait rien,
La fille ignore tout ; l'aimerais-tu sans bien ?...

N'approfondissons pas, et revenons au père ;
Maître Herbert sur son or se ronge et s'exaspère,
Il en veut beaucoup plus, et, pour le contempler,
Comme toi, de son mieux, il s'est mis à souffler...
Mais en vain ; — encore un ! — Tu t'es dit : « Je possède
La Formule !... qu'Herbert obtienne par mon aide
Ce qu'il cherche, et de lui je puis tout obtenir. »
— Voilà bien le présent?

DANIEL

Oui.

LA MARIONNE

Voici l'avenir :
Ton livre t'a bien dit comment l'œuvre s'opère,
Mais, avant d'opérer sous les yeux d'un beau-père...
Futur... il est prudent d'essayer tout seul; or,
Les essais sont très chers, et, pour faire de l'or,
Il faut d'abord de l'or; ne parlons pas du reste.
Le bien que t'a laissé ton père est fort modeste,
Et, déjà très réduit, tu l'absorbes bientôt ;
Mais tu poursuis ton œuvre, et l'argent qu'il te faut,
Tu l'empruntes ; cent fois l'œuvre se recommence ;
En proie aux usuriers, en proie à la démence,
Tu vas toujours ! Enfin, trop tard, tu brises tout,
A moins, comme on l'a vu, que n'allant jusqu'au bout,
Tu ne tombes un jour dans la honte... ou le crime !

DANIEL

*Il s'est laissé aller, découragé, sur le banc, à droite;
aux derniers mots de la Marionne, il jette son livre et se
lève brusquement.*
Ah ! tais-toi !... Faut-il donc que ce destin m'opprime,
Y suis-je condamné ?

LA MARIONNE
Si tu t'arrêtes... non.
Mais il est temps.

DANIEL
C'est bien. J'ai chassé le démon !
Mais, hélas !... avec lui tout pour jamais s'envole.

LA MARIONNE
Pourquoi ?

DANIEL
Mon espérance à présent serait folle ;
Ysabelle ?...

LA MARIONNE
Qui sait ?

DANIEL
Comment ?...

LA MARIONNE
En t'arrêtant
Tu laisses ton ciel libre, et l'astre qui t'attend
Tu peux le choisir.

DANIEL
Parle !

LA MARIONNE
Eh ! croit-on les Sorcières ?

DANIEL
Du passé dans mon cœur en touchant les poussières
Tu les as fait revivre et tu m'as transformé ;
Tu m'as dit le présent, dans ce cœur enfermé ;
Dis-moi donc l'avenir qu'il se peut que j'espère,
Et ce que tu diras, je jure de le faire.

LA MARIONNE
Ton étoile se lève...

(*Elle lui fait signe d'écouter.*)
Et le destin répond.

LE CHOEUR, *au dehors*

Amis, l'avenir encore
Offrant quelque obscurité,
En attendant son aurore,
Clercs de l'Université,
Étudions la nature
Dans ce qu'elle a fait de mieux,
Et repassons Epicure
Entre un verre et deux beaux yeux.

LA MARIONNE

Comprends-tu, Daniel? Jeune, sois ce qu'ils sont!
Mais prends garde! Sois jeune, et pourtant sois fidèle;
Et si, pendant un an, tu restes épris d'elle...
Mais d'elle seule...

DANIEL

Après?...

LA MARIONNE

Ysabelle à son tour
T'aime...

DANIEL

Elle!...

LA MARIONNE

Et maître Herbert couronne votre amour.

DANIEL

Est-ce possible!... Après?

LA MARIONNE

Mais c'est assez, j'espère.

DANIEL

Maître Herbert pour épouse, Ysabelle pour père.:.
Non... c'est-à-dire... enfin, pour un bonheur pareil
Que faut-il faire encore?... apporter le Soleil

A ses pieds !.. quels travaux géants !... quels sortilèges ?

LA MARIONNE

Rien !... qu'aller tous les jours dans les quatre collèges.

DANIEL

Dans les sept !

LA MARIONNE

Si tu veux, tâcher d'être un savant...

DANIEL

Je serai le premier de mon époque, avant...
Roger Bacon, Guillaume, Abélard... Raymond Lulle !

LA MARIONNE

Oui ! mais ne pas rêver, comme lui, de Formule.

DANIEL

Je briserai creusets, alambics, matras... tout !

LA MARIONNE

C'est tout ! Mais le grand point c'est d'être jusqu'au bout
Fidèle à ton amour. Un an !

DANIEL

Mais dix, vingt, trente !
Trente ?... ah ! ce serait long !

LA MARIONNE

Un ! Le sort s'en contente.

DANIEL

C'est trop facile.

LA MARIONNE

Eh ! eh !... qui sait ?

DANIEL

J'en fais serment !

LA MARIONNE

Bien, Daniel. Adieu.

DANIEL

Tu pars, décidément?

LA MARIONNE

Il le faut.

DANIEL

Cette nuit?

LA MARIONNE

Oui.

DANIEL

Seule?

LA MARIONNE

Oui.

DANIEL

La campagne...
Pleine de ces traînards!... pardieu, je t'accompagne,
Au moins jusqu'au jour.

LA MARIONNE

Non! ça ne se peut; merci.

DANIEL

J'éprouve un grand chagrin à te quitter ainsi,
Et pour toujours! Reviens!

LA MARIONNE

Tout le cœur de son père!
Adieu, mon fils.

DANIEL

Non pas!... Au revoir, mère.

Il l'embrasse et sort rapidement à droite, laissant le livre sur le banc.

SCÈNE III

LA MARIONNE

LA MARIONNE

Mère!...
C'est la première fois qu'on me donne ce nom!
Si j'avais des enfants irais-je... où je vais? Non!
J'aurais vécu pour eux; mais revoir ma demeure...
Vide!... Il faut en finir! Au moins ma dernière heure
Aura fait quelque bien. Daniel?... je ne sais
Si ses désirs jamais doivent être exaucés.
Mais un an... c'est bien long!... et dans un an, j'espère,
Il sera devenu tout ce qu'était son père,
Un travailleur honnête; alors sur son sillon,
Il se dira : « Le bœuf accepte l'aiguillon,
Et pourtant il est fort, et la main qui le mène
Est quelquefois trop lourde; ainsi nous, force humaine,
Si parfois le labeur nous semble trop pesant,
Serions-nous affranchis du joug en le brisant?...
Briser n'est pas créer; l'éclair n'est pas l'aurore;
L'homme sème l'épi; c'est le temps qui le dore. »
Patience et travail, voilà le testament.
De la Sorcière; ceux qui nous brûlent... vraiment!...
Seraient bien étonnés de m'entendre, et moi-même
Je ne comprends plus; c'est qu'au moment suprême
Tout s'éclaire autrement. Mais on vient vers ce lieu;
C'est une jeune fille. Après le couvre-feu
Je reviendrai; la plaine alors sera déserte.
Quelle est donc cette enfant? Je la connais; c'est Berthe.

Berthe entre à droite, effeuillant une marguerite.

SCÈNE IV

LA MARIONNE, BERTHE

BERTHE, *sans voir la Marionne*
Oui. Non. Oui. Non... Encore !... Oh ! mais, c'est inouï !...
Deux fois la marguerite a dit oui, mais un oui
Qui n'est pas un bon oui ; la dernière pétale
Est rongée aux trois quarts par une dent fatale !...
Et que veut dire un oui réduit à presque rien ?
Il faut savoir pourtant quel sort sera le mien ;
Je ne peux vivre ainsi ! Serai-je ou non sa femme ?...
Une autre marguerite...
(*Elle jette la fleur effeuillée et cherche.*)
Oh ! la belle !...
(*Elle va pour cueillir la marguerite et voit la Marionne.*)
Ah ! Madame...

LA MARIONNE
Je vous ai fait peur, Berthe ?

BERTHE
Oui... Vous me connaissez, Madame ?
(*Elle fait une belle révérence.*)

LA MARIONNE
Je connais votre nom, et je sais...
Ce qu'on sait rue Albert, qu'ainsi que vous j'habite,
Et que vous habitiez déjà toute petite...

BERTHE
Avec ma mère, hélas !

LA MARIONNE

     Oui, je sais qu'aujourd'hui,
N'ayant plus votre mère et restant sans appui,
Vous avez accepté le toit d'une voisine,
La vieille mère Urbain, du diable un peu cousine,
Qui vous traite assez mal.

BERTHE

     Je ne dis pas cela.

LA MARIONNE.

Non, c'est moi qui le dis; je la connais bien.

BERTHE

          Ha!
Mais en effet, madame, un soir, je me rappelle,
Elle était très malade, on désespérait d'elle,
Et vous l'avez soignée, et, dans la même nuit,
Sauvée!...

LA MARIONNE

   Et depuis lors sa langue me poursuit,
Et dans sa guérison trouve surtout matière;
Guérirais-je aussi bien si je n'étais sorcière!

BERTHE

Sorcière!... Ah! vous savez?...

LA MARIONNE

      Ce n'est pas très sorcier.

BERTHE

Oui, je voulais vous voir et vous remercier;
Elle m'a dit de vous des choses!... vous si bonne,
Si belle!...

 (*Elle fait un pas vers la Marionne et s'arrête confuse.*)
    Pardonnez, madame.

LA SORCIÈRE

LA MARIONNE

Quoi, mignonne?

BERTHE

Mais vous me rappelez ma mère.

LA MARIONNE, *à part*

Ah!... Elle aussi!

BERTHE

C'est peut-être vers vous ce qui m'entraîne ainsi...
Permettez que je cède au charme qui m'attire.
(*La Marionne la prend dans ses bras.*)
J'ai tant de choses là!... Si j'osais tout vous dire!...
Je n'oserai jamais!

LA MARIONNE

Je puis t'aider un peu.
Ta main. Je vois d'abord que le cœur est en jeu.

BERTHE

Oui.

LA MARIONNE

Que... tu l'aimes.

BERTHE

Oui.

LA MARIONNE

Mais voilà le problème :
Tu voudrais bien savoir s'il t'aimera... s'il t'aime?

BERTHE

S'il m'aime!... c'est cela. Vous lisez dans mon cœur
C'était le mois dernier, lorsque le roi, vainqueur,
Revint de Flandre; alors on fut trois jours en fête,
Et, quand le *Te Deum* célébra la conquête,
J'étais à Notre-Dame, avec la mère Urbain
Dont le frère est l'ami d'un père Jacobin;

Aussi, près de la chaire, au premier rang placée,
Des cierges éblouie et des orgues bercée,
Je regardais, rêvant... comme un enfant qui dort
Rêve un monde plus beau... Sous le dais de drap d'or,
Le roi, vêtu de fer et de pourpre... la reine,
Sous son manteau d'azur et ses longs voiles blancs,
Ainsi que dans les cieux la Vierge souveraine,
S'avançant sur des fleurs et dans des flots d'encens...
Alors, dans mon extase, un trouble, un trouble étrange
S'empara de mon cœur... je voyais un archange,
Et je ne voyais plus que lui; grands yeux de feu,
Cheveux d'or, couronnant un front de jeune dieu !...
Ses regards tout à coup sur les miens se fixèrent...
Il sourit... devant moi des nuages passèrent...
Je dus me soutenir, défaillante, au pilier...
Mais j'entendais son nom... c'est le bel Isolier,
Le page de madame Isabeau, la princesse,
Fille du roi... Depuis, je le revois sans cesse.

LA MARIONNE, *à part*

Isolier de Trahans, sans doute? Pauvre enfant!

BERTHE

Qu'il était beau !... quel air à la fois triomphant
Et doux! Je sais combien l'obscure et l'humble fille
Est au-dessous de lui; je sais que sa famille
Est noble... et riche, hélas! La mienne est bonne aussi;
Mon père était cousin d'un cousin des Coucy,
Et ce fut par amour qu'il épousa ma mère;
Je ne suis pas trop mal, dit-on, mais... la misère !...
Sans parure, sans rien !... qu'est-ce que l'on paraît?
Si je pouvais trouver quelque trésor secret
Comme en ces vieux tombeaux qu'on ouvrit chez les Carmes;

Ou bien s'il existait des philtres ou des charmes!...
LA MARIONNE
Il faut d'abord savoir ce que dit ton destin.
Donne encore ta main.
BERTHE
Eh bien?...
LA MARIONNE
Il est certain
Que tu dois être aimée.
BERTHE
Ah!... Je serai sa femme!
LA MARIONNE
Cela dépend de toi.
BERTHE
De?... Parlez, chère dame!
LA MARIONNE
Il faut, pendant un an, te garder de le voir.
BERTHE
Mais, si je ne le vois, comment peut-il savoir?...
Il m'oubliera!... Là-bas, dans la foule importune,
A peine s'il m'a vue.
LA MARIONNE
Ainsi veut la fortune;
Si tu le vois, tu romps les deux lignes d'amour
Qui vont l'une vers l'autre et s'uniront un jour.
BERTHE
J'obéirai.
LA MARIONNE
C'est bien; mais écoute le reste;
C'est le plus difficile. Un an, sage et modeste,
Tu ne dois écouter... pas même un compliment.

BERTHE

Oh ! cela...

LA MARIONNE

C'est le point, Berthe ! Prochainement,
Je vois là que quelqu'un te trouvera jolie ;
Si tu laisses parler, tout change et se délie.

BERTHE

Je ne sortirai plus... je n'écouterai rien !...
Heureuse, je vivrai de mon espoir.

LA MARIONNE

C'est bien.
Un an !

BERTHE

Pour être à lui ce n'est rien, ce me semble ;
Et puis, je vous verrai ; de lui souvent ensemble
Nous reparlerons.

LA MARIONNE

Non : je pars.

BERTHE

Ah !.. quel malheur !
Voulez-vous m'embrasser, madame ?

LA MARIONNE

De grand cœur !
(*Elle la serre dans ses bras, l'embrasse, la regarde et, détournant la tête.*)

Adieu !

Elle sort à gauche.

SCÈNE V

BERTHE

Personne ainsi ne m'avait embrassée
Depuis ma mère ; hélas ! me voilà délaissée,
Encore !... elle m'aurait pourtant aimée aussi,
Et j'en ai tant besoin ! La vieille Urbain est si...
Je puis bien dire tout, je suis seule ; si dure !
Je n'y pourrai tenir, s'il faut que cela dure ;
Elle dit que mes doigts ne gagnent pas mon pain,
Et je passe les nuits !... elle a levé la main !...
Ah ! comme j'ai pleuré ce jour-là !... j'étais folle.
Je voulais me sauver !... Maintenant tout s'envole,
Ainsi qu'un mauvais rêve, au soleil de mon cœur ;
Le courage est aisé quand on croit au bonheur !
Mais puis-je croire au mien ?... Mon Dieu !... si la sorcière
Avait mal vu ! Mais non...
(*Elle regarde sa main.*)
                    La destinée entière
Est là ! Qu'on est heureux de pouvoir lire ainsi...
Ne peut-on pas apprendre ?
(*Elle va pour s'asseoir sur le banc et voit le manuscrit
    oublié par Daniel.*)
                    Ah ! qu'est-ce que ceci ?
Son grimoire, sans doute ! Oh ! toute la science,
Penser que tout est là !
(*Elle va pour le prendre et hésite.*)
                    Je n'ose !... Mais, j'y pense,
Elle part ; il faut bien le lui rendre.

(*Elle prend le livre.*)
                    Courons !

(*Elle fait un pas et s'arrête.*)
Oh ! que je voudrais voir ! Rien qu'une page ! Ouvrons.
C'est peut-être un péché ? Mais elle part ; partie,
Par qui serai-je alors conseillée, avertie ?
(*Elle s'est assise, et le livre, posé sur ses genoux, s'est
ouvert.*)

Et ça s'ouvre tout seul ; si c'était défendu,
Ça n'arriverait pas.

            Elle lit avidement.

SCÈNE VI

BERTHE, DANIEL

DANIEL, *entrant à droite et cherchant son livre, sans voir
Berthe*

            Où donc l'ai-je perdu ?
« Par Abraham, mon fils, c'est une grosse affaire ! »
Si je ne le rapporte à Manassè, bon père
Qui me l'a confié contre dix agnels d'or,
Très grave ! « On l'a trouvé dans les fouilles d'Endor, »
Dit-il, et, l'approchant de sa barbe de chèvre :
« C'est l'espoir de mon cœur ; si pour toi je m'en sèvre,
« C'est que je t'aime bien. » Si je ne le lui rends,
Les Indes n'auront pas de trésors assez grands
Pour... Me voilà gentil ! Je l'ai jeté sur l'herbe
Lorsque j'ai rencontré, sous un chêne superbe,
La Marionne ; l'arbre est là ; par conséquent...

(*Il voit Berthe lisant.*)

Voilà « l'espoir du cœur », et sur lui, s'appliquant,
Un alchimiste comme... on en voit peu, je pense.
L'amour de l'alchimie à l'âge d'innocence,
C'est bien de notre temps ! Sans être curieux,
Que diable là-dedans cherchent ces jolis yeux ?

(*Il s'approche de Berthe doucement par derrière, et cherche
à voir ce qu'elle lit.*)

Chapitre cinq.

BERTHE

J'y suis.

DANIEL, *à part*

Bah !

BERTHE, *lisant*

« De ce qu'il faut faire
Pour que Mercure épouse Hécate. » Chose claire :
Hécate c'est l'amante et Mercure l'amant.

DANIEL, *à part*

Ah !... l'alchimie ainsi, vertubleu ! C'est charmant.

BERTHE

« Agir en pleine lune, une heure avant l'aurore. »
Quelle heure singulière !... et pourquoi ?

DANIEL, *à part*

Je l'ignore.

BERTHE

« Et lorsque le coq blanc chantera... » Le coq blanc ?

DANIEL, *à part*

Blanc !

BERTHE

« Tuer le coq noir. »

DANIEL, *à part*
Noir !

BERTHE
Oh ! « Verser son sang
Dans la... cucurbite !... »

DANIEL, *à part*
Ouf !

BERTHE
Ce pauvre coq qu'on tue
Ça fait peur ? « Prendre alors Hécate... » Ah ! « bien battue... »
Bien battue ? — « et poudrée avec la cendre d'if...
« Au fond de la cornue, avec Mercure vif,
« Jeter le tout... » Le tout ? « et chauffer sur le sable
« Trois jours et trois nuits... »

DANIEL, *à part*
Oui.

BERTHE, *se levant*
C'est affreux !

DANIEL, *à part*
C'est le diable !
Laissez, ma belle enfant, ses œuvres au démon.

BERTHE
Si c'est comme cela qu'on se fait aimer... Non !
Le vilain livre !

DANIEL, *à part*
Aussi, pourquoi mordre à la pomme ?

BERTHE
Tiens !
(*Elle jette le livre.*)

DANIEL, *se précipitant pour le ramasser*
Bon ! *l'Espoir du cœur* qui roule.

BERTHE, *voyant Daniel*

Ah! ce jeune homme!

DANIEL

Pardon, mademoiselle.
(*Il la regarde; à part.*)

Oh! charmante... des yeux!

(*Haut.*)
Ce vieux livre...
(*Il s'approche de Berthe, à part.*)

De près elle est encore mieux...

(*Haut.*)
M'appartient.

BERTHE, *reculant*

Ciel!

DANIEL

D'où vient cette terreur profonde?

BERTHE

Vous êtes donc sorcier?

DANIEL

Moi? Pas le moins du monde;
Un simple étudiant.

BERTHE

Ce livre n'est donc pas...
Un grimoire?

DANIEL

Du tout; c'est un méchant fatras
D'alchimie.

BERTHE

Ah! alors... ce que je viens de lire?...

DANIEL

Hécate et Mercure?

BERTHE

Oui.

DANIEL, *à part*

Le gracieux sourire !

(*Haut.*)
C'est un des procédés d'amalgamer l'argent.

BERTHE

Ah !... Vous êtes vraiment, monsieur, bien obligeant.
Et... veuillez m'excuser... je suis votre servante.
*Elle fait une révérence à Daniel et va pour sortir; Daniel
la retient du geste.*

DANIEL

Je ne suis pas sorcier, mais, sans que je me vante,
Je ne suis pas un âne, et, mieux qu'un vieil écrit,
Si je savais quel point vous désiriez connaître,
Je pourrais, je suppose, éclairer votre esprit.

BERTHE

Vous, monsieur, m'éclairer sur ?... Oh ! non.

DANIEL

Mais, peut-être?

BERTHE

Impossible !

DANIEL, *à part*

Ces yeux brillants, cet air malin...
J'ai dit quelque sottise et j'ai l'air d'un Colin.
Il faut réparer ça.

BERTHE, *saluant de nouveau*

Monsieur...

DANIEL

Vous partez?

BERTHE

Certe !
Je me suis attardée.

DANIEL

Et la plaine est déserte ;
Vous me permettrez bien de vous offrir le bras ?

BERTHE

Oh ! merci bien, monsieur ; je demeure à deux pas,
Rue Albert.

DANIEL

Rue Albert !

BERTHE

Oui ; près de la fontaine.

DANIEL

Et moi près de l'école, à dix maisons à peine
De la vôtre ; je suis à droite, chez Simon...

BERTHE

Moi, de l'autre côté, chez la mère Urbain.

DANIEL

Bon !
Un pignon qui s'avance et couvre une fenêtre
Où parfois... j'aurais dû déjà vous reconnaître,
Je vous apercevais, de vos fleurs prenant soin.

BERTHE

Il me semblait aussi vous avoir vu de loin.

DANIEL

Alors... Madame Urbain... que je connais, voisine,
Est votre mère ?

BERTHE

Oh non ! non ; je suis orpheline.

DANIEL

Ah ! Je suis orphelin.
(*Ils se regardent, silencieux, troublés de la même émotion.*)
Voilà donc le secret
De ce charme inconnu qui vers vous m'attirait.
Ce n'est pas d'aujourd'hui ; dans cet hiver, si sombre,
J'étais triste et, chez moi, le soir, rêvant dans l'ombre,
Si seul !... je me disais : à quoi bon travailler !
Mais je voyais alors votre lampe veiller...
Moins seul, je rougissais d'être moins fort qu'un autre,
Et j'allumais la mienne.

BERTHE

Et moi, voyant la vôtre,
Plus courageuse aussi, je veillais plus longtemps.

DANIEL

Mais plus rude est l'hiver, plus doux est le printemps,
Et, sitôt que la terre eut pris sa robe verte,
Souvent je vous voyais à la fenêtre ouverte :
Vous chantiez, en donnant votre pain aux oiseaux ;
Et, si parfois encor du monde et de ses maux
J'étais las... votre voix me disait : patience.

BERTHE

Et la vôtre chantait : espoir et confiance.

DANIEL

Ainsi l'un près de l'autre un hasard nous a mis
Pour nous aider à vivre, et nous étions amis,
Déjà, sans le savoir.

BERTHE

Un hasard ? quel blasphème !
Ce n'est pas le hasard, c'est le bon Dieu lui-même.

DANIEL

Oui, vous avez raison, c'est le ciel en effet,
Et nous serons amis maintenant tout à fait;
Voulez-vous?

BERTHE

Si je veux!
(*Ils se tendent la main, puis hésitent et se séparent; à part.*)
Eh! mais... qu'allais-je faire?
« N'écoute pas un mot, » me disait la sorcière;
Mais c'est de l'amitié, ce n'est pas de l'amour.

DANIEL, *à part*

La Marionne a dit : « Pour qu'on t'aime à ton tour,
Pas un mot ! » Oui, d'amour, mais non d'amitié pure.

BERTHE, *à part*

Et même... l'amitié contre tout me rassure;
J'étais seule... un ami... mais c'est un défenseur!

DANIEL, *à part*

L'amitié me défend contre mon propre cœur;
J'étais seul... une amie!... on est heureux près d'elle,
On cause... on se confie... et l'on reste fidèle.
(*Haut.*)
Serons-nous donc amis?

BERTHE

Mon cœur est dans ma main.
(*Ils se donnent la main et se regardent.*)

DANIEL

Alors, prenez mon bras.
(*Il met le bras de Berthe sous le sien.*)

BERTHE

Et prenons le chemin,
A huit heures l'on ferme.

DANIEL, *une horloge tinte au loin*
　　　　　　　　Il n'est que la demie,
Et j'ai tant à vous dire... Et d'abord, mon amie,
Quel est votre nom?

BERTHE
　　Berthe.

DANIEL
　　　　　　Ah! Berthe, joli nom!
Doux et frais comme vous.

BERTHE
　　　　　　　Oh! vous êtes bien bon,
Mon ami... c'est-à-dire... oh! pas cela... silence!

DANIEL
Quoi.

BERTHE
　　C'est un compliment.

DANIEL
　　　　　　　Non; c'est ce que je pense.

BERTHE
Ah! Et le vôtre, ami?

DANIEL
　　Daniel.

BERTHE
　　　　　Daniel!

DANIEL
Oui.

BERTHE
　J'ai toujours aimé ce nom-là; si le ciel
Avait mis près de moi, dans mon enfance, un frère,
J'aurais voulu pour lui ce nom.

DANIEL

                            Ainsi, sur terre,
Toute seule, Berthe ?
    (*Il la conduit vers le banc, où elle s'assied.*)

BERTHE

                      Oui ; je n'avais que sept ans,
Nous perdîmes mon père, et ce fut en ce temps
Que nous dûmes quitter le milieu de la ville
Pour venir habiter ce faubourg plus tranquille...
Et plus modeste aussi ; nous vivions de nos mains.
Ma mère était artiste et, sur les parchemins,
Peignait ces lettres d'or et ces beaux personnages
Qu'on voit dans les missels ; ah ! les chères images,
Comme je les aimais !... ces saintes et ces fleurs...
Elles vivaient pour moi. J'apprêtais les couleurs.
Puis, sur les manuscrits, j'essayai la peinture
Et ce fut le pinceau qui m'apprit la lecture.
Le bon temps ! nous étions heureuses ; ce couvent,
Si riche, nous donnait tous ses livres ; souvent
L'on réclamait notre art dans de nobles demeures ;
Nous faisions les portraits, sur leurs beaux livres d'heures,
De grandes Dames, dont... je le confesse à vous,
J'enviais bien un peu le luxe et les bijoux.
Notre bonheur si grand, hélas !... ne dura guère !
Je vis bientôt languir et s'éteindre ma mère...
Alors la vieille Urbain me prit chez elle... mais...
Je n'ai pas le talent de ma mère... et jamais
Je ne l'aurai sans doute ; et puis... la mode change ;
On demande aujourd'hui je ne sais quoi d'étrange
Que je ne comprends plus ; aussi... le temps est dur...
Et souvent j'ai rêvé qu'aux plages éternelles

Ma mère m'appelait... et que j'avais des ailes,
Et que je m'élançais comme elle dans l'azur.

DANIEL

Vous n'y songerez plus !

BERTHE

Maintenant quelqu'un m'aime.
Dites-moi votre histoire à présent.

DANIEL

C'est la même :
Seulement c'est mon père, et quand j'avais deux ans,
Qui dut m'élever seul. Parmi les paysans
Je grandissais ; mon père estimait que la terre
Est le seul vrai trésor d'un pays ; mais la guerre,
Qu'il avait faite en brave au temps de Saint Louis,
Le laissait pour toujours souffrant de ses blessures,
Et puis... les lourds impôts, les campagnes peu sûres,
Les maux du laboureur devinrent inouïs.
Aussi, trouvant pour moi la glèbe trop servile,
Il vendit tout et vint vivre dans cette ville.
A quatorze ans j'entrais à l'Université ;
Quelques succès bientôt gonflaient ma vanité,
Et j'en étais au point de me croire un génie,
Quand mon père expira ; ma douleur infinie
Devint de jour en jour un désespoir plus grand ;
Sans appui, sans conseils, et, d'en bas, mesurant
Tous les efforts à faire, et seulement pour vivre,
Je me suis dit souvent : Notre siècle est mauvais ;
De tout ce que l'on souffre un instant nous délivre,
Ceux qui s'en vont font bien et vers eux je m'en vais.

BERTHE

Mais tu n'y penses plus !

DANIEL

Oh! non, la vie est belle,
Maintenant que, certain d'une amitié fidèle,
Mon cœur peut désormais s'appuyer sur le cœur...

BERTHE

D'une sœur, Daniel!

DANIEL

Oh! oui, Berthe, ma sœur!
Oui, tu le disais bien; c'est la bonté suprême
Qui, voyant deux enfants dont le sort est le même,
A voulu les unir du lien le plus doux;
Tout, malheurs, sentiments, tout est semblable en nous.
À ton doigt, cette bague?...

BERTHE

Elle vient de ma mère.

DANIEL

Je l'avais deviné; la mienne est de mon père.
Eh bien! échangeons-les, et sur elles jurons
De les garder autant... que nous nous aimerons.

BERTHE

C'est-à-dire toujours!

Ils échangent les anneaux.

SCÈNE VII

Les mêmes, LA MARIONNE

Elle entre à gauche, sans les voir.

LA MARIONNE

Oui... la rive est déserte...

C'est le moment; allons! Ah! Daniel et Berthe!
BERTHE
Et maintenant... jurons.
DANIEL
Je le jure, ma sœur.
BERTHE
Je le jure, mon frère.
DANIEL
Embrassons-nous.
(*Il embrasse Berthe sur le front.*)
LA MARIONNE
Le cœur
Change vite à votre âge. — Et la chère Ysabelle?...
Et le cher Isolier?... Vous me la donniez belle!

Daniel et Berthe se sont séparés vivement et se tournent le dos; puis, chacun faisant la même réflexion, ils se regardent et, se lançant un regard jaloux.

BERTHE
Ysabelle!
DANIEL
Isolier!
LA MARIONNE, *s'avançant*
Faites-leur vos adieux.
Vous saviez cependant ce que marquaient les cieux;
Vous avez le même astre, et votre destinée,
Semblable pour tous deux, demandait une année
Pour combler vos désirs; dans un an, jour pour jour,
Deux êtres adorés vous aimaient à leur tour.
Daniel épousait Isabelle.
BERTHE
Ysabelle?

LA MARIONNE

Rue aux Ours, au Veau d'or.

BERTHE

Ah ! l'on ne connaît qu'elle !
Des cheveux dont le jaune étonne tout Paris,
Et des yeux... variés, l'un vert et l'autre gris.
Mes compliments, monsieur !

DANIEL

Pardon, mademoiselle,
Ses yeux n'empêchent pas qu'elle ne soit fort belle.

LA MARIONNE

Berthe aurait eu la main d'Isolier.

DANIEL

Isolier?...

LA MARIONNE

Isolier de Trahans.

DANIEL

Un charmant cavalier !
Le beau mignon de cour, l'oiseau chéri des dames...
Adorable à ce point que, dans toutes les femmes,
Il n'adore que lui.

BERTHE

Pardon !... s'il a des yeux
Pour toutes... il en est qu'il peut regarder mieux.

LA MARIONNE

Oui, mais pour être aimés d'Isolier, d'Ysabelle,
Vous deviez au destin un an d'amour fidèle,
Et, dès la première heure, oubliant ce grand point,
Adieu le reste !

BERTHE

Mais... nous ne nous aimons point.

DANIEL

Du tout !

LA MARIONNE

Et ces anneaux ?

BERTHE

C'était un témoignage
D'union fraternelle.

LA MARIONNE

Et ce baiser ?

DANIEL

Un gage...
D'amitié.

BERTHE

D'amitié.

DANIEL

Certes !

BERTHE

Bien entendu !

LA MARIONNE

Ah ! c'est tout différent ; rien alors n'est perdu,
Mais si l'amitié seule est à cette heure en cause,
Il se pourrait demain que ce fût autre chose
Vous êtes l'un pour l'autre un danger désormais,
Et pour le fuir, il faut... ne vous revoir jamais !

DANIEL ET BERTHE

Jamais ?

LA MARIONNE

Jamais.

DANIEL

C'est bien !

BERTHE, *à part*
Cachons-lui cette larme !
DANIEL
Même... en frère et sœur ?
LA MARIONNE
Même ! Et pour rompre le charme
Qui tend à vous unir, les anneaux au plus tôt
Doivent être rendus.
DANIEL
Allons !
BERTHE
Puisqu'il le faut !
(*Ils se tendent les mains sans se regarder.*)
DANIEL
Prends le tien.
BERTHE
Prends le tien.
(*Leurs mains se rencontrent.*)
DANIEL
Ah !
BERTHE
Quoi ?
DANIEL
Rien ! Adieu, Berthe.
BERTHE
Adieu, Daniel. Ah !...
(*Elle soupire.*)
DANIEL
Tu pleures ?
BERTHE
Moi ?... non, certe !
Je pensais seulement que l'on ne doit compter...

Sur rien!... Les anneaux, là, devaient toujours rester,
Et les voilà partis... et l'amitié de même.

DANIEL

Pas la mienne, du moins; tout autant, moi, je t'aime.

BERTHE

Et moi tout autant, mais... tu le veux.

DANIEL

Comme toi!
Tu dis : il le faut.

BERTHE

Dame!... il ne faut pas, pour moi,
Manquer ton avenir; tu cherches la fortune.

DANIEL

Toi, la noblesse.

BERTHE

Oh! moi... ma naissance est commune
Et ce que tu me dis de ce bel Isolier
Me fait bien réfléchir.

DANIEL

Et moi... c'est singulier...
(*Berthe le regarde. Daniel examine ses yeux.*)

BERTHE

Quoi?

DANIEL

Rien!
(*A part.*)
Il est certain que les yeux d'Ysabelle
Ne sont pas sans reproche, et qu'elle est bien moins belle...
(*A Berthe, baissant la voix.*)
Je pensais seulement que les sorciers, parfois,
Se trompent.

BERTHE
Ah! tu crois qu'ils peuvent...
DANIEL
Je le crois;
Et d'ailleurs, dans un an... Dans un an!... qui m'assure
Que j'aimerai toujours cette...? Elle est un peu mûre,
BERTHE
Et moi, ce...? Fi d'un cœur qui se donne à moitié!
DANIEL
Et nous aurions perdu notre bonne amitié
Pour rien!
BERTHE
Rien!
DANIEL
N'est-ce pas qu'il vaut mieux, au contraire,
Que tu restes ma sœur?
BERTHE
Que tu restes mon frère?
(*Ils se prennent les mains.*)
LA MARIONNE
C'est un rêve insensé; frère et sœur, c'est charmant,
Mais vous ne l'êtes pas; que dirait-on?
BERTHE
Comment?
DANIEL
La sorcière a raison, Berthe; c'est impossible;
Mais ce qu'a fait pour nous une main invisible,
Ne le défaisons pas; ces anneaux, gardons-les;
Je te plaisais pour frère; eh! bien, si je te plais
Pour fiancé, veux-tu, ma Berthe, être ma femme?
BERTHE
Ah!... Daniel...

*Elle va pour se jeter dans les bras de Daniel; la Marionne
se place entre eux.*

LA MARIONNE

Enfants!

BERTHE

J'aurai seize ans, madame,
Dans un mois.

LA MARIONNE

Avez-vous seulement la maison,
Le pain du lendemain? C'est de la déraison,
Attendez donc au moins...

DANIEL

Écoute, Marionne;
J'ai compris ta leçon, et je n'ambitionne,
Devant la vérité qui m'a tendu la main,
Que le bonheur qu'on trouve en soi-même... Du pain?...
J'ai des bras... j'en aurai; le toit?... je l'ai peut-être :
Des raisons, que tu tais, et que je crois connaître,
Te forçaient de partir; renonce à ce départ.
Abandonne un métier plein d'un sombre hasard;
Je t'ai donné l'exemple en fuyant ma chimère;
Ouvre-nous ta maison.

BERTHE

Rendez-nous notre mère.

DANIEL

Ne formons qu'un seul cœur, et, de tout triomphants,
Nous aurons l'avenir... Veux-tu?

LA MARIONNE

Dieu!
(*Elle les serre dans ses bras.*)
Mes enfants!

(*Rideau.*)

TABLE DES MATIÈRES

	Pages.
Avant-propos	I
Trop d'or!	1
Argument	3
Pièce	9
Quintin Metzis	71
Historique	73
Pièce	77
Un nœud de cravate	123
Argument	125
Pièce	127
Grand-papa Fantôme	167
Argument	169
Pièce	173
Dame Isabelle	225
Argument	227
Pièce	239
Joan le Fol	305
Argument	307
Pièce	315
Adam et Ève	353
Argument	355
Pièce	357

	Pages.
BOULE DE NEIGE	381
Argument	383
Prologue	385
Pièce	389
UN OURS	421
Argument	423
Pièce	425
MISS HIPPOCRATE	469
Argument	471
Prologue	475
Pièce	479
L'ESCARPOLETTE	525
Argument	527
Pièce	529
LA SORCIÈRE	569
Argument	571
Pièce	577

PARIS

TYPOGRAPHIE PLON-NOURRIT ET Cie
Rue Garancière, 8

www.ingramcontent.com/pod-product-compliance
Lightning Source LLC
Chambersburg PA
CBHW050100230426
43664CB00010B/1384